산업보안·민간경비론

박준석

Security

백산출판사

저자 소개

박 준 석

- 현) 용인대학교 경호학과 교수
- 현) 한국경호경비학회 회장
- 현) 안전행정부 정책자문위원회 안전관리분과 총괄위원
- 현) 국가정보원 국가대테러정책 자문위원
- 현) 소방방재청 정책자문위원
- 현) 경찰청·서울청 자문위원
- 현) 국민생활체육회 이사
- 현) 교육부 학교폭력 자문위원
- 현) 한국공안행정학회 부회장
- 현) 한국경찰연구학회 부회장
- 현) 한국사회안전학회 부회장
- 현) 한국국가정보학회 상임이사
- 현) 한국산업보안연구학회 상임이사
- 현) 한국범죄심리학회 상임이사
- 현) 한국대테러정책학회 총무이사

〈저서〉
- 경호학 원론
- 경호무도론
- 민간경비론
- 민간경비산업론
- 국가안보 위기관리·대테러론

그 외 다수

〈논문〉
- 국가안보 및 국민의 안전을 위한 위기관리 제도적 개선방안
- 뉴테러리즘의 대응전략의 민간 산·학·관·연의 상호협력방안
- 경호학의 학문적 정립을 위한 발전방안
- 산업기술유출방지법상 국가핵심기술의 효율적 통제방안
- 한국 민간경비시장 확대방안에 관한 연구

그 외 다수

머리말

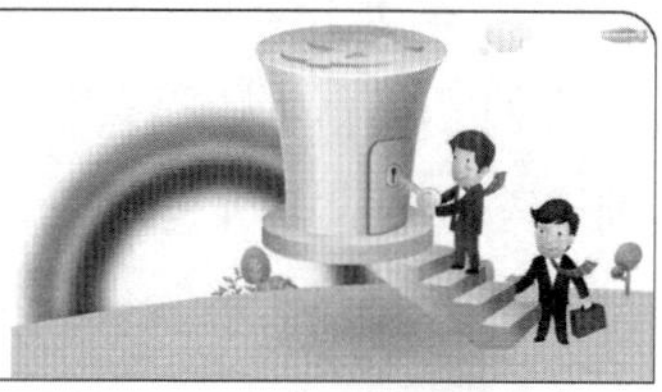

현대사회에서 산업보안 및 민간경비의 흐름은 융합적인 방향으로 전환되고 있으며, 과거의 물리적 보안에서 정보보안, IT보안 등 여러 영역을 통합하는 보안시장으로 변화하고 있는 것이 세계적인 추세라고 할 수 있습니다.

시큐리티 분야의 영역 확대 및 세부적인 협의적 영역으로 연구되어야 하는 현실에서 저자는 민간경비 및 산업보안 시장의 발전방안을 모색하여 학문적 정착을 위한 기초자료를 제공하고자 다양한 학문적 연구방법에 의해서 인문 · 사회, 법, 자연과학 등의 통합적인 실용학문을 통한 접근으로 산업보안과 민간경비의 영역을 새롭게 재조명하고 국익과 국민의 만족을 위한 서비스를 최대한 제공하고자 노력하였습니다.

또한 산업보안 · 민간경비 관련 학과개설 및 교육과정 정립, 세분화된 교재를 개발하기 위하여 객관적이고 타당성 있는 연구자료로 활용될 수 있도록 더욱 깊은 연구가 필요하다고 사료됩니다.

산업보안분야의 산업기술은 국가경쟁력과 산업성장에 큰 원동력이 되었으며, 이는 국가의 경제적 이익과 더불어 국제적인 영향력을 행사할 수 있는 거대한 힘으로 작용하고 있습니다.

시대적 변화에 따라 보안산업의 영역 또한 개인에서 기업으로, 기업에서 국가로 확대되고 있으며, 국가의 경제적 손실 방지와 국가경쟁력 확보를 중요시하게 되었습니다. 특히 산업스파이를 통한 산업기술의 유출이 자국의 국가경쟁력과 이익에 심각한 손실을 가져온다는 사실을 인식하게 되었고, 이에 따라 미국 · 일본 등의 선진국은 일찍이 산업보안의 중요성을 강조하여 국내 · 국외 · 국제적 기술유출에 대한 법과 제도 정립, 기업의 보안활동 지원, 지속적인 연구와 대응기관의 활동 및 체계구축을 활발하게 진행하고 있습니다.

우리나라는 세계적인 기술을 다량 보유하고 있으며, 산업보안과 기술보호를 위하여 산업기술유출방지법, 영업비밀보호법, 특허법 등 법적 제도와 국정원, 산업기술보호협회, 경찰청, 검찰 등 대응조직 등을 활용하고 있으나, 보안활동의 중요성과 대비하여 예방 · 대응체계 및 전문가 양성을 위한 교육기관이 부족한 실정입니다. 이러한 문제점을 정부부처 및 관련기관들이 인식하고 대처할 수 있도록 본서를 통하여 산업보안의 학문적 기초를 마련하고 정부부처 · 기업 · 관련기관의 산업보안에 대한 인식 확대와 산업스파이에 대한 효율적 대응방안을 위해 침해수법 · 유형 등에 따른 방안을 연구하였으며, 산업보안 업무 프로세스 구축에 작은 역할을 하고자 하였습니다.

본서를 집필하는 데 물심양면으로 도와주신 선후배 학자님과 정부 각 부처의 담당관, 전문가 선생님들과 학계의 교수님들, 출판을 도와주신 백산출판사 진욱상 사장님, 편집을 도와준 이치영 연구원께도 진심으로 감사드립니다.

2014년 2월 28일
용인대학교 연구실에서
저자 박준석

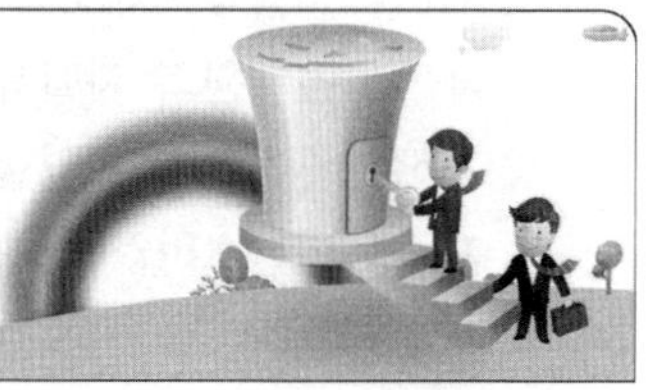

차례

제7장 각국의 산업보안 대응체계 / 111

제8장 한국의 산업보안 현황 / 147

제9장 산업보안정책의 문제점 / 177

제10장 산업보안정책의 발전방향 / 193

제 1 장

민간경비의 개념

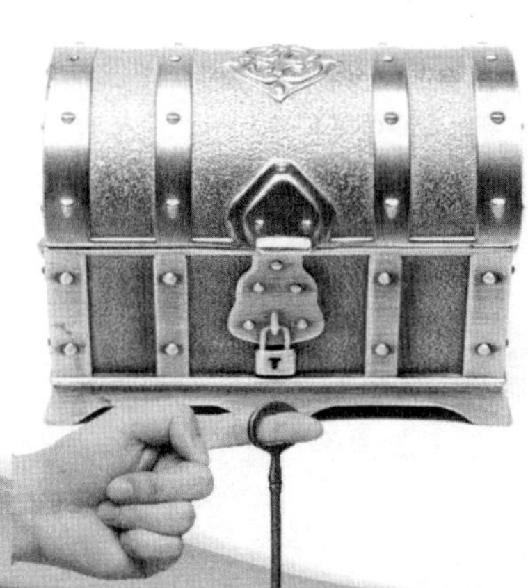

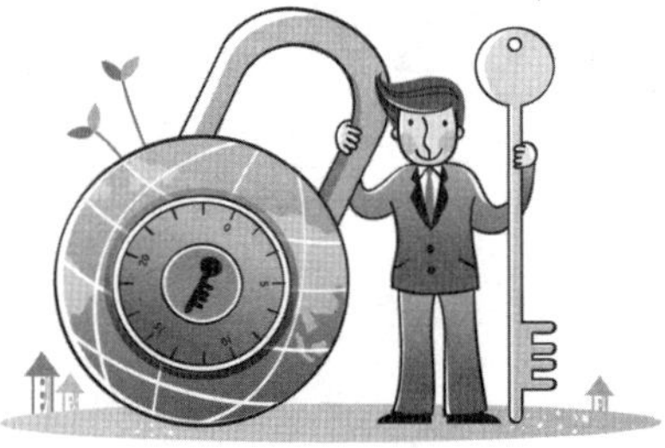

제01장 민간경비의 개념

제1절 민간경비와 공경비의 개념 및 차이점

1. 민간경비의 의의

20세기에 이르러 세계 각국은 도시화, 산업화에 따른 엄청난 경찰수요의 증가 때문에 국가 경찰력만으로는 국민 전체의 범죄문제를 감당할 수가 없어 민간경비제도를 도입하게 되었다. 사회가 진보하고 기능이 분화됨에 따라 전문적 직업인들을 고용하여 그들에게 일반국민들의 생명, 재산의 보호 및 사회질서 유지에 관한 임무를 맡기게 되었던 것이다. 이에 주민들의 자치조직에서 출발한 민간차원의 경비는 자본주의, 시장원리에 따라 새로운 산업으로 성장하게 되었다. 이러한 민간경비는 다양한 형태로 특정지역과 주민을 위한 방범서비스를 제공하고 있다. 우리나라에서 '민간경비(民間警備)'라는 용어가 등장한 것은 1995년 12월 30일 경비업법 개정에 따라 탄생한 경비지도사 자격과 관련된다.

경비지도사 자격증 취득을 위한 시험과목을 정할 시, 경비업법 시행령안의 개정에서 'private security'를 '민간경비'로 번역하여 시험과목을 '민간경비론'으로 정하자고 제안한 것이 최초이며, 오늘날 상당히 정착되고 있다.[1)]

민간경비의 개념은 특정국가가 처한 사회환경이나 시대적 상황에 따라 각기 다르다는 점을 인식하여야 한다. 우리나라의 경우, 경비업법 제2조 제1항[2)]에서는 경비업무를 시설경비업무, 호송경비업무, 신변보호업무, 기계경비업무, 특수경비업무 등으로 시설경비에 혼잡경비를 포함시키는 태도를 취하고 있다. 이에 비해서 일본의 경비업법 제2조 1항[3)]은 경비업무를 시설경비, 혼잡경비(교통유도경비), 호송경비, 경호경비를 기본업무로 인정하면서 시설경비에 기계경비를 포함시키는 태도를 취하고 있다.

한편 미국의 경우에는 한국이나 일본의 민간경비 개념과는 달리 미국의 독특한 역사적 전통하에서 자연스럽게 성장하여 최근에 첨단산업과 더불어 급성장한 민간경비업을 private security라 하며, 국내 학자에 따라서는 사경비업, 임대경비업, 사경찰, 용역경비업법 등 여러 가지 이름으로 번역된 민간경비는 모든 재산의 손실

---

1) 박병식, "민간경비의 역할정립과 활성화 방안", 형사정책학회, 2002, p.2.

2) 제2조 제1항 [경비업]

가. 시설경비업무 : 경비를 필요로 하는 시설 및 장소(이하 "경비대상시설"이라 한다)에서의 도난·화재 그 밖의 혼잡 등으로 인한 위험발생을 방지하는 업무

나. 호송경비업무: 운반중에 있는 현금·유가증권·귀금속·상품 그 밖의 물건에 대하여 도난·화재 등 위험발생을 방지하는 업무

다. 신변보호업무: 사람의 생명이나 신체에 대한 위해의 발생을 방지하고 그 신변을 보호하는 업무

라. 기계경비업무: 경비대상시설에 설치한 기기에 의하여 감지·송신된 정보를 그 경비대상시설 외의 장소에 설치한 관제시설의 기기로 수신하여 도난·화재 등 위험발생을 방지하는 업무

마. 특수경비업무: 공항(항공기를 포함한다) 등 대통령령이 정하는 국가중요시설(이하 "국가중요시설"이라 한다)의 경비 및 도난·화재 그 밖의 위험발생을 방지하는 업무

3) 일본 경비업법 제2조 1항 [경비업무]

1. 사무소, 주택, 유흥장, 주차장, 유원지 등(이하 「경비업무 대상시설」이라고 한다) 에 있어서 도난 등의 사고발생을 경계하고 방지하는 업무
2. 사람 혹은 차량이 혼잡한 장소 또는 이들의 통행에 위험이 있는 장소에 있어서 부상 등의 사고발생을 경계하고 방지하는 업무
3. 운반중인 현금, 귀금속, 미술품 등에 관한 도난 등의 발생을 경계하고 방지하는 업무
4. 사람의 신체에 대한 위해의 발생을 그 신변에서 경계하고 방지하는 업무

을 막아주고 주위의 위험으로부터 보호해 준다.4)

일반적으로 민간경비라 함은 공경비에 대칭되는 개념으로 여러 가지 위해로부터 개인의 이익이나 생명, 재산을 보호하기 위하여 특정한 의뢰자인 고객으로부터 받는 보수에 따라 안전·경비에 관련된 서비스를 행하는 개인 및 단체 그리고 영리기업을 말한다.5)

이에 반하여 공경비라 함은 국가 공권력을 집행하는 국가기관, 즉 경찰, 검찰, 교정기관 등과 같은 모든 기관을 의미하는 것으로, 공공의 질서유지, 범인의 체포 및 수사, 범죄의 예방, 교통의 통제와 같은 공공의 이익을 위하여 또는 공공의 안전과 보호의 일반적 업무를 국민을 위해 행하는 활동을 말한다.6)

민간경비는 개념, 역할 그리고 기능 등이 각 나라마다 조금씩 차이를 보이고 있지만, 대체로 민간경비는 경비원이 민간의 신분으로 고객의 요청에 의하여 범죄예방이라는 상품으로 고객이 지불하는 경비만큼 안전에 대한 경비서비스를 제공하는 것이라 할 수 있다.7)

A. J. bilek는 민간경비원의 법적 지위를 아래와 같이 크게 3가지 유형으로 구분하고 있다.

1) 일반시민과 같은 민간경비원

정부기관으로부터 선서에 의해 임명되거나 경찰기관으로부터 특별한 임무의 위임이나 자격증(license)을 받지 못한 상태에서 경비업무를 수행하는 민간경비원을 말한다.

---

4) Harvey Burstein, Security : Management Perspective(Englewood Cliffs, NJ : Prentice-Hall Inc., 1996, p.1.

5) Private Security : Report of the Task Force on Private Security, U. S. Government Printing Office, 1976, p.4.

6) Private Security Task Force to the National Committee on Criminal Justice Standard and Goals, "American Security for Industrial Survey Result of the Task Force on Private Security", 1977, p.4.

7) 김영제, "시큐리티 컨설팅 활성화를 통한 시스템 구축 방안에 관한 연구", 용인대학과 경영대학원 석사학위논문, 2002, pp.32-34.

2) 특별한 권한을 가진 민간경비원

정부기관에 의해 특별한 경찰업무를 위임받은 민간경비원을 말한다. 제한된 근무지역 내에서 경찰권을 일부 사용할 수 있는 경비원으로서 우리나라 청원경찰이 여기에 해당된다.

3) 경찰관 신분을 가진 민간경비원

경찰관 신분으로 민간경비 분야에 부업(Part-Time)으로 근무를 하는 등 두 가지 신분을 가지고 일하는 민간경비원(Moon-nighting)을 말한다. 현재 우리나라에서는 아직까지 경찰관을 부업으로 허용하고 있지 않다.[8)]

민간경비(Private Security)는 영국을 효시로 하여 유럽지역에서 시작되었다고 볼 수 있으며, 영국에서는 민간경비의 활동이 공경비의 활동보다 우선하였다.

민간경비의 기본적인 목적은 사회적 재산을 보호하고 손실을 예방하는 것으로써, 민간경비는 넓게는 범죄(Crime)를 포함하여 낭비(Waste), 사고(Accidents), 테러(Terror), 비윤리적 활동(Unethical Practices) 등의 다섯 가지 유형의 위해를 통제하는 역할을 수행한다.[9)] 이러한 민간경비의 개념에 대해서는 다양한 견해가 있다.

Land 보고서에서는 민간경찰과 민간경비란 일반적으로 수사, 경비, 순찰, 경보, 경비수송을 포함하는 모든 종류의 경비서비스를 제공하는 모든 종류의 민간 조직과 개인을 포함한다고 정의하고 있다.

민간경비특별위원회(PSTF : Private Security Task Force)는 민간경비란 요금을 지불하는 특정의 고객에 대해 혹은 자기를 고용한 개인이나 조직체에 대해 신체나 재산 등 다른 이익을 각종 위해로부터 보호하기 위한 경비관계의 서비스를 제공하는 개인 및 민간의 기업체와 조직을 포함하는 것이라 정의하고 있다.[10)]

Green은 Introduction to Security(시큐리티 입문)에서 민간경비는 특정 개인,

---

8) Arthur J. Bilek, Legal Aspects of Private Security(Cincinnati: Anderson Publishing Co., 1981), p.15.

9) 서진석, "민간경비의 개념정의와 새로운 경향에 관한 이론적 고찰", 21세기 질서행정, 성석 정진환 교수 정년기념논총 간행위원회, 2002, p.331.

10) Kakalik & Wildhom, 1971, p.3.

조직, 시설에 대하여 범죄, 손실, 위해의 예방에 기본적으로 종사하는 공적인 법 집행기관 이외의 개인, 조직, 서비스라고 정의하였다.

최근에는 민간경비분야 중 가장 급성장하고 있는 부문은 경비기기나 시스템의 제조・유통・시공 부문이다. 그러나 기존의 민간경비의 개념에서는 이런 부문이 제외되어 정의되고 사용되는 실정이다.

민간경비(Private Security)라 함은 공경비와 대칭되는 개념으로 여러 가지 위해로부터 개인의 이익이나 생명(신체), 재산 등을 보호하기 위하여 특정한 의뢰자(Special Client)인 고객으로부터 받은 보수에 따른 경비서비스를 개인, 단체, 영리기업 등이 제공하는 것을 의미한다.[11)]

즉 고객으로부터 받은 보수에 따른 경비를 행하는 개인 및 단체 그리고 영리기업을 말한다. 이러한 민간경비 용어는 대체로 학자에 따라서 민간경비, 임대경비(Rent-a-Cops), 사경비(Private Police) 또는 용역경비 등으로 불리고 있다. 민간경비는 일정한 경제적 금액을 지급하는 특별한 고객에게 안전[12)] 관련서비스를 제공하는 자영업자와 사기업체 또는 다양한 위험요소들로부터 생명과 재산, 권리 등을 보호하기 위하여 이와 같은 사람들을 고용하거나 자체적으로 보호하는 개인이나 회사라고 규정할 수 있다. 민간경비원은 법인조직의 고용인으로 사적소유물 등을 보호하는 일을 한다.[13)]

따라서 경비원이라 함은 경비업의 허가를 받은 법인이 채용한 고용인으로서 경비업무를 수행하는 자로서 경비원은 시설경비업무, 호송경비업무, 신변보호업무, 기계경비업무 등을 수행하는 일반 경비원과 특수경비업무를 수행하는 특정경비원으로 나누어진다.

---

11) Private Security, Report of Task Force on Private Security(U. S. Government Office, 1976), p.3.

12) 안전(Security)이란, 안전한 상태나 성질, 위험으로부터 자유스러움(Freedom From Danger), 안전(Safety), 공포나 불안으로부터의 자유스러움, 보호(Protection), Spy 행위나 파괴행위(Sabotage), 공격이나 도망에 대하여 보호조치가 취해진 것으로 정의하고 있다(Webster's New Collegiate Dictionary).

13) 장대홍, “미국 민간경비산업의 새로운 경향”, 민간경비산업의 국제적 동향, 한국민간경비학회, 2001, pp.26-27.

2. 공경비의 의의

공경비(Public Law Enforcement)라 함은 실제로 특별경호기관의 경비작용과 경찰의 범죄예방작용을 의미하는 것으로 국가 공권력을 집행하는 국가기관, 즉 대통령경호실, 법원, 검찰, 소방, 교정기관 등과 같은 모든 기관을 의미하며, 즉 '그들이 경호대상 및 관할구역 내에서 법집행에 관한 모든 권한을 가지고 개인의 생명 및 재산보호, 교통통제, 공공의 질서유지, 범인의 체포 및 수사, 범죄(Criminal Acts) 예방과 같은 공공 이익을 위한 또는 공공의 안전과 보호의 일반적인 업무를 일반 국민들을 위하여 행하는 제반작용을 말한다.'라고 규정하고 있다.[14]

여기에서 말하여지는 공경비는 주로 경찰을 의미하며 대표적인 경찰활동이 여기에 해당된다.[15]

3. 민간경비와 공경비의 관계[16]

1) 공권력 작용 측면

사용자적 측면에서 살펴보면 공경비 즉 경찰은 범죄예방, 범죄자 체포 및 수사, 개인의 생명 및 재산보호, 공공의 질서유지, 교통통제 등의 임무가 주로 공공의 이익을 위해 행하는 것인 데 비해 민간경비는 특정한 의뢰자를 위해 행하는 것이 크게 다른 점이다. 공권력 작용 면에 있어서 경찰관의 경우는 이러한 모든 업무를 수행하기 위하여 각종 강제권을 포함한 권한이 주어져 있는 데 반하여 민간경비원은 이와 같은 권한은 극히 한정되어 있거나 각종 제약을 받고 있는 실정이다.

2) 업무수행 측면

민간경비와 공경비의 업무수행 성격상 그 역할과 기능을 살펴보면 범죄예방 및 억제 또는 질서유지 등은 두 기관의 일반적인 공통적 목적을 가지고 있다. 그러나

---

14) National Advisory Commission on Criminal Justice Standards and Goals, Report on the Police(Washington, D.C. : U.S. Government Printing Office, 1973), p.12.

15) 김두현 · 김정현, 「민간경비론」, 서울: 백산출판사, 2002, pp.32-34.

16) 이윤근, 「민간경비원론」, 서울: 엑스퍼트, 2001, pp.4-6.

대체적으로 볼 때 공경비는 일반사람들을 대상으로 범인체포 및 범죄수사를 위한 법집행을 주로 하는 데 반하여 민간경비는 특정한 의뢰자(고객)로부터 받은 대가 내지 보수만큼 그 사람들을 위해 범죄예방 및 억제 또는 경제적 손실 방지 및 이익을 위한 예방적 측면에서 그 기능과 역할을 행하는 것이 차이점이라 하겠다.[17]

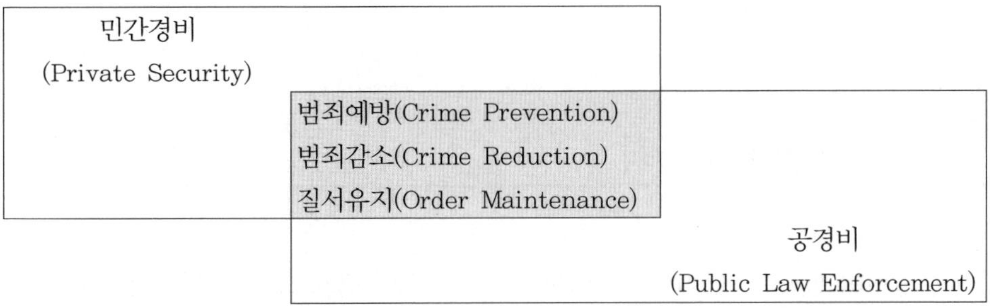

자료: Arthur J. Bilek & Peter P. Lejins, Private Security(Cincinnati: Anderson Publishing Co., 1997), p.6.

〈그림 1-1〉 민간경비와 공경비의 공통목적

이상에서 설명한 민간경비와 공경비의 관계를 그림으로 설명하여 보면 〈그림 1-1〉과 같이 나타낼 수 있다.

〈표 1-1〉 민간경비와 공경비의 관계

민간경비	경비서비스	공경비
고객(Client)	투입(Input)	시민(Citizen)
범죄예방(Crime Prevention)	역할/기능	범죄대응(Crime Response)
특정고객 대상(Special)	서비스 대상	일반시민 대상(General)

17) Robert R. J. Gallati, Introduction to Private Security(Englewood Cliffs, N. J. : Prentice-Hall, Inc., 1983), p.26. ; William C. Cunningham & Todd H. Taylor, The Hallcrest Report : Private Security and Police in America(Portland : Chancellor press, 1985), pp.204-205.

영리기업(Profit-Oriented Enterprise)	전달조직	정부(Government)
손실감소 및 재산보호 (Loss Reduction/Asset Protection)	산출(Output)	법집행 및 범인체포 (Law Enforcement/Apprehension)

자료: Arthur J. Bilek & Peter P. Lejins, Private Security(Cincinnati : Anderson Publishing Co., 1997).

제2절 민간경비의 범위

민간경비의 활동은 한정된 분야라고 할 수 없으며 점점 그 활동범위가 넓어지고 있는데 관련 산업이 최초로 도입되고 가장 발단된 형태를 보이고 있는 미국의 경우 크게 재산보호, 개인의 안전확보, 정보수집 등의 세 가지로 나누고 있다.[18)]

첫째, 재산보호는 개인이나 기업의 시설, 설비, 기타 재산을 범죄나 화재 또는 여러 위험으로부터 보호하기 위해서 재산에의 접근을 규제하고 차단하기 위한 출입감시, 억제 고객이나 내부직원의 통제, 사고 방지, 시설 내의 안전확보, 비상사태가 발생했을 때 안전조치 등의 임무를 말한다. 이러한 일은 주로 제복차림의 '경비원'에 의해 수행되며, 민간경비의 대부분을 차지한다.

둘째, 개인의 안전확보는 고객의 생명과 신체를 보호하는 것이다. 주로 기업인이나 연예인, 운동선수 등 대중과 많은 접촉을 하거나 대중의 접근을 차단할 필요가 있는 사람들의 안전을 도모하는 역할로서 '보디가드', '에스코트'로 불린다.

셋째, 정보수집은 채용 예정자에 대한 신원조사, 행방불명자의 수색, 보험회사의 지급업무를 위한 조사, 배우자의 탈선행위 발견, 직원의 비행조사 등이 민간경비업의 업무영역이며, 최근에는 시장조사, 기업의 회계감사, 문서감정, 거짓말탐지기를 이용하는 감식활동을 대행해 주는 경비업체도 있다.

민간경비원은 경비대상의 경비작용임무를 수행한다. 따라서 민간경비원은 임무

18) 허경미, "민간경비산업의 발전과제", 수사연구, 1998년 11월호, p.53.

를 수행함에 있어 경비대상에 피해가 생기지 않도록 하면서 행동을 최대한 자유롭게 하는 범위에서 경비임무를 수행해야 한다. 또한 유사시 육탄보호를 불사하는 정신을 가져야 함을 그 원칙으로 하며 민간경비원은 경비임무 이외의 개인의 이권에 개입하여 폭행을 행사하거나, 범죄행위를 하여서는 안된다. 또한 품위유지에 있어 언행과 의복은 항상 단정히 하여 고용주에 피해가 되는 일이 없도록 항상 주의해야 한다.

미국 민간경비원의 직업윤리강령을 보면 민간경비원은 범죄의 예방과 감소에 있어 민간경비가 수행하는 중요한 공헌을 인식하면서 민간경비 고용인으로서 다음과 같이 서약한다.[19)]

첫째, 본인 역할의 책임을 인정하고 업무를 수행한다. 생명과 재산의 보호, 고용주의 기업 또는 자신에게 할당된 다른 조직이나 기관에 대한 범죄의 예방 및 감소 그리고 모든 사람의 헌법적 권리를 존중한다.

둘째, 정직과 성실로서 일하며 나의 경비임무를 수행함에 있어 최선의 도덕적 원칙을 준수한다.

셋째, 나의 임무를 수행함에 있어 신의와 근면, 그리고 신뢰성을 견지할 것이며 항상 타인의 권리를 보호하는 법, 정책 그리고 집행과정을 고양할 것이다.

넷째, 나의 판단에 영향을 미칠 수 있는 개인적 감정, 편견, 적대감 그리고 우정 등에 치우치지 않고 진실, 정확 그리고 인내심을 지켜나갈 것이다.

다섯째, 법 혹은 고용주나 고객의 규칙에 대한 어떠한 위반도 지체 없이 나의 감독자에게 보고할 것이다.

여섯째, 책임 있는 경찰조직이나 정부조직의 관할권 내에 있는 일에 관해서는 그들과 협력할 것이다.

일곱째, 고용주의 동의나 인정이 없이는 어떠한 보상, 임무, 선물 또는 다른 혜택도 받지 않겠다.

여덟째, 항상 전문가답게 활동하며 나의 임무를 나 자신, 고용주 그리고 민간경비

19) 김두현, 「경호학」, 서울: 공안행정연구원, 1996, pp.56-57.

원의 신뢰성을 침해하지 않는 형태로 수행할 것이다.

아홉째, 훈련과 교육의 기회를 추구함으로써 나의 업무수행 능력을 개선하기 위하여 지속적으로 노력하며 나의 경비업무에 대한 준비를 게을리하지 않는다.[20)]

제3절 민간경비의 현황

1. 민간경비 현황

근대적 민간경비제도는 우리나라에서 1960년대 6·25전쟁 이후 휴전이 되면서 미국의 경제원조와 함께 주한미군의 군납경비가 민간에게 계약됨으로써 그 효시를 찾을 수 있다.

국내 처음으로 미8군 군납경비를 맡은 업체는 1953년에 설립한 화영기업과 경원기업 그리고 1959년 설립한 신원기업 등으로 알려지고 있다. 이들 선발업체가 쌓은 초창기의 신뢰와 공신력은 오늘날까지 국내 민간경비 업체들이 경비의 맥을 이어가는 데 좋은 밑거름이 되며 민간경비의 성장과 발전에 커다란 도움이 되고 있다(곽대경, 2001).

미군 용역경비로부터 출발한 우리나라 민간경비는 산업화로 인한 급속한 경제성장과 함께 안전의식의 확대로 점차 발전을 거듭해 오다가 1973년 청원경찰법의 전면 개정과 1976년 용역경비업법 제정으로 본격적인 성장의 단계에 돌입하였다. 1978년 사단법인 한국용역경비협회가 설립되었고, 1980년 초에는 외국 기술과 자본의 도입으로 활기를 띠었으며, 1982년 서울국제무역박람회의 행사장 경비, 1983년 프로야구단의 스포츠경비, 1986년과 1988년 아시안게임과 올림픽 대회 및 대규모 국제적 행사를 성공리에 마치게 되어 우리나라의 민간경비는 오늘에 이르렀다.

1990년대에 들어와 우리나라 민간경비는 발전의 계기를 맞이하였다. 80년대 중

20) 오선경, "민간경비 역할증대에 따른 인력관리 효율화 방안에 관한 연구", 동국대학교 행정대학원 공안행정학과 석사학위논문, 2000, pp.8-11.

반 이후 꾸준히 성장하여 "93 대전엑스포박람회" 및 "98 경주 세계문화엑스포"의 행사기간 동안 민간경비업체에서 경찰과의 긴밀하고 유기적인 업무협조로 약간의 시행착오적 문제를 제외하고는 안전 및 경비업무를 별다른 큰 사고 없이 끝마침으로써 당초에 우려하였던 민간경비업체의 능력을 재평가받을 수 있는 기회가 되었다.

또한 1994년에는 일반 국민들을 대상으로 "94 방범전시회"를 한국무역전시장에서 개최하면서 경비산업의 발전과 일반 국민들이 민간경비에 대한 신뢰성과 안전성을 다시 생각하는 계기가 되었다.

이와 같은 국내 민간경비업의 급속한 발전과 더불어 국제적으로는 한국 민간경비업의 양적·질적 성장을 의미하는 '제2차 아시아 경비 관계자 세미나'가 1995년 서울 워커힐 호텔에서 개최되어 아시아 전체 나라에서 여러 명의 대표단을 파견하였으며, 특히 영국, 홍콩, 한국, 타이완, 싱가포르, 호주 등 6개국에서 8명의 연사가 자국의 민간경비 현안 문제들을 발표하고 서로 토의하는 형식의 세미나를 개최함으로써 아시아 국가들의 공통적인 경비 현안문제들을 이해하고 협조하는 장을 마련하였고, 이를 토대로 2002년 월드컵을 성공적으로 마쳤다.

〈표 1-2〉 2013년 한국 경비업체 현황

(2012.12.31 기준)

구 분	업체 수	업종 계	시설경비	호송경비	신변보호	기계경비	특수경비
'12년	3,836	4,556	3,718	41	527	148	122

출처: http://www.police.go.kr/portal/main/contents.do?menuNo=200191(경찰청 홈페이지).

〈표 1-3〉 2013년 한국 경비원 현황

(2012.12.31 기준)

구 분	2008	2009	2010	2011	2012
인원 수	142,457	146,805	142,363	146,286	150,030

출처: http://www.police.go.kr/portal/main/contents.do?menuNo=200191(경찰청 홈페이지).

한국경비협회의 통계자료에 의하면 창립 연도인 1978년에 10개 회원업체가 있었지만 협회 설립 10년 만인 1987년에 106개 업체로 10배로 증가하였는데 1993년에는 499개사로 증가하였으며, 1996년에는 드디어 1,000개사를 넘어서 네 자리숫자를 기록할 정도로 발돋움하였다. 그리고 1999년은 1,500개사이며 2002년도에 2,022여 개사를 넘어섬으로써 짧은 기간에도 불구하고 양적으로는 실로 비약적인 발전을 하였지만, 함량 미달인 부적격 업체에 대한 행정처리가 신속히 이루어져 민간경비업에 대한 국민의 인식 및 신뢰감이 손상되지 않도록 노력할 필요가 있으며, 민간경비업체 수의 60%, 경비원 수의 75%가 수도권지역에 편중되어 있다. 민간경비의 전국적인 분포를 위해서는 지역특성에 맞는 민간경비 상품을 다양하게 개발할 필요가 있을 것이다.

이후에도 현재까지 경비업체와 경비원의 수는 비약적으로 상승하여 현재 3,836개 업체와 150,030명의 경비원이 등록되어 있다.

2. 민간경비원의 교육훈련

1) 민간경비원의 교육프로그램

경비원과 청원경찰로 구분되어 있는 한국 민간경비업의 교육과 훈련에 관한 규정은 각기 경비업법시행령 제18조(교육)와 청원경찰법시행령 제5조(교육), 청원경찰법시행규칙 제6조(교육기간 등), 동시행규칙 제13조(직무교육) 등에 대하여 신임교육과 직무교육을 받도록 규정되어 있다. 경비원의 경우 신임교육 28시간을 받아야 하며 매월 4시간씩의 직무교육을 받도록 되어 있다. 신임교육과 직무교육은 이를 실시하는 주체와 과목이 다르다.

민간경비원의 교육에 대해 법으로 규정되어 있는 교육과목과 시간은 〈표 1-4〉와 같다. 우선 경비원의 신임교육 내용은 이론교육으로는 경비업법, 경찰관직무집행법 및 청원경찰법(4시간), 범죄예방론(3시간), 실무교육으로는 테러 대응요령(3시간), 화재대처법(2시간), 응급처치법(3시간), 분사기 사용법(2시간), 예절 및 인권교육(2시간), 체포 · 호신술(3시간), 질문 · 검색요령(3시간), 기타로는 입교 · 평가 · 수료식(3시간)으로 구성되어 총 28시간이다.

〈표 1-4〉 경비원 신임교육의 교육과목 및 시간

구분	과목	교육시간
이 론 교 육 (7시간)	- 경비업법, 경찰관 직무집행법 및 청원경찰법 - 범죄예방론	4시간 3시간
실 무 교 육 (18시간)	- 테러 대응요령 - 화재대처법 - 응급처치법 - 분사기 사용법 - 예절 및 인권교육 - 체포·호신술 - 질문·검색요령	3시간 2시간 3시간 2시간 2시간 3시간 3시간
기 타 (3시간)	- 입교식·평가·수료식	3시간
총 계		28시간

자료: 경비업법시행령 제18조, 동법시행규칙 제12조.

〈표 1-5〉 민간경비원 교육의 종류와 실시 주체

종류 / 신임교육	신임교육	직무교육
교육시기	- 경비원으로 임용되어 근무 배치 전	- 경비원으로 임용되어 근무 중
교육실시주체	- 경찰교육기관 - 협회 - 협회로부터 신임교육 위탁을 받은 경비업자	- 경비업자
교육과목	- 법정되어 있음	- 법정되어 있지 않음
교육시간	- 28시간	- 매월 4시간
교육이수 중	- 협회에서 이수중 발급 - 경비업자는 교육받은 자의 명부 배치	- 없음
미실시한 경우	- 행정처분 있음	- 행정처분 있음

자료: 경비업법시행령 제18조, 동법시행규칙 제12조 및 제13조.

〈표 1-5〉는 경비원이 받아야 하는 교육의 종류와 실시주체 등을 나타낸다. 처음에 경비원의 신임교육은 협회에서만 실시할 수 있도록 규정되었으나 2001년 7월 7일 재정된 법령으로 경찰교육기관, 시설과 장비 갖춘 기관 또는 단체에도 위탁할 수 있도록 개정되었다. 경비업의 신속한 성장의 필요성에 의해 교육을 받아야 할 경비원의 수가 증가하였고, 그에 따라 신임교육을 협회에서만 한다는 것이 불가능해진 것이다.

경비원의 신임교육의 개정안은 경비업체들이 충실히 이를 잘 이행한다면 교육일자의 선택과 적정대상에 대한 실질적 사항을 교육할 수 있다는 점에서 다소 장점을 가진다고 하겠다.

직무교육에 대해서는 이러한 위탁규정이 없이 처음부터 경비업자의 책임하에 실시하도록 되어 있다. 교육내용에 대해서도 특별한 규정이 없으며, 시간도 월 4시간이므로 이 시간범위 내에서 재량껏 실시하면 된다.

2) 청원경찰의 교육프로그램

한편, 청원경찰의 경우 기본교육[21]과 직무교육[22]으로 구분되며, 2주간에 걸친 총 76시간의 기본교육과 매월 4시간 이상의 직무집행 교육을 받아야 한다. 기본교육은 청원경찰로 임용된 자에게 경찰교육기관에서 실시하는 직무수행에 필요한 교육을 말하는데, 관할 경찰서장이 소속공무원을 청원경찰이 배치된 사업자에 파견하여 매주 2시간씩 하는 교육과 청원주가 소속 청원경찰에 대하여 매월 4시간 이상 실시하는 교육을 말한다.

청원경찰의 기본교육 내용은 총 76시간으로 정신교육(8시간), 형사법(10시간), 청원경찰법(5시간), 경찰관직무집행법(5시간), 방범(3시간), 경범죄처벌법(2시간), 시설경비(6시간), 소방(4시간), 대공이론(2시간), 불심검문(2시간), 민방공(3시간), 화생방(2시간), 기본훈련(5시간), 총기조작(2시간), 총검술(2시간), 사격(6시간), 체포술 등(6시간), 입교 · 수료 · 평가(3시간)로 구성되어 있다.

---

21) 청원경찰법시행규칙 제6조 참조.

22) 청원경찰법시행규칙 제13조 참조.

위에서 언급한 경비원과 청원경찰에 대한 교육과정을 자세히 살펴보면, 현행의 교육관련 규정은 교육과목이 너무 많고 그 내용도 매우 비현실적이며, 업무 특성을 감안한 교육내용 등이 결여되었다는 문제점들이 제기된다. 실제 민간경비분야에서 필요로 하는 전문적인 지식습득의 교육이기보다는 경찰 또는 군부대에서 실시하고 있는 일반적인 기본교육들로 채워져 있다고 할 수 있다.

〈표 1-6〉 청원경찰 기본교육과목 및 시간

구분	과목	교육시간(시간)
정신교육	– 정신교육	8
학술교육	– 형사법	10
	– 청원경찰법	5
실무교육	– 경무경찰관 집무집행법	5
	– 보안방범	3
	– 경범죄처벌법	2
	– 경비 시설경비	6
	– 소방	4
	– 정보 대공이론	2
	– 불심검문	2
	– 방위 민방공	3
	– 화생방	2
	– 기본훈련	5
	– 총기조작	2
	– 총검술	2
	– 사격	6
술 과	– 체포술 및 호신술	6
기 타	– 입교・수료・평가	3
총 계		76

자료: 청원경찰법시행규칙 제6조.

3) 경비지도사의 교육프로그램

사회변화 따른 경비수요의 증가와 이에 따른 경비원들의 자질향상을 전제로 이에 대한 적절한 감독과 교육을 담당할 관리자 자격으로 탄생한 것이 경비지도사제도로, 이는 1997년도에 시행하게 되었다. 이 제도의 필요성에 대한 인식을 경비업무는 경비대상의 생명, 신체, 재산에 대한 안전을 확보하는 업무로써 이 업무를 적절히 행하기 위해서는 경비원이 경비업무에 대하여 전문적인 지식과 능력의 배양이 필요했던 것이다. 또한 경비원에 대한 교육도 기본교육 28시간, 직무교육 월 4시간 이상을 실시하도록 규정되어 있으나 업계의 영세성으로 인하여 법규의 규정에 의한 교육이 정상적으로 시행될 여건이 미비함은 물론 대형업체를 제외하고는 경비업자에 의한 교육마저도 기대하기 어려운 실정이다.

이러한 문제점으로 인해 경비원들의 자질향상을 위한 하나의 방안으로 인력경비와 기계경비에 종사하는 모든 경비원들에 대하여 교육 및 훈련을 전담하는 일반경비지도사와 기계경비지도사제도가 1995년 경비업법 개정으로 1997년부터 실시하게 되었다. 경비지도사는 시설경비, 호송경비, 신변보호 업무를 담당하는 경비원을 교육하는 일반경비지도사, 기계경비 업무를 담당하는 경비원을 지도 · 감독 · 교육하는 기계경비지도사로 구분한다.

여기서 경비지도사라 함은 경비업자나 경비원들에 대하여 경비업법에 정하여진 교육을 계획하고 실시하며 감독하는 자들로서 경비지도사 교육과정을 수료한 자 또는 동등 이상의 지식과 능력을 가졌다고 인정되는 자 중에서 일반경비지도사 또는 기계경비지도사 자격증을 교부받게 되는 것이다.

〈표 1-7〉 경비지도사의 기본교육과목 및 시간

구분	과 목		시간
공통교육	- 경비업법		4
	- 경찰관 직무집행법 및 청원경찰법		3
	- 테러 대응요령		3
	- 화재대처법		2
	- 응급처치법		3
	- 분사기 사용법		2
	- 교육기법		2
	- 예절 및 인권교육		2
	- 체포 · 호신술		3
	- 입교식 · 평가 · 수료식		4
자격의 종류별 교육	일반경비	기계경비	
	- 시설경비	- 기계경비운영관리	2/4
	- 호송경비	- 기계경비 기획 및 설계	2/4
	- 신변보호	- 인력경비개론	2/3
	- 특수경비	- 기계경비현장 실습	2/5
	- 기계경비개론		3
	- 일반경비현장실습		5
계			44

자료: 경비업법시행규칙 제9조 제1항.

경비지도사의 교육과정은 〈표 1-7〉과 같이 교육시간의 경우 이전의 88시간에서 44시간으로 줄었으며, 과목의 종류는 이전에 비해 실무위주의 과목으로 변경되었다.

또한 경비지도사는 직무교육으로 매년 1회 8시간 이상을 받아야 하는 경비지도사 직무교육은 1999년 9월 21일 개정으로 삭제되었다. 경비지도사의 신임교육에 소요되는 비용은 교육대상자의 부담으로 한다.

일반경비지도사가 되기 위해서는 최소한 다음과 같은 교육과정을 이수하여야 한다. 경비업무 실시 기본원칙에 관한 교육, 경비업법 및 경비업무의 적정한 실시에 필요한 법령에 관한 교육, 경비업무에 관한 기본적 지식과 기술에 관한 교육, 경비업무 분야별 전문지식과 기술에 관한 교육, 기타 일반경비지도사로서 필요한 지도 및 교육에 관한 교육 등이다. 이러한 형식에 의하여 임명된 경비지도사는 경비원의 교육에 관한 계획을 작성 및 실시하고 지도 및 기록 등을 유지하며, 법률에 규정된 경비원의 교육실시 여부를 관리하며, 법률에 규정된 타 경비업체의 교육실시 기록에 대한 감독을 하며, 경비원의 지도 및 교육에 관하여 경비업자들에게 조언하는 업무를 수행하게 된다.

(1) 교육훈련의 의의

교육훈련이란 조직구성원으로 하여금 조직목표를 효과적으로 증진시키는 데 그 목적을 두고 있으며(안해균, 1984)[23], 이러한 교육훈련의 목적 또는 교육훈련의 수요는 직책이 요구하는 자격에서 현재의 자격을 차감하여 산출할 수 있다. 다시 말해 경비지도사 훈련의 목적은 경비원의 직책에서 요구하는 자격요건에서 현재 경비원의 능력과 자격만큼을 차감하면 나타나게 될 것이다. 그러나 근본적으로 경비원 교육훈련의 목적은 경비원으로 하여금 직무에 필요한 지식과 기술을 습득케 하여 근무의욕의 향상은 물론 경비근무의 능률을 제고하고 민간경비조직의 신축성을 확보하여 경비업의 발전에 이바지하는 데 있다.

결국 교육훈련이란 경비원에 대한 교육과 훈련으로서 '직무와 관련하여 학식 · 기술 및 대응능력을 배양하기 위하여 교육훈련을 받아야 한다.' 그러나 여기서 주목해야 할 것은 교육과 훈련의 용어의 혼용에 관한 것이다. 그러나 일반적인 것은, 교육이란 특정 직책과는 직접 관련되어 있지 않은 각 개인의 일반적인 능력을 종합적으로 개발하는 것을 말하며, 훈련은 전문지식인이나 기술 등을 포함하여 직무와 관계된 능력을 발전시키기 위해 가르치는 것이다. 따라서 인사행정에서 말하는 경비원의 교육훈련이란 경비원의 일반능력을 개발하고 직무수행에 필요한 지식과 기술을 연마하여 태도의 발전적 변화를 촉진하는 활동이라고 할 수 있다(유종해, 1990)[24].

---

23) 안해균(1984), 현대행정학, 서울: 다산출판사.

24) 유종해(1990), 현대행정학, 서울: 박영사.

또한 화이트헤드(Alfred N. Whitehead, 1953)[25]의 경우 "경찰공무원의 교육과 훈련에 대하여 교양적이지 않은 기술훈련은 없고 기술적이지 않은 교양교육도 있을 수 없다고 하며 교육과 훈련을 적대적으로 구별하는 것은 비현실적인 사실이다"라고 언급하고 있다(Alfred N. Whitehead, 1953). 그러므로 경비지도사의 직무수행 능력의 향상은 일반적인 고양, 지식, 민주적 신념, 가치관 및 태도의 함양 없이는 이루어질 수 없으므로 현대에서는 훈련의 성격을 폭넓게 인식하고 용어 또한 교육과 훈련을 병기하여 교육훈련으로 표현하는 것이 일반적이라고 할 수 있다(경찰대학, 1995)[26].

25) Alfred N. Whitehead(1953), The Aim of Education, Washington, D.C.: Mentor Book.
26) 경찰대학(1995), 경찰학 개론, 경기: 경찰대학 편집부.

제 2 장

민간경비산업의 문제점

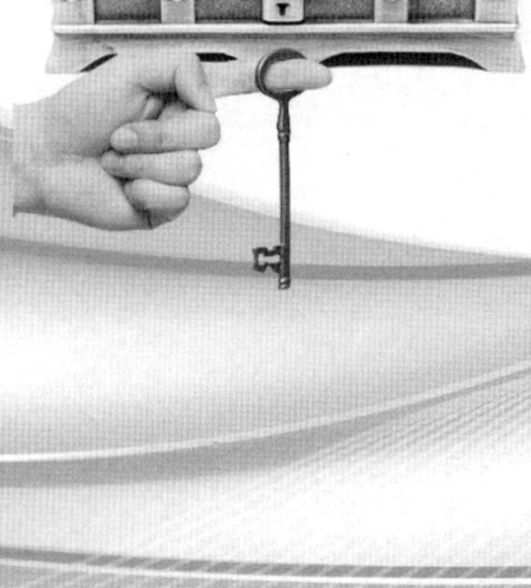

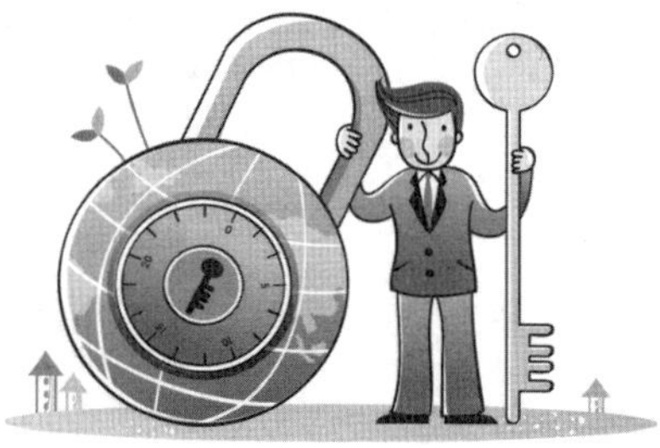

제 02 장 민간경비산업의 문제점

제1절 민간경비산업의 법제적 문제점

1. 지휘체계상 문제점

민간경비는 경비업법 그리고 경비업법시행령 등에 의하여 지휘되고 있다. 즉 경찰청장 또는 지방경찰청장은 경비업무의 적정한 수행을 위하여 경비업자 및 경비지도사를 지도·감독하며 필요한 명령을 할 수 있다(경비업법 제24조 1항). 지방경찰청장 또는 관할 경찰관서장은 소속 경찰공무원으로 하여금 관할구역 안에 있는 경비업자의 주사무소 및 출장소와 경비원 배치장소에 출입하여 근무상황 및 교육훈련상황 등을 감독하며 필요한 명령을 하게 할 수 있다. 이 경우 출입하는 경찰공무원은 그 권한을 표시하는 증표를 관계인에게 내보여야 한다(경비업법 제24조 2항).

또한 지방경찰청장은 청원경찰의 효율적인 운영을 위하여 청원주를 지도하며 감독상 필요한 명령을 발할 수 있다(청원경찰법 제9조 3항).

특히 청원경찰법 시행령과 경비업법에 의해 기관시설 또는 사업장에 청원경찰에 의한 경비와 민간경비가 동시에 실시되는 경우 청원주는 경비의 효율화를 위하여 청원경찰에 대한 근무배치 및 감독에 관한 권한의 일부를 민간경비업자에게 위임하는 경우에 그 혼란이 발생된다. 즉, 동일 경비시설물 내에서 민간경비업자가 민간경비원뿐 아니라 청원경찰관에게도 지휘체계를 갖는다고 볼 수 있으나 그것이 청원경찰관에 대한 임용 및 해지 등의 집행권한까지 가진 것이라고는 볼 수 없으므로 실질적인 지휘 및 감독이 실현되지 못하고 있다.

2. 직무상 문제점

청원경찰과 민간경비원의 직무에 있어 종류나 단위가 몇몇 특수한 경비시설물을 제외하고는 거의 같은 수준에서 운영되고 있다.

청원경찰의 직무범위는 국가기관 또는 공공단체, 그리고 그 관리하에 있는 중요시설, 또는 사업장, 국내거주 외국기관, 안전행정부령으로 정한 중요시설 또는 사업장으로 되어 있고(청원경찰법 제2조), 민간경비는 국가 중요시설, 산업시설, 공공시설, 사업소, 여행장, 유원지, 주차장 등의 시설 및 장소의 도난, 수행, 혼란 등으로 인한 위해발생 방지사무와 운반 중에 있는 현금, 유가증권, 실금리, 상품, 기타 물건의 도난, 수행 등의 위해발생 방지업무를 직무의 범위로 하고 있다(경비업법 제2조).

청원경찰이 경비업무를 맡고 있는 국가기관의 몇몇 경비시설물을 제외하고는 오히려 민간경비가 훨씬 많은 분야에서 다양한 경비업무를 실시하고 있는 실정이다.

특히 현대산업사회에서 빈번히 개최되고 있는 각종 대규모 집회 등의 행사장 경비는 그 중요성이 점차 크게 인식되어 가고 있는 실정이며 최근에 이르러 자주 발생하고 있는 운송 중인 현금 및 귀금속 도난사건 등은 국민경제생활을 크게 위협하고 있어 이것에 대한 방지대책으로 무기를 휴대한 청원경찰 등을 활용하고 있지만 방지활동에는 한계성이 있다고 인식하여 금융업계에서는 민간경비업체들로 하여금 우리 실정에 가장 적합한 전문화된 현금수송업무 취급뿐만 아니라 휴일이나 공휴일 그리고 근무시간이 끝난 야간시간에 무인화은행기능을 수행하는 CD(현금자동지불기) ATM(현금자동예금기)의 관리 및 운용을 민간경비업체에 맡겨 실시해 오고 있기 때문에[1] 이와 같은 기능수행에 대한 수요는 계속 증가할 것으로 예상된다.

---

1) 서재근, "사경비의 육성과 치안확보 방안에 관한 연구", 한국공안행정학.

따라서 국가중요시설에 대한 청원경찰관의 야간은행의 금전출납기 관리는 민간 경비원으로 그 직무를 구별하고 있는 현 법령은 의미가 없다. 왜냐하면 중요시설이나 야간은행의 금전출납업무나 방범이나 업무상의 중요도는 동일하다고 보아 앞으로 청원경찰과 민간경비의 직무범위를 구태여 구분할 필요성이 없다고 보기 때문이다.

3. 허가 및 배치상의 문제점

청원경찰의 배치는 청원경찰법 제4조에서 자세히 나타난 바와 같이 경비시설물의 청원주가 청원경찰의 배치를 받고자 할 때는 관할 경찰서장을 거쳐 지방경찰청장이 청원경찰의 배치 또는 폐지 그리고 감독을 명할 수 있다. 반대로 관할 지방경찰청장이 청원경찰의 배치가 필요하다고 인정되는 시설물에 대해서는 그 시설주나 기관장에게 청원경찰의 배치를 적극적으로 요청할 수 있도록 규정하고 있다. 이러한 청원경찰의 배치는 청원주의 자발적인 요청보다는 국가가 지정한 방호시설 등급에 따라 의무적으로 청원경찰을 배치하고 있는 실정으로 청원주가 경비업무의 효율성과 경비문제 때문에 가능한 청원경찰의 수를 줄이고 민간경비원의 수를 늘리려는 입장이다.

민간경비업의 설립은 현재 경찰관청의 허가주의를 채택하고 있는데 이것은 민간경비 자체가 영리성을 가지면서 생명과 재산을 담보로 하는 업무상 양면적 특성을 지니고 있기 때문이다. 민간경비업을 영위하고자 하는 자는 허가신청서에 구비서류를 첨부하여 허가관청에 제출하게 되면 허가관청인 경찰서장 또는 지방경찰청장이 법인 임원의 결격사유의 유무와 법인의 재산정도, 대출자와 임원의 경력 및 신용 정도 등을 신중히 검토하여 허가여부를 결정하게 된다.

이러한 민간경비업의 허가제라는 의미는 민간경비업의 성격상 국가적 차원에서 통제 내지 규제할 수 있는 기회의 부여이며 또한 경비업의 건전한 발전을 위한 것이라 할 수 있다.

그러나 민간경비업의 허가기준에서 법인의 임원이 금치산자, 한정치산자, 금고 이상의 형을 받은 자, 민간경비업의 영업허가 취소를 받은 자가 아니면 누구나 허가를 받을 수 있도록 되었다. 이에 금고 이하의 형을 받은 전과 9범이 민간경비업의 대표이사가 되어 사회적인 물의를 일으킨 경우처럼 법인 임원의 자격에 있어서 결격사유 몇 가지에만 해당되지 않으면 누구나 허가를 받을 수 있도록 되어 있어 경비업을 하고자 하는 자의 전문성이나 이 분야의 경력 및 학력 등에는 하등의 제한을 두고 있지 않은 실정이다.

그러나 경비업은 다른 직업과는 달리 개인의 생명과 재산을 담보로 하는 업무상의 특성을 가지고 있기 때문에 민간경비업에 대한 허가기준, 허가신청, 그리고 허가절차에 있어서는 경찰에서 좀 더 세심한 기준의 마련이 요구된다고 할 것이다.[2)]

제2절 민간경비산업의 운영상의 문제점

1. 민간경비산업과 공경비 간의 관계에서 나타나는 문제점

우리나라의 경우 대부분의 방범활동이 경찰조직 위주로 국가정책이 확립되고 추진되어 왔기 때문에 민간경비와 경찰의 협조체제 구축에 있어서는 별다른 진전을 가져오지 못하였다. 따라서 경찰과 민간경비의 효율적인 범죄예방활동을 위한 상호협조체제를 구축하는 데 있어 장해요인이 되고 있는 사항들을 경찰과 민간경비관계자들을 통하여 살펴보고 아울러 이들이 제시하고 있는 장해요인에 대한 발전적 방안들을 알아보도록 하겠다.

1) 범죄예방활동을 위한 정책빈곤

지금까지 범죄예방활동에 있어 일반국민들의 인식이나 국가정책 결정자들까지도 범죄예방은 국가공권력인 경찰관만이 수행하는 업무인 것으로 생각하는 경향이 있었기 때문에 그동안 민간경비의 역할이나 기능은 별로 대수롭지 않게 취급되어 왔던 것이 사실이다.

2) 박승용, "민간경비와 경찰과의 협조방안에 관한 연구", 연세대학교 행정대학원 석사학위논문, 1992, p.35.

이와 같이 인식되어진 현실적인 문제 때문에 경찰과 민간경비의 상호협조관계 구축에 있어서는 별다른 진전을 가져오지 못하였고 상호 무관심한 가운데 독자적인 발전만 거듭하여 왔다. 이는 경찰과 민간경비 각각 상대방 조직과의 협조체제 구축의 필요성을 못 느끼고 있으며, 경찰의 경우에도 정책적 빈곤 때문에 민간경비와의 접촉 자체를 꺼리고 있다.

2) 업무에 대한 상호 간의 이해 부족

양 집단이 효율적인 방범협력체제구축을 위해서는 상대방의 업무에 대한 폭넓은 이해가 우선적으로 선행되어야 함에도 불구하고 현재까지 이렇다 할 만한 발전적인 방안이 거의 모색되지 않은 실정이다. 따라서 상대방의 업무를 깊이 이해하고 더 나아가서 상호협력체제를 구축하기 위하여서는 우선적으로 민간경비만을 전담하는 경찰관을 미리 지정하여 두어 이 전담 경찰관이 민간경비가 경찰에서 필요로 하는 경우에 대하여 조종역할을 할 수 있도록 하고 양 조직이 더욱 친밀하여 질 수 있도록 범죄발생 취약지역이나 우범지역에 대하여 순찰 등을 같이 실시하여 상대방의 업무에 대한 이해의 폭을 넓힐 수 있도록 하는 방안도 강구되어야겠다. 따라서 많은 수의 민간경비가 경찰과의 친밀한 공조체제를 구축하기 위해서는 무엇보다도 먼저 상대방의 업무에 대한 이해가 선행되어야 할 것이고, 그 다음 순차적으로 구체적인 방안들에 대한 연구가 이루어져야 할 것이다.

3) 비용의 부담

민간경비와 공경비 간에 나타나는 문제점의 하나로서 비용을 부담하는 주체가 누구인가 하는 것이다. 이는 공경비의 경우 정부에서 그 제반비용을 전부 다 지불하지만 민간경비에 있어서는 피경호자가 비용부담의 주체가 될 수밖에 없다. 따라서 그 비용의 규모 면에서도 공경비가 당연히 클 수밖에 없다. 공경비는 그 국가의 주요한 요인, 즉 대통령, 국왕, 외교관 등의 국가적인 차원에서 보호해야만 하는 인물을 보호하기 위한 차원에서 이루어지지만 민간경비의 경우에는 자신의 신변이나 주변인물, 가족에 대한 신변의 위협에 대처하기 위해서 돈을 이용하여 민간경비원을 고용

하는 것이므로 그 비용부담상에서의 차이가 큰 문제점이라 할 수 있다.[3)]

2. 운용체제의 문제점

민간경비업이 본연의 업무인 신변보호가 아니라 선량한 국민을 상대로 협박, 공갈 및 폭력을 행사하여 사회적인 물의를 일으키는 업체가 있어 언론대중매체를 통하여 국민들에게 알려지면서 민간경비업의 이미지가 조직폭력배 또는 해결사 등으로 인식되어져 민간경비업의 전체적인 이미지를 손상시키는 경우도 가끔 일어나고 있는 실정이다.

현재 민간경비업의 감독기관인 경찰청이 민간경비업무의 적절한 실시를 위하여 민간경비업체를 지도하며 감독상 필요한 명령을 할 수 있도록 하고 있고, 경찰서장은 수시로 관내의 민간경비업자와 민간경비요원의 배치장소를 주시하면서 근무 상황 및 교육훈련 상황 등을 감독하며 필요한 지시를 할 수 있도록 하고 있다.[4)]

그러나 실제 경찰청 방범과와 관할 경찰서 방범과에서 지도 및 감독을 하도록 되어 있지만 경찰의 인력부족 또는 과중한 업무로 인하여 실제로는 민간경비업체의 효율적인 지도 및 감독이 어려운 실정이다.[5)]

제3절 민간경비원 교육과정의 문제점

1. 현행 민간경비 교육훈련 프로그램

현행 한국의 민간경비 교육훈련 프로그램은 부재한 실정이다. 국내 민간경비 업무의 영역은 경비업법상 시설경비 · 호송경비 · 신변보호 · 기계경비 · 특수경비 업

3) 염장호,「세계 경호학 개론」, 오성출판사, 1995, p.134.
4) 한병락 외 4인, "민간방범 역량강화를 위한 민간경비제도 발전방안", 치안논총 제11집, 1995, p.164.
5) 박주현, 전게논문, pp.28-29.

무의 다섯 가지 업무로 분류되어 있음에도 불구하고, 경비업법상 경비원은 일반경비원과 특수경비원으로 구분된다. 그러하기 때문에 일반경비원과 특수경비원의 교육훈련 프로그램으로만 구성되어 있어 세분화되고 전문화된 민간경비 교육훈련 프로그램의 구성이 시급히 요구되는 실정이다. 민간경비는 경비업법상 신변보호업무를 담당하는 일반경비원에 준한 교육훈련 프로그램을 적용받고 있는 실정이다.

그러므로 민간경비 교육훈련 프로그램을 개발하여 법・제도적으로 성문화하고 더 나아가 민간경비 종합 교육훈련 프로그램을 경비업체에 도입시켜 인임교육에서 직무교육, 보수교육, 재교육까지 행하여 민간경비의 질적 성장에 기여해야 할 것이다.

2. 경비지도사 교육훈련제도

경비지도사제도를 적극적으로 활용한 교육훈련으로 시행되어야 한다. 경비지도사가 민간경비원을 지도・감독・교육하고 있는바, 경비지도사에 대한 교육프로그램을 재정비하고, 아울러 경비지도사 제도를 강화하는 방법을 모색해야 한다. 경비지도사로서의 직무를 원활하게 수행하기 위해서는, 법적으로 정해진 44시간(공통교육 28시간, 자격 종류별 교육 16시간)의 교육을 이수한 후 경비원을 지도한다는 것은 상당한 무리가 따르는 것이 현실이다. 실질적으로 업체의 현장에서는 경비지도사보다 오히려 경비원들이 더 많은 지식과 실무경험을 가지고 있는 사례들이 많다. 그러므로 경비지도사의 질적 향상을 도모할 수 있는 교육프로그램의 구성과 제도가 마련되어야 한다.

또한 최근 계속적으로 논의되고 있는 경비지도사의 연령 등의 자격제도의 자체적 문제, 실무교육과 교육시설의 미비, 전문 강사 부족, 재교육 제도의 부재 등 경비지도사제도 자체적인 내용상의 여러 문제점들은 앞으로도 개선되어야 할 과제이다. 민간경호원들이 양질의 교육을 통해 보다 나은 경비 서비스를 제공할 수 있도록 하는 것은 경비지도사의 역할이 그 무엇보다도 중요한 것이기 때문이라 사료된다.

3. 전문교육기관과 연구기관

국내 경호전문교육기관의 부족은 소수업체를 제외하고 대부분의 경비업자들은 한국경비협회에서 기본적인 신임교육만을 실시하고 있으며, 한국경비협회에서는 필요한 경우에 경찰교육 훈련기관이나 필요한 인력과 시설을 갖춘 경비업자에게 위탁할 수 있으므로 경비업자는 교육을 위탁받아 자체적으로 교육하고 있는 실정이다.

또한 민간경비산업을 총괄할 수 있는 종합적인 전문연구기관이 부재한 실정이다. 전문연구기관이 없다 보니 체계적인 연구가 부족하고 교육훈련에 관한 교육훈련 프로그램 및 자질을 향상시킬 수 있는 기준 등의 제정과 전문연구기관의 설립이 필연적으로 필요하다.

민간경비산업의 발전에 있어서 가장 기본적인 요소는 교육훈련을 원활하고 합리적으로 실시하기 위해서 민간전문교육 기관, 학교, 경찰교육기관, 경호협회 등의 지정 시설을 통한 일정수준과 일정시설 이상 환경에서의 교육이 절실히 요구되고 있다.

현재와 같은 교육훈련으로는 민간경비산업이 전문적인 산업으로 성장하고, 민간경비업무에 종사하고 있는 구성원들이 자부심을 가지고 종사하기에는 많은 부분 부족한 점이 있다.

전문교육 기관은 경비원 능력향상을 위한 교육훈련 기간, 교수, 교육훈련 계획, 과목편성, 사후평가 등 경비업무와 관련된 모든 과정을 총괄하는 종합적인 교육훈련 전담기관으로 경비원의 신임 · 직무교육을 통하여 다양화되고 전문화되어 가는 경비산업의 수요에 부응하고, 경비원 자질 향상을 위한 민간경비 전문교육기관이 설립 및 지정되어야겠다.

4. 경비업자의 교육훈련에 관한 의식

최근까지 많은 연구자들에 의해 민간경비산업의 발전을 위해서는 교육훈련의 중요성을 주장해 왔음에도 불구하고 민간경비원의 교육훈련에 대해서 대기업을 제외한 대부분의 경비업자의 무관심은 여전하다고 할 수 있다.

경비원에 대한 인식부족은 경비업자와 경비원 쌍방 모두에게 존재하는 현상이라 할 것이다. 경비업자는 시간과 예산상의 경비절약을 위하여 번거로운 교육훈련을 구태여 실시하여야 할 것인가 하는 그릇된 의구심을 갖고 있으며, 또 실제 현장에 배치되는 경비원들은 대부분이 저학력으로 자신의 업무에 대한 사명감이나 공공성 인식이 결여된 자들로서 적당한 시간 때우기에 급급하여 사전교육이나 직무교육에 대하여는 별다른 필요성을 느끼지 못하고 있다. 그리고 열악한 업무환경과 저임금에 대한 불만들도 자주 표출되고 있는 것이 현실이다.

경비업자의 교육훈련에 대한 무관심은 경영적 측면 등에서 이해되고 있는 실정에서 경비업자의 교육부문 투자가 요구되는 실정이다.

그리고 교육훈련의 환경, 즉 교육장 시설, 지리적 위치, 주변여건 등에 의해 경비원의 교육훈련성과에 많은 영향을 미치므로 체계적인 교육훈련이 될 수 있도록 경비업자는 보다 나은 교육훈련의 환경을 만들어주어야 할 것이다.

5. 형식적 교육

경비원에 대한 교육프로그램은 상위 몇 개의 경비업체를 제외하고 영세성 등의 환경적 요인에 따라 교육이 제대로 이루어지지 않고 있는 실정이며, 더불어 그 교육은 형식적 교육에 그치고 있다.

신임교육의 경우 저품질의 경비업체에서는 결원이 발생할 경우 대치경비원을 배치하기 위해서 간단한 면접 후 채용하고, 몇 가지의 경호수칙만을 교육한 후 현장에 배치되고 있는 형편이다. 더군다나 직무교육 또한 형식적으로 시행되고 있으며 감독기관의 감독이 있거나 사고의 위험성이 명백히 예측되는 경우가 아니면 거의 이루어지지 않고 대부분의 경우 현장에서 10분 내지는 길어야 30분 정도의 형식적인 직무교육을 실시하고 있는 형편이다. 또한 경비지도사의 미선임으로 인해 경호원에 대한 지도·감독·교육이 이루어지지 않는 현상도 발생하고 있다.[6]

6) 이상철·김태민, "한국 민간경비원 교육훈련 프로그램 개선방안에 관한 연구", 경호경비연구 제8호, 한국경호경비학회, 2004, pp.295-296.

6. 표준 경비 교육교본

한국경비협회와 경비업체들은 교육훈련 시 '일반경비원 신임교육'교본을 통해 신입경비원들을 교육하고 있다. 전술하였지만 업무에 상관없이 동일한 교육을 받고 있는 실정인데 이는 경호학이 국내에 도입되어 아직 학문적 정립화가 미비하고 표준 경비 교육표본이 부재하기 때문이다.

한국경비협회에서도 업무별 표준교본에 대한 발간 계획안을 검토 중이라고 하지만 경호원과 경비원의 전문성을 위해서 시급히 발간해야 할 것이다.

7. 교육훈련에 관한 관리 · 감독

민간경비업체를 관리 · 감독하는 관청[7]은 민생치안의 많은 경비지도사 자격을 취득한 부분을 담당하고 있는 민간경비업무의 필요성을 인식하지 못하고 경호원의 교육훈련이 원칙대로 실시되고 있는지에 대한 지도 · 감독을 소홀히 하고 있는 실정이다.

민간경비의 발전과 육성을 위해서는 국가적인 차원에서 민간경호전담기구의 확대가 필요한 실정이다. 일본과 미국의 경우를 보더라도 민간경호의 중요정책 사항은 전담기구에서 결정하고 있다. 또한 예산편성의 경우 공경호인 경찰기관보다 더 많은 예산을 편성하여 관리 운용하고 있는 실정이다. 하지만 한국의 경우 직업 분류에서의 경호원은 수위와 동급으로 단순 노무자와 똑같은 9등급으로 국가예산 책정 시 9등급에 해당하는 매우 낮은 예산을 책정받고 있는 실정이다. 민간경비 전담기구의 확대 · 설치와 함께 상 · 하 관계가 아닌 동반자적 관계로의 인식전환과 효과적인 지원체제가 이루어진다면 경찰의 치안공백을 대신할 수 있는 민간경비의 역할 증대

---

7) 경비업법 제24조(감독).
① 경찰청장 또는 지방경찰청장은 경비업무의 적정한 수행을 위하여 경비업자 및 경비지도사를 지도 · 감독하며 필요한 명령을 할 수 있다.
② 지방경찰청장 또는 관할 경찰관서장은 소속 경찰공무원으로 하여금 관할구역 안에 있는 경비업자의 주사무소 및 출장소와 경비원 배치장소에 출입하여 근무상황 및 교육훈련상황 등을 감독하며 필요한 명령을 하게 할 수 있다. 이 경우 출입하는 경찰공무원은 그 권한을 표시하는 증표를 관계인에게 내보여야 한다.

로 범죄예방업무에 적극적인 대응을 할 수 있을 것이다.

민간경비에 있어서 교육훈련은 경비의 질을 향상시키는 근간이라 할 수 있고, 또한 민간경비의 신뢰성을 확보하는 첩경이며 더 나아가 민간경비 발전을 저해하는 악순환의 고리를 끊는 가장 효율적인 방안이기도 하다. 그러므로 민간경비를 담당하는 관청에서는 현행 교육훈련의 실시 여부 및 관리와 감독을 강화해 나가야 할 것이다.

제4절 법률적 · 제도적 사항

개정 경비업법의 내용 중 제7조 제8항 경비업자의 겸업금지 조항은 가장 중요한 이슈였다. 이 조항은 경비업의 공공성을 감안한 규정이었다. 경비업자의 겸업금지 조항은 특수경비업무의 중요성을 감안하여 특수경비업자의 의무를 따로 규정한 것으로서, 국가중요시설에 대한 특수경비업무의 수행이 중단되는 경우 시설주의 동의를 얻어 경비대행업자의 지정을 의무화되고 또 경비대행업자에 대해서도 경비업무의 인수와 신고를 의무화하였다.

그러나 경비업자는 이 법에 의한 경비업 외의 영업을 하여서는 안되도록 규정되었다. 이러한 입법의 근본취지는 경비업, 특히 무기사용을 허용한 특수경비업의 중요성과 공공성을 강조하기 위하여 경비업자는 오직 경비업에만 전념하도록 규정한 것이다. 현실적으로 경비업자들은 주택관리 또는 위생관련업 등을 겸업하고 있어 문제가 되었던 것이다. 그러나 다행스럽게도 2002년 4월 25일 헌법재판소에서 본 규정에 대하여 전원일치로 위헌결정을 하였다.[8)]

민간경비업의 설립은 경비업 자체가 상업성을 가지고 있으면서도 국민의 생명과 재산을 담보로 하는 업무상 특성이 있기 때문에 현재 허가주의를 채택하고 있다. 현재 시행하고 있는 허가기준은 전화기록만 없으면 누구든지 경비업을 할 수 있도록

8) 김두현 · 김정현 공저, 「민간경비론」, 백산출판사, 2002, pp.463-464.

되어 있어, 업무의 중요성을 고려한다면 허가기준을 보다 더욱 강화할 필요가 있다.

또한 경비원들에게 주어져 있는 임무와 책임감은 무거운 데 비해 사회적인 인식은 상대적으로 너무 낮다. 이와 같은 사회적 인식의 개선을 위해서는 경비원들의 자질을 보다 더 향상시키는 것은 물론, 전문화된 경비능력을 확보하기 위한 검정제도가 현실적으로 절실히 필요하다. 현재 경비원들이 휴대하고 있는 장비는 경적이나 곤봉 정도이고 가스총을 휴대시키는 경비업체는 그리 많지 않다. 경비원들의 방범활동에 있어 경비능률을 보다 더 향상시키고 자신의 신체적 위협에 대비하기 위해서는 경적, 곤봉 외에 무전기, 소화기, 가스총 등의 휴대가 필요하다.

경비업자는 고객과의 경비도급 계약에 의해 경비원들의 근무 시의 잘못으로 발생하는 고객의 신체상 또는 재산상의 손해를 보상하고 있으나, 손해배상에 대한 상호간의 개념정리가 사례별로 체계화되어 있지 않아 종종 법정문제화되고 있다. 대부분의 보험회사들은 민간경비업에 대한 이해부족으로 경비회사와 경비관련 보험계약의 체결을 꺼리고 있으며, 경비업무와 관련된 보험상품을 개발하지 않으려고 한다. 따라서 민간경비업의 건전한 육성과 경비업의 안정된 활동을 보장하기 위해서는 외국의 경우처럼 보험회사 측에서 손해보상 문제에 따른 사후보장적 성격을 띠고 있는 다양한 보험상품을 적극적으로 개발할 필요가 있다.[9)]

제5절 경비원의 자질향상

우리나라 민간경비원의 자질은 방범, 방재 활동이라는 안전산업의 수준을 좌우하며 경비업계가 국민으로부터 신용, 신뢰받는 데 있어 가장 중요한 요소이다. 이러한 중요성에도 불구하고 민간경비원의 자질문제에 대한 일반시민들의 의식은 다른 항목에 비해 신뢰 및 신용도가 떨어지는 것으로 분석되고 있다. 이는 민간경비산업의 특수성 즉 의뢰자의 생명보호와 재산보호를 감안했을 때 민간경비산업의 장기적 발

9) 박주현, 「민간경비실무론」, 학문사, 2004, pp.378-379.

전부분에 있어 조속히 해결해야 할 과제라고 할 수 있다.

민간경비산업은 사람의 생명과 재산을 수호하는 일을 담당하는 분야이며 경비원의 업무는 상호신뢰를 바탕으로 고객의 안전과 사회의 질서를 유지하는 공공적 성격을 지니는 직업이다. 경비원은 경비업무 중 발생하는 각종 사안에 대해서 신속하고 정확하게 판단해서 적법하고 타당하게 대처하도록 요구된다. 이를 위해서는 경비원들에 대한 전문적 훈련과 교육이 필요하게 되며 경비업무가 적절하게 수행되기 위해서는 일정 수준의 전문적 지식과 대처능력을 가지고 엄정한 규율에 따라 업무를 이행해야 한다.

오늘날 경비업무 자체가 다양해지고 복잡해짐에 따라 교육과 훈련에 대한 요구사항도 증가하고 있다. 우수 인력의 확보, 적절한 훈련의 실시, 고객의 요구에 부응하는 전문적인 서비스 제공 등은 민간경비업계의 발전에 필수적인 요소들이다. 특히 교육과 훈련의 강조는 경비업계와 근무자들이 사회적으로 신뢰를 얻고 경비산업이 전문직으로 성장해 나아가는 데 있어 중요한 사항으로서 민간경비업의 존립과 회사의 발전을 좌우하는 핵심적 사항이다.

그러나 지금까지의 민간경비원들은 많은 경우에 있어서 업무수행과 관련하여 적은 훈련을 받아왔으며 학력수준 또한 매우 낮다. 그리고 최저수준의 임금과 적은 승진기회로 인해 대체적 실직자, 노약자 등으로 그 주종을 이루어 왔다. 그로 인하여 높은 이직률, 비효율적 업무수행, 업무의 전문성 결여 등 많은 문제들을 초래하는 악순환을 되풀이해 온 것이 우리 민간경비업계의 실정이었다.

청원경찰, 민간경비원에게 실시하도록 되어 있는 교육과정을 살펴보면 과거의 교육훈련 과정은 교육과목이 너무 많고 그 내용도 매우 비현실적이며 업무별 특성을 감안한 교육내용 등이 결여되었다는 문제점이 제기되었다.

민간경비의 지속적인 발전과 경비인력의 방법능력향상을 위하여 민간경비의 내부적인 발전 못지않게 각종 학회 또는 연구소의 지원과 협조가 절실히 요망되고 있는 실정으로 민간경비 자체에서 해결하기 어려운 전문적인 분야를 지원하여 정확한 연구결과를 바탕으로 범죄예방 활동을 효율적으로 수행할 수 있을 것이다.[10]

제6절 민간경비와 경찰의 협력증진사항

민간경비업이 발달된 선진 외국에서는 오래전부터 국가차원의 공경비인 경찰과 민간차원의 사경비인 민간경비와의 긴밀한 상호협조체제를 구축하여 방범활동의 효율을 극대화시켜 왔다. 그러나 지금까지 우리나라의 경우에는 대부분의 방범활동이 경찰조직 위주로 국가정책이 수립되고 추진되어 왔기 때문에 민간경비와 경찰의 협조체제 구축에 있어서는 별다른 진전을 가져오지 못하였다. 따라서 경찰과 민간경비의 효율적인 범죄예방활동을 위한 상호협조체제의 구축이 크게 요구되고 있다.

지금까지 범죄예방활동에 있어 일반국민들의 인식이나 국가정책 결정자들까지도 범죄예방은 국가공권력인 경찰만이 수행하는 업무인 것으로 생각하는 경향이 있었기 때문에 그동안 민간경비의 역할이나 기능이 대수롭지 않게 취급되어 왔던 것이 사실이다.

이러한 정책빈곤으로 인한 현상은 실질적인 분야까지도 나타나고 있는데 그 대표적인 사항으로는 정보의 교환이나 평상시 및 비상시 사건발생에 대비한 업무역할 기준설정 등이 상호 간에 전혀 이루어지지 않고 있다는 점이다.

따라서 그 지역 내에서 발생하는 범죄의 종류, 시간, 방법 그리고 범행의 특성 등에 관한 정확한 정보교환이나 사건발생 시 양 집단이 범죄수사나 범인 검거를 위한 업무역할 설정 등이 효율적인 방범활동을 위하여 사전에 상호 구축하여 둘 필요가 있음에도 불구하고 대부분의 경우 정책의 빈곤 등으로 잘 이루어지지 않고 있는 실정이다.

경찰과 민간경비의 효율적인 방범활동과 긴밀한 협력체제 구축을 위하여 지속적인 인적·물적 지원이 상호 간에 이루어져야 할 것이다.

민간경비에서 설치하고 있는 각종 경보기기의 설치나 업무 협조사항 등이 민간경비와 경찰의 상호협조체제 구축을 위하여 우선적으로 선행되어야 할 것이다. 그래

10) 오경록, "민간경비에 대한 의식구조 및 활성화 방안에 관한 연구", 경기대학교 대학원 박사학위논문, 2002, pp.58-59.

서 민간경비가 경찰이 필요로 하는 사항들에 대하여 조정역할을 할 수 있는 전담 경찰관을 두어 양 조직이 더욱 친밀해질 수 있도록 범죄발생 취약지역이나 우범지역에 대하여 순찰 등을 같이 실시하여 상대방의 업무에 대한 이해의 폭을 넓힐 수 있도록 하는 방안도 강구해 볼 수 있을 것이다.[11)]

지금까지 범죄예방활동에 있어 일반 국민들의 인식이나 국가정책 결정자들까지도 범죄예방은 국가공권력인 경찰만이 수행하는 고유업무인 것으로 생각하는 경향이 있었기 때문에 그동안 민간경비의 역할이나 기능은 대수롭지 않게 취급되어 왔던 것이 사실이다. 이와 같은 현실적인 문제 때문에 경찰과 민간경비의 상호협조체제의 구축에 있어서는 별다른 진전을 가져오지 못하였고, 무관심한 가운데 각각 독자적인 발전만 거듭하여 왔다. 경찰의 경우에는 정책적 빈곤 때문에 민간경비와의 접촉 자체를 꺼리고 있고 민간경비도 법집행 및 제반사항의 정책빈곤 때문에 경찰을 범죄예방의 동반자라고 인식하기보다는 별개의 집단으로 인식하고 있다.

따라서 효율적인 방범활동을 위한 사전 협력체제 구축이나 상호 간의 정보교환, 평상시 또는 비상시의 사건발생에 대비한 업무역할 기준설정 등이 정책빈곤 등으로 인해 잘 이루어지지 않고 있다. 또한 상대방의 업무에 대한 상호 간의 이해 없이는 효율적인 방범공조체제가 이루어지기 힘들다는 것을 인식하면서도 정책부재 등의 이유로 상대방의 방범활동 영역에 대하여는 알려고도 또는 이해하려고 노력하지도 않는 것이 현실이다. 경찰과 민간경비업체 양 집단의 효율적인 상호 방범협조체제 구축을 위해서는 상대방의 업무에 대한 폭넓은 이해가 우선적으로 선행되어야 함에도 불구하고, 현재까지 이렇다 할 만한 발전적인 방안은 거의 모색되지 않고 있다. 따라서 상대방의 업무를 깊이 이해하고 더 나아가서 상호협조체제를 구축하기 위해서는 우선적으로 민간경비만을 전담하는 경찰관을 미리 지정하여 둘 필요가 있다. 전담 경찰관으로 하고 양 조직이 더욱 친밀해질 수 있도록 방범 취약지역이나 우범지역에 대하여 순찰 등을 같이 실시하여 상대방의 업무에 대한 이해의 폭을 넓힐 수 있도록 하는 방안을 강구하여야 한다.

---

11) 박주현, “공안행정의 민간부문 활용방안에 관한 연구 민간경비 서비스 이용의 결정요인을 중심으로”, 대구대학교 대학원 박사학위논문, 2000, pp.67-68.

경찰과 민간경비의 효율적인 방범활동과 긴밀한 협력체제 구축을 위해서는 지금까지 논의된 정책적인 사항이나 각 조직의 역할에 대한 이해 외에도 지속적인 인적 · 물적 지원이 상호 간에 이루어져야 할 것이다. 따라서 경찰은 자체의 교육훈련장을 확보하고 있지 못한 대부분의 영세 민간경비업체들에 대해 방범능력 향상이라는 차원에서 교육훈련 시설을 지원해야 할 것이며, 강력 범죄사건이 발생할 경우에 대비하여 경찰과 민간경비와의 비상연락망 설치도 고려해 보아야 한다.

현재 우리나라에서 수익자부담으로 설치하고 있는 각종 정보기기 설치나 업무협조사항 등은 민간경비와 경찰과의 상호협조체제 구축을 위하여 우선적으로 선행되어야 함에도 불구하고 실제로는 잘 선행되지 못하고 있다.

경찰이 일반 국민들의 민생치안문제 해결을 위하여 범죄에 관련된 모든 문제들을 자문하기 위한 방안으로 심방제도를 활용하고 있지만 대부분의 국민들은 개별적으로 경찰이 가정을 직접 방문하는 것을 매우 꺼리고, 경우에 따라서는 민폐를 끼치는 경우도 있어 별다른 방범효과를 거두지 못하고 있는 실정이다.

그러나 최근 들어 계속해서 증가하고 있는 범죄에 대한 자구책으로 민간경비업체에서 운영하고 있는 각종 방범기기의 판매량은 계속적으로 증가추세를 보이고 있고 심지어 파출소와 직접 연결되는 비상벨과 같은 방범기기의 설치를 원하고 불안해하는 범죄예방활동의 전반적인 사항에 관한 지식이나 방범기기의 기술적인 분야 등에 대하여 자문하여 주고 경우에 따라서는 공동의 경비에 대한 홍보활동까지 실시하는 협력체제가 현재로서는 절실히 필요한 실정이다.[12)]

---

12) 박주현, 「민간경비실무론」, 학문사, 2004, pp.381-383.

제 3 장

민간경비산업의 발전방안

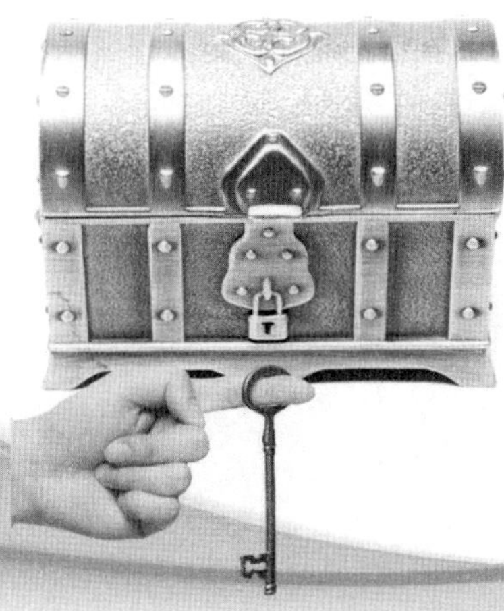

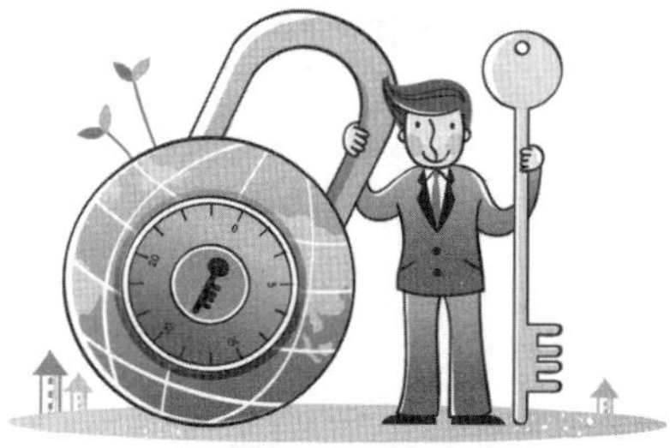

제 03 장 민간경비산업의 발전방안

제1절 민간경비산업의 법제적 교육방안

1. 경찰과 민간경비의 역할분담에 대한 교육

현 민간경비업법 중 청원경찰법과 경비업법의 이원적인 운영 때문에 민간경비업 업무수행의 비효율적인 문제에 대해서는 이제 더 이상 양 법이 독자적으로 분리 운영할 아무런 이유가 없다고 생각한다. 양 법의 분리운영에 따른 결과로 청원경찰과 민간경비와의 교육훈련은 통일을 기하기가 어렵고 경비업무에 있어서 지휘체계상의 통일도 기하기가 어렵다. 그리고 경비원의 사기문제와 직결되는 보수의 적정화를 이룩하기가 어려우며, 청원경찰의 이중적인 신분구조 때문에 전체 민간경비원들의 신분상의 통일이 곤란하다. 청원경찰들의 총기사용에 따른 훈련부족으로 인하여 직무수행상의 능력부족 문제가 있다는 이유로 또 다른 형태의 민간경비조직을 결성할 수 있도록 원인을 제공하여 주고 있다. 이외에도 기타 여러 가지 사항들이 방해요인으로 제기된다.

따라서 업무수행 성격상에 있어서도 경찰이 범죄수사와 범인체포와 같은 공격적인 업무를 주로 수행하고 있기 때문에 더 이상 군이나 경찰이 수행하고 있는 국가보완적 차원의 업무수행 개념보다는 시설보호 및 인력통제라는 방범적 차원의 개념으로 이해하는 것이 훨씬 타당하다고 사료된다.

또한, 국가중요시설이나 기관과 같은 국영체제로 전환하는 현상을 보여주고 있어 시간이 흐르면 흐를수록 청원경찰의 존립근거가 퇴색되어 감을 볼 수 있다. 따라서 경찰과 민간경비의 중간적 입장을 국가 보완적 임무를 수행하여 왔던 청원경찰제도는 그 본래의 기능이 점차 퇴색되어 감에 따라 경찰 또는 민간경비와 함께 그 임무를 새로운 제도에서 재조정할 필요가 있다고 본다.

2. 민간경비의 수준향상을 위한 교육

날로 심각해지는 불법 또는 탈법적인 각종 대인 범죄의 위험에 대비하기 위하여 특정 개인의 안전을 민간경비원으로 하여금 담당케 하는 일이 늘어나고 있으나, 지금까지는 국가가 민생치안문제를 전담해 왔으나 장비 및 인력부족의 한계로 인하여 민생치안문제가 사회문제로 크게 부각되어 가고 있다.

우리나라의 민간경비가 활성화되지 못한 이유는 여러 가지를 들 수 있겠지만 근본적인 이유는 민간경비 관련 법조항의 구체성이 없기 때문에 활성화되지 못했다. 현재 우리나라에서는 정규대학에서도 경호학과가 개설되어 고급 경비인력을 양성하고 있으며 민간경비단체도 협회를 구성하여 민간학원 등을 마련하고 있기에 인력의 자질 문제나 운영 문제는 관계법조항만 구체화되면 된다고 본다. 또한 관계 법조항만 구체화되면 우리나라 민간경비는 일시에 일어나면서 경호회사 및 직업경비원이 계속적으로 늘어나리라 생각하며 경비업 시장의 사업매출액은 약 2조 7천억 원으로 선진국 못지않게 발전하리라 생각된다.

제2절 민간경비 교육프로그램의 선진화를 위한 방안

1. 사이버범죄에 대한 교육

21세기의 범죄는 점점 이러한 컴퓨터망의 사이버범죄 양상을 띨 가능성이 높다고 할 수 있다. 사이버범죄는 컴퓨터범죄를 포함하여 사이버공간에서 행해지는 모든 범죄를 말하며, 그 특징으로는 ① 비대면성 ② 익명성 ③ 전문성과 기술성 ④ 시간적·공간적 무제약성 ⑤ 빠른 전파성과 천문학적 재산피해 ⑥ 죄의식의 희박 ⑦ 발견과 증명 및 고의 입증의 곤란 등이 있다.

사이버범죄의 유형으로는 대규모 피해를 야기시키는 크래킹과 바이러스 제작 유포 등을 통해 행하여지는 사이버테러리즘과 일반사이버범죄로 나눌 수 있다.[1)]

사이버테러리즘의 종류로는 전자우편 폭탄과 논리 폭탄 등이 있다. 전자우편 폭탄은 목표로 하는 컴퓨터에 전자우편을 발송하여 이 우편을 받은 컴퓨터가 제 기능을 하지 못하도록 하는 것이다. 논리 폭탄은 일종의 컴퓨터 바이러스로, 컴퓨터 시스템에 침입하여 기능을 마비시킨다.

새로운 국가안보의 위협 요소로 떠오르는 사이버테러리즘에 대응하기 위해 세계 각국은 대응책 마련에 부심하고 있다. 미국에서는 1995년부터 국방부와 관련부처를 중심으로 사이버해킹 전담팀을 구성하고 2002년 32억 달러의 예산을 배정하는 등 국가적인 차원에서 사이버테러리즘에 대비하고 있다.

2000년 미국 Yahoo, CNN, E-Bay가 불상의 해커에 의해 수시간 동안 다운된 사건을 계기로 우리나라에서도 이와 같은 사이버테러에 대한 종합적 대응체제를 구축하기 위하여 경찰청에 사이버테러대응센터를 창설하였다. 경찰의 사이버범죄 수사조직은 경찰청 사이버테러대응센터를 중심으로 전국 지방청에 사이버범죄수사대, 경찰서에 사이버범죄수사팀(전담요원 포함)을 운용하여 전국적인 수사체제를 구축하였고, 인력은 전국적으로 924명이 근무하고 있다. 그동안 경찰의 사이버수사 노하우를 집대성하여 경찰수사연수원에 사이버범죄 수사과정, 디지털증거분석전문

---

1) http://www.cyberhyungsa.com/cyber.htm

과정 등 전문교육프로그램을 개발하여 매년 240명에 대한 교육을 실시하고 있다. 특히, 이 과정은 사이버수사 및 디지털증거분석 전문수사관을 비롯하여 국내 IT 전문가, 형사법 교수 등이 강사로 활동하고 있어 기술과 법률, 이론과 경험을 함께 익힐 수 있는 정예교육으로 국방부, 정보통신부, 해양경찰청, 관세청 등에서도 교육을 이수하고 있다. 이와 별도로 사이버수사관에 대한 IT 전문지식을 제고하기 위하여 매년 해킹 · 악성코드, 데이터베이스, 데이터복구, 운영체제 등 첨단기술 15개 분야에 대하여 국내외 교육기관에 민간위탁을 실시하여 수사역량을 제고하였다.[2)]

갈수록 증가하고 있는 사이버테러리즘의 대응능력 강화를 위해서는 사이버테러리즘의 위험을 수준별로 정의한 후 각 수준에 맞게 경보 및 대응체계를 수립하여 각급 기관의 정보보안 수준을 평가해 등급별로 관리하고 사이버테러리즘에 대비한 모의 훈련을 정례화하는 것이 필요하며, 아울러 민간경비분야에서도 첨단정보화 시대에 대비한 정보통신사업에 더 많은 투자와 인재 양성을 위한 교육훈련시설을 갖추어야 할 것이다.

2. 인터넷 범죄예방을 위한 교육

우리나라 인터넷 사용인구는 2008년 기준 약 3,536만 명으로 2000년 1,940만 명에서 8년간 86% 증가하였으며, 초고속 인터넷가입자는 2008년 기준 1,548만 명을 넘는 등 명실공히 세계적인 정보화 강국임을 보여주고 있다. 또한 무선인터넷이 일상화되고 있으며, 서울을 비롯한 수도권에서는 와이브로 서비스가 상용화되는 등 유비쿼터스 환경이 본격화되고 있다. 그러나 한편으로는 이러한 정보통신기술 발달을 악용한 해킹 · 악성코드 유포행위, 인터넷을 통한 청부살인, 장물 · 마약 거래행위 등 인터넷을 통한 범죄가 심각한 사회문제로 대두되고 있다.

정보네트워크로 연결된 생활공간의 확대는 범죄의 질적 변화를 가져온다. 예를 들어 홈오토메이션으로 연결된 가구에 침입하기 위해서는 전통적 수법의 출입문이나 창문을 통하는 것이 아니라, 해킹을 통해서 물리적 공간의 시큐리티를 해제한 뒤

---

2) 경찰청, 경찰백서, 2009, pp.148-149.

침입할 수 있다. 최근 해외에서는 홈오토메이션과 정보시큐리티 기술의 결합이 활발한 것도 이와 같은 변화 때문이다. 정보와 컴퓨터망을 보호하기 위해서는 출입문 통제 등 물리적 공간에 대한 보안이 일차적인 과제이다.

따라서 앞으로 물리적 시큐리티와 사이버 시큐리티(정보보안)를 결합한 통합 시큐리티 서비스가 확대될 전망이다. 더욱이 국내 인터넷의 확산 속도나 해킹범죄의 증가속도가 2008년에 총 136,819건이 발생하였고, 유형별로 살펴보면 불법복제 및 판매가 32,084건으로 가장 많고, 인터넷 사기 29,290건, 해킹·바이러스 16,953건, 사이버폭력 13,819건이 그 뒤를 이었다. 범죄 유형별 주요 범죄양상을 살펴보면 저작권법 위반 행위가 불법복제 및 판매의 다수를 이루었고, 인터넷 사기에서는 허위 쇼핑몰 개설, 대포폰·대포통장을 이용한 1:1 직거래 사기, 온라인 게임아이템 사기 등이 주류를 이루었으며, 해킹은 시스템 해킹과 전자우편 및 게임계정 해킹이 대부분을 차지하였다.[3)]

정보범죄와 결합한 전통적 범죄의 위험은 매우 크다. 그러므로 인터넷 범죄예방을 위하여 국가뿐만 아니라 민간 차원에서도 올바른 정보통신 윤리를 확산시키기 위하여 캠페인 등 홍보가 시급하며, 또한 이를 지속적으로 교육·예방하기 위해서 전문적인 교육훈련시스템을 갖추어서 인재를 양성해 나가야 할 것이다.

제3절 우수인력 확보 및 선발 방안

1. 우수인력 확보방안

해마다 경비수요는 늘어만 가는데 경비 인력은 해가 갈수록 부족한 현상을 보이고 있다. 이와 같은 인력부족 현상은 비단 경비시장뿐만 아니라 산업계 전반적으로 나타나고 있는 현상이지만 인력부족이 경비에 미치는 영향력은 대단히 크다. 물론 우수한 경비인력을 확보하기 위해서는 적정한 보수와 근무조건이 선행되어야 하겠

3) 경찰청, 경찰백서, 2009, pp.96-97.

지만 현재 한국의 민간경비업계는 여러 가지 면에 있어 이들이 요구하는 모든 조건을 충족시켜 줄 수 있는 입장에 있지 못하다. 따라서 이와 같은 어려운 여건 속에서도 한국 민간경비업계의 건전한 발전을 위하여 우수인력 확보를 위한 몇 가지 대안을 제시하고자 한다.

1) 임용 전 선별과정

임용 전 경비원을 선발하는 과정에서 일반적으로 실시하게 되는 면접이나 신원조회 그리고 전과조회 등이 임용 전 선별과정에 속한다고 볼 수 있다. 면접의 경우 대부분 지원동기, 경력, 직업에 대한 전문지식 그리고 다른 직업과의 관계 등을 알아보는 것이 대부분이고 신원조회는 단순히 연락처나 소정양식의 서류를 제출하는 형식적인 수준에서 머물고 있다.

면접시험은 필기시험 등으로 측정하기 어려운 자질이나 능력, 창의성, 협조성, 지도력, 성격 등을 측정하는 데 목적이 있다.

다소간 비용이 필요하더라도 상설조사기관을 회사 내에 두어 신입직원들의 능력이나 성격, 그리고 필요한 사항들에 대하여 정례적으로 조사할 제도적 장치가 필요하다. 전과조회는 모든 경비업체에서 대체적으로 실시되고 있는 편이지만 다른 어떠한 절차보다도 가장 신중하게 검토되어야 한다. 경비인력의 자질향상을 위해서는 새로 고용할 경비원에 대한 최소한의 선별과정이 필요하다.

2) 경비업자 상호 간의 정보교환

선발과정에 있어서 지원자의 신원에 대하여 경비업자들 상호 간에 이들에 대한 정보를 교환하는 것은 우수 경비인력을 확보하는 데 있어서 아주 유익한 방법이다. 왜냐하면 경비원들은 전직이 심하기 때문에 그동안 이들을 고용하고 있었던 경비업자로부터 지원자의 정직성, 책임감, 애사심, 판단력, 성실성 그리고 태도 등에 관하여 아주 유용한 자료를 수집할 수 있다. 특히 주벽성, 마약, 인간관계, 신용도, 폭력사용 그리고 심리상태 등에 대해서도 자세히 알 수 있기 때문이다.

따라서 경비협회나 경비업체들을 지도, 감독하는 정부기관에서는 전체 경비원들의 인적사항을 컴퓨터에 입력시켜 개인의 사생활을 침해하지 않는 엄격한 통제범위 내에서 민간경비의 우수인력 확보를 위하여 전체적으로 관리하여 나가는 방안도 생각해 볼 수 있을 것이다.

3) 여자경비원의 채용

현대 산업사회가 다변화되면서 경비업무에 있어서도 여자경비원들의 경비업무 참여는 안내 역할이나 여성고객들의 검색 기능과 같은 몇몇 기능에 한정되고 있다. 그러나 경비원의 보수가 점차 좋아지고 있기 때문에 여성들의 경비업무 분야 고용도 점차 확대되고 있어 여성인력의 활용에 대한 선발 및 활용방안도 계속적으로 검토되어야 할 것이다.

1987년 12월 남녀고용평등법이 제정되어 고용에 있어 차별을 금지하고 있지만 여성의 경비업무 참여는 아직까지 적극적으로 진행되고 있지 못한 실정이다. 따라서 우리나라의 경우에도 경비인력 부족현상이 서서히 나타나고 있기 때문에 유휴고급여성인력들의 참여가 이루어질 수 있도록 다각적으로 검토되어야 한다.

2. 경비요원의 구분을 통한 전문인 육성방안

1) 전문화교육의 강화

기본교육의 과목을 대폭 줄이고 그 대신에 경비업무의 성격에 따라 업무별로 특성화된 교육을 강화시킬 필요가 있다는 것이다. 기본교육과 직무교육으로 구분하여 기본교육에서는 경비원으로서 최소한 이수해야 할 필수과목만을 공통적으로 이수토록 하고, 각 경비업무의 내용에 따른 특성화된 직무교육을 강화시켜야 한다는 점을 주장하는 것이다.

따라서 기본교육을 축소하는 대신에 업무별 전문교육의 강화가 요구되는데 이는 경비와 관련된 다양한 전문분야의 출현과 연관되는 바가 크다. 이에 따라 대상업체의 성격과 신종 경비수요에 해당한 교육프로그램이 개발, 강화되어야 한다.

2) 현장중심의 교육 실시

업무별 교육의 강화는 현장교육의 중요성을 강화하는 것으로 이는 경비업무를 적정하게 수행하는 데 있어서 필요한 지식과 기능을 구체적으로 숙지하는 것을 말한다. 따라서 이러한 현장교육은 현장에서 오랫동안 근무하여 현장의 특성을 정확히 숙지하고 있는 현장책임자가 행하는 것이 가장 적합할 것이다. 이는 곧 민간경비의 능률성 제고가 현장책임자의 능력에 크게 의존하기 때문에 현장책임자에 대한 철저한 교육이 바로 민간경비업의 질적 향상을 가져올 수 있다고 본다.

3. 경비요원의 보수 및 복지혜택을 위한 방안

1) 대학기관의 역할

경비산업을 위하여 우수한 인력을 배출하고, 기술을 개발하며, 새로운 경비시장의 수요를 창출하여 궁극적으로 범죄예방을 가능케 하는 원동력은 바로 대학의 역할과 기능에 달려 있다 해도 지나친 말은 아닐 것이다. 현재 우리나라에서는 경호학과가 계속 늘어가는 추세에 있다. 이를 적극적으로 활용하여 우수한 자원을 확보할 수 있도록 하며 이들과 민간경비업체와의 협력을 통하여 산학협력을 통한 발전을 모색할 필요가 있다.

2) 국가기관의 역할

한국 민간경비의 발전을 위한 국가의 정책적 배려가 필요한데, 이는 범죄 발생 신고 접수 시 출동하게 되는 차량에 대하여 긴급차량으로 지정되도록 하는 정책적 배려를 들 수 있다. 또한 민간경비원들의 교육 훈련과정에 경찰 등이 적극적으로 협조하는 것이 필요하다. 그리고 현재 제기되고 있는 법제도적인 미비점에 대해 관련 종사자들의 의견에 귀를 기울여 정비해 나가는 것이 필요하다.

3) 후생복지제도의 개선

현행 청원경찰들에 적용하고 있는 '경비기준액고시제'와 같은 경비원들의 생활보장과 경비력의 질적 향상을 위한 제도적 장치가 필요한 실정이다. 급여의 지급에 있어서도 경비시설물의 도급액수에 관계없이 근무연수에 따라 또는 호봉에 따라 지급되는 연공가산제도를 도입하는 것이 바람직한 급여지급제도라고 할 수 있다.

그 외에 산재 및 의료보험제도, 퇴직금제도, 자녀들의 장학금제도 그리고 경조사제도 등이 경비원들의 후생복지 및 사기앙양 그리고 경비인력의 자질향상을 위한 발전방안으로 강구되어야 할 것이다.[4)]

제4절 법률적 · 제도적 사항

현 경비업법 중 청원경찰법과 경비업법의 이원적인 운영 때문에 민간경비업 업무수행에서 발생하는 비효율적인 문제에서 알아보았듯이 이제는 더 이상 이들 양 법이 독자적으로 분리운영할 아무런 이유는 없다고 생각한다. 더구나 양 법의 분리운영에 따른 결과로 청원경찰과 민간경비의 교육훈련의 통일을 기하기가 어렵고 경비업무에 있어서 지휘체계상의 통일을 기하기가 어려우며 경비원의 사기문제와 직결되는 보수의 적정화를 이룩하기 또한 어렵다. 청원경찰의 이중적인 신분구조 때문에 전체 민간경비원들의 신분상의 통일이 곤란하며, 청원경찰들의 초기 사용에 따른 훈련부족을 직무수행상의 능력부족 문제로 내세워 또 다른 형태의 민간경비조직을 결성할 수 있도록 원인을 제공하여 주고 있으며 이외에도 여러 가지 사항들이 실제 효율적인 운영상의 방해요인으로 제기되고 있다.

현재 청원경찰법과 민간경비업법에 명시되어 있는 대부분 사항들이 거의 비슷하게 운영되고 있으며 가장 큰 차이점으로 청원경찰의 총기휴대를 허용하고 있지만 실제적으로 사태 발생 시 별다른 실효성을 거두지 못하고 있다.

현실적 사항들을 종합하여 볼 때 청원경찰제도와 민간경비제도의 통합 내지 단일화는 국가 전체적인 차원에서 민간경비의 건전한 육성과 발전을 위하여 또는 경찰

4) 전재호, "범죄유형 변화와 민간경비사업의 교육훈련 개선방안", 연세대학교 행정대학원 석사학위논문, 2003, pp.57-65.

의 건실한 범죄예방 동반자로서의 역할을 충실히 수행할 수 있게 하기 위해서 조속히 이루어져야 할 것이다.5)

제5절 경비원의 자질향상

민간경비에 있어 우수인력 확보를 위한 가장 기본적인 요소는 교육이라고 할 수 있다. 이것은 민간경비에 있어 수단인 동시에 방법이기도 하며 민간경비의 정책과 발전에 중요한 의미를 갖는다.

그러므로 교육을 체계적으로 지도할 수 있는 경비전문교육학교의 설립이 요구된다. 경비전문교육학교는 경비원뿐만 아니라 경비업자들의 자질향상을 위한 교육훈련기간, 교관, 훈련계획, 교과편성 그리고 교육훈련의 사후평가 등과 같은 일련의 모든 과정을 총괄하는 경비업무 교육훈련 전담기관이다. 특히 국민 개인의 생명과 재산을 보호하는 경비업무의 중요성과 분단된 조국의 국가 방위적인 차원에 있어서도 경비원들의 자질 향상을 위한 경비전문학교 설립은 시대적 요청이라 할 수 있다.

교육의 중요성과 필요성은 기업 인적 자원의 지적 · 도덕적 · 정서적인 자질을 향상함으로써 기업의 효율성을 높이기 위해 필요성이 강조되고 있다.

또한 많은 사람들이 교육받기를 원하고 그렇게 되기 위해서는 시간, 정력, 그리고 돈을 투입하게 되는데 그럴 만한 이유가 있기 때문이다. 즉 교육을 받게 되면 바람직한 정신상태에 도달할 수 있기 때문이다. 바람직한 정신상태는 사회와 개인에 따라 다르게 이해되지만 이러한 상태에 도달하게 되면 기업에서 부여된 업무를 추진함에 있어 인내심과 성실성을 고취하여 맡은 업무에 대한 용기를 배양할 수 있기 때문이다. 이에 따라 개인은 자기 발전을 위하고 기업은 새로운 업무의 능률을 향상시키기 위해 자체적으로 교육의 필요성을 강조하고 있으며 교육을 통해 네 가지의

5) 오경록, "민간경비에 대한 의식구조 및 활성화 방안에 관한 연구", 경기대학교 대학원 박사학위 논문, 2002, pp.62-63.

근거에서 노동생산성을 증가시키고 있다고 본다.

이에 따라 사경비업체는 사경비원의 교육훈련을 강화하여 자질향상과 능력을 배양하고 양질의 인력경비 서비스를 제공한다면 고객인 수요자의 만족도가 향상될 것이다.

이에 따른 효과를 가정하여 보면 '첫째, 교육훈련을 통해 우수한 경비원을 확보한다면 수요자의 만족으로 가입자가 증가할 것이다. 둘째, 신규 · 재계약에 대한 우선권과 계약 금액의 증가에 대한 기대가 가능하다. 셋째, 우수 인력 확보로 기업 경영 안정을 도모한다.' 등이다. 따라서 수요자의 만족을 위해서 "경비업의 기본은 교육이다"는 신념으로 수요자 관리가 필요하다.[6)]

제6절 민간경비와 경찰의 협력증진사항

한국민간경비산업의 발전을 위해서는 민간경비업계와 경찰의 끊임없는 상호협력과 개선방안 모색이 필요하다는 사실은 아무리 주장해도 지나치지 않다. 이러한 민간경비업계와 경찰의 지속적인 상호보완관계를 유지하고 있는 대표적인 협의기구로 현재 경찰청 방범국에서 운영하고 있는 민간경비발전협의회를 들 수 있다. 민간경비발전협의회는 경찰청 방범국장을 의장으로 경찰, 경비협회, 업계, 학계 관계자가 참여하여 1년에 3차례 이상 정기 회의를 통해 민간경비 전반에 대한 의견을 구하는 기구로써, 최근 경비업법 개정 등과 같이 민간경비산업 발전에 있어서 중요한 제도적 토대가 되는 개선안을 강구해 왔다. 현재로서는 이러한 민 · 경 협력기구가 경찰청에서만 운영되고 있지만, 앞으로는 지역사회의 특성에 맞는 제도적 개선안을 마련하기 위한 지역별 민간경비발전협의회가 구성되어야 할 것으로 생각된다.

또한 경찰청은 최근 방범기획과 내 방범협력계를 신설함으로써 그동안 끊임없이

6) 김순열, "경호경비안전산업의 경영에 관한 연구 -연구개발과 교육훈련을 중심으로-", 명지대학교 대학원 경영학과 박사학위논문, 2000, pp.138-139.

제기되어 오던 민간경비업체와 경찰 간의 상호협력활동 전담기구를 설치운영하고 있다. 방범협력계는 민간경비업체의 허가 및 등록 외에도 경비원 전문화를 위한 자격증제도 실시, 경비업법 개정안 마련, 경비지도사 기본교육사업 위탁, 민간경비 발전 연구프로젝트 위탁 등 민간경비산업 발전에 있어서 법 · 제도적인 환경조성을 지원하고 있다. 이러한 민간경비 전담기구의 신설은 그동안 민간경비산업이 일반개인업체와는 달리 국민의 생명 · 신체 · 재산을 보호하는 일선현장에서 활동하고 있다는 인식이 일반화된 것을 확인할 수 있는 사안이라 하겠다.7)

제7절 민간경비업에 대한 국민들의 인식전환

또한 민간경비서비스에 대한 경찰 및 일반 시민, 그리고 민간경비원 간에 의식전환이 이루어져야 한다. 경찰은 민간경비를 공경비의 한계를 보완하는 치안서비스의 일부라고 생각하고 상호 협력에 적극 동참해야 하며 민간경비업체 또한 지나친 영리추구보다는 국민의 생명과 재산을 보호한다는 봉사정신을 가지고 임해야 할 것이며 일반인들은 범죄예방을 무조건 경찰력에 의존하기보다는 수익자 부담의 원칙에 따라 민간경비서비스가 생활의 일부라는 생각을 가질 필요가 있다.8)

그리고 무엇보다 민간경비의 지속적인 발전과 육성을 위해서는 국가적 차원에서의 민간경비 전담기구가 필요하다. 일본의 경우 민간경비의 중요정책사항은 국가공안위원회에서 관장하고 있으며 미국의 경우에도 각 주마다 규제위원회(Regulatory Board)라는 민간경비 전담기구를 두어 민간경비의 중요한 정책사항들을 결정하고 있다. 한국의 경우 경비업법이 제정된 1976년 불과 9개밖에 되지 않던 경비업체가 3,906여 개(법인 3,270개)로 늘어난 지금 경찰청의 방범기획과 방범기획계 1명의

---

7) 이윤근, 「경비지도사 민간경비론」, 엑스퍼트, 1996, pp.376-377.

8) 오경록, "민간경비에 대한 의식구조 및 활성화 방안에 관한 연구", 경기대학교 대학원 박사학위논문, 2002, pp.65-66.

계원이 모든 경비업체의 행정업무나 지도 및 감독 또는 허가사항을 관장하고 있어 사실상 효율적인 통계를 실시하지 못하는 실정이다.[9]

현행 경비업법 제4조에 의하여 경비업을 하고자 하는 법인은 도급받아 행하고자 하는 당해 법인 주사무소의 소재지를 관할하는 지방경찰청장의 허가를 받아야 한다고 규정하고 있지만, 실제 경비업의 허가기준은 사전적·사후적 절차에 있어서는 상당히 미약하게 규정되어 있는 것이 문제이다.

미국 각 주정부의 규정위원회(Regulatory Board)는 민간경비업의 면허와 규제(Licensing Regulation)에 관한 사항에서 경력과 학력에 상당한 비중을 두고 있으며, 일본 또한 허가갱신제도를 활용하여 민간경비업의 규제를 강화하고 있는 실정이다.

국민의 생명과 재산을 담보로 하는 경비업에 대하여는 국가적 차원에서 보다 합리적으로 통제 및 규제를 가해야 한다. 또한 민간경비업의 건전한 육성과 발전을 위하여 경비업자에 대한 사전적 조치로서 경비관련 학력과 경력을 일정 수준 요구할 필요가 있고, 경비업의 내실과 허가요건의 충실을 기하기 위해서는 사후적 조치로서 허가갱신제도를 경비업법에 명문화시킬 필요가 있다. 따라서 이와 같은 허가제도의 실효성을 기하기 위해 다음과 같은 몇 가지 구체적인 사항 등을 병행시켜야 한다.

첫째, 허가갱신제도를 통하여 허가 후에도 지속적으로 허가요건의 구비 또는 준수여부 등에 대하여 감독할 수 있는 법적 장치를 마련하여 경비업이 위축되지 않고 행정적 부담이 가중되지 않는 범위 내에서 일정한 갱신기간을 설정함으로써 이 제도 본래의 취지를 강화시켜 줄 필요가 있다. 일본에서는 일본경비업법 제4조 제2항에서 허가갱신 기간을 5년으로 규정하고 있으며 우리나라 역시 경비업의 건전한 육성을 위하여 5년의 허가갱신 기간을 규정하고 있다(경비업법 제6조 허가의 유효기간 등).

---

9) 박주현, 「민간경비실무론」, 학문사, 2004, p.381.

둘째, 허가사항 변경신고는 경비업법 제4조에 허가사항 변경 시 신고를 의무적으로 하게 하고 있으나, 위반(경비업법 제31조 : 과태료)에 대한 규제력이 미약하기 때문에 이에 대한 규제를 보다 엄격하게 적용할 필요가 있다.

셋째, 경비업의 허가요건으로 경비업을 허가받고자 하는 자에 대해서는 경비업무에 관련된 경력이나 이 분야의 학력 등에 대해 일정한 제한을 둘 필요가 있다. 따라서 이와 같은 사항들이 어느 정도 보강될 경우 민간경비업의 건전한 발전과 방범능력이 점차로 증대되어 갈 것이다.[10]

---

10) 박주현, 「민간경비실무론」, 학문사, 2004, pp.383-384.

제4장

민간경비 · 경호관련 자격제도 도입방안

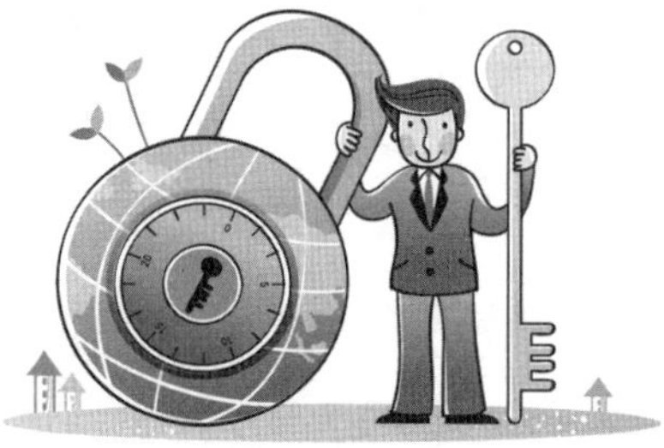

제04장 민간경비 · 경호관련 자격제도 도입방안

전문화된 경비인력의 미비, 직업분류 재조정, 공동주택관리령의 경비원, 민간경비인력의 낮은 학력수준, 경비지도사제도의 보완점, 업무별 표준교육교본의 부재, 경찰과 민간경호 · 경비의 상호협력 결여 등의 문제점을 해결하기 위해서는 국내 민간경호 · 경비의 자질향상이 최우선이다. 그에 대한 최선의 대안으로 본 연구의 필요성에도 명시하였듯이 민간경호 · 경비관련 자격제도를 도입하는 것이다. 이를 통하여 민간경호 · 경비에 대한 일반인들의 관심을 유도시키고, 전문성을 꾀하며, 경호원 및 경비원 자체에 대한 업무능력의 수준을 향상시키기 위하여 민간경호 · 경비관련 자격제도의 모델링을 제시하였다.

제1절 민간경호 · 경비관련 자격제도 인증방안

자격증을 인증하는 방안에는 국가자격으로 인증하는 방안과 민간자격으로 인증하는 방안이 있다.

첫째로, 국가자격으로 인증하는 방안은 전문화된 민간경호 · 경비원의 양성을 국가가 주도적으로 나서서 교육 및 훈련을 시켜 자격을 부여하는 방안이다. 이러한 방안은 경호 · 경비원 활동의 주무부서인 경찰청에서 시행하는 것이 바람직하다. 호칭은 일반경호원 및 경비원과의 차별성을 위해 '경비사', '경호사'라는 명칭이 적당하다.

'경호사'라는 명칭은 대통령경호실법에 의한 '경호사' 및 '경호관'의 용어와 혼용될 수 있기 때문에 명칭은 '경호사'로 정하되, 자격을 등급화하기로 한다.

둘째로, 민간자격으로 인증하는 방안은 전문화된 민간경호 · 경비원의 양성과정을 민간 전문단체에 위임하는 방안이다. 법을 새로 고칠 수는 없기 때문에 법이 제정되기 전에 이러한 인증제도를 통하여 전문화시키기 위함이다. 즉 민간에서 자격증을 지급하는 것이다. 현대 자격제도는 한국산업인력공단으로 즉, 민간으로 이양되었다. 경비협회에서 자격을 부여하고, 경찰청에서는 감독권을 갖고, 경비협회 등에 자격증에 관한 교육훈련 및 관리를 위탁하도록 하는 방안이다.

국민들이 안심하고 자신들의 생명과 재산을 맡기기 위해서는 경비업무를 실제 담당하고 있는 경비원들의 자질이 우선적으로 향상되어야 할 것이다. 따라서 경비원의 자질향상을 위해서 국가가 각 경비원들에게 전문기술과 지식을 검정하는 국가검정제도를 실시하여 경비원들의 자질을 향상시킬 필요가 있다.

검정시험에 합격한 경호원 및 경비원들에 대해서는 자격에 상응하는 적정임금을 보장하여 주고, 고용 시 우선적으로 우대 및 신분보장을 하여 주며, 경호 · 경비반장이나 대장이 되고자 하는 자는 1급, 2급 자격증 소지자로 한정하여 경비원들이 검정시험에 적극적으로 대비할 수 있도록 동기부여를 할 필요가 있다고 본다. 다만 현재의 민간경호 · 경비시장이 영세하여 이들 검정합격자들에 대하여 자격증에 상응하는 대우를 해줄 수 없기 때문에 이 점에 대한 신중한 검토가 먼저 이루어져야겠고 검정시험의 적정한 수준을 유지하여 자격증 남발을 방지할 수 있도록 제도적인 연구도 함께 검토되어야 할 것이다[1].

---

1) 권혁룡, 민간경비의 역할증대와 치안역량 강화방안에 관한 연구, 동국대학교 대학원 석사학위논문, 1999, pp.60-61.

제2절 민간경호 · 경비관련 자격제도 도입방안

민간경호 · 경비관련 자격제도 도입방안은 한국산업인력공단에서 2002년에 발행된 '국가기술자격 통계연보'의 자격항목을 기준으로 구성하였다. 각 항목에 대한 간략한 설명은 다음의 〈표 4-1〉과 같다.

〈표 4-1〉 각 자격항목의 내용

구 분	내 용
수행직무	해당 직종에 대한 일반적인 업무영역을 각종 직무분석자료를 기준으로 작성 소개함으로써 자격분야의 직무에 대한 기본적인 이해를 도모
해당자격 종목	해당 직종에 대한 일반적인 업무영역을 각종 직무분석자료를 기준으로 작성 소개함으로써 자격분야의 직무에 대한 기본적인 이해를 도모
자격취득 요건	등급별 검정기준, 응시기준, 자격취득방법, 시험면제사항 등을 소개함으로써 자격취득방법을 쉽게 파악할 수 있도록 기술
필기시험	필기시험에 대한 시험과목, 출제기준, 시험방법, 시험범위를 제시(출제기준의 구체적인 세부항목은 제시하지 않음)
실기시험	종목별로 실기시험에 대한 출제기준과 구체적인 시험방법을 설명

1. 수행직무

경비업법 제2조에서 정하는 바에 따라 경비를 필요로 하는 시설 및 장소에서의 도난 · 화재 그 밖의 혼잡 등으로 인한 위험발생을 방지하는 시설경비업무, 운반 중에 있는 현금 · 유가증권 · 귀금속 · 상품 그 밖의 물건에 대하여 도난 · 화재 등 위험발생을 방지하는 호송경비업무, 사람의 생명이나 신체에 대한 위해의 발생을 방지하고 그 신변을 보호하는 신변보호업무, 경비대상시설에 설치한 기기에 의하여 감지 · 송신된 정보를 그 경비대상시설 외의 장소에 설치한 관제시설의 기기로 수신하여 도난 · 화재 등 위험발생을 방지하는 기계경비업무, 공항(항공기를 포함한다) 등 대통령령이 정하는 국가중요시설의 경비 및 도난 · 화재 그 밖의 위험발생을 방지하는 특수경비업무를 행한다.

2. 해당 자격종목

시설경비사, 신변보호사(경호사), 호송경비사, 기계경비사, 특수경비사 이상 경비업법상에 정의되어 있는 5가지 업무에 대한 자격종목을 정한다.

이에 대한 명칭은 '사'로 통일한다.

3. 자격취득 요건

1) 검정기준

자격요건에 대해서는 모든 자격증에 대한 세부사항을 다루기보다는 각 자격증을 3등급으로 세분화하여 지급하는 방안을 제시하였다. 그에 따른 검정기준은 다음의 〈표 4-2〉와 같이 한다.

〈표 4-2〉 검정기준(私案)[2]

종 목	검 정 기 준
시설경비사	경비를 필요로 하는 시설 및 장소에서의 도난 · 화재 그 밖의 혼잡 등으로 인한 위험발생을 방지하는 업무를 수행할 수 있는 능력의 유무
신변보호사 (경호사)	사람의 생명이나 신체에 대한 위해의 발생을 방지하고 그 신변을 보호하는 업무를 수행할 수 있는 능력의 유무
호송경비사	운반 중에 있는 현금 · 유가증권 · 귀금속 · 상품 그 밖의 물건에 대하여 도난 · 화재 등 위험발생을 방지하는 업무를 수행할 수 있는 능력의 유무
기계경비사	경비대상시설에 설치한 기기에 의하여 감지 · 송신된 정보를 그 경비대상시설외의 장소에 설치한 관제시설의 기기로 수신하여 도난 · 화재 등 위험발생을 방지하는 업무를 수행할 수 있는 능력의 유무
특수경비사	공항(항공기를 포함한다) 등 대통령령이 정하는 국가중요시설의 경비 및 도난 · 화재 그 밖의 위험발생을 방지하는 업무를 수행할 수 있는 능력의 유무

2) 상기 자격기준은 형행 경비업법에 명시되어 있는 5가지 업무분야별로 작성하였다.

2) 응시자격

각 자격증에 대한 응시자격은 다음의 <표 4-3>와 같다. 구분은 자격증의 구분은 없이 통합안으로 제시하였으며, 통합안에서 등급을 세분화(3등급)하여, 그에 따른 응시자격요건을 제시하였다.

<표 4-3> 응시자격(私案)

구분(공통)	응시자격요건
1급	2급 취득 후 경호경비업무 경력 5년 이상인 자
2급	대학교 졸업(예정)자로 자격검정과목 이수자 대학원에서 자격검정에 필요한 공통필수관련 과목 이수자 대학교 졸업 후 경호경비업무 경력 2년 이상인 자 전문대학 졸업 후 경호경비업무 경력 4년 이상인 자 3급 자격 취득 후 경호경비업무 경력 2년 이상인 자
3급	전문대학 졸업(예정)자로 자격검정과목 이수자 전문대학 졸업 후 경호경비업무 경력 1년 이상인 자(비전공자) 고등학교 졸업 후 경호경비업무 경력 2년 이상인 자 대학교에서 자격검정 전문선택영역 관련 학과(전공) 졸업자

3) 자격취득방법

3급 자격증의 경우 최소학력기준은 고졸이나 경호 · 경비업무 경력을 최소 2년 이상인 자로 정한다. 전문대나 4년제 대학 경호 · 경비관련학과 졸업생 중 검정과목을 이수한 자가 응시가능하도록 한다.

<표 4-4> 자격취득방법(私案)

종목	검정절차	합격기준
시설경비사 호송경비사 특수경비사	필기 및 면접	- 필기시험: 매과목 100점을 만점으로 하며, 매과목 40점 이상, 전 과목 평균 60점 이상 - 면접시험: 100점 만점에 60점 이상

종목	검정절차	합격기준
신변보호사 (경호사) 기계경비사	필기, 실기 및 면접	- 필기시험: 매과목 100점을 만점으로 하며, 매과목 40점 이상, 전 과목 평균 60점 이상 - 실기시험: 100점 만점에 60점 이상 - 면접시험: 100점 만점에 60점 이상
*공통사항: 선발예정인원의 범위 안에서 60점 이상을 득점한 자 중에서 고득점 순으로 합격자를 결정한다. 이 경우 동점자로 인하여 선발예정 인원이 초과되는 때에는 동점자 모두를 합격자로 함		

4) 시험면제사항

시험에 관한 면제사항은 현재 시행되고 있는 경비지도사제도와 청와대 대통령 경호실 채용시험과목을 기준으로 구성해 보았다.

〈표 4-5〉 시험면제사항(私案)

구분	면제사항
시설경비사, 신변보호사 (경호사), 호송경비사, 기계경비사, 특수경비사 공통으로 해당됨	• 필기시험에 합격한 자는 당해 필기시험 발표일로부터 2년간 필기시험을 면제받음 • 동일 등급의 다른 업무자격종목의 검정을 받을 경우 중복되는 자격검정과목의 전부 또는 일부 면제
	• 경찰공무원법에 의한 경찰공무원으로 7년 이상 재직한 자, 대통령경호실법에 의한 경호원으로 7년 이상 재직한 자, 군인사법에 의한 각 군 전투병과 또는 헌병병과 부사관 이상 간부로 7년 이상 재직한 자, 경비업법에 의한 경비업무에 7년 이상(특수경비업무의 경우에는 3년 이상) 종사하고 안전행정부령이 정하는 교육과정을 이수한 자, 고등교육법에 의한 대학 이상의 학교를 졸업한 자로서 재학 중 제12조제3항의 규정에 의한 경비지도사 시험과목을 3과목 이상 이수하고 졸업한 후 경비업무에 종사한 경력이 3년 이상인 자, 고등교육법에 의한 전문대학을 졸업한 자로서 재학 중 제12조제3항의 규정에 의한 경비지도사 시험과목을 3과목 이상 이수하고 졸업한 후 경비업무에 종사한 경력이 5년 이상인 자

4. 필기시험

1) 검정과목

검정과목은 현재 시행되고 있는 경비지도사제도와 청와대 대통령 경호실 채용시험과목을 기준으로 구성해 보았다. 내용은 〈표 4-6〉과 같다.

〈표 4-6〉 검정과목(私案)

종 목	과목명
시설경비사	일반상식, 법학개론, 경비업법, 청원경찰법, 민간경비론, 경호무도, 테러학, 소방학, 응급처치법, 안전진단실무, 안전관리학
신변보호사 (경호사)	일반상식, 법학개론, 경비업법, 민간경비론, 헌법, 영어, 행정학, 형사소송법, 정보학, 경호무도, 경호실무, 테러학, 소방학, 범죄학, 응급처치법, 경호비서실무, 사격
호송경비사	일반상식, 법학개론, 경비업법, 민간경비론, 경호무도, 테러학
기계경비사	일반상식, 법학개론, 경비업법, 청원경찰법, 민간경비론, 정보학, 경호무도, 테러학, 소방학, 기계경비개론, 기계경비기획 및 설계, 응급처치법, 안전진단실무, 안전관리학
특수경비사	일반상식, 법학개론, 경비업법, 청원경찰법, 민간경비론, 영어, 경호무도, 테러학, 소방학, 응급처치법, 안전진단실무, 안전관리학, 사격 및 총기조작, 정신교육, 체포 및 호신술, 기계경비실무, 정보보호 및 보안, 민방공, 시설경비

2) 검정방법

〈표 4-7〉 검정방법(私案)

구 분	검정방법	합격기준
경비사자격증 1급	5개 과목의 주 · 객관식 필기시험	- 필기시험: 매과목 만점의 4할 이상, 전 과목 평균 6할 이상 득점
경비사자격증 2급	공통필수영역의 5과목, 공통선택영역 5과목 중 3과목을 선택하여 객관식 필기시험 · 전문선택 필기시험 및 면접	

구 분	검정방법	합격기준
경비사자격증 3급	공통필수영역 5과목, 공통선택영역 5과목 중 3과목을 선택하여 객관식 필기시험 및 전문선택 영역 5과목 중 2과목 선택하여 주·객관식 필기시험 및 면접	- 면접시험: 불합격자에게는 다음 기회의 시험에 필기시험 면제

5. 실기(면접)시험

1) 검정과목 및 출제기준

〈표 4-8〉 검정과목 및 출제기준(私案)

종 목	출 제 기 준
시설경비사, 신변보호사(경호사), 호송경비사, 기계경비사, 특수경비사	경호·경비업무의 기본원칙에 관한 사항 경호·경비업무에 관련되는 기본법률지식 경호·경비업무분야별 전문기술 및 지식 민간경호·경비원들에 대한 지휘통솔능력

2) 검정방법

〈표 4-9〉 검정방법(私案)

종목	시험방법	시험시간
시설경비사	구술형 면접	10분 이내
신변보호사(경호사)	구술형 면접 및 경호무도	각각 10분 이내
호송경비사	구술형 면접	10분 이내
기계경비사	구술형 면접 및 기계조작	각각 10분 이내
특수경비사	구술형 면접	10분 이내

6. 교육훈련기관

전문경비원자격제도 전반을 주관할 기관을 선정하는 것은 매우 중요한 문제라고 할 수 있을 것이다. 주관기관에서는 전반적인 운영과 평가 및 교육체제를 구축하여 본래의 목적을 달성할 수 있도록 운영해야 하기 때문이다.

특히 주관기관에서는 단순한 평가뿐만 아니라 국민에게 보다 많은 교육기회를 제공하고 정보화를 지원할 수 있는 체제를 구축해야 할 것이다.

주관기관은 크게 국가기관과 민간기관으로 분류하여 검토해 볼 수 있을 것이다. 국가기관의 경우에는 공신력 및 그 체제의 비중이 높아질 가능성이 높으며, 상업성이 배제되고 초기의 참여도나 관심도가 높을 것이다. 반면에 민간기관의 경우에는 현장 적응력이 높을 것으로 예상되며 각종 민간기관의 활성화를 유도함으로써 전반적인 국가 정보화 수준을 향상시킬 수 있을 것으로 기대된다. 그러나 민간기관의 경우 시험의 공정성, 신뢰성을 고려하여 신중하게 검토되어야 할 것이다.

경비업법시행령 제18조제3항에 의거하여 신임교육은 법 제22조제1항의 규정에 의한 경비협회, 경찰교육기관, 경비업무 관련학과가 개설된 대학 등 경비원에 대한 교육을 전문적으로 수행할 수 있는 인력과 시설을 갖춘 기관 또는 단체 중 경찰청장이 지정하여 고시하는 기관 또는 단체가 실시하고, 직무교육은 경비업자가 실시한다.

주관기관을 선정할 때에는 평가 시 전국단위로 여러 가지 기자재가 동원되어야 하므로, 기존 시설 및 시험 운용 능력을 충분히 검토해야 할 것이다.

7. 취득자 우대방안

경비사자격증 취득자에 대한 우대방안으로는 다음 〈표 4-10〉과 같은 방안을 고려해 볼 수 있을 것이다. 그러나 경호사자격증의 도입은 기존 경호 · 경비인력에 대한 충분한 고려가 선행되어야 한다.

〈표 4-10〉 자격증 취득자에 대한 우대방안(私案)

① 경호사자격 중 취득자격증 외에 추가 취득할 경우 검정과목의 일부를 면제할 수 있다. (예: 1차시험 면제)
② 소정의 자격검정 절차를 거치지 않은 자도 검정기준, 과목, 응시자격, 경력 등이 자격제도의 기준에 상당할 경우 그 내용에 따라 자격증을 지급할 수 있다. (경력자 우대)
③ 전문경비원자격증 소저자가 석사나 박사 등의 고등교육기관에 민간경호경비관련 전공으로 진학하고자 할 경우 우대하여 선발할 수 있다. (산학협력)
④ 민간경비의 업무분야별로 자격증을 소지한 자에 한하여 직무를 행할 수 있다.

전문경비원자격증 시험 대상을 젊고 유능한 고학력 출신에 맞추기에도 한계가 있다. 즉, 장기적으로는 민간경비산업이 선진국에서와 같이 가장 인기 있는 비교우위 산업이 된다는 것은 의심의 여지가 없으나 현실적으로는 일부 규모가 큰 경비회사에서만 젊고 유능한 대졸출신을 채용하고 있는 것에 불과하고 전반적인 민간경비산업에 대한 인식은 미흡한 실정이다. 따라서 자격증시험의 실시에 있어서도 단기적으로는 기존 경비인력의 연령에 맞추어 실시하되, 가장 최적의 방법을 모색해야 할 것이다.[3)]

3) 박대우, "민간경비관련 자격제도에 관한 연구", 용인대학교 일반대학원 석사학위논문, 2003, pp.75-87.

제 5 장

시큐리티 컨설팅의 등장과 시장전망

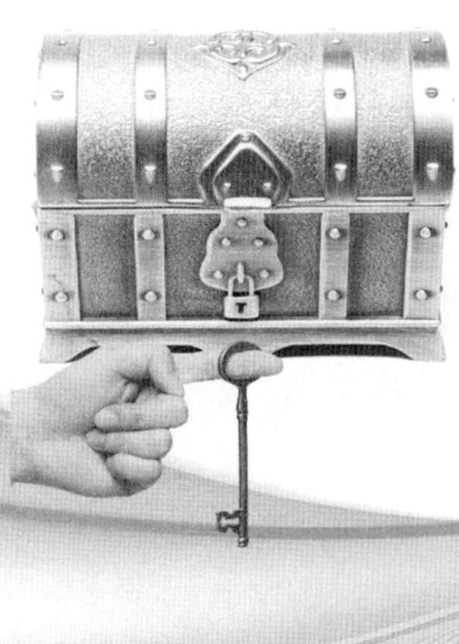

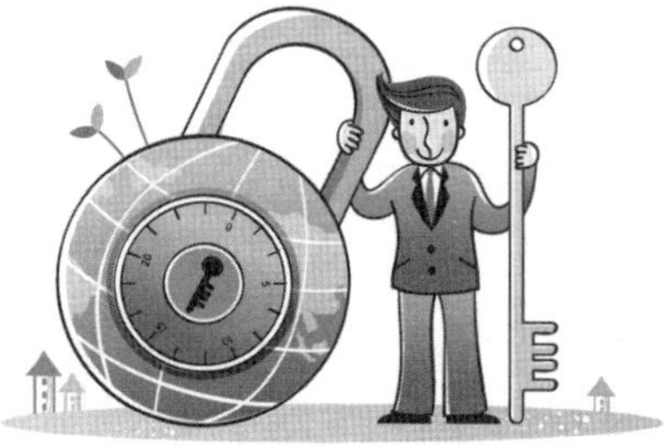

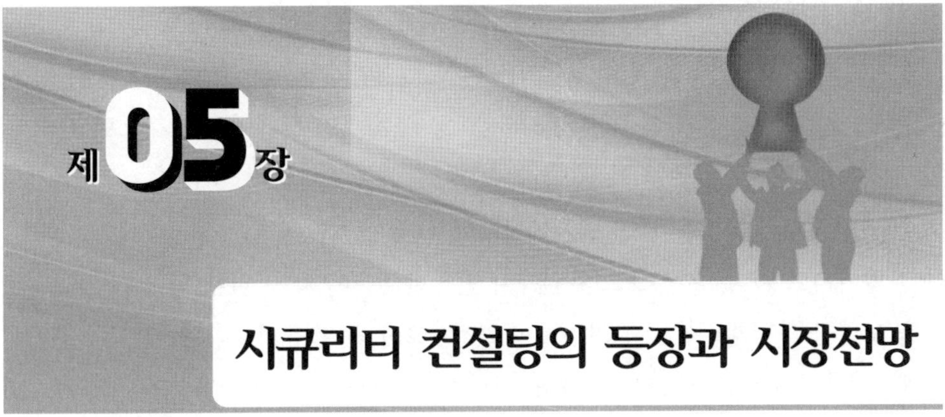

제 05 장 시큐리티 컨설팅의 등장과 시장전망

제1절 시큐리티 컨설팅의 등장

1. 환경범죄학의 대두와 시큐리티 컨설팅

환경범죄학이란 건물이나 지역 등 환경이 가지고 있는 범죄유발요인을 분석하여 범죄기회를 감소시키고자 방범환경의 실제관리를 제기한 새로운 범죄학이론이다.

이 이론은 물리적 환경의 변화를 통한 범죄예방의 개념에서 접근으로, 해당 지역 방어공간의 특성을 강화함으로써 잠재적 범죄자의 입장에서 볼 때 검거의 위험을 증가시키는 환경설계를 통한 범죄예방(Crime Prevention through Environmental Design: CPTED)으로 불리어진다.[1] CPTED의 기본 이념은 Newman의 "방어공간"에서 유래되었으며,[2] 영미를 중심으로 1980년대 후반부터 주목받아 오다가, 1990

---

1) S. P. Lab, Crime Prevention-Approaches, Practices and Evaluations, Anderson Publishing Co., 1992, p.11.
2) 전영실, "각국의 범죄예방정책에 관한 연구", 한국형사정책연구원, 연구보고서 93-11, 1994, p.27.

년에는 범죄예방론의 대두를 배경으로 급속하게 힘을 얻고 있다.[3)]

환경범죄학이 제안하는 범죄예방책은 아직 시행단계에 있으며 아직 확정된 것은 아니나 최근에는 종전의 연구결과를 바탕으로 구체적인 정책이 적극적으로 제시되기 시작하였다.[4)]

최근 국내외의 동향을 보면 범죄예방론에서 제시한 대책이 일상생활에 반영되는 예가 많아지고 있다. 지역사회 차원에서 안전한 도시구축을 위한 범죄방지라는 취지를 도입한 도시계획이 추진되는가 하면, 비교적 큰 관공서나 기업에서는 건물의 설계단계부터 출입통지, CCTV, 화재, 도난방지, 환경제어 등의 다양한 시스템을 결집하여 전체적인 시큐리티 체계를 구축하는 통합 시큐리티 시스템의 설계가 이루어지고 있으며, 이에 따른 시큐리티 컨설팅과 시큐리티 컨설턴트가 새로운 서비스업과 전문직업으로 부각되고 있다.

2. 지식기반 산업과 시큐리티 컨설팅

세계는 지금 부와 힘의 원천인 자본에서 창출되는 산업사회를 지나 지식을 기반으로 창출되는 정보를 기반으로 하는 지식정보화 사회로 진입하고 있다. 피터 드러커(Peter Drucker, 1992)는 새로운 사회에서는 지식이 가장 중요한 역할을 하게 될 것이라는 의미에서 그 사회를 '지식사회(Knowledge Society)'라 규정하고, 새로운 경제에 있어서 지식은 단순히 전통적인 생산요소로서의 노동, 자본, 토지와 같은 하나의 자원이라기보다 오직 하나의 '의미 있는 자원'이라고 말하였다.[5)]

---

3) 「환경범죄학」이라는 용어는 1981년 캐나다의 범죄학자 브랜팅검 부처의 환경범죄학이라는 저서로부터 명명된 것이나, 오늘날에는 환경설계에 의한 범죄예방, 상황적 범죄예방을 포괄하는 학파를 나타내는 용어로 사용되고 있다.

4) 환경범죄학의 제1인자인 클라크(Ronald Clark)는 1992년 「상황적 범죄예방 : 성공사례의 케이스 스터디」에서 12가지 범죄예방책을 범행의 곤란화를 증가시키는 대책(표적의 강화, 시설에의 출입제한, 범죄자의 이동배치, 범죄촉진 수단의 제한), 범행에 따른 위험성을 증가시키는 대책(입구/출구의 규제, 정형적인 감시, 종업원에 의한 감시, 자연스러운 감시), 범죄의 보수를 감소시키는 대책(표적의 제거, 소유물의 식별, 범죄유발요인의 제거, 규칙의 설정)으로 분류하여 제시하였다.

5) Drucker, Peter, "The New Society of Organization", Harvard Business Review, September-October, 1992, pp.95-104.

지식정보화 사회는 지식 중심의 지식기반 산업사회라 할 수 있다. 이러한 지식기반 산업사회에서 가장 인기있는 직업으로 컨설팅을 들 수 있다. 컨설팅은 사람에 의해 이루어지는 고도의 전문기술 응용사업이며, 소규모 자원으로 고부가가치의 수익과 추가사업기회의 확보가 가능한 사업이며, 컨설턴트는 고객이 가지고 있는 문제의 원인을 찾아내어 해결방안을 제시해 주고 그 대가로 보수를 받는 사람이다.

미국 민간 연구 및 데이터산업회사인 Freedonia[6]의 2000년 보고서에 따르면 민간경비업에 있어서 컨설팅, 사설탐정, 시스템 통합과 기타 서비스의 세계시장 규모는 2004년 129억 달러로 매년 10%의 성장률을 기록할 것으로 전망하였다.

특히 시큐리티 컨설팅 서비스는 선진국을 중심으로 높은 부가가치를 창출하는 업종으로 테러리즘과 인질협상, 컴퓨터범죄와 산업스파이 같은 비전통적인 범죄의 발생으로 인해 기업 또는 개인의 보안의식의 변화로 인해 계속적인 수요가 예측된다.

〈표 5-1〉 세계 민간경비산업의 분야별 매출액

(단위 : $억)

구분	1989	1994	1999	2004	2009
총 액	297.43	444.89	662.02	991.30	1496.95
경호서비스	156.30	222.21	308.48	431.86	612.29
기계경비	81.71	127.05	192.37	294.11	452.91
호송경비	27.54	42.07	64.69	95.51	139.27
민간교도소	0.85	3.40	17.00	40.85	83.60
컨설팅 & 기타	31.03	50.17	79.48	128.98	208.88

자료: Freedonia Group, Inc., PRIVATE SECURITY SERVICES TO 2004.

6) Freedonia Group은 연구 및 데이터 베이스산업을 선도하는 회사로, 1985년 설립 이후, 이 회사가 건축, 화학, 의사소통, 보건, 상품 포장, 의약, 성형, 안전과 같은 많은 산업과 관련한 1,500권 이상의 책을 출판하였다. 산업전망에 관한 분석은 물론 한 나라의 경제전망, 공급과 수요예측, 제품과 시장의 예상, 기회와 위협, 경쟁적인 전략, 성장에 영향을 주는 국제적인 경향과 요인, 시장에 대한 예상과 점유율 등에 관한 보고서를 매년 출간하고 있는 국제경제 리서치 회사이다(http://www.freedoniagroup.com/).

시큐리티산업에서 컨설팅은 가장 흥미진진하고도 새로운 직업의 기회를 제공해 주고 있으며, 실제로 시큐리티 컨설팅은 시큐리티 경영 이래로 가장 새롭고 매력 있는 새로운 기회의 장으로 부각되고 있다. 한때 중간 간부층(senior positions)이 시큐리티 산업 내의 가장 중요시되는 인적구성원이었던 적도 있었지만, 관리자 중심의 조직운영에서 이제는 또 다른 도전적인 대안으로 전문직으로서의 시큐리티 컨설팅이 성장하고 있는 것이다.

취약성과 위험진단에 대한 전문적인 지원을 원하는 많은 회사들은 민간경비부문에서 그들을 전문적으로 교육시킬 수 있는 시큐리티 전문가를 필요로 하였다. 다른 직업과 마찬가지로, 시큐리티 컨설턴트도 자신의 전문적 지식을 고객의 요청에 따라 보수를 받고 자문하는 전문가들이며, 이들은 전문적인 지식을 동원하여 고객에게 조언하고 그에 대한 보수로 고수익을 올림으로써 고부가가치의 지식서비스를 제공하는 지식기반사업인 것이다.

Hallcrest Report II에 의하면 시큐리티 컨설턴트의 수요가 2000년대 꾸준히 증가할 것으로 예상하고 있으며, 서비스부문은 일반적으로 기계관련 업무, 안전관리, 인력경비, 컴퓨터 보안으로 나눈다.[7)]

3. 경영전략의 변화와 시큐리티 컨설팅

전문직종으로서의 시큐리티 컨설팅의 발전의 토대는 급격하게 증가한 민간경비산업의 성장에 기초한다. 모든 기업의 감축(downsizing), 아웃소싱(outsourcing) 그리고 기술의 진보로 인한 새로운 경영전략의 변화와 산업의 전문화는 시큐리티 분야에 있어서도 컨설팅 서비스에 대한 수요를 예견하고 있다.

1) 인터넷과 시큐리티 컨설팅

인터넷이란 한마디로 "서로 연결되어 있는 네트워크의 집합체"이며,[8)] 일종의 도

---

7) Fischer, Robert J. and Gion Green, Introduction to Security, sixth edition, Boston, MA: Butterworth-Heinemann, 1998, p.81.

8) 한국형사정책연구원, 「인터넷과 형사정책정보 검색편람」, 화신문화(주), 1998, p.13.

서관, 잡지, 전화번호부 등으로 사용되는 웹(World Wide Web)과 전자메일, 토론방, 채팅, 어드벤처 게임 등의 각기 다른 환경들의 복합물이다.[9] 인터넷에서는 지식이나 정보를 자유롭게 공유·교환할 수 있으며, 그것은 곧 지구 전체를 영역으로 하는 글로벌 경제환경을 의미한다.

인터넷의 등장은 기업들의 규모와 관계없이 다양한 경영활동을 할 수 있는 디지털환경에서의 활동영역의 증대를 가져다주었다. 특히, 가공할 정도로 성장하고 있는 인터넷산업은 급격한 정보화가 가져다주는 의사결정과정의 변화와 기업의 경영전략의 수정을 가져오게 되었다.

세계 각국에서 인터넷을 이용하는 사람들은 2000년 12월 말 기준으로 약 4억 명으로 세계 인구의 10분의 1이며, 우리나라는 2001년 12월 말 현재 2,400만 명이 인터넷을 사용하고 있는 실정이다.[10]

전국경제인연합회가 2001년 12월 개최한 '제2회 인터넷마케팅 페스티벌'에서 발표한 보고서에 따르면 세계 주요 36개국에서 실시한 경제활동 인구의 인터넷사용자 실태조사에서 우리나라는 인터넷 이용률에서 세계적으로 노르웨이(63%), 덴마크(62%), 캐나다(60%), 미국(57%), 네덜란드(52%)에 이어 6위이나 아시아에서는 싱가포르(48%), 일본(33%) 등으로 높게 나타났으며, 인터넷 이용자 중 제품이나 서비스를 온라인으로 구매한 적이 있는 인터넷 쇼핑비율에서 한국은 19%로 일본(17%), 싱가포르(9%), 대만(8%), 홍콩(7%)보다 높게 나타났으며, 세계에서는 미국, 독일(28%), 영국(24%)에 이어 전자상거래가 활발히 이루어지고 있는 것으로 나타났다.

이와 같이 인터넷의 등장은 경제활동의 전반적인 수정과 변화를 가져오고 있다. 컨설팅에 있어서도 인터넷은 정보획득수단으로서뿐만 아니라 사이버상에서 컨설팅이 가능해짐으로써 컨설팅 업무의 효율성을 높이고 서비스 영역을 확대하는 등 새로운 유형의 사업이 가능하게 되었다.

민간경비업계에서도 회사별로 자체 홈페이지를 통하여 인터넷을 통한 컨설팅을 실시하고 있다. 실례로 우리나라 민간경비업의 대표적 회사인 에스원의 경우 홈페

9) 황상민 옮김, 패트리샤 월리스 지음, 「인터넷 심리학」, 에코라브르, 2001, p.19.
10) 중앙일보, 전세계 인구 10%가 '인터넷 이용,' 2001.6.19일자 기사내용.

이지를 통한 견적시뮬레이션을 운용하여 시스템경비상품, 용역료와 설치공사비, 서비스종류 등의 정보를 제공하고 있다.[11)]

CAPS[12)]의 경우도 인터넷 홈페이지에 온라인 견적프로그램을 운용하여 설치환경을 온라인상에 입력하면 견적이 산정되어 소비자 요구에 맞는 시큐리티 플랜이 자동으로 설계되도록 하고 있다.

2) 아웃소싱과 시큐리티 컨설팅

최근 들어 기업에서 아웃소싱(Outsourcing)이란 용어의 사용이 빈번해지고 있다. 이는 기업변혁과 구조조정을 위한 한 가지 대안으로서 아웃소싱을 고려하는 기업이 늘고 있고, 이것을 하나의 기업성장의 기회로 채택하려는 경영전략이기도 하다.

아웃소싱을 문자대로 해석한다면 외부(out) 자원(source)의 활용이다. 이는 모든 업무를 자체적으로 수행하지 않고 외부에 위탁하여 자원을 조달하는 업무처리 방식, 즉 외부의 전문성, 시스템, 노하우를 유용하게 활용함으로써 업무의 효율화를 지향하는 것이다.[13)]

아웃소싱은 과거부터 기업에서 전통적으로 수행되어 온 외주나 하청과는 개념적 차이가 있다. 먼저 하청은 부품과 기능의 일부를 외부서비스업체에게 위임하는 것으로 넓은 의미에서 아웃소싱의 일종이지만 기획 등 업무의 중심부분이 발주기업에 있는 경우이며, 외주는 하청과 업무대행 등을 포함하는 포괄적인 개념으로 주로 시스템 개발에 따른 서비스를 전문서비스업체에게 위탁하는 것을 지칭할 때 자주 사용되고 있다. 반면 아웃소싱은 전략적 외부위탁을 지칭하며 하청 및 외주보다 포괄적인 의미로 모든 형태의 외부위탁을 지칭할 때 사용된다.

미국 아웃소싱협회(The Outsourcing Institute)의 자료에 의하면 1996년에서 1997년 기간 동안 아웃소싱은 35% 증가했다고 한다. 물론 이 수치는 모든 종류의 서비스를 다 포함한 것이다. 달톤(Dennis Dalton)은 그의 책 『보안경영 : 성공을

---

11) http://www.s1.co.kr
12) http://www.caps.co.kr
13) 이영균, "Supply Chain Management와 Outsourcing을 통한 경쟁력우위 창출 전략", 한양대학교 산업경영대학원 석사학위논문, 2000, p.35.

위한 경영전략』에서 미국 노동부의 자료를 인용하여 경비서비스를 받고 있는 기업의 약 60%가 외부로부터 경비서비스를 제공받고 있다고 말하고 있어 경비부분의 아웃소싱이 매우 활발히 이루어지고 있다는 것을 알 수 있다.[14)]

기업이 아웃소싱을 활용하는 구체적인 이유는 운용비용의 삭감 및 통제를 통한 핵심사업에 대한 기업역량의 집중과 글로벌 경제시대의 도래에 따른 세계 수준의 경영역량에 대한 접근 및 획득으로 기업의 체질을 강화시켜 내부자원의 효율적 활용을 통해 자원의 효율화를 꾀하고, 리엔지니어링 효과의 강화와 내부적으로 획득 불가능한 자원 또는 관리하기 어렵거나 통제 불가능한 기능의 존재를 부인함으로써 자본의 활용도를 향상시켜 기업의 경영위험을 최소화하고 최고의 회사경영을 확보하는 데 있다.

이와 같은 아웃소싱이 우리나라 경비업 부문에 본격적으로 도입된 것은 '70년대부터이다. 경비업계에 있어서의 아웃소싱은 신경영기법의 적용이라 할 수 없는 외부 입찰의 형식으로 이루어진 전통적인 경영방식으로 경비업체와 발주하는 업체 간의 계약의 형태로 상호 밀접한 관계를 가지고 성장하여 왔다.

우리나라 경비업법 제2조 제1항에서도 "경비업이라 함은 다음 각목의 1에 해당하는 업무(이하 "경비업무"라 한다)의 전부 또는 일부를 도급받아 행하는 영업을 말한다"라고 하여 타인의 위탁을 받아 타인을 위해 행하는 업무여야 하며, 사고의 발생을 경계하고 방지하는 업무라 할지라도 자사를 위해 행하는 것은 경비업무가 아니고 '자체경비'라고 한다.[15)] 이와 같이 경비업은 대부분이 일반회사의 경비부문에 대한 외주로 상호 도급에 의한 계약을 통해 인력과 장비를 투입하여 경비서비스를 제공하고 있는 것이다.

따라서 아웃소싱과 시큐리티 컨설팅의 관계는 경비업무의 전문적인 경영전략이 부족한 기업이 경비업체의 컨설팅을 통하여 상호 계약을 이루어내기 위한 전략적 과정인 것이다.

최근에는 경비부문에 있어서 아웃소싱의 영역도 넓어져서 업체의 일반적 경비뿐

---

14) John Stees, Outsourcing Security, Butterworth-Heinemann, 1998, p.11.

15) 박병식, 「용역경비업법」, 법률출판사, 1996, p.31.

만 아니라 각종 특별행사 경비, 귀금속 호송경비, 장례식 호송 등에 적용되고 있는 실정이다.

3) 민영화와 시큐리티 컨설팅

정부가 소유한 기업과 자산, 정부가 운영하는 활동을 민간부문으로 체계적으로 이전하는 민영화에 대한 해당 산업분야의 관심은 업계의 성장과 직결되는 중요한 논의로 거론되고 있다.[16)]

민간경비업에 있어서 민영화(privatization)란 공경비가 민간경비로 전환되는 것을 말하며, 경찰의 고유임무인 국민의 생명 · 신체 · 재산의 보호를 일정부분 민간경비업체가 담당하는 것을 말한다.[17)] 선진 외국의 경우, 이러한 민영화는 경찰의 부문만이 아니라 형사사법(criminal justice) 전체의 영역에서 활성화되어 있다.

이와 같은 추세에 힘입어 최근 민영화(privatization)에 관한 논의는 사회의 수요를 바라보는 새로운 방법이 되었을 뿐만 아니라 사회의 제반수요를 충족해 가는 과정에 있어서 공공부문을 재고려하는 새로운 방안을 상징하게 되었다. 민영화 이론에는 먼저 경찰의 역할을 줄이고 민간경비부문의 역할을 증대시키고 시장에서의 상호 경쟁을 보장하는 가장 효율적인 재화나 자원의 배분기능을 하도록 하는 것이며, 경쟁을 극대화하여 완전경쟁시장의 연장선상에서 규제의 철폐를 지향하고 있다.[18)] 이러한 민영화의 추진은 국가 경영 및 민간경비산업의 성장은 물론 이 부문의 컨설팅업의 활성화와 세계화의 경쟁 속에서의 생존전략으로 중요한 의미를 가지고 있다.

최근 민간경비 차원에서의 민영화의 예로는 민영교도소의 설치에 관한 사항으로 2000년 1월 28일 「민영교도소등의 설치 · 운영에 관한 법률」이 제정되면서 이 법령에 따라 2001년 8월 24일 민영교도소 설치 · 운영에 관한 제안요청을 일반에게 공고

16) '민영화'란 용어의 구체적 정의는 논자에 따라 다양한데, 넓은 의미의 민영화는 계약(contracting-out), 혹은 프랜차이즈(Franchising), 탈관료화(Debureaucratization), 시장프로세스를 중시하는 경쟁촉진 등을 모두 포함하는 정부기능의 민간이양을 뜻하나, 통상의 분석에서는 소유권의 민간이양이라는 핵심적 측면만이 민영화의 의미로 받아들여지고 있다.

17) 박병식, '한국시큐리티업의 진단과 발전방향', 빌딩정보 통권 제151호, 1999년 11월호, pp.88-90.

18) 서진석, '치안환경 변화에 따른 경찰과 민간경비의 역할분담에 관한 연구', 경원대학교 대학원 박사학위논문, 1999, p.63.

하여 일부 종교단체에서 사업자로 선정되어 추진되고 있으며,[19] 일부 학자들은 선진국들이 자국의 실정에 맞는 탐정제도[20]를 두고 있듯이 우리나라에서도 경찰업무의 민영화를 주장하면서 국제적인 추세와 탐정시장의 외국시장 개방에 능동적으로 대처하기 위해 공인탐정제도를 법제화하려는 움직임이 일고 있다.[21]

이와 같이 공경비분야의 민영화에 따른 전문 컨설팅업의 등장은 경영의 효율화라는 차원뿐만 아니라 범죄예방의 능력을 제고할 수 있을 것으로 예견하고 있다.[22]

제2절 시큐리티 컨설팅업의 시장전망

최근 우리나라에서도 경비대상시설의 위협요소를 분석하고 그에 따른 대책을 자문하는 시큐리티 컨설팅(경비자문)업이 등장하였으며, 경비업체에서도 경영의 다각화와 전문화를 통해 기업의 경쟁력을 지켜나가기 위한 발전전략으로 경비자문업을 실시하고 있다.

---

19) 우리나라의 경우, 지난 1999년 12월 28일에 행형법을 개정하여 교도소 등 설치·운영에 관한 민간위탁에 관한 법률이 제정·공포되었다.
행형법 제4조의 2 [교도소등 설치·운영의 민간위탁]
① 법무부장관은 교도소등의 설치 및 운영에 관한 업무의 일부를 법인 또는 개인에게 위탁할 수 있다.
② 제1항의 규정에 의한 위탁에 있어서 위탁을 받을 수 있는 자의 자격요건, 교도소 등의 시설기준, 수용대상자의 선정기준, 수용자 처우의 기준, 위탁절차, 국가의 감독 기타 필요한 사항은 따로 법률로 정한다.

20) 탐정이란 용어의 사전적 의미를 찾아보면 비밀의 사실을 몰래 염탐하거나 그 일을 하는 사람, 죄인을 찾는 것 혹은 그 일을 하는 사람 혹은 형사(刑事)를 뜻한다. 비밀리에 활동한다는 점에서 사생활을 침해할 가능성이 있고, 그러한 활동을 하는 사람들의 인적 구성과 활동범위를 법적으로 제한할 필요성이 있다. 현재 우리나라에서는 탐정이란 기능을 수행하는 사적기관이 음성적으로 활동하고 있지만 법적 제도화가 되지 않아서 합법적으로 영업을 할 수 없다.

21) 한나라당 하순봉 의원의 경우 지난 1999년에 이미 공인탐정법안 초안을 작성하여 2000년 국회에 상정한 바 있다.

22) 김영제, "시큐리티 컨설팅 활성화를 통한 시스템 구축 방안에 관한 연구", 용인대학교 경영대학원 석사학위논문, 2002, pp.43-53.

그러나 우리나라 민간경비산업에 있어서의 경비자문업은 아직 초보단계에 지나지 않으며 경비자문의 수준도 독립적이거나 독자적 영역으로서의 경비자문이 아니라 시스템구축을 위해 부수적으로 따르는 영업행위의 일부로 인식하고 있어 현실적으로 업종에 대한 시장전망은 불투명한 실정이다.

따라서 1980년대 중반부터 시큐리티 산업에서 꼭 필요한 분야로 발돋움하기 시작하여 성장하고 있는 미국의 시큐리티 컨설팅업의 성장과 시장에 대한 전망을 통해 앞으로 우리나라에 있어서의 이 분야에 대한 발전을 전망해 보고자 한다.

민간경비산업의 선진국인 미국에 있어서도 시큐리티 컨설팅은 80년대 이전까지 관련된 전문가들은 극히 드물었으나, 1984년 전문 시큐리티 컨설턴트 국제협회(the International Association of the Professional Security Consultants: IAPSC)라는 자체적인 전문협회의 설립으로 본격적인 활동이 시작됐다. 이 협회는 컨설턴트 간 의사교류를 위한 포럼개최뿐 아니라 시큐리티 컨설팅에 대한 정의, 특정 기준의 설정, 그리고 컨설턴트의 윤리강령[23]을 만들어 자정의 노력도 기울이고 있다.

시큐리티 컨설턴트를 분류하면 상담 수수료로부터 주된 수입을 올리고 있는 경비회사의 고용된 전문가와 경비회사에 고용되지 않고 개인의 자유직업으로 활동하고 있는 컨설턴트로 분류할 수 있다.[24]

이들은 1972년 미국 정부에서 발간한 시큐리티 컨설턴트 인명부에는 128개의 회사에 6,622명이 고용되어 있고, 1988년의 보고서에 따르면 시큐리티 컨설턴트 부문이 1991년에 연간 6억 2,500만 달러의 수입으로 연평균 13%의 성장을 보일 것이라고 추정하였다.[25]

Hallcrest Report(1985)는 1980년에 컨설팅 부문이 대략 8,000만 달러의 연평균 성장과 1,200명의 사람을 고용하고 270개의 회사이던 것이 1990년에는 연평균 3억

23) IAPSC(the International Association of the Professional Security Consultants)는 4개의 범주로 나누어지는 29개의 윤리강령을 채택하고 있으며, 이에 대한 내용은 부록을 참조하기 바람.

24) William Cunningham and Todd Taylor, The Hallcrest Report: Private Security and Police In America, 1985, p.115.

25) "Booming Consultants Market Balances Slumping Armored Car Services to Spearhead Solid Industry Growth," Security, September 1988, p.17.

3,000만 달러의 수익과 15%의 높은 성장률과 회사의 수는 800개로 증가하였고, 고용인원은 2,900명에 이른다.

일반경비업 부문이 크기에 있어서 점차 감소하는 것에 비해 시큐리티 컨설팅부문은 컨설턴트에게 주어지는 용역이 많아짐에 따라 2000년에는 1,400개의 컨설팅회사와 6,200명의 인원이 고용될 것이며, 컨설팅부문과 기계경비부문은 장비제조업의 성장이 둔화에 비해 가장 빠르게 성장하는 부문으로 연평균 성장은 10년간 약 6% 정도로 추정하고 있다.

이와 같이 시큐리티산업에서 컨설팅은 우리나라에서도 흥미롭고 새로운 직업의 기회를 제공해 주는 업종으로 21세기 전문직으로서의 자신의 전문적 지식을 고객의 요청에 따라 보수를 받고 자문하는 전문가로서 고객에게 조언하고 그에 대한 보수로 고수익을 올림으로써 고부가가치의 지식서비스를 제공하는 지식기반사업의 하나로 성장할 것으로 예측된다.

제6장

산업보안의 개념 및 특성

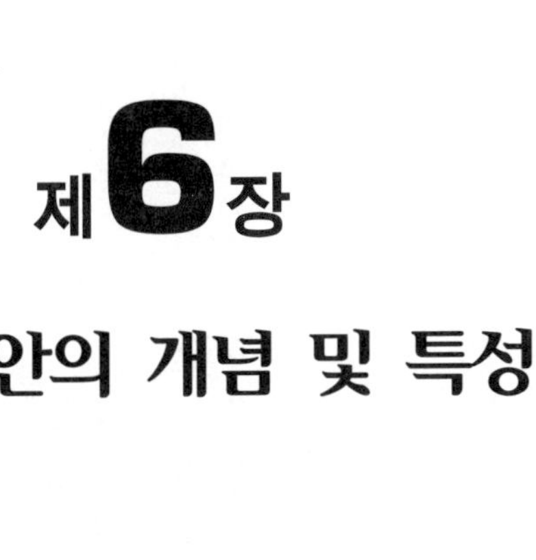

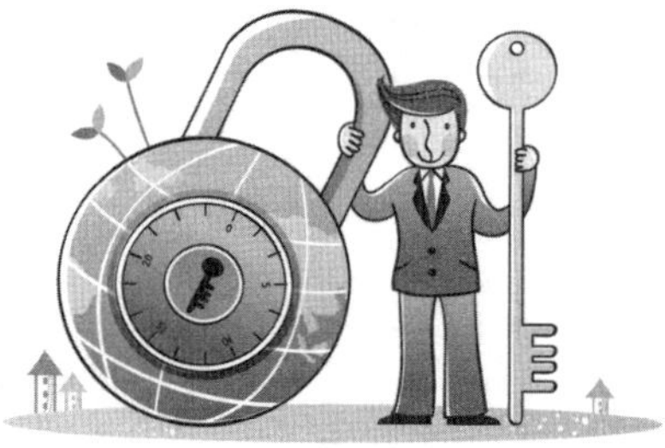

제06장

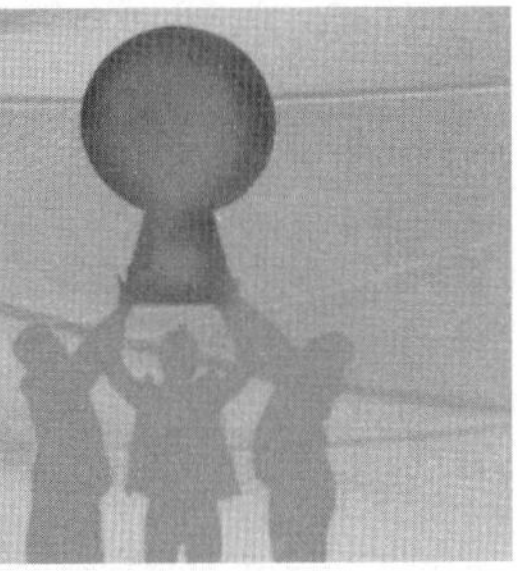

산업보안의 개념 및 특성

제1절 산업보안의 중요성

과거 이념(Ideology)의 장벽을 사이에 두고 우방과 적으로 철저하게 나뉘었던 냉전시대의 잔재는 사라지고 오늘날 세계는 인터넷과 정보화로 대표되는 경제전쟁의 국면으로 접어들었다. 모든 상대국이 현재 또는 잠재적인 경쟁대상이 되어 조심하고 경계하며 보다 나은 기술적 우위와 미래 성장동력 확보에 최선의 노력을 경주하고 있는 실정이다. 냉전 당시 군사정보와 국가기밀의 탐지에만 몰두하던 국가 간의 첩보활동이 최근에는 첨단기술과 경제 · 산업정보를 캐내는 데 더욱 치중하고 있는 형국이다. 경제전쟁의 시대에서 첨단기술과 경쟁적 정보의 확보야말로 상대에게서 우위를 점할 수 있는 강력한 수단(무기)이 되기 때문이다. 정보전으로 대표되는 경제전쟁이 날로 치열해지면서 산업기술 · 기밀의 유출 사고도 급증하고 있는바, 이제는 기업의 범주를 넘어 국가적 차원에서 국가경쟁력 확보를 위해 핵심기술 및 중요정보에 대한 보안의 중요성이 나날이 커지고 있다. 국가정보원 산업기밀보호센터(2009)에 의하면 2003년부터 적발된 첨단기술의 해외유출 사건 발생이 매년 두 배수 이상 꾸준히 증가세를 보이고 있으며, 2006년부터 3년간 산업기밀 유출경험이 있는 기업들의 경우 유출사고 한 건당 평균 9억 1천만 원의 피해 또는 연 매출액의 7.5%에 달하는 손실을 본 것으로 조사되었다. 대한상공회의소가 지난 2006년 국내 400개 기업을 대상으로 '산업기밀 유출실태'를 조사한 결과, 조사 대상 기업의 20.5%가 기밀 유출 피해와 평균 3.2회의 기밀 유출을 경험한 것으로 파악되었다는 점에서 비추어볼 때 수사기관에 적발되어 공개된 산업기밀 유출 사례들은 어쩌면 빙산의 일각에 불과할지도 모른다. 같은 해(2006년) 한국산업기술진흥협회(KOITA)가 발표한 '기업연구소 산업기밀 관리실태'에 따르면 연구개발 상위 20대 기업 가운데 11개사(55%)가 기밀 유출 피해를 입는 등 규모가 큰 기업일수록 기밀 유출 빈도가 높은 것으로 조사되었다. 전체 조사대상 459개사 가운데 20.9%가 기밀 유출 피해를 경험했다고 응답하였는데, 대기업의 경우 평균을 웃도는 24.5%가 피해를 입은 것으로 조사되었고 중소기업과 벤처기업은 각각 20.6%, 19.3%가 유출 피해를 경험한 것으로 집계되었다.[1] 또한 한국산업기술보호협회(KAITS)가 2008년 4월 1일부터 7월 31일까지 1,176개 산업기술 보유기관(기업체, 대학, 연구소 등)을 대상으로 설문조사한 결과, 그 규모에 있어서 종업원 1,000명 이상 기업의 보호수준이 3.77점으로 가장 높게 나타났으며, 종업원 300명 이상 1,000명 미만 기업이 3.45점, 종업원 300명 미만 기업이 3.23으로 기업의 규모가 작을수록 보호수준이 낮게 나타났다(이창무 2009: 66). 또한 중소 벤처기업의 기술 유출이 전체의 64%를 차지하고 있었는데, 이는 중소 벤처기업의 기술력은 향상되는 반면 보안관리시스템이 대기업에 비해 상대적으로 허술하기 때문으로 분석된다(국가정보원, 2009: 14). 한편 세계 보안시장의 추이(Trend)가 일상생활 속의 '지식정보보안(Knowledge-Information Security)' 영역으로 급속하게 진화·확대되고 있어 미국과 EU(유럽연합) 등 선진 외국들은 이러한 새로운 패러다임(Paradigm)에 맞는 보안산업의 육성과 관련 분야의 경쟁력 강화에 재빠르게 주력해 오고 있다. 이처럼 산업보안을 중심으로 하는 세계 지식정보보안 산업은 차세대 고부가가치 산업으로서, 2007년 기준으로 1,800억 달러(약 216조 원)의 시장규모에 연평균 12.7%대의 높은 성장률을 기록하고 있으

1) 산업기밀 유출 방지 위한 융합보안 모델(보안뉴스, 2009.12.28 [http://www.boannews.com/media/view.asp?idx=19043&kind=1#]).

며, 다가오는 2013년에는 그 시장 규모가 3,680억 달러(약 442조 원)로 증가할 것으로 예상되고 있다.[2] 2007년 통계를 기준으로 세계 지식정보보안산업 시장은 미국(51.2%)과 EU(37%)가 88%를 점유하고 있는 글로벌 독과점 형태이며, 그 다음으로 일본(5.7%)과 이스라엘(4.1%)이 나머지 시장을 분할하고 있다. 한국은 1.74%(3조 1천억 원)의 점유율을 보이지만 국내의 지식정보보안산업 시장은 지속적으로 성장하고 있는 상태이다. 한국의 지식경제부도 2008년 12월 "지식정보보안산업 [5개년] 육성계획"을 발표하여 지식정보보안산업을 미래경제를 이끌어갈 신성장동력으로 지목하고 이를 육성하겠다는 의지를 표명하였다. 그 골자는 정보보안, 물리보안, 융합보안을 포함한 지식정보보안 시장의 규모를 현재의 3조 2천억 원 정도에서 2013년까지 18조 4천억 원 규모로 확대하고 수출도 30억 달러(약 3조 6천억 원) 수준까지 끌어올려 한국을 보안산업 강국으로 육성하겠다는 것이다.[3] 최근 물리보안 및 정보보안 부문의 융합보안 분야가 미래의 Blue-Ocean 영역으로 부상하면서 산업발전을 주도할 신성장의 축으로 부각되고 있는 추세이며, 전문가들 역시 전 세계적으로 성장기에 있는 융합보안 분야가 한국의 새로운 성장 원동력으로 자리매김할 수 있을 것으로 보고 있다. 향후 보안업체들 간의 M&A(Mergers & Acquisitions: 인수·매수 & 합병)나 상호 협력을 통한 신규 솔루션 발굴, 신사업 개발 등 다각적인 영역에서 지속적인 성장·발전이 기대되고 있다. 이처럼 보안산업이 날로 성장하고 그 분야와 시장 규모도 확대되고 있지만 무엇보다 선행되어야 할 중요한 부분은 바로 산업기술의 유출로 인한 막대한 경제적 손실과 국가 경쟁력 약화 및 국제자본 유치에 미칠 악영향을 미연에 방지하는 것이다. 이에 기존의 '부정경쟁방지 및 영업비밀보호에 관한 법률'에 따른 처벌 대상이 영업비밀 누설의 경우로 한정되었고, 각종 법률에 산재되어 있던 관련 규정으로는 기술유출을 방지하거나 근절하는데 그 효과가 낮음으로 인해 '산업기술 유출 방지 및 보호에 관한 법률'이 2006년에 제정되어 2007년 4월 28일 시행되었다. 동법의 취지는 급증하는 첨단 산업기술의

2) 서울과학종합대학원(ASSIST) [http://www.assist.ac.kr/site/aSSIST/academic/bs.aspx].
3) 보안뉴스, 2008.12.15 [http://www. boannews.com/media/view.asp?page=1&idx=13173&search=key_word&find=kisia]).

불법 유출을 방지하고 보호함으로써 국내 산업의 경쟁력을 강화하고 국가의 안전 보장과 국민경제의 발전에 이바지하려는 것이며, 여기에는 산업보안기술의 개발 · 지원 등도 포함되어 있다. 이와 같이 보안산업이 날로 성장하고 그 분야와 시장 규모도 확대되고 있지만 무엇보다 선행되어야 할 중요한 점은 바로 산업기술 · 기밀의 유출로 인한 막대한 경제적 손실과 국가 경쟁력 약화 및 국제 자본 유치에 미칠 악영향을 미연에 방지하는 것이다. 최근 경제전쟁이 날로 치열해지면서 산업기술 · 기밀의 유출 사고도 급증하고 있는 상황인바, 이제는 기업의 범주를 넘어 국가적 차원에서 국가 경쟁력 확보를 위해 핵심기술 및 영업비밀 · 기밀정보 등에 대한 보안의 중요성이 나날이 커지고 있다.

제2절 산업보안의 개념 및 특성

1. 산업보안의 개념

산업보안이라는 용어는 본래 국가안보와 관련된 개념 즉 국가보안과 구분되어 실무적으로 사용되어 오다가, 2006년 「산업기술의 유출방지 및 보호에 관한 법률」의 제정으로 이제는 법적 용어로 그 지위가 높아졌다. 하지만 국내에서 산업보안이라는 용어는 아직까지는 명확하고 보편적인 정의 없이 사용되고 있으며, 일반적으로 산업보안(Industrial Security)[4]은 광의의 개념으로 국내에서는 특별히 구체화된 개념적 정의를 찾아보기 어려우나, 기업 · 기관 등에서 행하는 보안활동(Security Programs)을 산업계 전반으로 확산하여 국가의 핵심기술이나 중요 산업기밀 또는 기업의 영업비밀 등을 보호하기 위한 제반 예방적 · 보호적 활동(Programs)을 포괄

---

4) 흔히 '산업보안'과 '기업보안' 간에 개념적 혼재가 일어나고 있으나 산업보안이란 국가 핵심기술과 산업 · 경영정보의 해외 유출을 막고 산업스파이를 예방하기 위한 법적 · 제도적 정비 과정에서 보호의 대상을 기업뿐만 아니라 모든 국가기관 · 정부출연기관 · 연구기관 등을 포괄하는 용어로 사용된다고 할 것이므로 구체적인 개념 정의와 영역의 구분은 이 연구에서 크게 실익이 없다고 보았다.

하는 것으로 정의하였다. 여기서 보안활동(Security Programs)[5]이란 내부의 주요 자산(Asset), 인적 자원, 정보·기술, 물적 자원을 보호하기 위한 제반체계들을 총체적으로 의미하는데, 이는 핵심기술이나 기밀정보의 유출을 차단하기 위한 활동뿐만 아니라, 인적 자원을 보호하고, 물적 자산의 손실·파괴를 막고, 위험(Risk)을 예방하거나 손실(Loss & Damage)을 최소화하기 위하여 행하는 일련의 활동들을 총칭하는 개념이다.[6]

2. 산업보안의 특성

산업보안은 단순히 산업만 보호하기보다는 국가와 사회의 안전을 유지하는 데 있어서도 중요한 역할을 하고 있다고 보아야 한다. 산업보안은 과학기술과 산업의 발달, 그리고 정치와 사회의 구조 및 환경적 요소들과의 상호작용을 통해 그 특징을 간략하게 구별하여 살펴볼 수 있다. 한국산업기술보호협회에서는 산업보안의 특징을 크게 4가지로 나누고 있다.

---

5) 현재 국내에서 보안활동(Security Programs)에 대한 명확한 정의나 체계화된 분류를 찾기 어려운 관계로 연구자가 그간의 국내외 학술적 연구, 미국산업보안협회(American Society for Industrial Security) 전문과정과 영국 유학과정에서 획득한 자료, 국제형사경찰기구(INTERPOL)와 대통령 경호실(現 대통령실 경호처) 및 경찰청에서의 직무 경험, 그리고 글로벌 IT 기업과 국내 대기업 보안관리자로서의 실무적 경험을 바탕으로 다음과 같이 분류해 보았는데, 일반적으로 보안활동에는 인적·환경적 보안요소 및 전자기적 보안시스템을 포함하는 물리적 보안(Physical Security), 위험[영향]평가(Risk Assessment), 정보보호(Information Protection), IT보안(IT Security), 비상기획(Emergency Planning & Response), 위기·재난관리(Crisis/Disaster Management), 사업의 연속성 계획(Business Continuity Planning), 테러 예방 및 사업장 내 폭력 방지(Counterterrorism & Workplace Violence Measures), 사건·사고 관리 및 조사(Incident Management & Investigations), 보안교육·컨설팅(Security Education & Consulting) 및 보안감사(Security Reviews & Audits) 등 다양한 프로그램들이 포함된다.

6) '부정경쟁방지 및 영업비밀보호에 관한 법률'상의 '영업비밀(Trade Secrets)'과 '산업기술유출 방지 및 보호에 관한 법률' 상의 국가 핵심기술 등이 포함되는 '산업기술'을 산업보안의 주요한 개념적 범주이자 산업보안 활동의 주요 대상으로 하였다.

〈표 6-1〉 산업보안의 특징

특징	구체적 의미
사회적 기술	산업기밀을 보호하기 위하여 인적 · 물적 · 정보적 자원을 합리적이면서도 체계적으로 조직화하는 기술
공익성 추구	이윤추구뿐만 아니라, 국가발전과 대중의 이익 등 공익성을 유지하기 위한 기술
자율적 관리체제	관련 조직의 책임자에 따른 자율적 운영과 기술을 활용한 관리체제
행정적 지도	국가와 기업의 공동목표를 실현하기 위하여 지도, 지원하는 것은 비강제적 · 비법률적 성격

출처: 한국산업기술보호협회(http://www.kaits.or.kr: 2014.1.6 검색).

산업보안이란 첫째, 산업기밀을 보호하기 위한 사회적 기술이라고 할 수 있다. 즉 산업보안은 산업기밀을 보호하기 위하여 인적 · 물적 · 정보적인 자원을 합리적이면서도 체계적으로 조직화하는 기술이라고 해야 할 것이다. 둘째로 산업보안은 이윤추구를 최우선으로 하겠지만, 공익성도 지니고 있다. 산업보안의 주체는 기업이고, 목표는 기업성, 즉 이윤을 추구하는 것이다. 하지만 기업의 경쟁력 확보와 이윤 극대화는 국가발전과 더불어 일반성을 가진 불특정 다수의 이익, 즉 공익성에도 영향을 주고 있어, 국가보안과 상호의존적이면서도 보완적인 관계를 유지하고 있다고 할 것이다. 셋째로 산업보안은 자율적인 관리체제의 특징을 갖추고 있다. 보안관리의 주체는 산업주체 및 관련 조직의 관리자인데, 이들은 산업보안의 결과에 책임을 져야 한다. 각 기업이 보유하고 있는 비밀의 정도에 따라서 보안 관리의 체제와 그 방식이 달라질 수 있으며, 자율적인 운영과 기술을 활용하여 산업기술을 관리해야 한다. 이에 비해 국가보안은 관계법령에 따라 조직의 통일성과 과정의 일관성을 추구하고 있다.

마지막으로 네 번째 특징은 정부의 기업에 대한 보안업무 지원은 행정지도의 일종이라고 해야 한다.[7] 이를 정리하면, 정부는 기업의 경영에 관여할 수 없기 때문

---

7) 한국산업기술보호협회(2013.1.6), http://www.kaits.or.kr

에, 산업보안이라는 국가와 기업의 공동 목표를 실현하기 위하여 지도, 지원하는 것은 비강제적, 비법률적 성격을 가진 행정지도라고 보는 것이 타당하다.

제3절 산업보안의 구성요소 및 유형

1. 산업보안의 구성요소

산업보안을 구성하는 요소들로는 국내외 산업환경, 정치적·사회적인 구조, 산업의 규모와 기술의 수준, 보안의 주체와 객체들의 의식 및 문화, 그리고 보안기술에 이르기까지 다양하게 분포되어 있으며, 이렇게 수많은 요소들은 직·간접적으로 산업보안에 크고 작은 영향을 준다. 산업보안의 개념을 좀 더 확실하게 이해하기 위해서는 산업보안을 구성하고 있는 여러 요소들을 살펴보고 분석해 볼 필요가 있다. 이러한 요소들로는 산업보안의 주체와 목적, 산업보안의 보호가치와 객체, 침해요소, 대응방법 등이 있다.

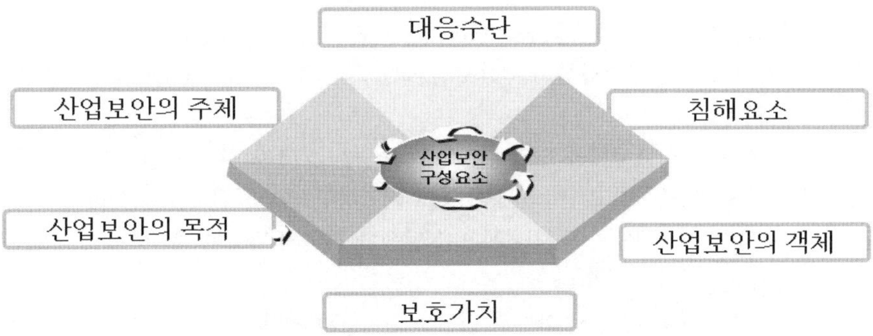

출처: 민병설 외, 2008, 산업기술보호 전문인력 양성 및 육성정책 연구, 한국산업기술협회.

〈그림 6-1〉 산업보안의 구성요소

2. 산업보안의 영역별 유형

다음으로 살펴볼 부분은 산업보안의 영역별 유형이다. 즉 산업보안에는 보호객체와 취급 영역에 따라서 크게 관리적 보안, 물리적 보안, 기술적 보안으로 구분하여 설명할 수 있다.

1) 관리적 보안

산업보안에서 가장 대표적인 접근 방법은 기업의 내부 및 외부 인사에 대한 관리적 보안이라고 할 수 있다. 정보시스템과 연관되어 있는 직원, 조직, 기술에 대한 총체적인 운영과 유지관리에 대한 보안이 바로 관리적 보안이라고 할 것이다. 이러한 보안은 기업 내부 인원의 채용, 재직, 퇴직 시기에 따라서 보안대책을 수립하고, 협력업체를 비롯한 외부기관 직원들의 출입에 따른 보안대책도 제시하고 있으며, 기업의 보안정책과 보안전략의 수립과 운영을 위한 산업보안의 핵심역량이 되고 있다.[8)]

〈표 6-2〉 관리적 보안의 통제내용

요소	내용
보안문서	보안문서는 정보체계를 구축하고 향후 운영과 유지 관리를 위한 인적, 조직적, 기술적인 사항들을 구체화시킨 것으로, 정책, 지침, 절차의 3개 계층구조로 이루어져 있다. 1) 정책 – 정보체계를 도입하여 보안 경영을 하고자 하는 근본적인 이유와 목표를 제시하고, 이의 중요성을 최고경영자가 선언하는 것이다. 2) 지침 – 정책에서 제시된 목표를 달성하기 위해 필요한 보안기능 및 요건들을 명시하고 있다. 3) 절차 –위 지침에서 다루고 있는 보안기능과 제반사항들을 보다 구체적으로 명시하고, 세부적인 행동방침을 기술한다.

8) 중소기업청 · 중소기업기술정보진흥원, 『중소기업 기술보호 역량 및 수준조사』, 2012.

요소	내용
조직	정보체계를 보호해야 할 책임과 권한을 가진 사람들이 어떻게 전담조직을 갖출 것이고, 그 조직에게는 어떠한 권한과 책임을 부여하며, 이 조직이 타 조직과 어떠한 위상을 가지고 관계를 맺어 나가야 할지에 대하여 다루고 있다. 이 내용은 위 보안문서에 반영되었다.
비상대책	정보체계가 여러 가지 원인으로 인하여 제 기능을 발휘할 수 없을 경우 취해야 할 사항과 사전 준비책을 제시한 것이다. 비상대책의 내용들은 보안문서에 지침과 절차의 형태로 문서화되었다.
교육	정보체계를 운영하고 이용하는 사람들의 보안의식을 함양하고 정보체계의 사용 시 발생할 수 있는 불편함을 최소화하며, 보안관련 사고에 대한 대처 능력을 제고하는 각종 지원활동을 의미한다.
감사	정보체계가 의도했던 바에 따라 운영되고 있는지를 주기적으로 혹은 필요에 따라 점검하여 정보체계가 악용되거나 정보보안이 훼손되는 경우를 찾아내고 감시하며 기록을 남겨 책임 추적성을 확보하고자 하는 활동이다.

출처: 중소기업청 기술보호통합포털(www.tpcc.or.kr: 2014.1.6 검색).

2) 물리적 보안

산업보안의 유형 중 물리적 보안은 정보를 처리하는 컴퓨터, 통신기기 등과 같은 시설 및 장비, 또는 이러한 시설이나 장비로 처리된 자료나 정보를 보관하는 매체나 장소를 여러 가지 보안의 위협으로부터 보호하는 것이라고 할 수 있다. 이러한 물리적 보안을 위하여 통제구역을 지정하고 외부인의 출입 시스템 구축, CCTV와 지문인식시스템의 설치를 하는 등 첨단장비를 활용한 물리적 보안 시책들을 실시할 수 있다.[9)]

9) 민병설 · 신혁 · 김태성 · 전효정 · 권태종 · 임헌욱 · 김현철 · 박진수, 산업기술보호 전문인력 양성 및 육성정책 연구, 한국산업기술보호협회, 2008.

〈표 6-3〉 물리적 보안의 통제내용

요소	내용
건물접근통제	정보체계가 위치해 있거나 이러한 체계를 통해서 처리된 자료나 정보를 저장하는 건물을 보호하는 보안활동을 의미한다. 보통 이러한 건물보호는 건물의 출입구를 통제하거나 건물의 중요지역을 통제하는 형태로 이루어진다.
천재지변	화재, 수해, 지진, 태풍 등 다양한 천재지변이나 자연재해로부터 정보체제와 해당 체제로 처리한 정보 및 저장 매체를 보호하기 위하여 취해야 할 대처방안을 마련하는 보안활동을 의미함

출처: 중소기업청 기술보호통합포털(www.tpcc.or.kr: 2014.1.6 검색).

3) 기술적 보안

기술적 보안이란 컴퓨터 산업스파이 범죄에 대한 보안지식을 다루는 기술을 말한다. 이러한 기술적 보안에서는 개인용 컴퓨터의 보안관리, E-mail 보안관리, 해킹 방지 등의 내용을 집중적으로 다루고 있다. 종합하면, 물리적 보안과 기술적 보안 영역은 관리적 보안을 위한 수단으로 이해할 수 있고, 각 산업보안의 영역별 활성화를 위해 보안산업의 발전이 요구된다.[10)]

〈표 6-4〉 기술적 보안의 통제내용

요소	내용
인터넷 / 인트라넷보안	정보체계가 인터넷 또는 인트라넷에 접속되어 사용될 경우 발생할 수 있는 보안 문제점들에 대처할 수 있는 대응책을 마련하는 보안활동을 의미한다.
데이터통신 보안	네트워크에서 이루어지는 통신을 안전하고 신뢰할 수 있도록 이루어지는 보안활동을 의미한다.
분산환경보안	네트워크가 분산화되면서 취약한 면을 드러내기 쉬운 주요 보안사항인 정보의 무결성과 비밀성, 가용성, 그리고 사용자 인증성을 확보하여 신뢰할 수 있는 네트워크 환경을 이루기 위한 보안활동을 의미한다.

출처: 중소기업청 기술보호통합포털(www.tpcc.or.kr: 2014.1.6검색).

10) 중소기업청 기술보호통합포털(2014.1.6), http://www.tpcc.or.kr

제4절 국가핵심기술과 수출통제

1. 국가핵심기술의 개념

산업기술유출방지법 제2조 2항에 정의된 국가핵심기술이란 국내외 시장에서 차지하는 기술적·경제적 가치가 높거나 관련 산업의 성장 잠재력이 높아 해외로 유출된 경우에 국가의 안전보장 및 국민경제 발전에 중대한 악영향을 줄 우려가 있는 산업기술로서 '산업기술의 유출방지 및 보호에 관한 법률(이하 산기법)' 제9조의 규정에 따라 지정된 산업기술이다. 국가핵심기술의 선정기준은 국가안보 및 국민경제에 미치는 파급효과, 관련 제품의 국내외 시장점유율, 해당분야의 연구동향 및 기술 확산과의 조화 등을 종합적으로 고려하여 선정한다. 또한 지정된 국가핵심기술은 동법 제10조(국가핵심기술의 보호조치)에 따라 해당 기술을 보유·관리하고 있는 대상기관의 장은 보호구역의 설정·출입허가 또는 출입 시 휴대품 검사 등 국가핵심기술의 유출을 방지하기 위한 기반구축에 필요한 조치를 실시하고, 제14조(산업기술의 유출 및 침해행위 금지)와 제36조(벌칙)에 따라 산업기술을 유출한 자에 대한 법적 처벌 근거를 명시하고 있다.

2. 국가핵심기술 목록

2006년 8월 당시 국무총리 주재로 제1회 산업기술보호위원회가 개최됐는데, 이 자리에서 정보통신 6개, 조선 7개, 철강 6개, 자동차·철도 8개, 전기·전자 4개, 원자력 4개, 우주 5개 등 7개 분야 40개 기술이 국가핵심기술로 지정·보호되는 '국가핵심기술 지정안'이 심의 확정됐다. 이후 2011년 2월 23일 자동차 기준변경, 정보통신 추가지정 등 8개 분야 총 50개 기술로 국가핵심기술을 재조정하였으며, 2012년 1월 30일 전기전자 추가지정, 정보통신 기준변경 및 추가지정 등 8개 분야 총 58개 기술로 국가핵심기술을 재조정하였다. 가장 최근인 2013년 10월 25일 정보통신 3개 기술 전기전자로 분야변경, 자동차 5개 기술기준 변경 및 우주 3개 기술 해제 등 8개 분야 총 55개 기술로 국가핵심기술을 재조정하였으며 국가핵심기술의 세부적인 내용은 다음과 같다.

〈표 6-5〉 국가핵심기술 목록[11)]

분 야	국가핵심기술
전기전자 (11)	• 60나노급 이하 D램에 해당되는 설계 · 공정 · 소자기술 및 조립 · 검사기술 중 3차원 적층형성 기술 • 40나노급 이하 D램에 해당되는 조립 · 검사기술 • 50나노급 이하 낸드플래시에 해당되는 설계 · 공정 · 소자기술 및 조립 · 검사 기술 중 3차원 적층형성 기술 • 30나노급 이하 낸드플래시에 해당되는 조립 · 검사기술 • 7세대급(1870×2200mm) 이상 TFT-LCD 패널 설계 · 공정 · 제조(모듈조립 공정기술은 제외) · 구동기술 • 30나노급 이하 파운드리에 해당되는 공정 · 소자기술 • AMOLED 패널 설계 · 공정 · 제조(모듈조립공정기술은 제외)기술 • 전기자동차用 고에너지밀도(200Wh/kg 이상) · 고온안전성(섭씨 50도 이상) 리튬이차전지 설계기술 • 모바일 Application Processor SoC 설계 · 공정기술 • LTE/LTE_adv Baseband Modem 설계기술 • WiBro 단말 Baseband Modem Modem 설계기술
자동차 (8)	• 하이브리드 및 전력기반 자동차(xEV) 시스템 설계 및 제조기술(Control Unit, Battery Management System, Regenerative Braking System에 한함) • 연료전지 자동차 80kW 이상 Stack 시스템 설계 및 제조기술 • LPG 자동차 액상분사(LPLi) 시스템 설계 및 제조기술 • Euro 5 기준 이상의 디젤엔진 연료분사장치, 과급시스템 및 배기가스 후처리장치 설계 및 제조기술(DPF, SCR에 한함) • 자동차 엔진 · 자동변속기 설계 및 제조기술(단, 양산 후 2년 이내 기술에 한함) • 복합소재를 이용한 일체성형 철도차량 차체 설계 및 제조기술 • 자기조향 기능을 구비한 틸팅철도차량용 주행장치 설계 및 제조기술 • 최고시속 350km급 동력집중식 고속열차 동력시스템 설계 및 제조기술[AC 유도전동기 · TDCS(Train Diagnostic & Control System) 제어 진단 · 주

11) 산업기밀보호센터 홈페이지(2014.1.19 검색), http://service4.nis.go.kr/page?cmd=preservation &cd_code =tech_01&menu=ABA00

	전력변환장치 기술에 한함]
철 강 (6)	• FINEX 유동로 조업기술 • 항복강도 600MPa급 이상 철근/형강 제조기술[저탄소강(0.4% C 이하)으로 전기로방식에 의해 제조된 것에 한함] • 고가공용 망간(10% Mn 이상) 함유 TWIP강 제조기술 • 합금원소 총량 4% 이하의 기가급 고강도 철강판재 제조기술 • 조선·발전소용 100톤 이상급(단품기준) 대형 주·단강제품 제조기술 • 저니켈(3% Ni 이하) 고질소(0.4% N 이상) 스테인리스강 제조기술
조 선 (7)	• 고부가가치 선박 및 해양시스템 설계기술 • LNG선 카고탱크 제조기술 • 3천 톤 이상 선박용 블록탑재 및 육상에서의 선박건조기술 • 500마력 이상 디젤엔진·크랭크샤프트·직경 5m 이상 프로펠러 제조기술 • 선박용 통합제어시스템 및 항해자동화 기술 • 조선용 ERP/PLM시스템 및 CAD기반 설계·생산지원 프로그램 • 선박용 핵심기자재 제조기술(BWMS 제조기술, WHRS 제조기술)
정보통신 (14)	• 휴대이동방송 다중대역 수신 안테나 및 임피던스 매칭 기술(지상파 DMB, 위성DMB, DVB-H, Media FLO, One-Seg, 디지털라디오방송, ATSC-M/H 방송에 한함) • CR 기반의 Agile Spectrum Sensing 기술 • 지능적 개인맞춤 학습관리 및 운영기술 • 사용자 제어를 위한 RunTime Hooking 기술 • 분산 대용량 게임서버 기술 • 객체기반 오디오 콘텐츠 생성기술 • PKI 경량 구현 기술(DTV, IPTV를 비롯한 셋톱박스, 모바일 단말, 유비쿼터스 단말에 한함) • UWB 시스템에서 중단 없이 신호 간섭회피를 위한 DAA(Detection And Avoid) 기술 • LTE/LTE_adv 시스템 설계기술 • 스마트기기용 사용자 인터페이스(UI) 기술 • LTE_adv 단말 RFIC 및 PAM 설계기술 • LTE/LTE_adv Femtocell 기지국 설계기술

	• 기지국 소형화 및 전력을 최소화하는 PA 설계기술 • LTE/LTE_adv/WiBro/WiBro_adv 계측기기 설계기술
우 주 (2)	• 1m 이하 해상도 위성카메라용 고속기동 자세제어 탑재 알고리즘 기술 • 고상 확산접합 부품성형 기술
생명공학 (3)	• 항체 대규모 발효정제 기술(5만 리터급 이상의 동물세포 발현 · 정제 공정 기술) • 보툴리눔 독소 생산기술 • 산업용 원자현미경
원자력 (4)	• 중성자 거울 및 중성자 유도관 개발기술 • 연구용원자로 U-Mo 합금핵연료 제조기술 • 방사선 이용 기능성 하이드로겔 제조기술 • 신형 경수로 원자로출력제어시스템 기술

3. 국가핵심기술의 수출

1) 수출의 개념

국가핵심기술의 해외유출은 외국기업 등에 해당기술을 매각 또는 이전 등의 형태로 나타나게 된다. 따라서 그 행위가 이루어지는 시점은 해당 국가핵심기술의 유출 여부를 가리는 중요한 기준이 된다. 우리나라의 법령에서는 수출의 개념을 다양하게 사용하고 있다. 대외무역법에서 수출은 국내에서 외국으로 물품을 이동하는 것을 말한다.[12] 여기서 국내라 함은 주권이 미치는 지역을 말하므로,[13] 국내에서 거래되는 기업 간 수출은 해당하지 아니하여 대외무역법상 수출의 의미는 주권이 미치는 지역에서 국내 이외지역(외국)으로의 물품의 이동으로 해석할 수 있다. 부가가치세법 시행령 제24조는 수출에 대해 내국물품(우리나라 선박에 의하여 채포된 수

---

12) 대외무역법 시행령 제2조 제3호.
13) 대외무역법 시행령 제2조 제1호.

산물을 포함한다)을 외국으로 반출하는 것으로 정의하고, 중계무역 방식, 위탁판매, 외국인도, 위탁가공무역 방식의 수출 등의 예와 같이 대외무역법상의 무역방식을 포괄하고 있다.

법령마다 그 제도의 시행을 위한 설립목적이 다르기 때문에 이들의 수출개념을 산기법상의 수출개념과 동일하게 해석할 수 있는지 여부는 논란이 있다. 그러나 산기법에서는 수출의 정의가 되어 있지 않으며, 동법 제4조에서는 타법우선의 원칙이 규정되어 있어서 관련 법령의 수출개념을 원용할 수 있다. 산기법상의 수출이란 국경관리 차원에서는 국가핵심기술이 국내에서 외국으로 이동하는 것뿐만 아니라, 국내기술에 대한 외국에서 외국으로의 인도, 제3지역에서의 교역은 물론, 전자적 전송에 의한 기술의 수출이 포함된다고 할 수 있다. 행위주체의 관점에서는 대한민국 국민이 외국인에게 기술을 이전하는 것뿐만 아니라 대한민국 내의 외국인 또는 기업(법인, 연구소, 단체, 조합, 협회 등)이 외국기업 등에 국가핵심기술을 제공하는 것도 포함한다고 볼 수 있다.[14)]

2) 수출시점

국가핵심기술의 매각이나 이전에 의한 수출을 어느 시점으로 볼 것인가에 대해서는 당해 기술의 수출을 위한 계약서에 작성된 내용에 따라 달라진다. 일반적으로 기술유출이 일어날 수 있는 최초의 시점은 계약서가 작성되어 해당기술의 이전이 이루어질 수 있는 계약 성립 시가 될 수 있다. 그러나 서류상 계약 성립 이전이라도 구두계약에 의한 기술이전이 일어날 수 있으므로 계약 성립 시기는 유동적이다.

산기법에서는 국가핵심기술을 보유하고 있는 내국인이 수출계약이 성립되면 산업통상자원부장관에게 수출승인을 신청하거나 신고하도록 하고 있다. 국가핵심기술의 수출에 있어 수출의 시점과 기술거래의 시점은 시차를 두고 이루어질 개연성이 충분하다. 수출의 시점과 기술거래의 시점을 일치시켜야 하거나 적어도 수출보다 기술거래의 시점이 앞서야 하는 이유는 행위순서상 기술거래계약이 수출행위보다 앞서는 것이 일반적이기 때문이다. 산기법상 기술유출에 해당하는 기술의 매각

14) 김민배 외, 산업기술의 유출방지 및 보호에 관한 법률 및 시행령 연구, 인하대 보고서, 2007.4.

은 해외로의 기술매각을 말한다. 해외매각이라 함은 주로 기업을 해외의 다른 기업에 파는 활동으로 인수와 유사한 개념으로 취급하고 있다.

합병이란 두 개 이상의 회사가 계약에 의하여 신 회사를 설립하거나 또는 그중의 한 회사가 다른 회사를 흡수하여, 해산회사의 재산과 사원이 신설회사 또는 존속회사로 법률상 당연히 포괄적으로 이전 · 수용되는 효과를 가져오는 행위를 말한다. 합병과 인수를 의미하는 M&A가 그 예다. 기업의 인수합병에는 일반적으로 기업이 갖는 유체물과 무체물의 재산을 모두 포함하게 되므로 기업이 보유한 기술 또한 인수 합병과정에서 해외로 유출된 가능성이 얼마든지 있다. 그 이유는 인수합병의 지역적 범위가 국내로만 한정되는 것은 아니기 때문이다

3) 양도와 라이선스

기술이전의 한 형태인 양도는 권리나 재산 등을 남에게 넘겨주는 것으로, 매각에 비해 지적재산권을 포함하는 넓은 의미의 권리이전으로 볼 수 있다. 양도는 반드시 유상양도일 필요는 없으며, 지적재산권의 경우 권리변동을 크게 권리주체의 변동과 권리객체의 변동으로 구분하고, 전자는 양도나 국가의 수용에 의해, 후자는 권리의 소멸이나 내용의 정정에 의해 이루어진다. 특허권의 양도에 있어서는 특허출원이후의 권리는 물론, 특허출원전의 권리도 양도할 수 있으며,[15] 주체적으로 공유지분의 양도는 물론, 특정지역과 시간적 제한을 두고 양도할 수 있어서 기술이전의 범위에 권리가 포함되는 특징이 있다. 미완성 발명도 재화로써 양도행위가 유효하다는 미국의 판례[16]도 있다. 기술의 양도는 기술이전을 목적으로 계약에 의해 이루어지는 기술거래의 한 형태이다. 여기에는 권리나 기술, 영업비밀 등의 무체물까지 포함되며, 기술거래는 크게 기술도입과 기술수출로 구분할 수 있다.

산업기술에 대한 라이선스 계약은 목적에 따라[17] 구분할 수 있다. 특히 지적재산

15) 특허법 제37조 제1항 및 제2항.

16) Film Tech Corp. V. Allied Signal, 939 F.2d 1568, 19 U.S.P.Q. 2d 1508,1511(Fed. Cir., 1991).

17) 정병일, 『국가핵심기술의 해외유출시점에 관한 법적연구』, 인하대학교 법학연구소, 2007.6, pp.125-127.

권에 대한 기술라이선스 계약은 크게 전용실시권과 통상실시권으로 구분할 수 있지만, 해당 권리의 소유권은 유보하고 실시권만 허용한다는 점에서는 공통점이 있다. 영업비밀(Trade Secret)이라 함은 공연히 알려져 있지 아니하고 독립된 경제적 가치를 가지는 것으로서, 상당한 노력에 의하여 비밀로 유지된 생산방법・판매방법 기타 영업활동에 유용한 기술상 또는 경영상의 정보를 말한다.[18]

노하우(know-how)는 산업이나 기술에서 어떤 실질적 결과를 달성하기 위하여 요구되는 정보나 실질적 지식, 기술, 숙련도를 말한다.[19] 미국에서 법적 보호의 대상으로서의 노하우는 Trade Secret이라는 개념으로 발전되었으며, 노하우가 법적으로 보호되기 위해서는 Trade Secret의 요건을 갖추어야 한다. 대법원은 노하우를 '공업목적에 도움이 되는 어느 종류의 기술을 단독 또는 결합하여 작성하고 그것을 실제로 응용하는 데 필요로 하는 비밀의 기술적 지식, 경험 또는 그것들의 집적을 일컫는 것, 공개되지 아니한 기술적 정보 또는 기술정보・경험 및 기술지식의 비밀' 등으로 정의를 내려 기술상의 노하우로 파악하고 있다.[20]

18) 부정경쟁방지 및 영업비밀보호에 관한 법률 제2조 제2호; Restatement of Torts §757 Comment (b).

19) 기업에서 종업원의 일반적인 지식과 기술(general knowledge and skill) 등을 노하우로 포함시킬 수 있는지의 여부에 대한 미국 대법원의 판례는 이를 부정하고 있다. Van Products Co. v. General Welding & Fabricating Co., 419 Pa. 248, 213 A.2d 769, PA. 1965, p.263.

20) 노하우는 기술비결로 일컬어지거나 비밀리에 관리되는 기술적 지식이나 경험 등을 총칭하는 것이므로, 특정 제품을 제조하거나 사용하거나, 또는 특정 방법을 실시하기 위하여 유용한 기술적 지식, 경험, 데이터 및 기타 정보로서 이를 통해 소정의 산업 목적을 달성할 수 있는 것이면 노하우라 할 수 있다. 정갑주, 『노우하우(know-how)의 保護』(재판자료 제56집 법원도서관), p.226; 윤선희, 『특허법』(법문사, 2004), p.110.

제 7 장

각국의 산업보안 대응체계

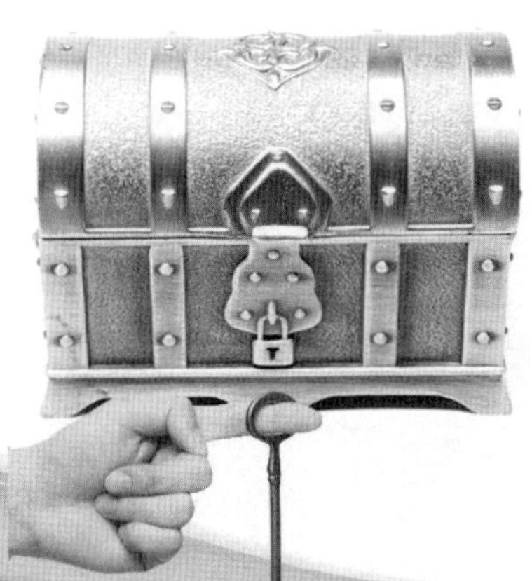

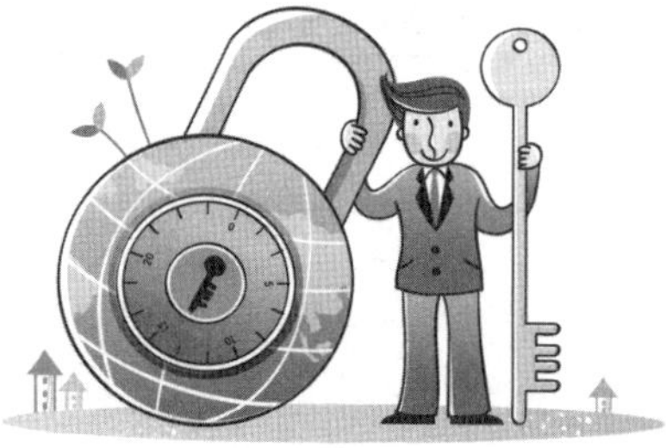

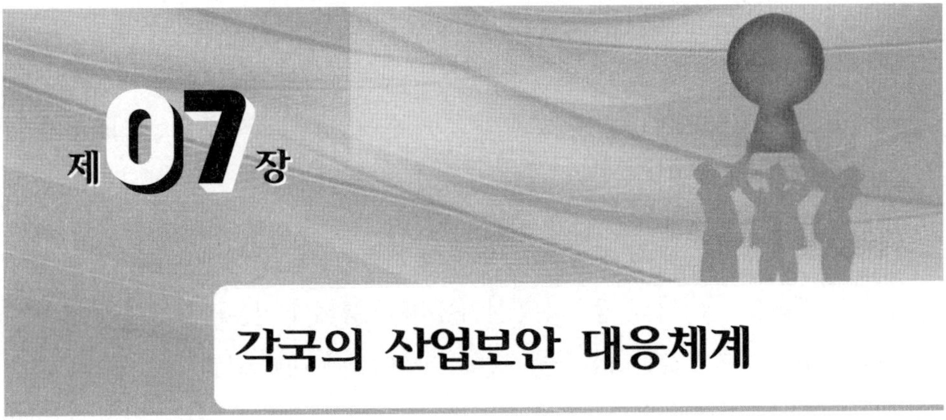

제07장 각국의 산업보안 대응체계

제1절 서론

1. 제도적 차원의 규제

일반적으로 기술이전은 그 당사자가 사기업이라고 해도 경제의 발전 및 안보에 심각한 영향을 줄 수 있기 때문에 기술 제공 국가나 도입 국가의 시각이 상반된다. 기술 제공 국가는 각종 규제를 우선시하고, 도입국가는 확대와 촉진 방안을 우선 채택하고 있다. 따라서 각 국가들의 합법적인 기술이전이나 불법적인 기술유출에 대한 규제는 다양하게 나타나고 있다. 대체적으로 기술규제는 다음과 같은 차원에서 이뤄지고 있다[1].

① 기업 등의 기술 보호를 위해 제3자에 의한 불법적인 기술사용을 방지(지적재산권법에 의한 보호)

② 국제적인 안전 보장의 관점에서 기술이 무기 등의 개발 등에 전용되는 것을

1) 田上博道, 我が国における技術移転規制について, Control of Technology Transfer in Japan, 特許研究, No.42, 2006/9, pp.57-64.

방지하는 것(국제적인 안전 보장 차원에 의한 전략물자 통제)

③ 자국의 국가안보와 국민경제의 보호를 위한 국가핵심기술에 대한 승인과 사전 신고 등을 통한 보호(산업경쟁력 확보와 국가경쟁력 유지를 위한 기술유출 방지) 등으로 구분할 수 있다.

①의 경우 특허법과 부정 경쟁 방지법 등의 지적재산법을 통한 기술이전에 관한 규제 등이 대표적이다. ②의 경우 전략물자에 대한 통제나 일본의 외환관리법, 미국의 수출관리법, 무기수출관리법 등을 통해 기술이전에 대해 규제하는 것이 대표적이다. ③의 경우 미국의 경제스파이 처벌법, 한국의 산기법이 대표적이다. 각국의 국제적 기술이전에 관한 주요 규정을 정리하면 〈표 7-1〉과 같다.

〈표 7-1〉 각국의 기술이전 규제[2)]

국가	법령	내용
미국	경제스파이법	영업비밀을 국외에 유출한 자는 15년 이하의 징역 또는 50만 달러의 벌금. 조직이 해외로 유출한 경우 1천만 달러 벌금
	EAR(수출관리 규칙)	EAR의 규제대상이 되는 기술 등을 미국적 보유자로부터 외국국적 보유자에 개시한 경우 외국국적 보유자의 모국으로 수출한 것으로 간주하여 민사벌(50만 달러 이하의 제재금)과 형사벌(10년 이하의 징역 또는 100만 달러 이하의 벌금) 병과 가능
	특허법	미국 내에서 이루어진 발명에 대해 미국특허상표청(USPTO)에 출원 후 6개월이 경과하지 않는 기간 내에 USPTO의 허가를 받지 않고, 외국에 출원하거나 비밀유지명령을 무시하고 외국 출원을 한 자는 2년 이하의 징역 또는 1만 달러의 벌금

2) 김민배 외, 산업기술의 유출방지 및 보호에 관한 법률의 제도적 정착을 위한 연구에 관한 보고서, 산업자원부, 2008, p.3.

독일	부정경쟁방지법	영업비밀을 국외에 유출시킨 자에 대해서는 5년 이하의 징역 또는 벌금
	외국무역관리법	법령에서 규제된 기술 및 기술지원(구두, 전화, 전자적 형태를 포함)을 허가를 받지 않고 제공한 자는 5년 이하의 징역 또는 50만 유로 이하의 벌금
일본	부정경쟁방지법	일본에서 관리되고 있는 영업비밀을 외국에서 사용·개시한 자에 대해서는 10년 이하의 징역 또는 1천만 엔 이하의 벌금(병과 있음)
	특허법	10년 이하의 징역 및/또는 / 1천만 엔 이하의 벌금(법인에는 병과 가능)
	외국환 및 외국무역법	비거주자에 대하여 규제대상기술을 경제장관의 허가를 받지 아니하고 제공한 자는 5년 이하의 징역 또는 제공가액의 5배 이하의 벌금(병과 있음), 3년 이내의 화물수출·기술제공의 금지(행정제재)
한국	부정경쟁방지법 및 영업비밀보호법	영업비밀을 해외에 유출시킨 자는 10년 이하의 징역 또는 부정이득액의 2배 이상 10배 이하의 벌금(병과 가능)
	대외무역법	전략물자에 관련된 무형물질(기술)에 대해 허가를 받지 않고 외국인에게 제공한 자는 4년 이하의 징역 또는 수출가액의 3배 이하의 벌금
	특허법	특허청 직원·특허심판원 직원 또는 그 직에 있었던 자가 그 직무상 취득한 특허출원 중의 발명(국제출원 중의 발명을 포함한다)에 관하여 비밀을 누설하거나 도용한 때에는 5년 이하의 징역 또는 5천만 원 이하의 벌금
	산업기술의 유출방지 및 보호에 관한 법률	산업기술을 외국에서 사용하거나 사용되게 할 목적으로 산업기술과 국가핵심기술을 유출하거나 침해하는 경우 10년 이하의 징역이나 10억 원 이하의 벌금. 예비음모 처벌

2. 지적재산권법에 의한 규제 등

1) 특허법 등에서 보호

발명에 대한 독점적인 권리인 특허권은 국가에서 정한 요건과 절차에 따라 각국에서 성립하는 권리이기 때문에 우리나라에서 특허로 인정되더라도 다른 나라에서는 권리로 인정되지 않는 경우가 많다. 그 경우 특허권에 대한 권리 침해가 있었다 하더라도 사실상 금지 청구와 손해 배상청구 등을 할 수 없게 된다. 따라서 사업을 전개하려는 각 나라에서 제대로 권리(외국 특허 등)를 취득하거나 기타 필요한 기술 정보의 실시 허락 등을 받거나 처음부터 제품의 보호를 도모해야만 안정적인 사업 전개가 가능하다. 일반적으로 특허법은 발명의 공개 대가로서 발명자에 대해 일정 기간 독점적인 권리를 부여하는 것을 기본 원칙으로 하고 있다. 하지만 특허청에 출원된 특허는 그 발명에 관련된 공개가 공서 양속에 반하지 않는 한[3] 출원으로부터 일정기간 이후에는 공개되고 있다. 기술보호의 차원에서 보면 특허 출원과 공개가 우리나라 기업의 기술 수준과 업체의 연구 개발 동향에 대해 해외기업들이 쉽게 접근하는 창구로 악용되고 있다는 지적도 있다. 따라서 기업 등이 발명에 대해서, 특허권을 취득하기 위하여 특허로 출원할 것인가 아니면 노하우로 비닉할 것인가 하는 점에 대해 전략 차원에서 그 방안을 적극 검토할 필요가 있다고 본다[4].

2) 부정 경쟁 방지법의 규제

일정한 기술상 · 영업상의 정보에 대해 해당 정보가 ① 비밀로 관리되고 있다는 점(비밀관리성), ② 사업 활동에 유용한 정보라는 점(유용성), ③ 공공연히 알려져 있지 않다는 점(비공지성)의 3가지 사항을 충족하는 경우 당해 정보는 부정 경쟁 방지법상의 영업비밀로 보호되는 것이 일반적이다. 따라서 영업비밀로 관리되고 있는

---

3) 미국 내에서 한 발명은 외국 출원 허가제(미국 출원으로부터 6개월 이내에 외국 출원을 하고자 하는 경우에는 특허 상표청 장관의 허가가 필요) 및 비밀 유지 명령(군사 관련 발명 등에 대해서는 국가의 안전 차원에서 비밀 유지 명령을 발령)은 규제 대상이다(미국 특허법 제184조).

4) 特許庁, "先使用権制度の円滑な活用に向けて－戦略的なノウハウ管理のために－", 2006.6, (http://www.jpo.go.jp/torikumi/puresu/press_senshiyouken.htm).

기술 정보를 제3자에게 라이선스하는 경우에는 NDA(Non-Disclosure Agreement) 등을 상대방과 체결하는 것이 중요하다[5].

각 국가는 부정경쟁방지법의 개정에 의해 영업비밀의 부정 취득 등에 대한 형사 처벌을 도입하고 있다. 일본의 경우 2005년 개정을 통해 일본 국내에서 관리되는 영업비밀에 대해 일본 국외에서 사용 또는 공개하는 자도 처벌하도록 하였으며, 재직시 신청이나 청탁을 받고 퇴직 후 영업비밀을 유출하는 악의적 퇴직자에 대한 벌칙도 도입하였다. 또한 기업체 직원 등이 영업비밀을 해외에서 부정하게 사용하거나 공개하는 경우에도 형사처벌의 대상이 되도록 개정하였다[6].

제2절 미국

1. 법령

미국의 산업보안 법령체계는 크게 산업·경제스파이를 처벌하려는 기술유출 관련 법령, 수출통제에 관한 법령, 그리고 외국인 투자제한을 이용한 기술유출 방지관련 법령으로 3가지로 구분해 볼 수 있다. 산업·경제스파이 처벌을 목적으로 하는 법은 경제스파이법(Economic Espionage Act of 1996, 18 U.S.C. 제1831조-1839조)과 통일영업비밀보호법(UTSA: Uniform Trade Secret Act)의 일부 조항, 그리고 법원의 판결에 의하여 다루어지고 있다. 수출통제와 관련된 법령은 미국 상무부의 수출규칙(EAR: Export Administration Regulations)과 국무부의 국제무기거래규정(ITAR: International Traffic in Arms Regulations)이 있다. 또한 외국인

---

5) 田上博道, 我が国における技術移転規制について, Control of Technology Transfer in Japan, 特許研究, No.42, 2006/9, pp.57-64.

6) 영업비밀로 법적 보호를 받기 위해 적절한 관리를 추진하고 있으며, 일본의 경우 '営業秘密管理指針(2003年 1月 제정, 2005年 10月 개정)(http://www.meti.go.jp/policy/ competition/downloadfiles/ip/051012guideline.pdf), 대학의 비밀 관리 지침에 대해서는 經濟産業省, 安全保障貿易に係る機微技術管理ガイダンス, 평성 20年 1月 참조.

투자제한을 통한 기술유출 방지를 위해서는 1998년도 미 종합무역법 5021조(이하 Exon-Florio조항)에 의거하여 미국의 대통령은 미국 안보에 위협이 된다고 판단되는 경우, 외국인의 미국기업 획득, 합병, 인수를 정지시키거나 금지시킬 수 있는 권한을 가진다. 2007년 7월에는 Exon-Florio조항을 개정한 「외국인투자 및 국가안보에 관한 법률(FINSA)」(Foreign Investment and National Security Act of 2007)을 제정하였다. FINSA는 Exon-Florio조항보다 그 대상을 확대시켰고 또한 보다 강력한 통제수단을 정부에 부여하고 있다.[7)]

이 밖에도 미국은 성문법상으로도 연방 상표 및 부정경쟁방지법이라고 할 수 있는 랜함법(Lanham Act) 제43조 (a), (c), (d) 규정과 연방거래위원회법(Federal Trade Commission Act) 제5조 등을 통하여서 산업보안을 규율하고도 있다.[8)] 또한 통일영업비밀보호법을 제정하여 46개 주에서 채택하여 적용하고 있다.

통일영업비밀보호법은 영업비밀 침해사례가 성립되면 손해배상을 비롯하여 금지명령, 침해금지 가처분 등을 규정하고 있는 반면, 형사 처벌에 관한 구체적 규정들은 없어 이러한 점을 보완하기 위해 1996년에 경제스파이법을 제정하여 외국의 산업스파이 행위를 미국 경제에 대한 직접적 위협으로 보아, 영업비밀 침해에 대하여서는 연방차원에서 접근하여 형사 처벌하도록 규정하고 있다. 경제스파이법에서 규정하는 영업비밀은 통일영업비밀보호법의 정의에 기초하고 있지만, 경제스파이법이 통일영업비밀보호법보다 그 개념이 좀 더 확대되어있다고 볼 수 있다.[9)]

1) 통일영업비밀보호법

미국의 각 주는 1979년에 형성된 통일영업비밀보호법을 기초로 한 영업비밀보호법을 규정하고 있다. 각주가 채택하고 있는 영업비밀보호법은 조금씩 차이가 있겠지만, 모든 법들은 영업비밀의 침해행위에 대한 구제책으로서 민사상의 금지명령과 손해배상청구를 규정하고 있으며, 판례에 근거하여 영업비밀의 요건을 구체적으로

7) 사법연수원, 「영업비밀보호법」, 사법연수원, 2007.
8) 손영식, 미국의 부정경쟁방지법 개요, 지식재산 21, 특허청, 2007.
9) 나종갑, "영업비밀의 국제산업스파이행위에 대한 형사적 구제: 미국 경제스파이처벌법(EEA)과 부정경쟁방지 및 영업비밀보호에 관한 법률을 중심으로", 통상법률 2호, 2006.

규정하고 있는 특징을 보이고 있다.[10] 미국에서의 영업비밀보호법은 특허법과 저작권법과는 달리 개별 주의 제정법 내지 보통법(Common Law)으로 구성되어 있는데, 판례법에서는 "영업비밀을 하나의 사업에서 사용되는 여하한 공식, 패턴, 장치 또는 정보의 집합으로 그 사업 주체에게, 그것들을 모르거나 사용하지 않는 경쟁자보다 유리한 지위를 부여하는 것들을 의미한다"고 정의하여, 이에 대한 침해 행위를 불법행위 등으로 규제하고 있다.

미국의 영업비밀보호법은 민사적 보호를 주로 규제하고 있고, 1979년 통일영업보호법에서는 형사적 구제수단을 규정하고 있지 않다. 하지만 이후 연방 상원에서 통일영업비밀보호법을 제정하여 각 주에 채택을 권고했고, 상당수의 주가 이를 채택 및 수용하여, 영업비밀 보호에 관한 법제를 통일화하였다고 볼 수 있다.[11]

2) 경제스파이법(EEA: The Economic Espionage Act)

1996년 10월 제정된 경제스파이법은 산업기술 침해행위에 대한 형사적 처벌을 규정하고 있는 연방차원의 법제라고 할 수 있다. 입법 배경으로는 1995년에 조사한 설문대상 325개 기업 가운데 절반가량이 영업비밀절도로 인한 피해를 입었다는 것과 매년 240억 달러 상당의 지적재산권피해가 발생한다는 데 기인하였다. 영업비밀경제스파이법은 그 실제적 적용범위와 목적에 있어서 불명확한 점이 있다는 지적도 있는 것이 사실이나(Schwab, 1996), 미국은 이 법을 통해 산업기술 및 영업기술의 보호를 보다 강화하였다고 평가받고 있다. 본법의 목적은 경쟁기업 등 사적 주체는 물론, 외국 정부에 이익을 주는 개인과 기업, 나아가 외국의 정부기관에 의한 영업비밀 절도에 대하여 주로 형법적 처벌을 부과할 수 있도록 연방법으로서 포괄적인 규율을 하는 것이다.

경제스파이법에 근거하여 정부가 기소할 수 있도록 한 영업비밀절도행위에는 경제스파이행위와 영업비밀절도행위로, 경제스파이 행위는 EEA §§1831에 개론으로,

10) 김문환, 「개정영업비밀보호법에 대한 고찰, 정보와 법 연구」, 창간호, 국민대학교 정보와 법 연구소, 1999.

11) 이창무 · 이길규 · 현대호 · 최진혁 · 정태황 · 장항배 · 정태진 · 정진근 · 김윤배, 「산업보안학」, 박영사, 2011.

후자는 §§1832의 각론으로 구분하여 규정되어 있다(김민배 외, 2008: 192-193).

(1) EEA §§1831

누구든지 범죄행위를 통하여 외국의 정부, 정부기관 또는 정부관리를 이롭게 하기 위하여 또는 이롭게 함을 알면서도 고의로 다음의 행위를 하는 경우에는 (vi)항에서 규정하고 있는 경우를 제외하고 $500,000이하의 벌금 또는 15년 이하의 징역에 처하거나 양자를 병과할 수 있다.

(i) 영업비밀을 절도, 무단이용, 획득, 제거, 은닉이나 사기, 계략 또는 기만행위를 통하여 취득하는 경우
(ii) 영업비밀을 무단으로 복사, 복제, 스케치, 도안, 사진, 다운로드, 업로드, 변경, 파괴, 사진촬영, 모사, 발송, 전달, 전송, 우편발송, 의사교환을 하거나 전하는 경우
(iii) 영업비밀을 무단으로 절도, 이용, 취득, 또는 횡령된 것임을 알면서도 수취, 구매 또는 소유하는 경우
(iv) i, ii, iii항에서 규정하고 있는 범죄를 하고자 시도하는 경우
(v) i, ii, iii항에서 규정하고 있는 범죄행위를 하기 위하여 한 명 또는 그 이상의 자와 공모하고, 공모한 자 중 한 명 이상의 자가 실제로 공모의 목적을 실행하기 위한 행위를 하는 경우
(vi) (1)항에서 규정하고 있는 범죄를 행한 단체는 $10,000,000 이하의 벌금에 처해짐

(2) EEA §§1832

주 또는 국제 간의 상거래를 위하여 생산되었거나 또는 제공되는 상품과 관련된 내지 포함된 영업비밀을 그 소유자 이외의 자의 경제적 이익을 위하여 횡령할 목적으로, 동법의 범죄행위를 통하여 그 영업비밀권자에게 손해를 야기하기 위하여, 또는 손해를 야기함을 알면서도 고의로 다음의 행위를 하는 경우에는 (vi)항에서 규정하고 있는 경우를 제외하고 본조에 따라 벌금 또는 10년 이하의 벌금에 처하거나

양자를 병과할 수 있다.

(i) 이들 정보를 절도, 무단이용, 획득, 제거, 은닉이나 사기, 계략 또는 기만행위를 통하여 취득하는 경우
(ii) 이들 정보를 무단으로 복사, 복제, 스케치, 도안, 사진, 다운로드, 업로드, 변경, 파괴, 사진촬영, 모사, 발송, 전달, 전송, 우편발송, 의사교환을 하거나 전하는 경우
(iii) 이들 정보를 무단으로 절취, 이용이나 취득 또는 횡령된 것임을 알면서 수취, 구매 또는 소유하는 경우
(iv) i 내지 iii항에서 규정하고 있는 범죄를 저지르고자 시도하는 경우
(v) i 내지 iii항에서 규정하고 있는 범죄를 저지르기 위하여 한명 또는 그 이상의 자와 공모하고 공모한 자 중 한명 이상의 자가 실제로 공모의 목적을 실행하기 위한 행위를 하는 경우
(vi) (2)항에서 규정하고 있는 범죄를 저지른 단체는 $5,000,000 이하의 벌금에 처해짐

3) 미국수출규칙(EAR: Export Administration Regulations)

미국 수출 규칙(Export Administration Regulations)은 EAR로 약칭되며, 미국 상무부 산업보안국이 관할하고 있는 법률로써 Export Administration Act에 따라 제정되었다[12]. 이 법은 미국에서 Dual-Use(군사 및 민간용 양용기술)의 상품(화물 내지 일반 제품, 소프트웨어, 기술)을 해외에 수출할 때 적용하며, 미국 이외의 국가에서 다른 국가에 다시 수출하는 경우에도 적용된다.

EAR 대상 품목 가운데 미국 상무부에서 수출(재수출) 허가가 필요한가 여부를 판단하는 것은 첫째, 무엇을 수출하는가. 둘째, 어느 나라에 수출하는가. 셋째, 누가 받을 것인가. 넷째, 무엇을 위해 사용되는가 등에 따라 결정된다. 이를 규정한 것이 CCL(Commerce Control List)[13]과 ECCN(Export Control Classification

12) http://www.bis.doc.gov/eaa.html

Number)[14] 그리고 EAR99이다. CCL은 제한 품목 리스트에 나와 있는 EAR 대상 품목 중에서도 민감한 내용이다. ECCN은 CCL에 열거된 품목을 규제하는 관리번호에 해당한다. EAR99는 CCL에 올라와 있지 않은 경우의 리스트에 해당하며, EAR99이라는 범주로 분류된다. EAR99은 주로 낮은 기술 소비재가 많아 상무부 라이선스 없이 수출 가능한 경우가 많다. 물론 EAR99도 EAR 대상 품목이므로 제재국가, 테러지원국가에 수출(재수출)하는 경우에는 라이선스가 필요하다.

EAR은 미국 정부의 대외정책의 일환으로 실시된다. 따라서 세계 경제와 정세의 변화에 따라 수시로 변경된다. 목표가 국제 평화와 안전 유지에 있기 때문에 EAR은 이것을 방해하는 다양한 사태에 대응하여 규제를 하고 있다. 주요 규제 대상은 무기 등의 개발, 제조, 혹은 그 확산을 조장하는 수출 등으로 주요규제 대상을 조장할 우려가 있는 일정한 성능 레벨을 초과하는 품목에 한정하여 규제하는 리스트 규제와 품목을 한정하지 않고, 이른바 catch-all, 대량살상무기 등의 개발 등을 조장할 우려가 있는 수출 등을 규제하는 KNOW 규제로 구분할 수 있다. 특히 미국 내의 규칙에 관계없이 미국원산제품들의 'EAR의 규제를 받는 품목' 그것이 세계 어디에 있어도 본 규칙을 적용하고 있으며(이것을 EAR의 역외적용이라고 한다), 여기서 순수한 외국산 제품 등은 EAR의 적용을 하지 않기 때문에, 구체적으로 그것이 대상 품목인가 여부를 §734(EAR의 적용 범위)에서 미국산 제품을 조합한 외국제품을 EAR의 대상으로 하지 않는 de minimis rule[15]이 채택되어 있다.

§736 조항에는 일반적 금지 사항 1–10을 정하고 있으며, 1–3은 일정한 성능 수준을 초과하는 품목의 수출 또는 재수출을 규제하고, 4–10은 특히 품목을 제한하지 않고 규제를 하고 있다. 전자 목록 규제, 후자의 5를 KNOW 규제라고 부를 수 있다. 거의 모든 규제가 본 조항에 따라 실시된다. 또한 §740 조항에 다양한 허가 예외(15종)가 규정되어 있다. 만일 그중 하나라도 적용된다면 허가가 필요하더라도 이에 기초하여 허가 없이 수출 또는 재수출할 수 있다. 고객용도 및 품목의 성격으로 볼 때

---

13) http://www.research.uci.edu/ora/exportcontrol/commerce_control_list.htm

14) http://www.bis.doc.gov/licensing/do_i_needaneccn.html

15) http://www.mofat.go.kr/mofat/fta/eng/e21.pdf

당연히 적용 불가능하다고 생각되는 경우를 제외하고, 대부분의 경우 허가 예외를 적용할 수 있기 때문에 이것을 잘 검토할 필요가 있다. 다만 일반적 금지 사항 4를 적용할 수 없는 것도 있다. 일반적 금지사항 5에 따라 §744에, 최종 수요자 및 최종 수요를 규정하고 있다(KNOW 규정). 여기서는 원칙적으로 품목을 한정하지 않고, 즉 catch-all 규제하고, 고객(최종 수요자인) 용도에 따라 규제하고 있다. 따라서 먼저 해당 고객이나 용도가 규제되고 있는가 여부를 확인하여야 한다. 그리고 규제하는 경우에 허가 신청서를 BXA(상무부 재정관리국)에 제출하고, 이 경우 허가 심사기준이 고객 또는 용도에 따라 분류되어 있다.[16)]

EAR은 공개 정보를 규제 대상으로 하지 않는다. 즉 인쇄물, 공공 회의에서 발표, 기초 연구와 Web 사이트에 게재된 문서를 통해서 이미 발표된 정보들은 규제 대상에서 제외된다.[17)]

EAR에서 규제 대상이 되는 기술이전이란 미국에서 다른 나라에 제품이나 데이터 발송·이전뿐만 아니라 미국 내의 외국인에 대한 규제기술 제공에 대해서도 수령자의 모국 또는 시민권 보유국에 대한 수출로 보아 규제 대상이 되고 있다. 규제를 실시하는 이유는 외국인이 모국에 돌아가서 미국 체류 기간 동안 취득한 규제기술 지식을 모국으로 가지고 가는 것을 방지하기 위한 조치인 것이다.

또한 규제기술을 재미 외국 대사관 임직원에 제공하는 것도 규제 대상으로 하고 있다. 실질적으로 외국 국적 보유자와 모든 커뮤니케이션을 규제 대상으로 하며, 여기에는 전화 대화, 전자 우편, 팩스, 컴퓨터 자료 공유, 준비, 연수, 장비의 사찰 등에 의한 기술이전도 포함된다.

또한, 외국으로부터 제3국의 외국국적 보유자나 외국시민권 보유자에 대해 데이

---

16) EAR의 규제를 받는 품목(Items Subject to the EAR)은 734.3(a)에 명기되어 있다. 요약하면 ① 미국 내에 있는 모든 품목 ② 미국원산 모든 품목. 그 소재지를 묻지 않는다. ③ 외국산 품목에 포함된 미국원산 부품, 재료 등. 그러나 그 양이 de minimis 수준 이상의 것에 한함. ④ 외국에서 생산된 미국원산기술 등의 특정 직접 제품 ⑤ 외국의 위 ④ 공장 등에 의해 생산된 특정화물이 그것이다. 그러나 § 734.3 (b)에서 규정하는 것을 제외한다.

17) EAR과 ITAR 규제 대상에서 제외되고 있는 공개정보는 공지(Public Domain), 기초 연구의 과정 또는 그 결과에서 얻은 기술(ITAR 정의는 EAR의 정의와 다름), 교육(ITAR와 EAR은 접근이 다름), 특허 출원서에 포함되어 있으며, 외국 출원의 허가를 받은 기술을 말한다.

터를 보내는 경우에도 제3국에 대한 재수출로 간주될 수 있기 때문에 미국 기업은 미국 내외에서, 규제기술의 관리를 충분히 행하는 것이 필요하다.[18]

(1) EAR 규제기술의 이전관리 지침(TCP)

TCP(Technology Control Plan)[19]는 EAR 규제기술이전을 관리하기 위한 관리 체제에 대한 업계 표준 가이드라인이다. 규제 대상이 되는 소프트웨어나 기술이 있는 기업이 법령을 준수하기 위한 지표가 되고 있다. 이 지침은 기업이 규제기술을 구체적으로 어떻게 관리해야 하는가를 명시하고 있으며, 그 목적과 관리 내용은 다음과 같이 요약된다.

TCP의 목적은 미국의 국가 안보를 실현하기 위해 기밀성을 가진 듀얼 유스 기술의 확산 방지와 기술이전을 관리함으로써 기업의 지적 재산을 보호하는 데 있다. 관리 내용은 첫째, 규제 정보, 기밀 정보, 독점 기업 기밀 정보 보호 둘째, 외국인에 대한 기술 제안 관리 셋째, 비미국인의 직원 등에 대한 기술 제공을 관리한다.

(2) ECCN의 구성과 의미

EAR Part 774의 CCL은 리스트 번호, 규제이유, 허가예외 등으로 표시된다. 그리고 CCL에서 각 품목은 5자리의 단계로 표시된다. 예를 들어 ECCN이 3A231인 경우 3 : 일렉트로닉스 관련 분야이며, A : 기기, 조립 제품 및 부품이자, 2 : NSG 등 핵관련 규제 대상임을 나타낸다. 이를 ① ② ③ ④ ⑤로 표현하면 다음과 같다.

---

18) ITAR – 120 17에서는 미국 내외를 불문하고, 기술 자료를 외국인에게 공개(구두 · 시각에 의한 공개), 또는 이전하는 것. 또한 미국 내외와 관계없이 외국인을 위해, 또는 외국인의 이익을 위해 방위 서비스를 행하는 것을 지칭한다.

19) http://findarticles.com/p/articles/mi_m0IAJ/is_1_23/ai_72467665

〈표 7-2〉 ECCN 코드 분류형식

구분	내용
① 카테고리	0 : NSG 트리거 리스트를 포함한 핵관련 기자재 1 : 재료, 화학물질, 바이러스, 독소 등 2 : 재료 가공 관련 품목 3 : 일렉트로닉스 관련 품목 4 : 컴퓨터 관련 품목 5 : 통신장비, 암호 관련 장비 6 : 레이저, 센서 관련 품목 7 : 내비게이션 및 항공 전자기기장비 관련 품목 8 : 해양기술 관련 품목 9 : 추진시스템, 우주장비 관련 품목
② 리스트 서브 그룹	A : 기기, 조립제품 및 부품 B : 시험장비, 검사장비 및 제조장비 C : 재료 D : 소프트웨어 E : 소프트웨어 이외의 기술
③ 규제의 근거	0 : 국가안보 관련(WA 관련, WA와 중복 비확산 등)[20] 1 : MTCR 2 : NSG 등 핵관련 3 : AG 9 : 미국 자체 규제(반테러리즘, 범죄 억제, 지역 안정, 공급 제한 등)
④ 자체 규제 품목에 9를 사용하는 것 이외에는	
⑤와 함께 사용하여 다른 항목과 구분한다.	

* 단, 각 단계별 번호를 부여하지 않는 것(비목록제품)에 대해서는 ① 9 카테고리 각각의 끝에 EAR99로서 결합되어 있다[21].

* EAR의 규제를 받는 품목 중 CCL에 명시되지 않은 품목은 EAR99번에 포함된다.

---

20) Wassenaar Arrangement에 대해서는 Statement of Understanding on Control of Non-Listed Dual-Use Items(Agreed at the 2003 Plenary) 참고.

21) http://www.bis.doc.gov/forms/webcommentform.html

4) 국제무기거래규정(ITAR: International Traffic in Arms Regulations)

미국의 규제에서 국제적으로 가장 두드러진 규제는 미국 상무부 BIS에 의한 EAR 규제 품목리스트(CCL)와 미 국무부에 의한 ITAR[22]의 미국 군사 품목 리스트(USML)이다. EAR은 수출의 촉진을 기본적인 목적으로 하고 있기 때문에 수출 허가 신청이 필요한 것은 전체 수출 품목의 10% 미만이다. 한편 ITAR은 수출 금지가 주요 목적이며, 군용 제품 · 부품이나 우주 장비에 대한 수출 허가 신청이 필요하며, 허가 신청 수는 EAR의 3배에 이른다[23].

ITAR은 군사 품목과 서비스에 관련된 기술 자료의 공개를 규제하고 있으며, ITAR로 규제되어 있는 품목 · 소프트웨어 · 기술은 미국 군사 품목 목록(USML : US Munitions List)[24]에 나와 있다. 기술 자료에는 군사 품목의 설계, 개발, 생산, 제조, 건설, 운영, 정비, 검사, 보수 또는 개량에 필요한 청사진, 설계도, 사진, 계획, 설명, 문서의 형태(를 포함한) 정보가 포함된다. ITAR은 또 방위 물자 · 서비스 관련 기밀 정보와 발명 비밀유지 명령에 의해 보호되는 정보를 기술 자료의 정의에 포함하고 있다. 기술 자료에는 소스 코드와 오픈 시트 코드의 두 소프트웨어가 포함된다.

(1) ITAR 규제기술이전 관리 지침(TTCP)

TTCP(Technology Transfer Control Plan)[25]은 ITAR 규제기술을 관리하기위한 관리체제 지침이다. 2006년 9월, DTSA은 TTCP 작성을 위한 지침을 발표했다. 방위 관련 산업은 DTSA에 대한 허가 신청에 관련 TTCP를 제출할 때 이 지침에 따라 작성된 TTCP을 이용해야만 한다. ITAR(22 CFR 120-130)는 방위 물자 수출을 통제하고 있지만, TTCP에는 수출 허가와 관련된 최신의 모든 서류가 첨부되어 있으며, TTCP에 근거한 운용을 실행하기 위한 수출허가 대한 자료 누락이나 실수를 방

---

22) http://www.mustor.com/ITAR.htm

23) 日本機械工業聯合會 · 財團法人 安全保障貿易情報センタ, 國際的制度調和に向けた安全保障貿易管理制度比較 · 分析に關する調査研究報告書, 平成 20年 3月 참조.

24) http://www.fas.org/spp/starwars/offdocs/itar/p121.htm

25) http://www.defenselink.mil/policy/sections/policy_offices/dtsa/pages/organization/files/TTCP.pdf

지할 수 있다.

특히 ITAR의 Part124에는 기술원조 협정(TAA: Technical Assistance Agreement)[26] 및 제조특허 양도협정(MLA: Manufacturing License Agreement)[27]에 따른 수출업체의 기술 제공 범위가 제시되어 있다. 기술원조 협정 및 제조특허 양도 협정에 따라 하드웨어, 문서, 씰 등의 이전이나 제조 관계자, 외국 정부 및 기업 등과 면담과 연수가 발생할 수 있으며, 허가를 받지 않은 기술과 지식에 대해서도 의도하지 않은 확산이 발생할 수 있다. 이러한 우려를 불식하기 위해 적절한 관리 시스템이 필요하며, 수출 기업은 미국 기술을 보호하기 위해 내부 관리 시스템과 적절한 교육 프로그램을 설계해야 한다. TTCP의 주요 목적은 기업 내의 모든 참가자가 파트너와 외국인에 대하여 공개 가능한 것은 무엇인지, 면담 가능한 것이 무엇인지, 접근을 허용할 수 있는 것은 무엇인가와 같은 지식을 얻기 위한 것이다. 기업이 자사의 수출 허가의 범위 안에서 기술을 적절하게 제공하고, 이를 위해 어떤 종류의 관리체제를 구축하고 유지해 나가는지의 방법을 알 수 있다. 기업은 정부의 승인을 얻기 위하여 TTCP를 준비해야만 한다.

5) 미국 종합무역법 5021조 Exon-Florio조항

Exon-Florio조항이란 1950년 제정된 국방전략물품법(Defense Production Act)을 개정하여 미국 내 외국인 투자를 정부가 점검할 수 있는 권한을 부여하기 위하여 제정되었다. Exon-Florio조항의 가장 중심적 내용은 대통령 또는 대통령이 지명하는 자에게 일정한 합병, 인수 및 취득을 조사하고 국가안보에 미치는 영향력을 결정할 수 있는 권한을 부여한 것이며, 대통령에게 외국기업이 취득하려고 하는 대상이 국가비밀인지의 여부를 판단함에 있어서 국가방위생산물 필요 프로젝트, 국가방위에 필요한 국내기업의 능력과 규모로, 개인・생산품, 기술, 필요자료・공급 및 서비스, 국가방위에 필요한 미국의 능력과 규모에 입각하여 외국인에 의한 국내기업의 조절효과, 테러를 지원하거나 미사일 기술, 대량파괴무기 등을 확대시키는 국가에

26) http://www.exportrules.com/itar/technical-assistance-agreement.html

27) http://www.fas.org/spp/starwars/offdocs/itar/p124.htm

군수물자, 장비 혹은 기술의 판매에 따른 잠정적 효과, 국가안보에 영향을 주는 지역에서 미국의 기술적 리더십에 미칠 잠정적 영향 등을 고려한다(김민배 외, 2008: 194).

Exon-Florio조항의 집행은 대통령의 위임을 받은 외국인투자위원회(CFIUS: Committee on Foreign Investment in the United States)에 의해 이루어지는데, 외국정부나 회사가 미국 내에서 가지고 있는 소유권을 박탈하거나 외국정부나 회사가 미국 회사를 획득하려는 것을 막는 역할을 한다. 외국인투자위원회의 의장은 미국 재무부의 대표자가 되며 외국인투자위원회는 의장 이외에 10명의 구성원으로 이루어져 있다.[28]

6) 외국인투자 및 국가안보에 관한 법률(FINSA)

2005년 중국의 국영 석유회사인 CNOPC(China National Offshore Petroleum Company)의 미국 석유회사 UNOCAL의 인수건과 아랍에미리트 두바이 정부 소유의 DPW(Dubai Ports World)의 미국 항만 운영권의 인수 건은 기간산업에 대한 외국인투자를 국가안보 차원에서 더욱 엄격히 규제해야 한다는 주장을 강화하는 계기가 되었던 바 있다. 이에 따라 외국자본의 국가안보에 영향을 미칠 수 있는 사회·경제 기반 산업을 대상으로 한 인수를 통제하기 위해 2007년 7월에 Exon-Florio조항을 개정한 「외국인투자 및 국가안보에 관한 법률(FINSA)」(Foreign Investment and National Security Act of 2007)이 신설되었다. FINSA는 Exon-Florio조항에서보다 그 대상을 확대시켰고 또한 보다 강력한 통제수단을 정부에 부여하고 있다. Exon-Florio조항상의 외국인투자위원회(CFIUS)의 심사범위에 사회경제기반시설과 국가핵심기술 등을 포함하였고 해외투자 주체에 대한 심사범위를 확대하였다.[29]

본 조항은 Exon-Florio조항과 비교하여 크게 세 가지 범주에서 차별성을 지니고 있는데, 첫째, Exon-Florio조항에서 행정명령이나 시행규칙, 그리고 관행 등에 따라 이루어지던 절차에 대해 법률적 근거를 마련하였고, 둘째, 국가안보 차원에서의

---

28) 김재봉, "미국의 경제스파이법", 법학연구 제12권 1호, 충남대학교 법학연구소, 2001.
29) 손승우, "산업기술 유출형 M&A에 대한 규제방안", 법학연구, 충남대학교 법학연구소, 2009.

심사를 확대·강화하는 내용들이 추가되었으며, 셋째, 행정부의 의회에 대한 보고 요건이 강화되었다. 국가안보 차원에서 심사가 이루어진 모든 사안이 의회에 통지·보고되어야 하며, 의회의 요청 시 브리핑을 제공해야 하는 의무를 부과함으로써 의회의 감시기능을 크게 강화하였다고 평가된다(김광호, 2009).

2. 기구

1) NCIX(국가방첩위원회)

2001년 1월 당시의 클린턴 대통령은 미국의 방첩기관들이 당면한 외국의 위협에 효율적으로 대처하기 위한 방안으로 마련된 「21세기 방첩활동전략(CI-21, 대통령 훈련 75호)」에 서명하고 발표하였던바 있다. 이에 대한 후속조치로 2001년 5월에는 종전부터 존치되어 온 국가방첩센터(NACIC)를 강화하여 개편한 국가방첩위원회(NCIX)를 발족시켰다. 국가방첩위원회는 CIA·FBI·NSA·DIA·국방부·법무부 등에서 파견된 방첩 및 보안 전문가들로 구성하였다. 이때 개편된 국가방첩위원회(NCIX)의 주요 임무는 미국의 첨단기술과 핵심 기술 인력에 대한 외국정부 및 기업의 탐지실태에 관한 자료를 수집하여 관계기관과 업계에 지원하는 것이었다. 또한 해외 및 국내, 통신·군사 등 다양한 기관별로 분산되어 있는 국가방첩업무를 통한 조정 역할도 하고 있다.[30]

2) 미국 재무부(OFAC)

미국 재무부 OFAC는 미국 외교정책과 국가 안보를 추진하기 위해 대상국·단체·개인에 대한 미국의 경제 제재와 금수 조치를 관할하고 있다[31]. 일반적으로 포괄적인 금수 조치(예 : 쿠바, 수단, 이란)의 대상 국가에 대한 OFAC 규제는 수출금지의 틀을 넘은 수입, 금융 및 기타 거래나 거래 지원, 경우에 따라서는 사람의 이동도 규제하는 등, 금융 거래나 서비스 제공 등의 사업 활동·상행위에도 범위를 확대하고 있으며(완전하게 정의되어 있지 않다), 열거되는 기술이나 제품에 국한하

---

30) 국가정보원, 『첨단산업기술 보호동향』, 9호, 국가정보원, 2009.

31) http://www.treas.gov/offices/enforcement/ofac/

지 않는다.

OFAC는 미국 거주자 또는 미국인(소재지를 불문하고)으로 지정된 나라, 단체, 개인에게 모든 제품 · 서비스(기술 서비스 포함)의 수출을 관리한다. 서비스와 기술 서비스는 규제에서는 정의되어 있지 않다. OFAC는 대상에 관하여 아주 광범위한 입장을 취하고 있다. 미국인은 미국인에 의해 실행된 경우에 금지되는 거래에 간접적으로 참여하는 것, 또는 이와 유사한 거래를 촉진하는 것을 금지하고 있으며, 미국 내외에 있는 OFAC가 규제하는 개인 · 단체에 대해 미국인들이 서비스를 제공하거나 거래를 행하는 것에 대해 규제하고 있다. 특히 OFAC가 공표하는 SDN 리스트(특별 지정 국민: Specially Designated Nationals)[32]에는 미국인들이 어떤 형태로도 거래를 해서는 안되는 사람과 단체가 포함되어 있다. 이에 의해 미국인이 소지 또는 관리하는 SDN의 자산이나 부동산은 봉쇄 · 동결되고 있다. SDN리스트에는 테러, 마약 밀매, 대량 살상 무기 확산 및 제재 국가 정부와 관련된 개인 · 법인 및 기타 대상 단체가 모두 6,000개 이상 수록되어 있다. 그러나 반드시 개개인명을 망라한 리스트가 아니라 예를 들면, 모든 쿠바 국적 소유자는 SDN(합법적 미국 거주자 또는 다른 이유로 폐쇄가 되지 않은 경우는 제외)으로 되어 있지만, 쿠바 국민 전체의 이름이 목록에 나와 있는 것은 아니다.

미국인들은 실질적으로 SDN과 모든 거래 행위를 금지하고 있으며, 따라서, 미국 기업은 미국 내외에서 SDN 리스트 게재자에게 기술을 제공할 수 없다. 이 때문에 미국 기업은 OFAC 규제에 의해 임직원, 고객, 공급 업체, 하청 업체가 SDN 리스트에 게재되어 있지 않다는 것을 확인해야 한다. 그러나 최근 간주수출 규제에 대하여 재검토를 거듭하고 있다[33].

미국에 자회사를 가진 외국 모회사, 특히 미국의 컴퓨터가 호스트가 되어 수주 작업을 벌이고 있는 IT 서비스에 대해서는 OFAC 규제를 준수하는 체제 구축이 과

32) http://www.treas.gov/offices/enforcement/ofac/sdn/

33) The Deemed Export Advisory Committee는 2007년 12월 20일 최종 보고서를 제출하였다. The Deemed Export Advisory Committee, The Deemed Export Rule in the Era of Globalization이 그것이다. http://fas.org/sgp/library/deemedexports.pdf

제다.

3) 연방수사국(FBI: Federal Bureau of Investigation)

연방수사국(FBI) 소속의 국가안보실 산하에는 대테러, 방첩, 정보, 담당 차장보가 각 1명씩 있고, 이 중 방첩담당 차장보가 FBI의 방첩업무를 총괄하고 있다. FBI는 산업스파이로 인한 미국 기업들의 손실이 연간 2,500억 불 이상이라고 추정하고 있으며, 산업스파이가 국익에 심각한 위협이 되고 있다고 보고 있어, 산업보안활동의 효율적 수행을 위해 '국가보안활동 및 대응 프로그램(ANSIR: Awareness of National Security Issues and Response)'을 운영하고 있다.[34]

4) 산업보안협회(ASIS: American Society for Industrial Security)

1955년에 설립된 세계 최대의 민간보안단체인 산업보안협회는 미국 버지니아 주 알렉산드리아에 본부를 두고 있으며, 22개 국가에 208개 지부를 두고 기업 보안 분야 책임자・임원, 컨설턴트, 변호사 및 개인 회원 33,000여 명이 활동하고 있는 거대한 보안협회이다.[35]

협회의 주요 활동내용을 보자면 보안 관련 워크숍, 보안전문자격증 발급, 연례 세미나 및 전시회 등 교육프로그램을 실시하고 있으며, 각종 보안이슈에 대한 해결책 제시, 교육프로그램 개발 후 보안 분야 종사자에게 제공하고 있으며, 일반인들의 보안의식을 제고하고자 Security Management 등 보안관련 잡지(3종)를 정기 발행하고 있으며, 인터넷 정보자료센터를 운용하여 회원들에게 보안관련 정보를 제공하고 있다. 또한 FBI 등 자국 정보기관의 각종 보안업무 수행관련 활동을 지원하면서, 대정부 보안정책을 발굴 및 건의하기도 한다.[36]

3. 교육 및 인력양성

34) 국가정보원, 『첨단산업기술 보호동향』, 9호, 국가정보원, 2009.

35) 최진혁, "산업스파이 예방을 위해 CPTED기법이 기업 보안활동에 미치는 영향", 용인대학교 대학원, 2009.

36) 국가정보원, 『첨단산업기술 보호동향』, 9호, 국가정보원, 2009.

미국은 조지메이슨대학 산업보안 과정, 펜실베이니아대학 산업보안 전문가 과정 등 다양한 교육과정을 통해 산업보안 전문가 배출에 힘쓰고 있다. 따라서 우리나라도 산업보안의 전반적인 제도, 정책을 포함한 포괄적인 면에서 연구되어야 한다.

미국의 산업보안인력 수급 및 교육은 크게 ASIS(American Society for Industrial Security)와 대학에서 이루지고 있다. 먼저 ASIS의 산업보안인력 양성정책을 살펴보면, ASIS는 1950년대 초 Robert Applegate 등 5명의 기업가들이 정부시책 · 산업보안에 대한 이슈를 논의하기 위해 모인 것을 시초로 1955년 비영리단체로 설립되었다.[37] 설립 이후 ASIS는 연례 세미나 등을 통해 광범위한 보안관련 문제에 대해 다루는 교육프로그램을 개발하여 보안전문가를 양성하고 있으며, 기업의 보안관리 효율성을 높이는 데 공헌하면서 지속적으로 발전해 나가고 있는 기관으로 자리 잡았다.

ASIS의 산업보안인력 양성은 주로 교육프로그램으로 이루어져 있고, 이러한 교육프로그램은 크게 워크숍, 연수 프로그램, 온라인 교육, 연례 세미나 및 전시회로 나누어진다. 워크숍은 산업보안에 대한 일반적인 관심사항을 주제로 하여 2~5일간 집중 토론식으로 진행하거나 통신 · 금융시설 등 특정분야에 대해 전문지식을 필요로 하는 자를 모아서 개최하고, 연수 프로그램은 경제 환경 변화에 따른 경영상 문제점에 대한 대처능력 향상을 위해 강좌 또는 CPP 등 시험에 대비하여 운영되고 있으며, 온라인 교육은 2008년부터 ASIS 유럽을 중심으로 CPP 등 자격증 이수를 위한 온라인 교육 등 약 40개 과정을 운영 중으로 아시아권은 홍콩을 기점으로 실시되고 있다. 연례 세미나와 전시회는 산업보안분야 일반사항과 특수 분야에 대한 전문지식 제고를 위해 개최하며 각국 관계자가 참석, 최신 보안기술 · 장비 · 용역 관련 정보자료를 교환하거나 공유한다. 그 밖에도 ASIS는 전문잡지인 『Security Management』를 발행하여 정부 · 기업 · 학교 등 관련단체 보안 분야에 대한 서비스 업무를 수행하고 있으며, ASIS 회원들에게 보안 또는 관련분야의 정보자료를 제공하기 위해 '정보자료센터'를 운영하고 고객들의 정보욕구 충족을 위해 전문가 접촉 · 온라인 전산

37) 장수동, 산업보안인력의 양성실태와 발전방안에 관한 연구, 동국대학교 행정대학원 석사학위 논문, 2010.

망 정보탐색·도서관 논문열람을 위한 '인터넷 D/B'도 운영하고 있다.[38]

ASIS는 또한 보안전문가 시험을 주관하고 시행하여 자격증을 발급하고 있다. ASIS는 CPP·PSP·PCI 등 3종류의 산업보안관련 자격증 제도를 운영하고 있는데, 동 자격증들을 발급하게 된 것은 1957년 티모시 월시를 중심으로 15년간 산업보안인력 양성을 위한 프로그램 개발을 준비해 오던 중 1972년 이사회에서는 특별 T/F를 결성, 1년간의 연구를 통해 협회 명의의 자격증 발급이 필요하다는 결론을 도출하였으며, 1974년 이사 회원 9명으로 전문자격위원회(Professional Certification Board)를 구성하였고, 3년간 자격증 제도를 준비한 끝에 1977년 뉴욕의 비영리기관인 Professional Examination Service와 계약하여 첫 자격시험을 실시하기에 이르렀다. 이를 위해 당시 24만 달러의 예산을 투입하였고 문제 D/B 구성에만 10만 달러가 소요된 것으로 알려져 있다.[39]

미국 대학 및 대학원에서도 산업보안인력을 양성하고 있는데, 복수의 대학이 주로 Security Management에 대한 석사학위과정을 통해 산업보안인력을 양성하고 있는 것으로 알려져 있다. 먼저 University of Denver는 Security Management를 석사학위과정에 운영하고 있는데, 동 대학은 바쁜 직장인들의 수요를 충족시키기 위해 온라인과 저녁 강의로 구성되어 있으며, 최근 보안의 중요성과 지위가 급격히 상승하였으며 기업들의 자신들의 고용원과 고객, 물리적 자산, 지적재산과 정보를 보호하고 그들의 지속 가능성을 유지하려는 요구를 충족시키기 위해 개설되었다.[40]

Webster University의 경우에도 Security management를 석사학위과정으로 운영하고 있으며, 동 대학은 현대사회의 복잡성이 기업조직과 정보네트워크, 정부 및 개인들에 이르기까지 다양한 위협들과 결합되고 있으며, 이에 대응하기 위해 사회과학에 기반을 두어 동 프로그램의 커리큘럼을 만들었다고 주장한다. 동 대학의 프로그램은 ASIS의 CPP 시험을 준비를 하는 학생들을 충실히 지원하기 위해 구성되

38) 최진혁, "산업스파이 예방을 위해 CPTED기법이 기업 보안활동에 미치는 영향", 용인대학교 대학원, 2009.

39) 미국산업보안협회(2014.1.6), https://www.asisonline.org/Pages/default.aspx

40) 한국산업기술보호협회(2014.1.6), http://www.kaits.or.kr

었으며, University of Denver의 교육과정들과 큰 차이는 없으며, 미국에서 일반적으로 산업보안이라고 다루는 것들을 가르치고 있다.[41]

제3절 일본

1. 법령

일본 경제산업성은 2003년 각 기업들의 지적재산권을 보호하고자 '기술유출방지지침', '지적재산 취득관리 지침', '영업비밀 관리지침' 등을 제정하여 시행하고 있으며, 아울러 내각정보조사실(CIRO)의 주도로 기업 및 경제단체와 유기적인 협조를 통해 산업기밀 보호활동을 수행하고 있다. 2005년에는 「부정경쟁방지법」을 개정하여 영업비밀의 국외사용과 공개 행위 및 퇴직자에 의한 영업비밀의 사용, 공개행위를 처벌하는 법률을 대폭 강화시킨 바 있다.[42]

1) 부정경쟁방지법

일본은 부정경쟁방지법을 통하여 영업비밀을 보호하고 있으며, 영업비밀의 보호요건, 침해 형태, 민사적 구제수단 등에 대한 내용은 우리나라의 법과 유사함을 알 수 있다.[43] 일본은 미국과 같이 영업비밀의 침해 자체를 처벌하는 형벌규정은 존재하지 않기 때문에, 일본에서의 영업비밀 보호는 부정경쟁방지법을 중심으로 민사적 보호와 입법목적을 달리하는 형벌규정에 의한 보호로 나누어보아야 할 것이다.[44]

일본에서의 영업비밀 보호에 관한 규정이 우리 법과 유사한 이유는 일본이 자국

41) 장수동, 산업보안인력의 양성실태와 발전방안에 관한 연구, 동국대학교 행정대학원 석사학위논문, 2010.

42) 이민섭, 우리나라 산업기술정보보호의 정책적 대응 방안-미국 · 일본 · 한국의 비교 분석을 통하여, 중부대학교 대학원 석사학위논문, 2010.

43) 국가정보원, 『첨단산업기술 보호동향』, 9호, 국가정보원, 2009.

44) 김태홍, "산업기술보호제도와 운영에 관한 고찰", 동국대학교 대학원 석사학위논문, 2009.

의 첨단기술 유출에 대한 심각성을 인지하고 대책을 강구하게 된 계기가 근래 한국, 미국 등 외국의 영업비밀보호 강화 추세에 따른 것이었기 때문이라고 보아야 할 것이다. 따라서 일본은 2003년에 이르러서야 비로소 부정경쟁방지법을 개정하여 영업기밀을 부정취득한 데 대한 형사처벌 제도를 도입하였고, 이어서 2005년 6월에도 산업스파이에 대한 형사처벌을 대폭 강화하는 것을 주된 내용으로 부정경쟁방지법을 개정하여 2005년 11월부터 시행하였다(이민섭, 2010).

2) 영업비밀관리지침

일본 경제산업성은 2003년 1월 각 기업이 실무적으로 활용할 수 있도록 「영업비밀관리지침」을 제정하였고, 2005년 6월 부정경쟁방지법 개정에 따라서 동년 10월에 동 지침을 개정하였다. 「영업비밀관리지침」은 기업이 자사의 영업비밀을 보호하고 타사의 영업비밀을 침해하지 않기 위한 실질적인 관리방침을 제시하고, 기업의 영업비밀이 법률상의 보호를 받기 위해 필요한 관리수준과 영업비밀 취급 시의 유의사항 등도 설명하고 있다. 본 지침에서는 영업비밀의 바람직한 관리기준으로 물리적·기술적 관리대책, 인적 관리대책, 법적 관리대책 등으로 나누어 설명하고 있다.[45)]

3) 기술유출방지지침

일본 경제산업성은 2003년 3월 해위에서 활동하는 기업들의 의도치 않은 기술유출을 방지하고자 기업이 실무적으로 활용할 수 있는 「기술유출방지지침」을 제정하였다. 본 지침은 기업에서 내부 승인 등 정상적인 절차를 거치지 않은 기술 유출이 발생하는 주요 유형을 기술하고, 선진국의 기업들의 대응사례들을 제시하여 기업들이 참고할 수 있는 기술유출방지대책을 제시하고 있다. 아울러 해외 진출 시 기술이전 전략, 사내 조직체제, 사업 활동, 사내 교육, 사후관리 등 경영 전반의 내용들을 다루고 있다.[46)]

---

45) 이창주, “각국 산업기술보호 체계의 비교”, 성균관대학교 국가전략대학원 석사학위논문, 2008.
46) 이창주, “각국 산업기술보호 체계의 비교”, 성균관대학교 국가전략대학원 석사학위논문, 2008.

4) 외환관리법

일본 외환관리법은 제25조[47] 및 제48조[48]에 의하면 국제사회의 평화와 안전의 유지를 위해 핵무기 등 대량 살상 무기에 이용될 우려가 있는 기술 등에 대해서는 기술이전의 규제대상이 되며, 규제의 대상을 정한 캐치올 규제를 도입하고 있다[49]. 또한 '화물 수출'과 '비거주자에 대한 기술 제공(업무거래)'을 하는 경우 경제산업성 장관의 허가를 받도록 하고 있으며, 규제되는 기술(프로그램 포함)은 시행령 등에서 구체적인 기술의 종류와 제원 등이 목록으로 작성되어 있다. 예를 들면 '화물'이란 물품 전반을 의미하고, 연구 장비 및 시료 등 연구에 사용된 물건에 대해서도 적용된다. '수출'이란 화물을 일본에서 외국을 향해 보내는 것이고, 수출이 행해졌다고 판단되는 시점은, 해당화물의 발송을 위해 선박이나 항공기에 적재된 순간을 의미한다고 한다. 물론 수하물에 의한 반입에도 적용된다. '화물 수출'이란 공동 연구 시에 해외로 연구 장비와 시료를 반출하는 행위도 해당한다. '기술 제공'에는 자료 발표, 전자우편 송부, 구두로의 전송이 포함된다.

그러나 유 · 무형을 불문하고, 첨단 안전보장상의 예민 기술에 대한 국제적인 기술이전을 모두 규제의 대상으로 하는 것은, 무역자유[50]나 연구 활동의 자유 등을 저해할 우려가 있기 때문에, 경제산업성 장관에 의한 허가를 요하지 않는 업무거래에 대해서는 일정한 경우, 업무거래 허가 대상에서 제외하고 있다[51]. 즉 공지(퍼블

---

47) 제25조(업무거래 등) 거주자는, 비거주자와의 사이에 다음에 제시한 거래를 하고자 하는 때에는, 시행령이 정하는 바에 따라, 해당 거래에 대해 경제산업성 장관의 허가를 받아야 한다. 즉 '국제 평화와 안전의 유지를 방해한다고 인정되는 것으로서, 시행령에서 정한 특정 유형의 화물의 설계, 제조 또는 사용에 관련된 기술을 특정 지역에서 제공하는 것을 목적으로 하는 거래'를 말한다.

48) 제48조(수출 허가 등) 국제 평화와 안전의 유지를 방해하게 된다고 인정되는 것으로서 시행령(정령)으로 정한 특정 지역을 목적지로 하는 특정 종류의 화물의 수출을 하고자 하는 자는, 시행령에 정하는 바에 따라, 경제산업성 장관(대신)의 허가를 받아야 한다.

49) 포괄 규제와 안전 보장 무역 관리에 대해서는 http://www.meti.go.jp/policy/anpo/index.html 참조.

50) 수출자유에 대한 수출신청 거부 처분 취소 등 청구사건(東京地判昭和 44.7.8)에서 헌법상 기본적 인권으로 국민에게 보장된 영업의 자유의 내용에서 수출 자유는 국민의 권리로 보장된다고 판시하였다.

51) '貿易関係貿易外取引等に関する省令(平成 10年 通商産業省令 第8号), 일본 貿易外省令 제9조

릭 도메인)가 된 기술 정보(예를 들어, 학회지 및 특허 공보 등에 게재되어 있는 기술 정보 및 불특정 다수를 대상으로 한 공개 심포지엄에서의 발표 등)나 공지로 하는 것을 목적으로 한 기술 제공(학회지 및 특허 공보 등에 게재하기 위해 행한 기술 자료의 송부 등)에 대해서 업무 거래 허가를 얻을 필요는 없다. 또한 기초과학 분야의 연구활동 등[52]에 대해서도 허가를 요하지 않는 업무 거래로 규정되어 있다.

최근에는 첨단 기술과 독창적인 기술이 갖고 있는 업체에서 특허와 노하우 등의 실시 허락 등을 받는 것이 아니라 그러한 기술을 보유한 기업 등을 인수하여, 기술을 취득하는 사례도 발생하고 있다[53]. 일본 외환관리법 제27조는 외국 법령에 따라 설립된 법인 등 외국 투자가가 일본의 안전을 위협하거나 공공의 질서 유지 방해 등에 연계 우려가 있는 대내 직접 투자 등에 대해서는 사전 신고의 대상으로 하고 있다. 구체적으로 외국 투자자가 일본의 방위 관련 산업[54]에 속하는 기업의 주식 10% 이상을 보유하고자 하는 경우에는 거래 3개월 이전에 행정청에 신고하도록 규정되어 있다. 행정청은 필요에 따라 외환 등 위원회를 개최하고 이 위원회에서 국가의 안전에 문제가 있다고 판단되는 경우에는 거래 중단이나 변경 등의 조치를 명할 수 있게 되어 있다.

또한 이 법의 특징은 거주자・비거주자에 대해 정의하고 있는데[55], 구체적인 거주자・비거주자의 판단에 관하여는 해석 지침을 기반으로 이뤄지고 있다. 거주자의 예로 일본 국내에 거주하고 있는 일본 사람이나 일본 국내에 있는 일본 기업 이외

는 허가를 요하지 않는 업무 처리 등으로, 공지 기술을 제공하는 협력 또는 기술을 공지하기 위해 해당 기술을 제공하는 거래와 공업재산권의 출원 또는 등록을 하기 위해 출원 또는 등록에 필요한 최소한의 기술을 제공하는 거래 등이 규정되어 있다.

52) 기초과학분야의 연구 활동은 자연과학분야의 현상에 대한 원리 규명을 주목적으로 한 연구 활동이고, 이론적인 또는 실험적인 방법으로 수행한 것을 말하며, 특정 제품의 설계 또는 제조를 목적으로 하지 않는 것을 의미한다.

53) 2002년 3월 미국 투자 회사 One Equity Partners(OEP)가 잠수함 등을 제조하고 있는 독일 조선회사 HDW사의 주식 7.5 %를 취득하자 HDW이 갖고 있는 기술 유출이 우려됐다. 이것을 계기로 독일은 대외무역결제법 등을 개정해 외국기업이 전쟁무기관리법 별첨의 전쟁무기에 해당하는 것을 제조 또는 개발하고 있는 독일 기업을 인수 또는 의결권의 25% 이상을 취득하는 경우, 해당 외국기업에 대해 연방경제노동부에 허가 신청을 의무화시켰다.

54) 항공기, 무기, 원자력, 우주 개발, 정보 통신, 화약 장치 제조 등 15개 업종을 말한다.

55) 일본외환관리법 제6조 제5호 및 제6호 참조.

에, 일본 내에 있는 사무실에 근무하는 외국인이나 일본에 입국 후 6개월 이상 경과한 외국인이 해당한다. 한편 외국에 거주하는 외국인이나 외국에 있는 외국 법인 이외에 외국에 있는 사무소에 2년 이상 근무할 목적으로 출국하여, 다른 국가에 체재하는 일본인은 비거주자로 본다. 즉, 거주자란 일반적으로 일본에 거주하는 일본인 등이고, '비거주자'는 해외에 거주하는 외국인 등, 외국 국적의 사람으로 입국 후 6개월 미만의 자, 일본 국적의 사람이라도 외국 법인에 근무하는 자나 2년 이상 외국에 체류 목적으로 출국하여 외국에 체류하는 사람을 말한다[56]. 기술 제공은 거주자가 비거주자에 기술 데이터 등을 제공하는 시점에서 거래가 이뤄진 것으로 판단되며, 일본 국내에서도 행하여질 수 있다. 따라서 일본에서 해외 연수생 등에 기술 제공을 하는 행위도 해당될 가능성이 있다. 이러한 활동은 무료이거나 유상이거나 관계없이 일본 외환관리법의 규제 대상 기술이면 그 제공에 앞서 경제산업성의 허가를 취득해야 한다.

(1) 리스트 규제

국제 평화와 안전의 유지, 테러 활동의 예방 차원에서 대량 살상 무기 등이나 재래식 무기의 개발 등에 관련된 화물의 수출과 기술 제공을 국제적인 합의에 근거하여 규제하고 있다. 규제 방식의 하나가 '리스트 규제'라고 하는 것으로, 일본 외환관리법 시행령의 별표 등(이른바 리스트)에 구체적으로 명시되는 화물을 수출하거나 비거주자에 기술을 제공하는 경우 미리 경제산업성의 허가 취득을 요구하고 있다. 리스트에는 무기 자체에 대한 기술 이외에, 다른 군사기술로 전용될 수 있는 상용 제품도 게재되어 있으므로, 연구 주제가 군사 기술과 밀접하게 관련되지 않더라도, 규제 대상이 될 수 있는 가능성이 있다[57].

허가는 크게 분류하면 안건별로 매번 취득해야 하는 '개별 허가'와 자주 관리에 대해 일정한 조건을 만족하는 사람이 일정한 범위에서 미리 포괄적으로 허가를 취

---

56) 일본의 거주성 판단에 대해서는 外国為替法令の解釈及び運用について(蔵国第4672号 昭和 55年 11月 29日).

57) 일본 외환관리법 제25조, 제48조.

득하여, 수출 등을 할 수 있는 '포괄 허가'의 두 종류가 있다. 법령에 의해 일본 외환관리법 규제와 관계가 깊은 기술 분야는 다음과 같다.

〈표 7-3〉 일본 외환관리법상 규제리스트

해당기술	규제 리스트
원자력기술(원자핵 반응, 중성자 공학 등)	2항, 15항
에너지 · 환경기술	2항, 15항
정밀기계기술, 정밀가공기술, 정밀측정기술	2항, 6항
자동제어기술, 로봇기술	2항, 6항
화학 · 생화학(특히 인체에 유해한 화학물질, 해독물질)	3항
바이오 테크놀러지 · 의학(특히 감염 · 백신)을 포함한 생물학	3의 2항
고성능 · 고기능 재료기술(내열재료, 내부식성재료 등)	4항, 5항, 15항
항공우주기술, 고성능 엔진기술	4항, 13항, 15항
항법기술	4항, 11항, 15항
○ 해양기술	12항, 15항
○ 정보통신기술, ICT기술, 전자기술, 광학기술	7항, 8항, 9항, 10항, 15항
상기의 설계, 개발, 사용에 관련된 프로그램 개발기술	위의 각 항의 기술
○ 시뮬레이션 프로그램 기술	7항, 8항, 9항 기술

* 규제리스트에 있는 시행령(정령) 별표에 해당하는 번호를 나타낸다.
* ○ 표시가 있는 기술 분야를 제외한 다른 모든 기술은 대량 살상 무기 등과 관련이 깊은 기술이므로 특히 주의가 필요하다.

(2) 캐치 올(포괄) 규제

평성 14년 4월에 도입된 새로운 규제 방식으로 리스트 규제에 해당되지 않는 경우에도, 제공 목적, 거래처의 정보 등을 판단하여, 제공하려는 화물 및 기술이 대량 살상 무기 등의 개발 등에 사용될 우려가 있는 경우에는 상대방에게 제공하기 전에 경제산업성의 허가를 취득하도록 요구하는 규제이다. 규제가 되는 화물이나 기술은 식료품과 목재를 제외한 거의 모든 화물, 그와 관련된 기술이 이에 해당한다.

화물을 수출하거나 기술을 비거주자에게 제공하는 경우에는 미리 일본 외환관리법의 규제를 받고 허가를 받아야 하는지 여부를 판단하기 위해, 경제산업성 등에 허가 신청을 해야 한다[58].

2. 기구

일본 경제산업성은 2004년 3월 전자재료분야의 기술유출을 방지하기 위하여 민 · 관 합동 위원회를 설치하여 기술유출범죄에 대응하고 있으며, 일본정부는 2005년 4월 「특허법」을 개정하여 직무상 발명의 경우 직무 발명자와 협의하여 합리적인 기준을 만들어 보상하는 체계를 의무화하였는데, 이는 직무상 발명을 둘러싼 법정소송을 대비하고, 보상에 대한 불만으로 연구자들의 해외 경쟁사로의 이탈하게 되는 일을 방지하려는 정책으로 평가되고 있다.[59]

또한 핵심기술 보호 강화를 위한 "비밀특허제" 도입을 추진한 바 있다. 즉 일본 경제산업성은 주요 기술의 유출을 방지하기 위해 외국의 정부 · 기업과 테러리스트의 열람을 막고, 국가 안전과 산업 경쟁력 손실을 사전에 차단하기 위해, 특허정보를 비공개로 하는 "비밀 특허제도" 도입을 추진하였다. 경제산업성은 학자, 대기업, 전문가로 구성된 "기술정보 관리에 관한 연구회"를 부처 내에 설치해 행정, 기업, 대학 등이 보유하고 있는 정보 관리체계를 강화하기 위해 논의하였고, 2008년도 정기국회에 제출하였으며, 공개의무가 면제되는 기술선정은 특허청이 방위성 등과 협의하도록 하고 있다. 일본은 이 밖에도 신품종 육성자의 권익보호를 강화하기 위해, 구제소송절차를 원활하게 하고, 벌칙을 강화하였으며, 허위 표시를 금지하는 법안 등을 마련한 바 있다. 그리고 산업스파이 방지법 제정을 추진하여, 기업의 비밀정보를 부정하게 입수하는 것만으로도 처벌할 수 있는 「기술정보 적정 관리법」을 제정하였다. 특히 새 법안에는 "정보절도죄"를 신설하여 기업이 사내에서 비밀로 취급하

---

58) 日本機械工業聯合會 · 財團法人 安全保障貿易情報センタ, 國際的制度調和に向けた安全保障貿易管理制度比較 · 分析に關する調查硏究報告書, 平成 20年 3月 참조.

59) 김진우, 해외산업보안 사례: 첨단기술을 지켜라! 세계는 전쟁 중, 중소기업진흥공단 테크타임즈, 제211호, 2005.

고 있는 경영상의 중요 기술정보 등을 의도적으로 입수하거나 누설한 행위만으로도 처벌할 수 있도록 하였고, 정보유출이 적발될 경우에는 10년 이하의 징역이나, 1천만 엔 이하의 벌금(법인은 3억 엔 이하)을 부과할 수 있도록 하여, 강력한 규제를 추진하고 있다.[60)]

3. 제도 및 정책

일본에서는 외국기업들의 고급인력 스카우트와 적대적 인수·합병으로 인하여 핵심기술과 기업의 중요 정보가 해외로 유출되어 기업경쟁력이 약화되고 있다는 인식하에, 이에 대응하기 위해 정부 차원에서 외국인이 자국기업을 인수할 경우 정부에 신고서를 제출하도록 하는 업종을 확대하였고, 외국인이 「외환거래법」 등을 위반하여 취득한 의결권을 무효화하는 방안 등을 검토하고 있다. 또한 대량 살상 무기나 국제테러 활동에 이용될 수 있는 국가기술과 첨단기술의 유출을 방지하고, 중국기업들의 일본기업 매수공세를 차단하기 위해서, 「외환법」을 기초로 하여 현재 외국기업이 자국기업을 인수할 때 정부에 신고해야 하는 업종의 범위를 확대하여, 항공기, 무기, 원자력, 우주개발에 관련된 업종에서 무기의 첨단화에 따른 공작기계 등 하이테크 소재까지 포함하였다.[61)]

제4절 독일

1. 법령

EU 국가 중 독일의 경우에는 기본적으로 외국인 투자와 국내투자를 차별하지는 않지만, '대외경제법'을 통하여 외구인의 취업과 외국법인 설립을 통제하고 있고, 외국인의 취업은 노동부의 허가를 받도록 하여, 외국법인 설립 시 연간 2만 DM 이

60) 국가정보원, 『첨단산업기술 보호동향』, 9호, 국가정보원, 2009.
61) 한국법제연구원, 영업비밀에 관한 법제연구, 2008.

상의 거래를 수반하는 경우 주 중앙은행에 신고할 것을 의무화시키고 있다. 또한 기업에 고용된 후 업무상 자신에게 위임되거나 접근이 가능한 영업상의 비밀을 자신의 이익이나 제3자의 이익을 위하여 누설했을 경우에는 불공정거래법에 근거하여 3년 이내의 자유형이나 벌금형에 처할 수 있도록 규정하고 있다.[62] 독일은 영업비밀보호법을 통해서 영업비밀침해죄를 신분범 · 비신분범으로 구분하여 규정하고 있으며, 외국으로의 영업비밀 유출행위에 대해서는 가중처벌할 수 있도록 하고 있다. 원칙적으로 본 죄는 친고죄이지만, 외국인이 간여된 경우 검찰이 특별 공익상의 필요가 있다고 인정할 때는 고소 없이 형사소추가 가능하며, 미수 · 교사 · 승낙 행위의 처벌조항도 명시하고 있다.[63]

독일의 영업비밀보호법상의 영업비밀에 대한 보호규정은 영업비밀의 부정사용에 대한 형법규정과 손해배상을 규정하고 있다(최병규, 1999; 이성용, 2013). 친고죄를 원칙으로 하되, 공공의 이익을 위해 필요하다고 인정되는 경우에는 피해자의 고소 없이 기소할 수 있도록 하고 있다. 독일의 영업비밀보호법에는 영업비밀의 개념정의가 입법적으로 규정되어 있지 않기 때문에, 영업비밀의 개념은 판례법으로 발전되었다. 독일 판례법에 따르면, 영업비밀이 되기 위해서는 1) 일반적으로 영업비밀에 관한 것일 것, 2) 엄격히 한정된 범위 내의 자에게만 알려지고 이외의 자에게는 알려지지 않을 것, 3) 영업자의 명확한 의사에 의하여 비밀로 되어 있을 것, 4) 영업자의 비밀유지에 의해 이익을 가질 것 등이다(Fritz, 1993).

영업비밀의 누설에 대해서는 제17조에서 정의하고 있는데 제1항에는 '기업의 종업원, 근로자 또는 견습공으로서 근로관계에 의해 위탁받거나 접근 가능한 영업비밀을 고용기간 동안에 경업목적, 자신의 이익, 제3자의 이익을 위하여 또는 사업체의 보유자에게 손해를 가할 목적으로, 권한 없이 누군가에게 전달한 자는 3년 이하의 징역 또는 벌금에 처한다'고 규정되어 있다. 또한 제2항에서는 경업의 목적 또는 자신의 이익을 위해, 제3자의 이익을 위하여 또는 사업체의 보유자에게 손해를 가할

62) 이성용, "산업보안의 국가정책-독일의 시사점을 중심으로", 제30회 한국경호경비학 상반기 정기세미나, 2013.

63) 현대호, "산업스파이에 대한 법적 대응 방안", 한국법제연구원, 2008.

목적으로 영업상 또는 경영상의 비밀을 기술적 수단의 사용 또는 기밀의 복제 또는 기밀이 복제된 물건의 탈취에 의해 권한 없이 취득 또는 확보하거나 제1항에 정해진 통지 또는 제1호에 의한 자기 또는 타인의 행위에 의해 취득한 영업상 또는 경영상의 비밀, 혹은 기타의 권한 없이 입수하거나 확보한 영업상 또는 경영상의 비밀을 권한 없이 이용하거나 또는 어떤 자에게 통지한 자에게도 3년 이하의 징역 또는 벌금에 처한다. 제17조 제1항과 제2항에 대한 미수범도 처벌(제3항)하고 특히, 비밀이 외국에서 이용되는 것임을 알고 있는 경우나 행위자 스스로 외국에서 이용하는 경우에는 5년 이하의 자유형 또는 벌금으로 가중처벌하도록 하고 있다.

2. 기구

독일은 산업기술보호 교육 등을 전문적으로 지원하기 위하여 민간 산업보안협회를 설립하고 운용하여, 산업기술보호를 위한 기반을 마련하였으며, 각 주별로 산업보안협회가 발족되었고, 기업과 정부기관이 긴밀한 협조하에 움직이고 있다. 관련 부처에서는 보안부서를 설립하여 기업체 등에 대한 지도감독 및 실태조사 수행을 통하여 산업기술보호활동을 전개하고 있으며, 산업기술 유출방지 시스템을 구축하여 경쟁 국가들의 기업정보 유출방지 및 기업의 내부 직원에 의한 산업정보유출 예방활동을 펼치고 있다.[64]

독일은 산업기술 유출방지 및 보호를 위해 헌법보호청과 연방단위의 상공회의소의 협력을 통해 이루어진다. 즉 산업기술보호를 위한 민관협력의 중요성을 강조하고 있고, 민간의 영역에서 산업보호를 위한 노력이 이루어지고 있다. 단지 헌법보호청은 산업기밀유출을 방지하기 위한 사전 예방활동에 치중하고 있다. 첨단 정보통신 기술 유출 방지활동을 탐지 및 분석하고 이러한 피해로부터 적합한 방어대책을 실현할 수 있도록 지원한다. 또한 독일은 IT보안을 관리하기 위해 연방정보기술보안청을 1991년에 설립하였다. 연방정보기술보안청은 '연방정보기술보안청 설립에 관한 법률'에 근거하여 정보기술 적용과 관련된 보안위험 조사, IT 시스템 보안 심

64) 국가정보원, 『첨단산업기술 보호동향』, 9호, 국가정보원, 2009.

사와 평가에 대한 기준과 프로세스, IT보안시스템 구성요소 허가 및 이를 관리하는 기관 지원, IT보안기술 제조업자 및 운영자, 적용자에 대한 자문을 제공한다.65)

3. 교육 및 인력정책

독일의 산업보안인력 수급 및 교육을 살펴보면, 독일 연방산업보안협회(ASW)와 상공회의소를 중심으로 이루어지고 있음을 알 수 있다. 독일 연방산업보안협회는 1968년 시설경비업체 간 협의체의 성격을 띤 바덴-뷔르템부르크주 산업보안협회가 창립된 이래 각 주 또는 두세 개 주 단위로 지역 산업보안협회가 결성되었으며, 독일 적군파의 기업인 납치 등 테러가 지속되자 이에 대응하기 위해 기업과 정부 간 협조관계가 점차 강화되었는데 이와 관련 경제계 입장을 대변하기 위해 1993년 연방 차원의 기구로서 설립되었다. 동 협회는 연방정부와 회원사 간 협력 및 조정을 담당하고, 산업보안 관련 교육자료 작성 및 간행물 발간 등을 통해 산업보안인력들의 전문성 향상을 위해 노력하고 있으며, "기업보안-보안교육과 실무에 대한 입문서"(Unternehmenssicherheit-Leifaden für Werkschutz Ausbuildung und Praxis)를 발간, 배포하고 격월간으로 경제안전에 관한 잡지를 발간하고 있다.66)

교육은 주 산업보안협회를 중심으로 이루어지는데 바덴-뷔르템부르크 산업보안협회(VSW-BW)의 경우에는 연간 수십 차례의 교육을 실시하고 있다. 또한 동 협회는 총 33회의 산업보안세미나를 개최하였으며 월 3~4회 정도 산업보안 컨설팅도 실시하고, 산업보안인력 양성에도 일조하고 있다. 한편 산업보안전문가는 "상의 인증 보안전문가"(Geprüfte Werkschutz-fachkraft IHK)제도에 의해 육성되는데 기업에서 보안업무에 종사하는 인력 등이 주 산업보안협회가 주관하는 교육을 받고 주 상의가 주관하는 시험에 합격함으로써 자격을 취득하게 되며 주 산업보안협회의 교육은 총 200시간으로 법률 및 상황대처(80시간), 보호기법 · 보안기술(60시간),

65) 이성용, "산업보안의 국가정책-독일의 시사점을 중심으로", 제30회 한국경호경비학 상반기 정기세미나, 2013.

66) 이성용, "산업보안의 국가정책-독일의 시사점을 중심으로", 제30회 한국경호경비학 상반기 정기세미나, 2013.

보안과 서비스(60시간)로 구성되어 있고 주 상의가 주관하는 시험은 직업교육과정 수료 후 기업의 보안관련부서 2년 이상 근무자, 6년간 기업에 근무한 경험이 있고 보안부서 2년 이상 근무자, 기타 특별한 경우 보안관련 능력이나 경험을 제시할 수 있는 자만 응시가 가능하다.[67)]

67) 장수동, 산업보안인력의 양성실태와 발전방안에 관한 연구, 동국대학교 행정대학원 석사학위 논문, 2010.

제8장

한국의 산업보안 현황

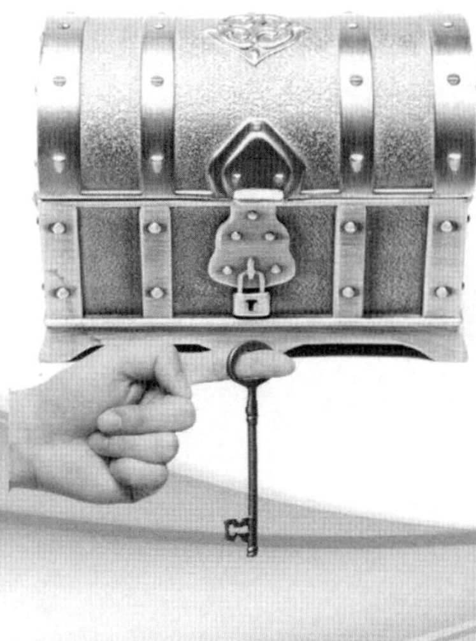

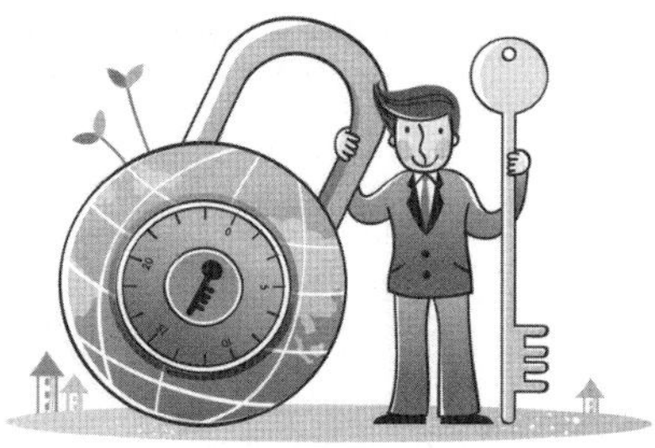

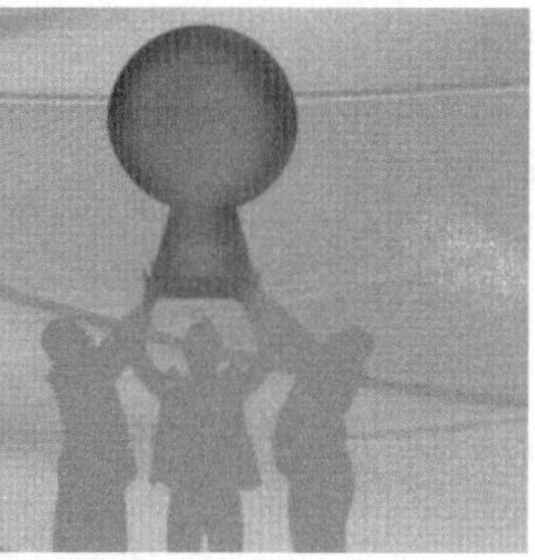

제08장 한국의 산업보안 현황

제1절 산업기술유출 현황

1. 연도별 산업기술유출 현황

국내 기업들의 기술경쟁력이 날이 갈수록 높아지면서, 산업기술의 유출 건수가 지속적으로 적발되고 있다. 국정원 산업기밀보호센터에 따르면 지난 2005년부터 2012년 사이에 국내 첨단기술을 해외로 불법유출하거나, 유출을 시도하였던 사건을 총 294건 적발한 바 있다.[1] 이러한 산업기술 유출 건수는 매년 증가하는 추세이다. 2005년에는 29건, 2007년 32건, 2009년 43건, 2011년 46건으로 지속적으로 증가하고 있다. 그러나 중소기업에서 보유하고 있는 핵심 산업기술 여부를 정확히 파악할 수 없어 정확한 피해를 측정할 수 없다.[2] 그 중 몇 가지 주요 사례를 〈표 8-1〉과 같이 정리하였다.

1) 산업기밀보호센터 홈페이지(2014.1.6), http://service4.nis.go.kr
2) 박찬수·황정하, "기술유출에 대한 범국가적 대응 방안", 과학기술정책연구원, 제120호, 2013.

〈표 8-1〉 산업기술유출사례(2010~2012)

반도체 핵심기술 해외 유출사건	
연도	내용
2010. 3	국내 반도체 제조회사 A사에 반도체 장비를 납품하는 B사는 A/S 등을 빙자해 영업비밀 서류를 절취하거나 친분을 이용해 A사의 영업비밀을 빼내는 수법으로 국가핵심기술로 지정된 A사의 반도체 핵심기술을 해외로 유출
국내 3D기술 중국 유출사건	
연도	내용
2010. 4	국내 3D제조업체 A사 연구소장 서모씨와 동종업체 B사의 대표 곽모씨는 중국 통신장비업체 D사와 함께 중국에 3D입체형상을 만드는 자회사를 설립키로 하고 2009년 12월 A사의 3D제조기술이 담긴 파일을 빼내 2010년 2월 기술 일부를 중국의 D사에게 유출하다 적발
가전기술 해외유출 사건	
연도	내용
2011. 4	국내 A전자 연구소에서 근무하던 중국인 연구원 C모씨는 A전자의 가전제품 소음방지 기술 및 경영전략 등 핵심 영업기밀 자료를 출력, 디지털카메라로 촬영한 뒤 노트북에 담아 중국 최대 가전업체 H사로 전직 시 해당자료를 유출하다 적발
첨단 디스플레이 기술 중국 유출사건	
연도	내용
2011. 12	국내 디스플레이업체 A사 전 연구원 조모씨는 퇴사 전 비인가 USB 등을 이용하여 CELL관련 장비 기술자료를 무단유출 후 중국 C사로 전직하여 기술자료 유출. 또한 중국 C사 김모 부장은 또 다른 국내 디스플레이 업체 B사 전 책임연구원 이모씨와도 공모하여 A사 및 B사 차세대 공정기술 자료를 유출하다 적발
선박 부품 설계기술 중국 유출사건	
연도	내용
2012. 5	국가 R&D자금 수십억 원을 투입하여 개발한 H사의 선박부품 설계기술을 전 설계부장 최모씨 등 3명이 퇴직하면서 관련기술 일체를 외장형 하드에 담아 유출한 후 동종업체를 설립하고 관련 기술을 중국에 불법유출하다 적발

차세대 디스플레이기술 해외유출 사건	
연도	내용
2012. 4	디스플레이 패널 검사장비 업체 이스라엘계 기업 O사의 L부장 등 6명은 국내 디스플레이업체 A사와 B사에 납품한 광학검사 장비 운용 · 기술지원 등을 위해 파견근무하면서 자체 제작한 신용카드형 USB메모리 또는 신발 · 벨트 등에 은닉한 USB메모리를 이용, 55인치 AMOLED패널 극비자료와 몰래 촬영한 다수의 국가핵심기술을 저장 · 불법유출

매년 기술유출이 불법적으로 증가하는 이유는 전 세계적으로 기업들의 기술경쟁이 심화되고, 산업기술을 보호하려는 대응기관의 관심이 증대되었기 때문이다.3)

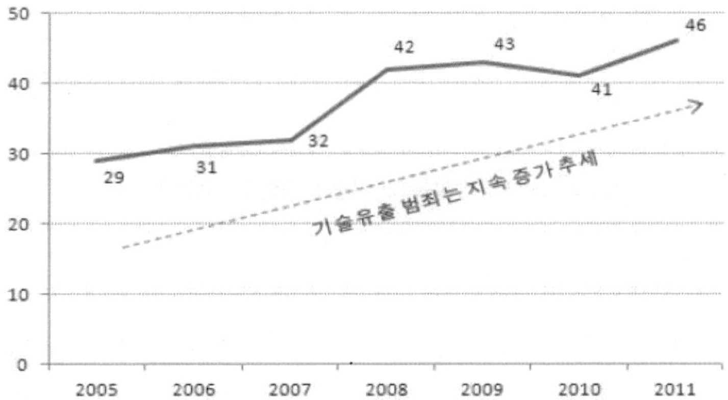

출처: 산업기밀보호센터, 2012; 박찬수 · 황정하, 2013:15, 기술유출에 대한 범국가적 대응방안에서 재인용.

〈그림 8-1〉 산업기술 연도별 유출현황

다음으로 경찰청의 기술유출사범 검거실태를 살펴보면, 2008년에 72건으로 급격히 증가하다가 그 후 점차 감소하여 2010년에는 40건을 검거하였다. 그러나 2011년에는 84건을 검거하였고, 해외 유출건도 24건으로 이전 연도(9건)보다 크게 증가

3) 최진혁, "산업스파이 예방을 위해 CPTED기법이 기업 보안활동에 미치는 영향", 용인대학교 대학원, 2009.

하여 상당한 피해가 측정되고있다. 그중 14건이 중국으로 유출(58%)되어, 이에 대한 대책과 예방이 필요하다.

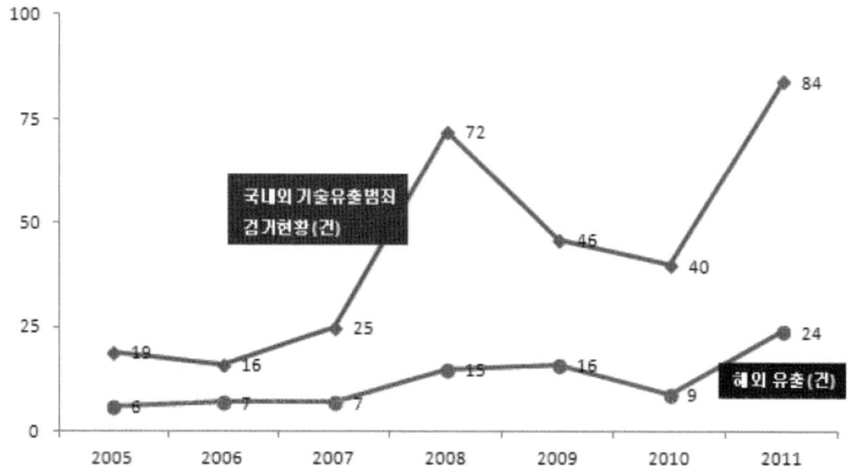

출처: 경찰청, 2013; 박찬수 · 황정하, 2013:16, 기술유출에 대한 범국가적 대응방안에서 재인용.

〈그림 8-2〉 경찰청의 기술유출범죄 검거현황

이와 더불어 최근 3년간(2009~2012) 산업기술유출 피해를 입은 중소기업은 12.1%로 조사된 바 있는데, 피해를 입은 중소기업의 경우엔 피해금액이 평균 25.1억 원으로 밝혀졌다. 대기업의 경우엔 평균 유출건수가 1.86건으로, 중소기업(평균 1.63건)에 비하여 다소 높게 나타났고, 피해액에 있어서도 건당 평균 25.1억 원으로 나타났다.[4)]

이처럼 우리나라의 산업보안문제는 해마다 증가하고 있으며, 그 경제적 손실도 막대한 것으로 추정되고 있다. 무엇보다 산업기술 유출로 인한 그 피해는 산업전반의 경쟁력까지 타격을 줄 수 있고 더 나아가 국가경제에 손실을 안겨줄 수 있다는 점에서 상당히 심각한 문제이다.[5)]

4) 중소기업청 · 중소기업기술정보진흥원, 『중소기업 기술보호 역량 및 수준조사』, 2012.
5) 신제철 · 김순석, 『산업보안론』, 그린출판사, 2013.

2. 유형별 산업기술 유출 현황

산업기밀보호센터는 산업기술 유출 현황을 크게 기업규모별, 유출주체별, 유출 동기에 따라 세 분류로 구분하여 살펴보았다. 먼저 기업규모별로 보면 최근 5년간, 중소기업의 기술유출이 71%를 차지하고 있는 것으로 나타났다. 이는 기술력은 크게 향상되고 있지만, 이에 대한 보안관리 체계는 대기업에 비하여 상대적으로 미흡한 것이라는 점을 시사하고 있다.

〈표 8-2〉 기업규모별 산업기술 유출 현황(2008~2012)

중소기업	대기업	기타	계
143(71%)	49(24%)	10(5%)	202(100%)

출처: 산업기밀보호센터(http://service12.nis.go.kr: 2014.1.6 검색).

다음으로 기술유출분야를 보면 〈표 8-3〉과 같다. 국가의 전략산업이라고 할 수 있는 전자·기계·정보통신 분야의 유출사건이 80%를 차지하고 있고, 중소·벤처 기업의 비중이 높아지고 있는 것을 알 수 있다. 이와 더불어, 생명 공학 등 기타 분야의 산업기술들이 유출(11%)되고 있어 이에 대한 대응 및 예방책이 필요하다.

〈표 8-3〉 분야별 산업기술 유출 현황(2008~2012)

전기전자	기계	정보통신	화학	기타	생명공학	계
69(34%)	63(31%)	30(15%)	18(9%)	16(8%)	6(3%)	202(100%)

출처: 산업기밀보호센터(http://service12.nis.go.kr: 2014.1.6 검색).

〈표 8-4〉는 동기별 산업기술유출의 현황이다. 개인적 영리를 추구하기 위해 산업기밀이나 기술을 유출하는 경우가 가장 많았고(68%), 금전유혹(15%)이 그 다음을 차지하였다. 즉 경제적인 이유로 인해 산업기술을 불법적으로 유출한다는 점을 이

를 통해 알 수 있었다. 또한 인사 불만(7%)이나 처우불만(6%) 등과 같은 이유로 인하여 산업기술을 유출하는 점으로 비춰보면, 기업 내 직원들을 위한 공정하고 합리적인 인사제도와 다양한 복지 및 후생제도를 통해 업무만족도를 높이는 방법도 직접 · 간접적으로 산업기술 유출을 방지할 수 있다.

〈표 8-4〉 동기별 산업기술 유출 현황(2008~2012)

개인영리	금전유혹	인사불만	처우불만	기타	비리	계
137(68%)	30(15%)	14(7%)	12(6%)	7(3%)	2(1%)	202

출처: 산업기밀보호센터(http://service12.nis.go.kr: 2014.1.6 검색).

〈표 8-5〉는 산업기술유출 유형과 주체를 분석하여 제시하였다. 2008년부터 2012년 동안 산업기술을 무단으로 보관하는 유형이 46%를 차지해 가장 높았고, 그 다음으로 내부공모가 26%로 나타났다. 그리고 매수는 20%로 나타났는데, 이 경우에는 중소기업 직원들의 유출사례가 가장 많이 차지하였다. 그 이유는 대기업과 달리 중소기업의 경우 급여나 보수가 상대적으로 낮아 중소기업 직원들이 매수의 유혹에 쉽게 뿌리칠 수 없기 때문이다.[6]

한편, 산업기술을 유출하는 주체에서는 전직직원에 의해 발생된 건수가 60%를 차지하였고, 현직직원에 의한 산업기술 유출은 20%로 나타났다. 즉 전 · 현직원에 의해 발생된 산업기술 유출이 80%에 달해 전혀 모르는 사람이 아닌, 기업과 관련된 사람이 대부분에 의해 발생된다는 점을 알 수 있었다. 또한 협력업체에 의해 발생된 산업기술 유출도 12%를 차지해, 기술과 관련이 있거나 친분이 있는 사람일수록 보안의 취약성을 잘 활용하는 것을 이를 통해 알 수 있다.

6) 이창무 · 이길규 · 현대호 · 최진혁 · 정태황 · 장항배 · 정태진 · 정진근 · 김윤배, 『산업보안학』, 박영사, 2011.

〈표 8-5〉 산업기술유출 유형 및 주체(2008~2012)

구분	건수	비율(%)	구분	건수	비율(%)
무단보관	93	46	전직직원	121	60
내부공모	53	26	현직직원	41	20
매수	40	20	협력업체	24	12
기타	12	6	기타	12	6
공동연구	2	1	유치과학자	2	1
위장합작	2	1	투자업체	2	1
계	202	100	계	202	100

출처: 산업기밀보호센터(http://service12.nis.go.kr: 2014.1.6 검색).

3. 산업기술 유출범죄의 유형별 사례

다음에서는 국내에서 발생했던 산업기술이 유출되었던 유형별 사례를 정리해 보았다(〈표 8-6〉 참고).

〈표 8-6〉 산업기술 유출범죄의 유형별 사례

유형		사례
개인적 요인	현직직원 매수에 의한 기술유출	국내 LCD업체에 근무하던 D사의 연구원은 전직 직원 출신 K씨로부터 휴대용 폰 컬러모듈 기술을 넘겨주면 중국 T사로 스카우트해서 부장급 대우와 함께 억대 수준의 연봉을 주겠다고 권유하였고, D사가 60억을 들여 개발한 기술도면을 넘기다 적발되어 구속
	전직직원에 의한 기술유출	D사를 퇴직한 직원 손모씨 등은 자신이 근무했던 전 회사의 지문인식 프로그램 관련 컴퓨터 파일, 백업 CD, 설계서 등을 빼내 일본 S사와 기술이전에 관한 계약을 체결한 뒤 퇴사

유형		사례
개인적 요인	인력 빼내기에 의한 유출	1. 핸즈프리를 제조하는 F사는 외국계 M사와 합작법인 설립을 추진하던 중 제품개발 담당 연구원 2명이 사라짐. 이들은 우편으로 회사에 사직서를 송부하고 저장된 노트북을 소지한 채 해외로 나감 2. H사 박모 전무와 상무 홍모씨는 경쟁사인 Y사에 차량용 AV시스템 기술 개발을 담당하고 있던 연구원 7명을 빼내 별도의 C사를 설비, H사에 AV시스템을 납품함과 동시에 기술자료를 몰래 팔아넘김
외부로부터의 요인	산업스파이의 이용	동영상 표준인 MPEG G4의 솔루션 개발업체인 M사의 심모 사장은 해외에서 개최된 솔루션 개발자 포럼에서 기술을 도난당할 뻔함. 미국 대학원생이라며 연구용으로 필요하니 원천기술을 알려달라고 요청받았으나, 의심스러워 확인해 보니 미국 p사의 엔지니어로 밝혀짐
	위장 인수합병	산전차단기 개발에 성공하였으나 심각한 자금압박에 시달리고 있던 S사는 이때 국내 유수의 모 전자회사가 신기루생산투자를 제의해 왔고, 다급한 나머지 계약서류를 작성하기 전 투자상담을 하는 과정에서 핵심자료를 제공, 그러나 갑자기 모 전자회사가 투자의사를 철회하고 S사의 기술을 모방하여 독자제품 출시

출처: 신제철 · 김순석, 산업보안론, 2013: 182-185에서 재정리.

이러한 유형별 기술유출을 개인적 혹은 내재적 요인과 외부적 혹은 적대적 요인으로 분류할 수 있었다. 이러한 사례들을 통해 기술유출은 개인의 경제적 혹은 사회적 이익을 위해 전직원이나 혹은 현직원이 기술을 유출할 수도 있고, 기업이나 조직을 위해, 임무를 수행하기 위해 다른 기업의 기술을 유출할 수도 있다는 점을 사례들을 통해 분석할 수 있었다.

제2절 관련법제 및 입법현황

1. 부정경쟁방지 및 영업비밀 보호에 관한 법률

1) 입법배경 및 개정동향

부정경쟁방지법은 영업비밀 침해행위에 대한 민사적 구제수단으로서 침해금지·예방청구권, 손해배상청구권, 신용회복청구권 등을 규정하고 있다. 본 법은 1961년 12월 30일 제정되어 1962년 1월 1일 시행되었으며, 부정한 수단에 의한 상업상의 경쟁을 방지하여 건전한 상거래의 질서를 유지함을 목적으로 입법되었다.

기업의 기술수준이 향상되고 국제교류가 증대됨에 따라 핵심기술의 유출 등 영업비밀 침해행위의 증가와 영업비밀의 보호에 관한 내용의 비중이 증대됨에 따라 1999년 1월 1일 "부정경쟁방지 및 영업비밀보호에 관한 법률"로 명칭이 변경되었다. 즉, 외국의 선진기술 도입을 촉진하면서도, 국제통상마찰을 줄이고자 영업비밀 보호제도를 도입하는 「부정경쟁방지 및 영업비밀보호에 관한 법률」(이하 부정경쟁방지법)을 통해 개인이나 기업이 경쟁상의 우위를 확보하고자 많은 비용과 인력 그리고 시간을 투입하여 개발·축적한 기술상·경영상의 재산적 정보를 타인의 부정한 취득, 공개행위 등의 침해로부터 보호하여 기업 간 건전한 경쟁 질서를 형성하고 유지하기 위하여 시행된 법이라고 할 수 있다.[7)]

특히 영업비밀 침해행위에 대한 미수범을 처벌하도록 한 규정을 신설하기 전에는 영업비밀의 누설 전 단계에서 검거된 자에 대해서 처벌할 수 없어 이는 영업비밀을 보유한 대상의 관점에서 볼 때 불합리한 면이 있었다.

이에 따라 2004년 7월 21일 실무상의 애로사항과 산업계의 요구를 적절히 반영하여 비밀침해에 대한 미수범 처벌조항 신설 등 범죄행위의 주체 및 대상을 더욱 확대하였고, 기술유출에 대한 미수, 예비, 음모 처벌 규정도 새롭게 도입하였으며, 친고죄 규정을 폐지하는 등을 주요 골자로 하는 개정을 단행하여 법령의 취약점을

7) 특허청, 『영업비밀보호 가이드북』, 특허청, 2004.

일부 보완하였다. 2004년 개정에서 강화한 규정을 구체적으로 살펴보면 먼저 누구든지 부정한 이익을 얻거나 기업에 손해를 가할 목적으로 그 기업에 유용한 영업비밀의 취득, 사용하거나 제3자에게 누설하는 행위를 하는 경우 5년 이하의 징역 또는 그 재산상 이득액의 2배 이상 10배 이하에 상당하는 벌금에 처하도록 규정하고 있으며(제18조의1), 이러한 행위를 외국에서 사용하거나 외국에서 사용될 것임을 알고 제3자에게 누설한 자에게는 7년 이하의 징역 또는 그 재산상 이득액의 2배 이상 10배 이하에 상당하는 벌금에 처하도록 규정하고 있다(제18조의2). 또한 영업비밀 침해행위의 예비 · 음모죄 처벌조항을 규정하고 있는데(제18조의3), 이는 영업비밀 침해죄를 범할 목적으로 예비 · 음모한 자에 대해서는 2년 이하의 징역, 1천만원 이하의 벌금에 처하고 있으며, 국외 영업비밀 침해죄를 범할 목적으로 예비 · 음모한 자는 3년 이하의 징역, 2천만원 이하의 벌금에 처하고 있다. 기타 동법은 양벌규정을 두어 기술유출의 배후세력을 처벌할 수 있는 근거를 두어(제19조) 영업비밀의 유출을 사전에 차단할 수 있도록 개정되었다.

2) 핵심 내용

(1) 영업비밀의 정의 및 요건

"영업비밀"이란 공공연히 알려져 있지 아니하고 독립된 경제적 가치를 가지는 것으로서, 상당한 노력에 의하여 비밀로 유지된 생산방법, 판매방법, 그 밖에 영업활동에 유용한 기술상 또는 경영상의 정보를 의미하고 있다(제2조 2항). 즉, 영업비밀로서 보호되는 요건은 크게 3가지로 비공연성, 경제성, 비밀관리성이 포함되어야 한다는 것이다.

비공연성이란 공연히 알려지지 않은 정보이며, 이는 해당 정보가 매체나 간행물 등을 통하여 불특정 다수에게 알려지지 않고, 해당 정보를 생산한 생산자(보유자)를 통하지 않고는 정보를 얻을 수 없다는 것을 의미한다. 즉, 생산자(보유자)가 비밀을 소유하고 있다 하더라도 해당 정보가 공개적으로 알려져 있는 사실이라면 영업비밀이라고 볼 수 없다. 하지만 영업비밀은 절대적으로 생산자(보유자)에게만 허용된 절대적인 것이라고 보기에는 무리가 있어 모든 사람이 입수 불가능한 상태일 필요가 없으며, 해당 정보가 불법적인 방법에 의하지 않고는 영업비밀을 얻을 수 없는 상태를 의미한다. 이때에는 형법 346조인 업무상 배임죄가 적용되어 처벌받게 된다.

경제성이란 독립된 경제적 가치를 지닌 정보를 뜻하며, 이는 경쟁자에 대한 경쟁상 이익이나 비밀의 입수나 개발을 위해 많은 비용과 노력이 필요하다는 것을 의미한다. 즉, 완성되지 않은 영업비밀이라 하더라도 위와 같은 요소를 갖추었다면 영업비밀로 인정이 된다는 것이다. 따라서 경제적 유용성 여부는 정보의 처분가능성, 정보개발을 위한 노력, 정보의 기업 경쟁상 가치 등을 기준으로 판단할 수 있다.

비밀관리성은 상당한 노력에 의해 비밀로 유지, 관리되는 정보를 뜻하며 이는 정보가 비밀이라고 인식될 수 있는 표시 및 고지, 정보에 접근할 수 있는 대상자나 접근 방법을 제한, 정보에 접근한 자에게 비밀준수의무를 부과하는 등 객관적으로 정보가 비밀로 유지·관리되고 있다는 사실이 객관적인 인식이 가능한 상태를 의미한다. 단, 직원들에게 단순히 영업비밀 준수 서약을 받는 것만으로는 부족하며, 추가적인 보안조치를 강구하여야 한다.

(2) 영업비밀의 침해행위 유형

영업비밀 침해행위 유형은 크게 부정취득행위와 부정공개행위로 나눌 수 있으며, 각각 영업비밀 침해행위의 정의와 사후관여행위에 대한 항목을 명시하고 있다.

먼저 부정취득행위란 "절취, 기망, 협박, 그 밖의 부정한 수단으로 영업비밀을 취득하는 행위 또는 그 취득한 영업비밀을 사용하거나 공개(비밀을 유지하면서 특정인에게 알리는 것을 포함한다. 이하 같다)하는 행위를 규정하고 있다(제2조 3항). 부정한 수단이라 함은 위에 명시된 절취, 기망, 협박, 그 밖의 부정한 수단 등 범죄를 구성하는 행위뿐만 아니라 건전한 거래질서 유지 내지 공정한 경쟁의 이념에 비추어 선량한 풍속, 기타 사회질서에 반하는 일체의 행위나 수단을 의미한다. 동조 나목에서는 "영업비밀에 대하여 부정취득행위가 개입된 사실을 알거나 중대한 과실로 알지 못하고 그 영업비밀을 취득하는 행위 또는 그 취득한 영업비밀을 사용하거나 공개하는 행위"를 규정하고 있으며, 취득 당시의 악의, 중과실의 문제를 다루고 있으며, 다목에서는 "영업비밀을 취득한 후에 그 영업비밀에 대하여 부정취득행위가 개입된 사실을 알거나 중대한 과실로 알지 못하고 그 영업비밀을 사용하거나 공개하는 행위"를 규정하여 취득 후의 사후적 악의 또는 중과실을 문제삼고 있다.

부정공개행위란 "계약관계 등에 따라 영업비밀을 비밀로서 유지하여야 할 의무가 있는 자가 부정한 이익을 얻거나 그 영업비밀의 보유자에게 손해를 입힐 목적으로 그 영업비밀을 사용하거나 공개하는 행위"라고 규정하고 있다(제2조 3항 라). 계약관계 등에 의하여 영업비밀을 비밀로서 유지할 의무라 함은 계약관계 당시와 종료 후, 명시적인 계약에 의한 비밀유지의무를 부담하기로 약정한 경우뿐만 아니라 묵시적으로 그러한 의무를 부담하기로 하였다고 보아야 할 경우를 의미한다.

마찬가지로 사후관여행위에 대하여서도 규정하고 있는데 "영업비밀이 라목에 따라 공개된 사실 또는 그러한 공개행위가 개입된 사실을 알거나 중대한 과실로 알지 못하고 그 영업비밀을 취득하는 행위 또는 그 취득한 영업비밀을 사용하거나 공개하는 행위"를 규정(제2조 3항 마)하여 제3자에 의한 취득시의 악의와 중과실을 문제삼고 있으며, "영업비밀을 취득한 후에 그 영업비밀이 라목에 따라 공개된 사실 또는 그러한 공개행위가 개입된 사실을 알거나 중대한 과실로 알지 못하고 그 영업비밀을 사용하거나 공개하는 행위"를 규정(제2조 3항 바)하여 제3자의 사후적 악의 또는 중과실을 문제삼고 있다.

2. 산업기술의 유출방지 및 보호에 관한 법률

1) 산기법의 정의 및 요건

정부는 2006년 10월 27일 법률 제862호를 통해 산업기술의 부정한 유출을 방지하고, 산업기술을 보호함으로써 국내산업의 경쟁력을 강화하고, 국가의 안전보장과 국민경제의 발전에 이바지함을 목적으로 "산업기술의 유출방지 및 보호에 관한 법률"을 제정하였다. 본 법에 따르면 산업기술은 제품 또는 용역의 개발 · 생산 · 보급 및 사용에 필요한 제반 방법 내지 기술상의 정보를 말한다. 산업기술보호법은 산업기술을 일반산업기술과 국가핵심기술의 2가지로 분류하고 있다.[8)]

8) 한희원, "정보보안의 규제 혁신에 대한 고찰-산업기술의 유출방지 및 보호에 관한 법률을 중심으로-", 헌법 총권 631권, 법조협회, 2009.

본 법률은 위에서 다루었던 부정경쟁방지법의 한계를 극복하기 위하여 제정된 것으로, 기업이 아닌 정부출연연구소나 대학에서도 첨단기술을 개발하는 사례가 급증하고 있는데, 이들은 영업활동을 하는 기업이 아니기 때문에, 기술이 유출될 경우 부정경쟁방지법상의 영업비밀 보호규정의 적용이 곤란한 점에 착안하여 본 법안의 논의가 시작되었고, 부정경쟁방지법이 사후적 규제만 하고 있는 점을 보완하는 사전예방조치에 대한 규정을 마련하고자 제정되었다.[9)]

이러한 배경에서 제정된 「산업기술의 유출방지 및 보호에 관한 법률」(이하 산업기술유출방지법)은 산업기술의 육성과 보호를 지원하는 성격이 강한 종합지원법이라고 평가받기도 하며[10)], 기술유출범죄를 기존의 부정경쟁보호차원에서 벗어나 국익보호차원에서 접근한 법률이라고 평가받기도 한다(조용순 · 홍영서, 2006). 요컨대 산업기술유출방지법은 산업기술의 육성 및 보호와 산업기술유출행위의 처벌이라는 두 가지 측면을 모두 갖추고 있다고 보아야 할 것이다.

동법 제2장과 제3장에서는 산업기술의 유출 방지 및 관리, 보호정책의 수립 · 추진을 규정하고 있다. 또한 산업통상자원부장관에게 산업기술의 유출방지 및 보호에 관한 기본계획을 산업기술 보호위원회의 심의를 거쳐 수립하도록 하고 있으며(제5조), 대상기관의 장에게 국가연구개발사업의 수행과정 그 자체를 보호하도록 하고 있다(제12조). 그 밖에도 제4장에서는 산업기술 보호의 기반구축 및 산업보안기술의 개발 · 지원을 규정하고 있고, 산업보호를 위한 정책개발 등을 위해 산업기술보호협회를 설치하는 근거규정도 두고 있다(제16조).

또한 동법은 제1조에서 그 목적으로 국내산업의 경쟁력 강화, 국가의 안전보장, 그리고 국민경제의 발전을 규정하고 있으며, 이에 따라 국가핵심기술의 선정에 있어 국가안보 및 국민경제에 미치는 파급효과도 고려되고 있다(제9조 제2항). 특히 이 법이 의미 있는 것은 국가 핵심기술의 유출과 침해행위 및 비밀유지위반에 대하여 중한 형사처벌을 규정하고 있다는 것이다(제36조). 즉 형사제재는 국내유출과 국외유출을 구별하여 국외유출의 경우에는 법정형 10년 이하의 징역 또는 10억 원 이

9) 김준동, "산업기술유출방지법 제정의 의의", 산업기술유출방지법에 대한 논의 자료집, 2007.
10) 황철, "핵심기술유출의 현황 및 대응", 지식재산권연구센터 포럼자료, 2005.

하의 벌금으로 중하게 처벌하고 있고(제36조 제1항), 미수범 처벌규정(제36조 제6항), 예비 · 음모행위의 처벌규정(제37조)도 두고 있다. 이 밖에 몰수와 추징규정(제36조 제4항)과 양벌규정(제38조)을 두고 있다.

3. 국가연구개발사업 공통 보안관리지침

본 지침은 "국가연구개발사업의 관리 등에 관한 규정" 제16조 제4항에 따라서 중앙행정기관의 장, 국가연구개발사업을 수행하는 연구기관(정부출연 연구기관, 특정연구기관, 국공립연구소, 전문생산기술연구소, 기업, 대학 등) 등이 국가연구개발사업의 보안관리에 관한 업무를 효율적으로 수행하도록 하기 위하여 규정되었다. 본 지침에서는 연구보안심의회를 구성하고 운영하도록 규정하고 있으며, 연구과제에 대한 보안등급을 분류하고, 연구개발과제에 대한 보안 대책을 수립 및 시행할 수 있는 지침을 마련하고 있으며, 보안관리현황을 보고하는 절차와 보안사고 발생 시의 처리절차에 대하여도 다루고 있다. 특히 국가연구개발 사업에 참여가 제한되는 경우를 규정하여, 연구기관이 연구개발과제 보안규정을 마련 · 시행하지 않는 경우, 연구과제의 보안관리현황을 소관 중앙행정기관에 보고하지 않는 경우, 보안사고 발생 시 소관 중앙행정기관에 보고하지 않고 필요한 조치도 취하지 않은 경우, 그리고 연구개발과제에 대한 보안등급을 분류하지 않았거나 보안과제에 대한 보완조치를 이행하지 않은 경우 등에는 사업 참여를 제한하고 있다.[11]

4. 대외무역법

대외무역법은 대외무역을 진흥하고 공정한 거래질서를 확립하여 국제 수지의 균형과 통상의 확대를 도모함으로써 국민 경제를 발전시키는 데 이바지함을 목적으로 하며(대외무역법 제1조), 1987년 7월 1일에 시행되어, 2013년 현재까지 총 14회의 법을 개정하여 국제변화에 대한 미비점을 보완하였다. 주요 재개정 내용으로 1989년 12월 21일 무역규모의 증대 및 수입개방의 확대 등과 같은 경제의 국제화추세에 따

11) 국가정보원, 『첨단산업기술 보호동향』, 9호, 국가정보원, 2009.

라 수입으로 인한 산업피해구제제도를 국제경제여건에 부합되도록 하기 위하여 관세 및 무역에 관한 일반협정에 따라 조정하고 무역위원회의 기능확대 등 현행규정의 일부 미비점을 보완하고, 국제무역환경 변화에 부응하여 우리의 무역제도를 선진화하고 무역과 산업의 국제경쟁력을 높일 수 있는 기틀을 마련하기 위하여 개정되었다. 또한 1995년 7월 1일 무역업계의 자율성을 제고함으로써 국제경쟁력을 강화할 수 있는 기반을 조성하고, 개방화시대에 맞게 국내 무역제도를 개선하기 위해 법을 개정하였다.

특히 특허권 등 다른 사람의 지식재산권을 침해하는 물품이나 원산지를 거짓으로 표시한 물품 등을 수출·수입하는 행위인 불공정무역행위를 금지하는 규정이 이 법과 「불공정무역행위 조사 및 산업피해구제에 관한 법률」에서 사실상 동일하게 규정되어 있어 중복규제라는 문제가 제기되어 2009년 10월 23일 법을 개정하고 「불공정무역행위 조사 및 산업피해구제에 관한 법률」에서 관련 내용을 정비함으로써 규제를 간소화하고 규제기관을 일원화하였으며, 대외무역법 시행령 제3조, 제4조에 따라 대외무역의 대상과 용역의 범위를 명확히 규정하고 있다.

5. 특허법

특허법은 발명을 보호·장려하고 그 이용을 도모함으로써 기술의 발전을 촉진하여 산업발전에 이바지함을 목적으로 하기 위해(제1조), 1952년 4월 13일 법률 제238호로 개정되어 2013년 7월 1일 현재까지 총 30회 개정되었다.

주요 개정 내용으로는 1961년 12월 31일 특허국 설치에 관한 사항, 실용신안에 관한 사항 및 의장에 관한 사항이 혼합 규정되어 있어 법체제상 불합리할 뿐만 아니라, 모순되거나 불분명한 규정이 많으므로 이를 각각 별개의 법으로 정리하여 개정하였으며, 특허에 관한 사항만을 규정하고 신규, 발명을 특허, 특허를 불허하는 발명과 특허권의 한계를 정했다. 또한 1981년 9월 1일 공업소유권제도의 국제화추세에 대처하기 위하여 파리협약의 동맹국공통규정사항을 법제화함으로써 파리협약의 가입에 따른 태세를 정비하고, 선진제국에서 채택하고 있는 특허제도 중 한국의 실정에 맞는 제도를 도입하여 국내 산업기술개발의 촉진과 선진기술도입을 위한 여건을 조성하여 1982년 11월 29일 특허협력조약(Patent Cooperation Treaty)에의 가입에 대비하여 당해 조약에서 인정된 국제출원절차에 관하여 필요한 사항을 포함하여 개정하였다. 이후 1996년 7월 1일 무역관련지적재산권협정(UR/TRIPs)의 내용과 맞지 아니하는 조항을 동 협정의 내용과 맞도록 개정하여 특허제도의 세계화를 추진하는 동시에, 세계무역기구(WTO)체제에 능동적으로 대비하고 기술개발의 성과를 신속히 보호함으로써 기술개발을 촉진하고, 시행의 미비점을 보완하였다. 특히 2012년 3월 15일 「대한민국과 미합중국 간의 자유무역협정 및 대한민국과 미합중국 간의 자유무역협정에 관한 서한교환」의 합의사항에 따라 특허권 설정등록 지연에 따른 특허권의 존속기간을 연장하는 제도와 비밀유지명령제도 등을 도입하여 특허권의 침해에 관한 소송에서 당사자가 제출한 준비서면 등에 영업비밀이 포함되어 있고 그 영업비밀이 공개되면 당사자의 영업에 지장을 줄 우려가 있는 경우 등에는 당사자의 신청에 따라 결정으로 해당 영업비밀을 알게 된 자에게 소송 수행 외의 목적으로 영업비밀을 사용하는 행위 등을 하지 아니할 것을 명할 수 있도록 하였다(제224조의 3-5).

제3절 대응 및 협력기관

1. 경찰청(외사수사과)

경찰청(외사수사과)은 2010년 7월 29일 국가핵심기술의 해외유출 등 첨단기술유출 사건 발생이 날로 증가함에 따라 산업기술 보호를 통한 국가경쟁력 확보에 이바지하기 위하여 산업기술유출 전담수사대를 설치하고 발대식을 개최하였다. 산업기술유출 전담수사대는 본청에 설치하는 산업기술유출수사 지원센터와 5개 지방청에 설치하는 산업기술유출수사 전담팀으로 구성되어 있으며, 산업기술유출수사 지원센터는 기술유출 관련 신고접수 · 분석, 법률자문 · 상담, 수사기법 개발 · 지도 등을 담당하고, 지방청 산업기술유출수사 전담팀의 수사업무를 관리 · 지원하는 콘트롤

타워(Control Tower) 역할을 수행하는 한편, 他 중앙 정보수사기관 및 중소기업청 등 유관부처와 산업기술 보호 관련 범정부 차원의 긴밀한 협력체제를 구축, 정보를 적극 공유하는 등 산업기술유출수사 총괄 업무를 담당한다.

산업기술유출수사 전담팀은 기술유출수사 수요를 고려, 외사과가 편제된 5개 지방청(서울 · 부산 · 인천 · 경기 · 경남) 내 외사수사대에 설치하고, 관할지역 산업기술유출 관련사건을 전담 수사하고 있다. 전담팀 요원은 관련수사 경험이 풍부한 자, 디지털포렌식 수사 전문가, 그리고 이공계통 전공으로 첨단기술에 대한 이해도가 높은 자 등을 혼합 구성하여 수사 시 각 분야별 수사역량을 극대화하고 아울러 전 지방청에 산업기술유출수사 전문 상담요원을 운용함으로써, 기술유출 피해 신고 시 법률상담을 통해 신속한 구제절차가 진행될 수 있게 하여 피해를 최소화할 목적으로 운영되고 있다. 경찰에서는 2005년부터 현재까지 산업기술유출사건 194건(672명)을 검거하였고, 특히 해외유출 사건을 57건(약 30%) 검거하여 국부유출을 적극 차단하는 등 국익 보호에 지속적으로 기여해 왔으며, 최근에는 중소기업청과 MOU를 체결하여 보안환경이 취약한 중소기업의 기술유출을 사전에 효과적으로 예방하고 불법적인 유출 피해 발생 시 신속하게 사후대응하는 등 공동으로 협력해 나가기로 한 바 있다.[12)]

2. 검찰(기술유출수사지원센터)

기업의 기술을 유출하는 행위, 특히 해외로 기술을 유출하는 행위는 기업의 기술개발 의지와 국가 경쟁력을 약화시키는 결과를 초래하기 때문에 검찰에서도 그 중요성을 인식하여 집중 단속하고 있다.

이러한 기술유출범죄를 집중적으로 단속하기 위하여 검찰에서는 지난 2007년 대검찰청 중앙수사부에 '기술유출범죄수사지원센터'를 설치하여 기술유출범죄수사 지원업무를 전담하고 있으며, 서울중앙지방검찰청 '기술유출범죄수사센터', 울산지방검찰청 '기술유출범죄수사센터' 및 전국청 기술유출범죄 수사부서에서 산업기술유

12) 경찰청(2014.1.6), http://www.police.go.kr/

출범죄 수사를 담당하고 있으며, 2010년 5월 17일 대검 첨단범죄수사과 내 '기술유출 인터넷범죄 수사센터'로 통합되었다가 2011년 11월 1일 대검 첨단범죄수사과에서는 '기술유출 · 인터넷범죄 수사센터'에서 분리되어 '기술유출수사지원센터'로 개칭하여 운영하고 있다.

주요업무로는 영업비밀 부정 취득 및 사용 사범과 영업비밀유지의무 위반 사범의 집중적 동향을 파악하여 기술유출범죄 신고접수 및 전문수사관 양성, 전문가 네트워크 구축 등 기술유출범죄 수사역량을 강화하기 위한 여러 가지 방안을 시행하고 있으며, 기술의 발전과 함께 지능화되고 있는 범죄에 맞서 수사기법을 개발하고 신종 기술유출 범죄에 대한 효율적인 제도개선을 모색하고자 관련 법령의 개정과 제도 발전방안에 대해서도 연구하고 있다. 또한, 지구촌의 글로벌화에 발맞추어 외국수사기관과의 수사공조 체제를 구축하고, 국내 유관기관 및 기업, 민간단체와 긴밀한 협조망을 구축하여 소중한 국가 자산이 유출되지 않도록 하고 있다.[13)]

3. 국가정보원

국가정보원은 정부조직법 제17조에 의해 대통령 직속기관으로서 국가안전보장에 관련되는 정보 · 보안 및 범죄수사에 대한 사무를 담당한다.

대한민국 정부수립 이후 국내외 통신 · 정보기능을 가진 정부기관과 군 중심으로 분할되어 운영되다가 1961년 6월 10일 중앙정보부의 이름으로 통합 · 창설하였다. 이후 1981년 1월 1일 국가안전기획부로 개칭하였다가 1999년 1월 21일부로 국가정보원으로 재출범하여 현재에 이르고 있다.

주요 직무로는 국외정보 및 국내정보(대공 · 대정부 전복 · 방첩 · 대테러 및 국제범죄조직)의 수집 · 작성 · 배포 업무, 형법 중 내란, 외화, 군형법 중 반란, 암호부정사용, 군사기밀보호법에 규정된 죄 및 국가보안법에 규정된 죄에 대한 수사, 국가기밀에 속하는 문서 · 자재 · 시설 · 지역에 대한 보안업무, 국가정보원 직무와 관련된 범죄수사, 정보 및 보안업무 기획 · 조정 업무를 수행한다. 특히 산업보안과 관련

13) 대검찰청(2014.1.6), http://www.spo.go.kr/spo/major/disclosure/data/disclosure04.jsp?mode=list&board_no=18&pager.offset=10

된 분야로는 산업스파이 활동 탐지 및 색출, 차단과 첨단산업체의 보안지도 및 교육, 민·관 정보교류 시스템 구축, 산업보안 관련 대국민 정보서비스를 제공하여 첨단기술의 불법적인 해외유출을 방지하고 있으며, 산업기밀 보호센터를 운영하여 산업보안 관련 정보자료를 유관기관과 일반인들에게 제공하고 있다. 관련 법으로는 대통령령 제21214호 보안업무규정이 있으며, 국가정보원의 보안측정, 보안감사, 전말조사 등을 통한 시설, 인원, 장비, 문서, 통신보안 등의 비밀보호에 대한 법적 근거를 명시하고 있다.[14]

1) 산업기밀보호센터

산업기밀보호센터는 국정원 산하의 산업기밀보호기관으로, 우리나라의 기업체와 연구소 등이 보유하고 있는 첨단기술과 경영상 정보가 해외로 불법 유출되는 것을 차단하고, 산업스파이 색출활동과 동시에 산업보안 교육과 보안 컨설팅 등의 예방활동을 수행하고 있다.

또한 산업보안협의회를 운영하여, 정부와 기업 간 협조체제를 강화하고, 전기/전자, 정보통신, 생명공학, 기계 등의 분야에 따른 산업보안협의회를 운영하고, 교과부/지경부 및 중기/특허청으로 구성된 산업보안정책협의회도 운영하고, 검/경찰 및 기무사와 더불어 정보수사기관 산업보안협의회도 운영하고 있다.[15]

4. 특허청

특허청은 1949년 5월 23일 특허국으로 개국하여 1977년 3월 12일 특허청으로 개청되었다가 2006년 5월 1일 기업형 중앙책임운영기관으로 전환되었다. 특허청의 목적은 산업재산권을 적기에 보호함으로써 산업기술 개발의 촉진을 지원하고, 산업재산권 행정의 체계를 구축하여 기술경쟁 시대에 대처하기 위해 설립되었으며, 주요 기능으로는 정부조직법(법률 제11690호) 제37조 5항에 근거하여 산업통상자원부장관 소속하에 특허, 실용신안, 디자인 및 상표에 관한 사무와 이에 대한 심사,

---

14) 국가정보원(2014.1.6), www.nis.go.kr

15) 산업기밀보호센터 홈페이지(2013.11.21), http://service4.nis.go.kr

심판에 관한 사무를 관장과 기술적 창작물에 대한 심사 및 특허권 부여, 산업발전과 국가경쟁력 향상을 위한 다양한 발명진흥 시책 수립 · 시행, 특허권 등 국민의 권리보호를 위한 관련 법령 · 제도검토 · 개정운영 특허쟁송과 관련된 국민의 권익 보호를 위한 특허심판제도 운영, 특허 심사적체를 해소하고, 특허기술정보를 산업계에 확산하기 위한 산업재산권 행정정보화 추진, PCT 국제조사 및 예비심사를 수행하여 산업재산권 국제화 추진, 위조상품의 제조 · 유통 등의 부정경쟁행위에 대한 단속 · 홍보 및 위조상품 추방활동 수행, 심사 · 심판관 등 특허전문요원의 자질향상과 선진국 산업재산권 제도의 조사 · 연구를 위한 전문연수기관을 설립, 전문인력 양성 및 민간기업의 특허전담인력 교육, 컴퓨터프로그램, 반도체집적회로배치설계, 데이터베이스, 영업비밀, 생명공학, 캐릭터, 활자체, 입체 · 소리 · 냄새상표, TRADE DRESS 등의 신지식재산권에 대한 입법추진, 권리화, 국제적 보호 및 다자간 협력체제 구축활동을 수행하고 있다.[16)]

관련 법안으로는 특허법, 실용신안법, 의장법 상표법 등이 있으며, 특허 요건에 따라 특허출원과 자연법칙을 이용한 기술적 사상의 창작인 '발명'을 특허의 대상으로 하고 있다.

5. 한국산업기술보호협회

한국산업기술보호협회(KAITS)는 2007년 10월 법정단체로 설립되어 산업보안과 관련하여 다양한 정책기구 및 인력양성 프로그램을 제공하고 있다. 국내 최초로 2010년에 산업보관련제도인 산업보안관리사 자격시험을 실시하였다. 이 협회의 주요사업은 크게 산업기술보호(정책지원/기업지원)와 산업기술보안육성(개발지원/국제협력)으로 분류할 수 있다. 그중 산업기술보안육성 과제에서 산업기술보호 인력양성과 산업보안 전문자격제도를 운영하고 있다.[17)]

한국산업기술보호협회는 지난 2003년 이후 총 124건의 기술해외유출사건이 발생하면서 기업의 생존과 국가경쟁력의 저하를 막기 위한 기관의 필요성이 제기되었

16) 특허청 홈페이지(2014.1.6), http://www.kipo.go.kr
17) 산업기밀보호센터 홈페이지(2014.1.6), http://service4.nis.go.kr

고, 국정원이 불법적 기술유출을 막기 위해 교육과 컨설팅 및 홍보사업을 추진하고 있지만, 폭발적인 수요에 대처할 수 없다는 인식이 산업기술보호협회를 설립하는 배경이 되었다. 또한 산업기술유출방지법 제16조에 따라 설립된 기관으로, 산업기술보호를 위한 정책지원과 기업지원을 하고 있으며, 아울러 산업기술을 육성하기 위한 개발 및 국제협력을 지원하는 일을 담당하고 있다. 특히 산업기술보호를 위한 국내외 연구를 진행하고 있으며, 정책적 방향을 제시하는 일을 담당한다는 점에서 직접 산업스파이를 색출활동을 하는 산업기밀보호센터와는 차이가 있다. 산업기술보호협회는 국내외 산업기술보호 현황 및 제도 등 연구·분석, 산업기술보호 관련 대정부 업무 수행, 국내외 보안 산업 현황 조사 및 보안기술 연구개발 주관, 실태조사, 산업기술보호 교육프로그램 운영, 기업지원, 국제협력 추진, 산업기술보호 인식제고 활동 등의 업무를 담당하고 있다.[18)]

6. 위원회

1) 산업기술보호위원회(산기법 제7조)

산업기술유출방지법 제7조에 따르면 산업기술의 유출방지 및 보호에 관한 사항을 다루기 위해 산업기술보호위원회를 설치하고 운영하도록 규정하고 있다. 동 위원회는 국무총리 소속기관이며, 위원장 1인을 포함한 25인 이내의 위원으로 구성되어 2년의 임기 내에서 활동한다. 산업기술보호위원회는 1) 산업기술의 유출방지 및 보호에 관한 정책, 보호지침의 제정, 수정 및 보완에 관한 사항을 다루고, 2) 국가핵심기술의 지정, 변경, 해제에 관해 논의하고, 3) 국가핵심기술의 수출 등에 관한 사항을 다룬다.[19)]

2) 산업기술분쟁조정위원회(산기법 제23, 24조)

산업기술의 유출에 대한 분쟁을 신속하게 조정하기 위하여 위원장 1인을 포함하여 15인 이내의 위원으로 구성(제23조 2항)되는 산업기술분쟁조정위원회는 분쟁의

---

18) 한민구, 한국산업기술보호협회, 공학교육 제15권 1호, 2008.
19) 산업자원부 보도자료, 총리 주재 "제1회 산업기술보호위원회" 개최, 2007.

조정을 효율적으로 수행하기 위해 조정위원회 5인 이내의 위원으로 구성되는 조정부를 두고, 그중 1인은 변호사 자격이 있는 자로 되어 있다(제24조 1항). 위원들의 자격은 대학이나 연구기관의 부교수 이상 혹은 이에 상당한 직급에 있던 자로서 정보보호 관련 분야를 전공한 자이거나, 4급 이상의 공무원으로 산업기술유출 방지업무를 담당한 경험이 있어야 한다(제23조 3항).

조정의 신청은 신청목적과 그 원인에 근거한 조정신청서를 조정위원회에 제출한다. 조정위원회는 조정신청을 받은 지 3월 이내에 이를 심의하고 조정해야 한다.

제4절 교육프로그램 및 자격제도

1. 교육프로그램

1) 대학 및 대학원

우리나라에서는 대학원의 정규교육을 통해 산업보안 전문 인력을 양성하고 있다. 그중 서울과학종합대학원(ASSIST)에서는 2009년 3월 산업보안 MBA와 산업보안 전문가과정을 개설 · 운영하고 있다. 그리고 동국대학교 경찰사범대학원과 경기대학교 일반대학원에서도 산업보안과 관련된 교육과정을 운영하고 있으며, 교육과정이 비교적 세분화되어 있는데, 교육 대상자는 일반기업 및 공기업과 정부, 지자체, 국공립 기관, 군(軍) 등 조직의 '첨단 보유기술', '핵심정보', '기타 경영지원' 등을 다루는 실무자와 정보보호부서, 보안관리정책부서, 운영혁신본부, 외사국/외사정보과, 위기관리부서, 기획전략(조정)실, IT기반보호단, 인프라부서, 전략경영(기획)실, 방산보안처, 정보기획부서, R&D 부서, 산업보안부서, 비상대응부서, 첨단범죄수사과, 침해사고대응부서, 통합관제부서, 품질보안부서, 산업기술정보협력과 등 해당 기관 보안을 담당하는 임직원들이 주로 수강하고 있다. 교육과정은 보안 컨설팅, 산업보안 관리실무, 정보전략연구, 정보보호정책론, 산업보안 수사실무, 보안관리방법론, 정보보호사례연구, 산업보안 판례 연구 등으로 구성되어 있다.[20]

〈표 8-7〉 산업보안 MBA 커리큘럼

구분	과목명
산업보안 전공기본	산업보안 관리실무, 산업보안 법률실무, 정보전략연구, 기업정보수집관리, 정보보호정책론, 산업보안 수사실무, 기업보안과 경비보안
산업보안 전공심화	산업보안 법률실무, 산업보안 수사실무, 보안관리방법론, 과학수사방법론, 산업보안 서류실무, 정보분석기법, 정보보호사례연구, 산업스파이 사례연구

출처: 서울과학종합대학원 홈페이지(http://www.assist.ac.kr, 2014.1.6 검색).

이외에도 서울과학기술종합대학원은 산업보안전문가(ISP) 과정을 설치하여, 정보, 기술 보안을 비롯한 산업보안 관계법령, 산업스파이 수사실무, 산업보안 컨설팅 등 보안관련 융합지식을 교육하여 조직 내 산업보안 관련 직무에 대한 이해와 전문성 제고를 목표로 14주 과정의 단기 프로그램도 마련해 놓았다.[21]

2) 산업기술보호협회

산업기술보호협회의 교육은 정기교육, 방문교육, 교류회, 조찬특강, 전문교육 등 5개 과정으로 구성되어 있다.

먼저 정기교육의 주요 내용은 산업기술의 유출방지 및 보호에 관한 법률 제19조 시행령 제24조에 근거하여 실시하는 교육으로서 산업기술 보유기관 및 중소협력사 임직원을 대상으로 산업보안교육에 대한 기본적인 보안인식을 제공하고, 기술유출 방지 및 기술유출에 따른 피해를 최소화하기 위해 다수의 기업체 관계자를 대상으로 교육하는 과정이다. 다음으로 방문교육은 교육을 희망하는 기업이나 기관에 한해 교육을 제공한다. 특히 산업기술 보유기관 임직원 보안의식의 필요성과 유출피해사례 및 보호수칙 준수 등에 대한 교육으로 주로 단일기업 임직원을 대상으로 교육하고 있다. 교류회는 산업기술보호 업무 담당 실무자와의 교류를 통해 선진기법

20) 서울과학종합대학원(2014.1.6), https://www.assist.ac.kr
21) 서울과학종합대학원(2014.1.6), https://www.assist.ac.kr

을 전수, 정보교류와 인적 네트워크를 구축하는 데 그 목적이 있고 조찬특강은 기술유출방지 법령, 보안관리 우수업체 사례 및 기업의 윤리의식 등에 관한 내용을 교육한다. 마지막으로 전문교육은 차세대 CSO(Chief Security Officer)를 양성하기 위해 산업보안경영시스템 구축, 국제표준 요구사항에 대한 이해, 산업보안 위험분석 및 위험평가 등에 대한 내용을 합숙교육을 통해 제공한다. 이상의 산업보안교육을 〈그림 8-3〉에 정리하였다.

교육과정명	대상	1	2	3	4	5	6	7	8	9	10	11	12	교육비
수요 맞춤형 교육	산업기술보유기관 임직원			●		●		●		●				
방문교육	보안교육희망 기업 및 기관	수요 요청에 따라 수시로 실시함												문의
산업보안담당자 WORKSHOP	보안담당자, 책임자							●					●	무료
CSO 양성과정	초급보안담당자, 책임자	●			●		●		●		●	●		무료
보안진단전문가 양성과정	보안담당자 보안책임자		●											무료
해외진출기업 현지교육						●		●				●		무료
사내보안강사 양성과정						●					●			문의
보안진단 및 컨설팅		연중실시												문의

출처: 산업기술보호협회 홈페이지(http://www.kaits.or.kr: 2014.1.6 검색).

〈그림 8-3〉 산업보안교육 현황

3) 한국CSO협회

한국CSO협회는 안전행정부의 후원으로 2009년에 행정 및 공공기관과 민간기업의 최고정보보호책임자, 산·학·연의 정보보호 최고전문가들로 구성하여 사이버 공격 및 정보유출을 예방하고 대응하기 위해 설립되었다. 한국CSO협회의 중점 추진사업 중 하나는 정보공유 활성화를 위해 간담회, 세미나, 워크숍, 컨퍼런스 등을 개최하여 정보교류 및 상호 협력의 장을 마련하고 있는 것이다. 또한 실질적으로 적용될 수 있는 보안관리 및 보안기술 정보를 제공하고 국내외 보안전문가 초청강연을 통해 보안기술 및 구축사례를 제공하고 있다.[22)]

4) 산업기밀보호센터(National Industrial Security Center)

산업기밀보호센터는 국가정보원 산하기구로서 산업보안과 관련된 인력을 교육하고 있다. 특히 국가핵심기술 보유기업 및 국가개발과제 수행기관을 중심으로 산업보안 교육을 지원하고 있으며, 그 대상은 CEO 및 보안책임자 등이다. 교육내용은 산업스파이 사건사례 분석 및 산업 기술 보호의식 함양, 산업보안의 중요성과 유출방지대책, 관련 법규 등에 대해 주로 교육하고 있다.[23]

〈표 8-8〉 산업기밀보호센터 교육 내용

주요 교육	내용
산업보안 교육 및 컨설팅	– 기업・연구소・대학을 대상으로 산업보안 교육 지원 – 필요시 산업보안 컨설팅을 통해 기업의 보안관리 실태 점검 및 보안대책 강구
산업보안 설명회 및 워크숍	– CEO/보안책임자/실무자 등을 대상으로 산업보안 워크숍 및 산업보안설명회 개최
산업보안 관련 정책자료 제작/지원	– 산업보안 관련정보 동향과 산업보안 기법 지원 – 관련 보고서 및 논문 지원

출처: 산업기밀보호센터 홈페이지(http://service4.nis.go.kr: 2014.1.6 검색).

2. 산업보안 관련 자격제도

1) 산업보안관리사(ISE)

산업보안관리사는 「산업기술의 유출방지 및 보호에 관한 법률 제1 16」 ④항 및 제20조 ①항에 따라 산업기술을 보호하기 위하여 전문인력 양성을 목적으로 2010년 11월 13일에 실시되었다. 산업보안관리사 자격을 취득한 자는 기업 및 공공기관에

22) 한국CSO협회 홈페이지(2014.1.6), http://www.csokorea.org
23) 산업기밀보호센터 홈페이지(2014.1.6), http://service4.nis.go.kr

서 지식 · 기술 · 정보 및 인원과 시설 보안 업무활동을 할 수 있고, 보안컨설팅 회사에 취업하여 컨설턴트로 활동하거나 1인 컨설팅 회사를 운영할 수 있다.

〈표 8-9〉는 산업보안관리사 시험과목으로 관리적 보안, 물리적 보안, 기술적 보안, 보안사고대응, 보안지식경영 등 총 5개의 과목으로 구성되어 있다. 그리고 각각의 과목 안에 세부과목이 포함되어 각 과목 100점 만점에 70점 이상이 되어야 자격증을 취득할 수 있다.

〈표 8-9〉 산업보안관리사 시험과목

시험과목	과목명	주요범위
관리적 보안	보안관계법	산업기술유출방지법, 산업보안관계법
	관리적 보안	산업보안일반, 산업기술보호지침
물리적 보안	시설보안	시설경비, 경비시스템, 보안장비
	재해손실보호	재해손실보호
기술적 보안	정보보호일반	정보보호 일반
	기술적 보안	시스템보안, 네트워크 보안, 애플리케이션 보안
보안사고대응	업무지속성계획	업무지속성, 관리모델, 업무지속성 추진절차
	보안사고대응	보안사고대응, 증거조사론
보안지식경영	보안지식	지식재산, 기술이전과 사업화
	보안경영	인적 자원관리와 조직관리, 성과관리

출처: 산업기술보호협회 홈페이지(http://license.kaits.or.kr: 2014.1.6 검색).

2) 산업보안전문가(ISP)와 산업보안컨설턴트(ISC)

서울과학종합대학에서 자체적으로 시행하고 있는 산업보안전문가(ISP) 자격증과 산업보안컨설턴트(ISC) 자격증은 영업기밀, 산업기술, 지적재산권 등을 보호하는 등 보안 전문력을 인증하는 자격제도이다. 서울과학종합대학 산업보안전문가 단기

교육과정 수료를 통해 이 자격증을 취득할 수 있다.[24)]

〈표 8-10〉은 산업보안전문가와 산업보안컨설턴트 자격증을 비교하여 제시하였다. 두 자격증 모두 평가하는 방법과 절차는 유사하다. 산업보안전문가 자격증은 산업보안에 대한 전반적인 이론적 능력 평가와 현장 실무능력을 1차와 2차의 과정을 거친다. 산업보안컨설턴트 자격증은 산업보안컨설팅에 대한 전반적인 이론평가와 교육능력을 평가하고 이 역시 1차와 2차의 과정을 통과해야 자격증을 취득할 수 있다.

〈표 8-10〉 ISE와 ISC비교

	산업보안전문가(ISP)	산업보안컨설턴트(ISC)
검정기준	1차: 산업보안에 대한 사전 예방 및 사후관리 능력에 대한 이론적 평가	1차: 산업보안컨설팅에 대한 이론적 능력 평가
	2차: 산업보안에 대한 현장 실무 대처능력 미자문, 교육능력 평가	2차: 산업보안컨설팅에 대한 현장 실무 능력 및 교육 능력 평가
검정과목	1차: 산업보안 관리실무, 법률실무, 수사실무, 정보보호 실무, 보안조사 실무, 보안경영	1차: 보안경제 컨설팅 실무, 정보보안 컨설팅 실무, 보안감리 컨설팅 실무, 경영관리 컨설팅 실무
	2차: 구술 및 면접	2차: 구술 및 면접

출처: 서울과학종합대학원 홈페이지(http://www.assist.ac.kr: 2014.1.6 검색).

24) 서울과학종합대학원(2014.1.6), https://www.assist.ac.kr

제 9 장

산업보안정책의 문제점

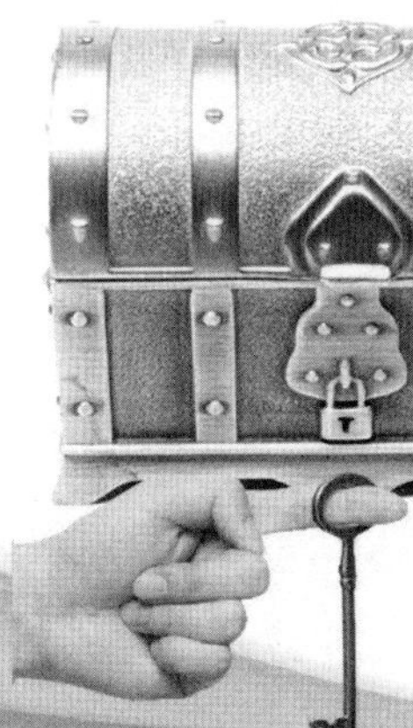

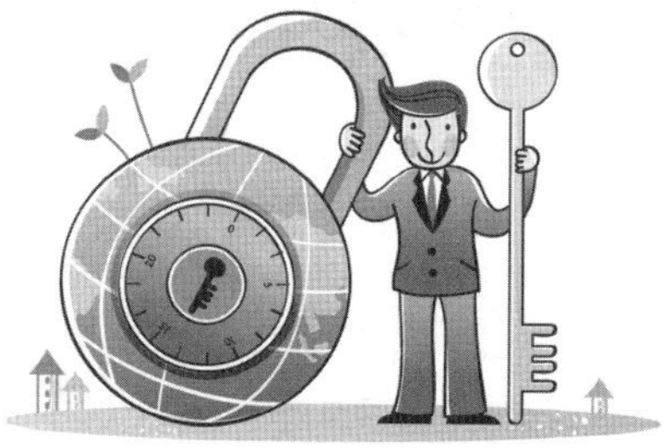

제09장 산업보안정책의 문제점

제1절 산업기술보호법과 부정경쟁방지법의 혼용

산업기술보호법은 부정경쟁방지법이 정하고 있는 영업비밀과 달리 비공지성, 경제성, 비밀관리성, 유용성을 요건으로 정하고 있지 않아 영업비밀에 비하여 넓은 보호 범위를 정하고 있다. 이는 최근 M&A를 통한 기업인수를 통해 국내의 산업기술이 유출되는 사례가 발생하면서 부정경쟁방지법이 적용하지 못하고 있는 부분과 해외 기술유출에 대한 공백을 보완한 조항을 산업기술보호법에 도입하게 되는 계기가 되었다. 이러한 산업기술보호법은 상당한 부분을 부정경쟁방지법을 기초로 하여 제정되었고,[1] 산업기술보호법은 그 범위에는 국가핵심기술과 영업비밀이라는 차이점이 있으나, 기술유출을 방지하고 기관·기업의 성장을 도모하는 법의 목적과 보호수단 등에서 많은 부분에 유사성을 보이고 있다.

1) 산업기술보호법이 제정되기 전 산업기술의 해외유출에 대한 법적 처벌에 대한 직접적인 양정기준이 없었으며, 부정경쟁방지 및 영업비밀보호법과 헌법 356조 업무상 배임죄를 적용하여 처벌하였다.

산업기술보호법과 영업비밀을 보호하는 부정경쟁방지법으로 대상에 따라 세분화하여 구분할 수 있는데, 이것을 지정된 기술인 산업기술유출로 볼 것이냐, 무형의 재산인 영업비밀로 볼 것이냐에 따라 신고의 대상기관과 처벌기준이 달라질 수 있다. 예를 들어 영업비밀이 국가경쟁력에 큰 영향을 미치고 있으나, 국가핵심기술로 등록되지 않았을 경우 이를 적용해야 하는 시점이 매우 모호하다. 또한 산업기술보호법의 경우 산업통상자원부에서, 부정경쟁방지법의 경우 특허청에서 각각 법을 담당하고 있는데 법의 목적과 성격이 유사한 면에서 두 법의 충돌이 발생할 수 있으며, 이에 대한 양정기준을 어느 법으로 할 것이냐에 대한 조항이 적용되지 않고 있다. 따라서 '기술유출'이라는 공통적인 항목에서 이를 담당하는 기관을 통합하거나 법에 의해 명시하지 않는다면 사건에 대한 원활한 처리와 각 기관의 사업적인 측면에서 갈등이 발생할 수 있는 충분한 요지가 될 것이다.

제2절 산업기술관련 정책부서의 다원화로 인한 제도적 법 집행의 비효율성

부정경쟁방지법 제2조의2 부정경쟁방지 및 영업비밀보호 사업은 특허청장이 부정경쟁행위의 방지 및 영업비밀보호를 위하여 연구 · 교육 및 홍보, 부정경쟁방지를 위한 정보관리시스템 구축 및 운영, 그 밖에 대통령령으로 정하는 사업을 할 수 있다고 명시되어 있다. 그러나 산업기술보호법 제5조 제1항 종합계획의 수립 · 시행은 산업통상자원부장관이 시행하여야 한다는 면에서 법과 각 기관의 분쟁이 있을 수 있다.

또한 산업기술보호법 제14조 제2항 산업기술의 유출 및 침해행위 금지행위의 경우 제34조의 규정 또는 대상기관과의 계약 등에 따라 산업기술에 대한 비밀유지의무가 있는 자가 부정한 이익을 얻거나 그 대상기관에게 손해를 가할 목적으로 유출하거나 그 유출한 산업기술을 사용 또는 공개하거나 제3자가 사용하게 하는 행위를 금지하고 있는데, 비밀유지의무를 위반한 임 · 직원은 동법 제34조의 비밀유지의무에 따라 제36조 제5항인 5년 이하의 징역이나 10년 이하의 자격정지 또는 5천만 원 이하의 벌금에 해당하는 것인지, 부정경쟁방지법 제9조의7 제2항 원본증명기관의 임직원이거나 임직원이었던 사람은 직무상 그 비밀을 누설하여서는 아니 된다고 명시되어 있는데, 이에 따라 제18조 제4항 2호의 벌칙 대상이 되어 1년 이하의 징역 또는 1천만 원 이하의 벌금에 처할 것인지 두 법상의 중복되는 부분이 존재하지만 부정경쟁방지법 제15조 타 법과의 관계에서 산업기술보호법은 포함되어 있지 않으며, 산업기술보호법도 부정경쟁방지법과의 중복성을 이야기하지 않고 있으며 각각 "다른 규정이 있으면 그 법에 따른다"는 부분이 명시되어 있을 뿐이다. 즉, 처벌의 측면에서 어떤 법의 양정기준을 따라야 할지 혼란이 발생할 수 있다는 문제점을 가지고 있다.

또한 산기법 36조1항은 산업기술을 외국에서 사용하거나 사용되게 할 목적으로 제14조 각 호의 어느 하나에 해당하는 행위를 한 자는 10년 이하의 징역 또는 10억 이하의 벌금을 부과하도록 되어 있다. 하지만 영업비밀보호법 제18조 1항에서는 누구든지 부정한 이익을 얻거나 기업에 손해를 가할 목적으로 그 기업에 유용한 영업비밀을 외국에서 사용하거나 사용될 것임을 알고 제3자에게 누설한 자는 10년 이하의 징역 또는 그 재산상 이득액의 2배 이상 10배 이하에 상당하는 벌금에 처한다고 명시되어 있어, 그 자체만으로도 유사하다고 할 수 있다. 특히, 산기법의 같은 조 1호와, 영업비밀보호법 같은 호 "가"목의 절취, 기망, 협박, 그 밖의 부정한 수단으로 대상기관의 산업기술을 취득하는 행위 또는 그 취득한 산업기술을 사용하거나 공개하는 행위가 일치하고 있다. 또한, 산기법 제36조 벌칙과 부정경쟁방지법 제18조 벌칙은 벌금형의 확정성에 대한 다소의 차이가 있으나, 해외 유출 시 산기법 제36조1항과 부정경쟁방지법 제18조1항, 국내법일 경우 산기법 제37조1항과 부정경쟁방지법 제18조2항, 예비・음모 시의 양벌규정까지 일치한다.

이상 살펴본 부정경쟁방지법과 산업기술의 유출방지 및 보호에 관한 법률은 보호범위에 있어서 중복여부, 형사적 규제의 중복성 등의 한계점이 지적되고 있다.[2)]

---

2) 이준복, 산업기술유출방지관련법의 국내외 동향과 개선방안, 과학기술정책연구원, 2009.

제3절 산업보안정책에 대한 각 정부부처의 상호협력체제 미흡

국가정보원, 방송통신위원회, 국방부, 산업통상자원부, 특허청, 경 · 검찰 등에서 국가핵심기술 선정과 산업기밀 보호를 위해 다양한 정책과 활동이 시행되고 있다. 그러나 이들의 유기적 협력을 통한 효과적인 업무 수행이 이루어지는 것보다, 각 기관의 개별적 · 독립적 활동에 따른 비협력과 입장별 차이에서 발생되는 경쟁이 오히려 국가적 자원을 허비하는 결과를 초래하고 있다. 이러한 상황이 지속된다면 산업보안의 1차적 책임자인 기업들이 혼란을 겪게 되고 산업기술을 보호하려는 의지마저 꺾을 수 있다.

그 예로 국가핵심기술을 선정하는 과정을 들 수 있다. 현재 국가핵심기술을 선정하는 과정은 각 관련부처에서 통보한 대상기술을 산업기술보호위원회 심의를 거쳐 산통부장관이 지정하고 있다. 이러한 과정 속에서 가장 큰 문제는 부처별 입장과 정책에 따른 핵심기술 지정의 수준 차이가 발생된다는 점이다(과학기술정책연구원, 2013).

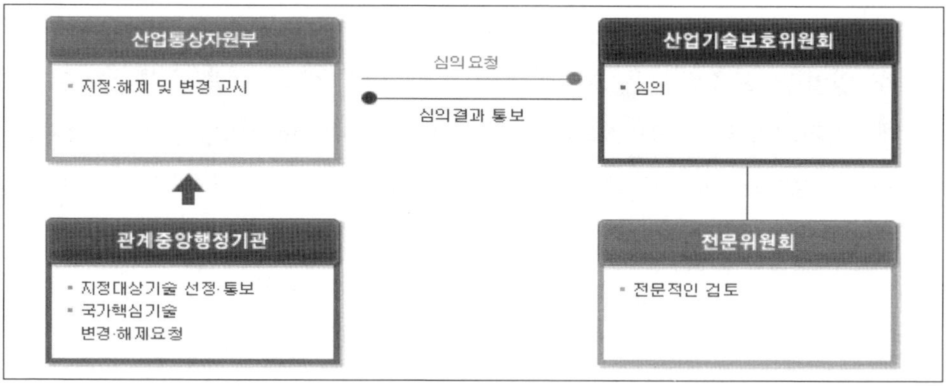

출처: 산업기밀보호센터, http://service12.nis.go.kr(2014.1.6 검색).

〈그림 9-1〉 국가핵심기술 지정 및 운영 절차

국가핵심기술 선정과정은 앞서 언급하였지만, 국가 경제·산업과 국가안보 측면에서 상당히 중요한 역할을 하는 기술들을 부처별 합의를 통해 선정한다. 그러한 과정을 거쳐서 선정된 핵심기술들을 산업기술 보호 관련 위원회를 통해 산통부장관이 국가핵심기술로 지정하게 된다. 이러한 국가핵심기술의 지정 및 운영 절차를 〈그림 9-1〉에 정리하였다.

〈그림 9-1〉과 같이 관계중앙행정기관이 핵심기술을 선정하여 주무부처인 산업통상자원부에 지정하고 있는데, 이러한 과정 속에서 부처별 입장에 따른 핵심기술 선정 기준 차이가 발생된다. 이러한 경우 산업기술의 발달이나 시장상황 및 정부정책 등 포괄적인 시각에서 핵심기술을 선정하기 어렵고, 각 부처별 이익과 업무 범위에 따른 근시안적인 시각에서 핵심기술을 선정할 수 있다. 이를 방지하기 위해 정부부처 간 산업보안정책협의체를 구성하여 운영해 왔으나, 임시적 방편에 불과하여 포괄적인 협력과 공조가 이루어지는 데 한계가 있다(정병일, 2009).

한편, 국가핵심기술 선정을 심의하기 위해 산업기술보호위원회와 실무위원회, 전문위원회가 구성되어 있다. 그러나 이러한 위원회의 역할이 일부 중복되어 비효율적으로 법을 집행하기도 한다(과학기술정책연구원, 2013).

구체적으로 그 역할을 살펴보면, 산업기술보호위원회는 최고 심의위원회로서 종합계획의 심의 및 승인, 국가핵심기술의 지정·변경·해제 및 심의, 이해관계인 요청 시 의견진술 기회 제공 및 대상기관 M&A 등을 심의한다. 실무위원회는 국가핵심기술 지정 변경 해제 등을 조정하고 보호위원회의 상정 안건을 사전 검토한다. 전문위원회는 위원회의 심의와 실무위원회의 사전검토 건에 대한 전문적인 검토의 업무를 수행한다(이창무 외, 2011). 이러한 위원회의 역할 중 전문위원회의 역할은 불분명하고 보호위원회와 실무위원회의 역할이 일부분 중복되어 업무 효율성을 떨어뜨리고 있다.

〈표 9-1〉 산업기술 보호 관련 위원회 활동 내용

추진기구	활동내용	위원 구성
산업기술 보호위원회	- 종합계획의 심의, 승인 - 국가핵심기술 지정 · 변경 · 해제 및 심의 - 이해관계인 요청 시 의견진술 기회 제공 - 국가핵심기술 수출, 대상기관의 M&A	국무총리(위원장), 관계중앙행정기관의 장, 민간위원
실무위원회	국가핵심기술 지정 변경 해체에 관한 상정 안건의 사전검토 및 조정 보호위원회 상정안건의 사전검토 · 조정	산업통상자원부차관(위원장), 관계중앙행정기관 고위공무원, 민간위원
전문위원회	위원회의 심의와 실무위원회의 사전검토 건에 대한 전문가의 전문적인 검토	관계행정기관의 과장, 민간위원 등

출처: 한국산업기술진흥원, 2013; 과학기술정책연구원, 2013에서 재정리.

기술 발달과 더불어 글로벌 시대에 들어서면서 산업기술을 유출하는 방법과 경로도 다양해지고 있다. 산업스파이는 물론 합작 투자 및 공동 연구, M&A 등을 통한 산업기술을 유출하여 단순히 중앙 정보기관에만 의존할 수 없다. 즉 공공기관(public sector)뿐만 아니라 민간부분(private sector) 모두가 함께 대응하려는 의지를 가지고 노력해야 한다(정웅, 2012). 그러나 단순히 의지와 노력만을 가지고는 해결할 수 없다. 그 근본적인 원인은 무엇인지 살펴보고 이에 대한 적절한 대책을 마련해야만 성과를 기대할 수 있다.

현재 기업의 경우 기술유출범죄에 지속적으로 노출되어 있다. 전술하였듯이 2005년 29건이던 기술유출 범죄 적발건수가 2008년 42건에서 2011년에는 46건으로 증가하였다. 더욱이 기업의 이미지나 브랜드에 훼손을 입을 수 있다는 우려 때문에 기술유출 피해신고조차 하지 않는 수까지 합치면 그 수를 훨씬 뛰어넘을 것이다(국정원, 2012). 이러한 시점에서 단순히 공공기관의 역할만을 강조하여 규제를 강화하기보다 민간부분인 기업의 노력과 적극적인 대응자세가 필요하다. 어느 산업보안업계 관계자에 따르면 산업기술유출 사고는 국정원과 검찰이 직접 관리를 하며,

기업들은 이미지 때문에 신고하는 것을 꺼린다고 설명하였다.[3] 이러한 이유를 선행 연구에서도 찾아볼 수 있다. 이정덕(2009)의 연구에 따르면, 기업들이 기밀유출 사실을 인지하고도 아무런 조치 없이 넘기는 등 소극적으로 대응하는 이유는 대외이미지가 손상될 것을 우려해 외부공개보다 자체적으로 해결하는 것을 선호하기 때문이라고 분석하였다.

비록 정부나 대응기관에서는 산업기술유출 피해와 그 위험성에 대해 홍보하고 정책들을 세우지만, 기업들의 입장에서는 피해사실조차 신고하지 않고 있는 실정이다. 정확한 피해실태조사 없이 공공기관의 일방적인 노력만으로는 산업기술유출을 예방할 수 없다. 결국 민간부문인 기업의 노력과 의지가 필요하다.

국내에서도 공공부문과 민간부분의 협력 구축을 위한 노력이 없는 것은 아니다. 민간부문인 산업기술보호협회가 기업·연구기관·전문기관·대학 등과 협조하여 산업기술보호 실태조사 및 정책개발 등의 역할을 담당하고 있다. 그러나 이러한 민간부문이 공공기관과 적극적인 교류와 정보 공유가 이루어지지 못해 정부와 기업 간의 협조 및 조정사항이 원만치 못하다. 이뿐만 아니라 공공부문에서 분쟁조정 업무를 담당하는 산업기술분쟁조정위원회는 현재 사문화돼 실질적으로 운영되지 않고 있어, 산업기술의 분쟁 지원을 위한 인력과 조직이 부족하고, 이와 관련된 분쟁조종 역할도 제한돼 있다고 한다.[4] 반면 미국과 일본의 경우는 민간기업과 접촉하는 공공기관이 명확하게 명시되어 있고 접촉방식 또한 자유롭다. 미국의 경우 민간기업과 주로 접촉하는 기관은 FBI이며, 민간기업과 접촉하는 방식은 무료로 교육을 하든지 혹은 e-mail을 통해 정보를 제공한다. 일본의 경우도 산업경제성이 주로 민간기업과 접촉하여 산업보안 가이드라인 및 지침을 제공하고 있다(최진혁, 2009).

---

3) ETNEWS(2013.4.1), 국가핵심 기술 유출 방지 위한 법제도 개선에 시선집중.

4) ETNEWS(2013.4.1), 국가핵심 기술 유출 방지 위한 법제도 개선에 시선집중.

〈표 9-2〉 주요 국가 민 · 관 협력체제 비교

구분	미국	일본	한국
조정기관	NCIX	산업경제성 산하 산업구조심의회	–
민간기관 주요 접촉기관	FBI	산업경제성	산업통상자원부, 국가정보원, 방송통신위원회, 중소기업청, 특허청 등 산재
민간기관 접촉 방식	무료 교육 및 정보 제공	가이드라인 및 지침 제공	산업기술보호협회 통한 형식적인 접촉

출처: 최진혁, 2009: 218에서 재정리.

미국이나 일본과는 다르게, 국내에서 기업과 공공기관 간의 협력체계가 구축되지 않는다면 효과적으로 산업기술유출에 대응할 수 없다. 특히 설계도면, 제조공법 등 기술문서가 디지털화되고, 스마트폰 보급이 확대됨에 따라 산업기술 유출 및 핵심 정보 유출 경로가 다양해졌기 때문에 이를 예방하기 위해서는 민 · 관이 공동으로 대응할 수 있는 체계 구축이 더욱 필요하다. 만약 이러한 시스템이 구축되지 않는다면, 그 피해 규모나 후속 대응조치가 어렵기 때문에 산업기술유출 범죄에 한 발 느릴 수밖에 없다(과학기술정책연구원, 2013). 결국 민간부문과 공공부문이 서로 정보를 공유하고 협력하는 시스템을 구축하지 않는 이상 산업기술유출을 효과적으로 예방하고 대응하기는 어려울 것이다.

제4절 인력 역량 및 교육 부족

산업기술유출 피해의 심각성은 날이 갈수록 고조되고 있지만, 이를 예방하고 대응할 수 있는 국내 산업보안전문가 양성 교육프로그램은 저조한 실정이다(임헌욱, 2012). 현재 산업보안과 관련된 교육을 제공하는 학교는 서울과학종합대원의 산업보안 MBA과정 등 몇 개에 불과하다.

한국인터넷진흥원(2012)에 따르면, 보안전문 인력 지원은 기술개발 연구 지원과 경기 활성화(소비 촉진/투자 활성화)에 이어 세 번째로 높은 요구사항이었다(〈표 9-3〉 참고).

〈표 9-3〉 보안 관련 정책 요구 수준

(단위: 점, 100점 만점)

정부 정책	요구 수준
기술개발 연구 지원	69.1
경기 활성화(소비 촉진/투자 활성화)	63.7
전문 인력 지원	61.4
신규 자금 지원	59.9
해외 수출 지원	53.6
법인세 인하 등 조세 지원	47.7
기타	44.5

출처: 한국인터넷진흥원, 2012: 52에서 재정리.

〈표 9-3〉을 통해 산업보안 전문 인력 수급이 상당히 부족한 실정임을 알 수 있다. 이와 더불어 정보와 물리적 보안과 관련된 업체에서도 인력 및 확보 유지의 어려움이 가장 큰 애로사항이라고 응답(44%, 39.4%)하여 보안인력 전문가 양성이 무엇보다 필요한 시점임을 알 수 있었다.

미국은 산업보안 전문가 인력양성의 중요성을 인식하여 대학이나 관련기구에서 체계적인 교육을 지원하고 있다. 예를 들면, George Mason대학과 George Washington 대학에서 산업보안 과정을 운영하여 산업보안 전문가를 양성한다. 그리고 민간기구인 ASIS(American Society for Industrial Security)와 Pennsylvania대학 Whaton 스쿨 간 협약을 통해 산업보안 전문가 양성 프로그램을 제공하고 있다(임헌욱 외,

2012).

그러나 앞서 언급하였듯이 한국의 경우 산업보안을 전문적으로 교육하는 기관은 소수에 불과하다. 더욱이 이러한 실정과 정반대로 다양한 기술발전으로 인해 보안 전문 인력 수요가 급증하고 있다. 인터넷진흥원의 연구용역보고서(2010)에 따르면 정보보안인력 수요가 2010년에 2,351명에서 2018년에는 3,632명으로 꾸준히 증가할 것으로 분석하였다. 그러나 해마다 급증하는 수요에 비해 전문 인력 공급이 부족할 전망이다(〈표 9-4〉 참고).

〈표 9-4〉 보안분야 인력현황 및 인력수급전망 분석

연도	신규 수요	신규 공급	수급차
2010	533명	264명	−269명
2011	532명	284명	−248명
2012	533명	308명	−225명
2013	689명	333명	−356명
2014	712명	367명	−345명
2015	737명	405명	−332명
2016	764명	447명	−317명
2017	793명	496명	−297명
2018	825명	550명	−275명

출처: 임헌욱 외, 2012: 22; KISA 용역보고서, 2010에서 재정리.

이러한 실정으로 인해 2010년 11월에 산업보안전문가 자격시험을 실시하여, 각 산업기술 보유 기업 및 기관의 보안취약점 진단 및 개선 업무 등을 수행할 수 있도록 한국산업기술호협회에서 지원하였다. 그러나 실질적으로 산업보안전문가의 업무는 총무부서의 부수적인 역할을 수행하거나, 다른 업무와 겸직하고 있는 실정이다(조성봉 외, 2011). 산업보안전문가의 전문적인 역할을 수행하기 위해서는 정부 주도의 전문자격제도를 확대하여 그 역량을 강화할 필요가 있다.

결국 국내 산업보안정책이 활성화되기 위해서는 무엇보다 정부로부터 지원을 받아 산업보안 인력양성을 위한 제도 방안이 시급한 실정이다.

제5절 중소기업 산업보안정책지원 미흡

전술하였듯이 2008년부터 2012년까지의 산업기술 유출 현황을 살펴보면, 중소기업의 기술유출 피해건수는 143건(71%), 대기업은 49건(24%)로 상대적으로 중소기업이 더 많은 피해를 입었음을 알 수 있다. 중소기업이 산업기술유출 피해에 있어 더 많은 피해에 노출되는 이유를 두 가지로 분석할 수 있다.

첫째, 중소기업의 보안수준이 대기업이나 공공기관에 비해 상대적으로 낮음을 알 수 있다. 2011년 지식경제부(현, 산업통상자원부)와 한국기술보호협회에서 국가핵심기술 보유기관을 대상으로 사업기술보호 실태와 현황을 조사한 결과(한국산업기술보호협회, 2012), 대기업은 92점, 공공기관은 91점인 반면, 중소기업은 61점으로 상대적으로 상당히 낮았다. 2010년과 비교해 보면 중소기업의 전반적인 보안수준이 높아지기는 했지만(48점→61점), 여전히 다른 기관에 비해 부족한 실정이다. 또한 보안수준을 총 5단계로 분류한 진단에 따르면 중소기업의 보안수준은 2단계로써 '취약수준'으로 평가되었다. 이러한 평가는 보안에 대해 심각한 결점과 취약성이 내포되고, 기술 유출이나 침해 정도에 따라 상당한 피해를 입을 수 있다.

실제로 한국산업기술진흥협회에서 조사한 결과에 따르면, 2007년부터 2009년까지 산업기술유출 피해규모 총액은 5조 6,336억으로 추정되는데, 그중 중소기업이 피해를 입은 금액은 5조 755억 원으로 추정되어 상당한 경제적 손실이 발생되었다.[5] 더 우려스러운 점은 중국에 진출한 65개 중소기업들 중 35%가 기술유출 피해

---

5) 한국산업기술진흥협회에서는 대기업 700, 중소기업(벤처기업 포함) 16,129 기관들을 대상으로 산업기술유출 피해 실태조사를 실시하였고, 2007년부터 2009년까지 그 피해액을 산출한 결과를 제시하였다(총 피해액: 5조 6,336억 원 추정). 참고로 3년간 대기업 피해금액은 5,581억 원으로 추정되었다(한국산업기술진흥협회, 2013: 84).

를 입었고, 그중 2/3는 2회 이상 기술유출 피해를 경험하였지만, 93%는 기술 유출 피해사실을 알고도 피해신고나 별다른 대응조치를 하지 않았다는 것이다(정성훈 외, 2010).

〈표 9-5〉 국가핵심기술 보유기관 실태조사(2011년)

<table>
<tr><th>구분</th><th>보호
지침</th><th>자산
보호</th><th>물리적
보안</th><th>정보
보안</th><th>긴급
대응</th><th>교육
훈련</th><th>평균</th><th>20110년
비교</th></tr>
<tr><td>대기업</td><td>93</td><td>91</td><td>92</td><td>91</td><td>91</td><td>95</td><td>92</td><td>84</td></tr>
<tr><td>중소기업</td><td>59</td><td>72</td><td>59</td><td>59</td><td>59</td><td>57</td><td>61</td><td>48</td></tr>
<tr><td>공공기관</td><td>90</td><td>96</td><td>94</td><td>82</td><td>92</td><td>97</td><td>91</td><td>69</td></tr>
<tr><td>전체</td><td>77</td><td>83</td><td>76</td><td>75</td><td>76</td><td>78</td><td>77</td><td>67</td></tr>
<tr><td rowspan="5">보안수준
정의</td><td colspan="2">90점 이상</td><td colspan="6">5단계(우수 수준)
보안에 대한 결정 및 취약성이 거의 없으며, 기술의 유출 및 침해사고 발생 시 피해가 최소화되는 상태</td></tr>
<tr><td colspan="2">80~90점 미만</td><td colspan="6">4단계(양호 수준)
보안에 대해 심각하지 않은 결점 및 취약성을 내포하며, 회사 차원의 보안 업무가 나름대로 이뤄지고 있는 상태</td></tr>
<tr><td colspan="2">70~80점 미만</td><td colspan="6">3단계(보통 수준)
보안에 대해 일반적인 결점 및 취약성을 내포하며, 기술의 유출 및 침해 정도에 따라 피해가 커질 수 있는 상태</td></tr>
<tr><td colspan="2">60~70점 미만</td><td colspan="6">2단계(취약 수준)
보안에 대해 다소 심각한 결점 및 취약성을 내포하며, 기술의 유출 및 침해 정도에 따라 치명적인 피해를 가져올 수 있는 상태</td></tr>
<tr><td colspan="2">60점 미만</td><td colspan="6">1단계(위험 수준)
보안에 대해 심각한 결점 및 취약성이 상존하며, 기술의 유출 및 침해 정도에 따라 치명적인 피해가 우려되는 상태</td></tr>
</table>

주: 기업 및 연구소 등 62개 기관을 대상.
출처: 한국산업기술보호협회, 2012; 박찬수 · 황성하, 2013: 18.

이러한 점에 비춰보면, 중소기업은 산업보안에 대한 인식이 부족하고 피해대응조차 제대로 이루어지지 않고 있음을 알 수 있었다.

둘째, 중소기업의 경우 대기업과 다르게 산업보안에 대한 재정적·환경적 투자가 부족하다. 중소기업은 보안인프라에 대한 투자비용에 부담을 느껴 IT보안 장비, 출입관리시스템, 보안관제센터 등과 같은 시스템을 도입하는 데 곤란을 겪고 있다. 실제로 중소기업 중 78%는 매출액 대비 1% 미만을 보안비용으로 지출하고 있어 보안시설 인프라 구축이 빈약함을 알 수 있다(박찬수·황정하, 2013).

한국산업기술진흥협회(2008)의 보고에 따르면 국내 중소기업 13,764개사 중 지역과 유형에 따라 총 1,500개를 선정하여 산업기밀 관리실태 조사를 실시하였는데, 산업보안에 있어 가장 큰 애로사항은 보안인프라 투자 곤란(26.4%)으로 분석되었다. 또한 중소기업들이 산업기밀 보호를 위해 정부차원에서 가장 우선적으로 추진해야 할 사항이 보안시스템 구축(22.7%)과 보안투자에 대한 지원제도 확충(20.5%), 산업보안교육 확대(16.9%) 등의 순으로 조사되었다.

실질적으로 중소기업은 대기업과 다르게 기술을 상업화할 충분한 자금도 부족한 실정이기 때문에 산업보안 인프라에 투자하기가 재정적으로 곤란할 수 있다(이정덕, 2009). 이러한 점들에 비춰보면, 정부에서는 중소기업들을 대상으로 산업보안 인프라를 구축할 수 있는 재정적 지원 등과 같은 정책들을 마련할 필요가 있다.

제 10 장

산업보안정책의 발전방향

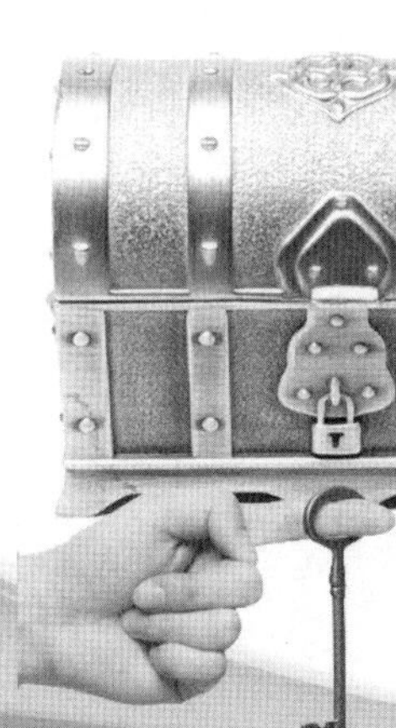

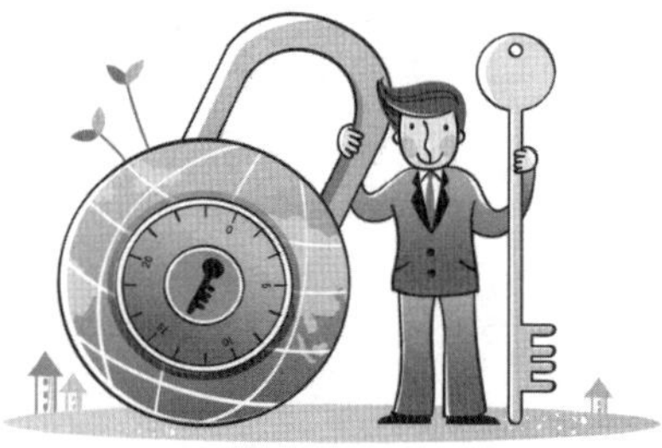

제 10 장 산업보안정책의 발전방향

제1절 중복성 조항의 통합개정 추진

산업기술보호법은 영업비밀보호법에 비해 큰 범위와 형사적 처벌의 근거가 명확하나, 산업기술보호법과 부정경쟁방지법은 상호보완할 수 있는 기반이 마련되어야 하며, 이는 관련기관의 통합과 다른 법률과의 관계 안에서 중복적용되는 부분을 통합하거나 상위법의 개념을 추가하여 제정하는 것이 바람직하다. 즉, 부정경쟁방지법 제15조 다른 법률과의 관계 항목에 「산업기술보호법」을 추가하여 양 법의 중복되는 부분을 통합하자는 것이다. 특히 산업기술보호법 제14조 제2항, 부정경쟁방지법 제9조의7 제2항에 따른 각 법의 처벌기준을 명확히 해주는 것이 필요하며, 두 법의 담당부처가 각각 산업통상자원부와 특허청으로 나누어져 있기 때문에 상층부에서 이를 조정하거나, 산업기술 관련법을 통합・관리하는 기관을 지정하거나 신설하는 노력이 필요할 것이다.

또한 추상적이고 가치개념적인 요소를 내포한 구성요건규정은 죄형법정주의의 명확성의 원칙에 어긋날 뿐만 아니라 범죄의 성립과 처벌에 많은 문제점을 야기할 수 있다(홍민지, 2008). 즉 구성요건의 해석에 있어서 검찰과 법원이 서로 상이할 경우 검찰의 기소권 및 남용으로 인한 형벌권 남용과 법원의 법적용 혼란으로 인한 권리구제의 지연 및 처벌의 부재로 이어질 가능성도 배제할 수 없는 것이다(이재상, 2011). 따라서 구성요건요소의 개념정립 문제는 법규정의 실효성 확보차원에서 논의의 실익이 크다고 할 수 있다. 이를 위해서는 구성요건요소를 구체적이고 명확하게 정립할 필요성이 있는 것이다(김연학, 2011).

그 예로 산업기술보호법 제14조에서는 산업기술의 유출 및 침해행위의 유형으로 절취를 규정하고 있는데, 절취의 대상은 '재물'에 한정되므로 유체물이 화체된 경우와 산업기술 자체에 대한 경우로 구분하여 검토하여야 한다. 다시 말해, 재물에는 유체물과 관리할 수 있는 동력이 포함되는데[1], 통설과 판례에 따르면 정보가 수록된 디스켓 등의 물건은 재물에 해당하며, 이는 정보 · 기획 · 사상 등은 물리적인 관리가 불가능하므로 재물에 해당하지 않는다. 따라서 산업기술이 유체물에 화체된 경우 즉 CD, USB메모리 등에 저장된 형태의 경우에는 물리적 관리가 가능하므로 관리할 수 있는 동력인 재물로 인정될 수 있으나, 산업기술이 정보 자체의 형태인 경우 재물로 간주할 수 없어 이를 유출하는 행위는 절도죄가 성립할 수 없으므로 절취는 성립할 수 없는 개념이라 할 수 있다. 따라서 산업기술이 정보 자체의 형태인 경우를 규정하여야 한다(강구, 2012).

이와 더불어, 산업기술보호법은 기업의 임직원이거나 임직원이었던 자를 행위주체로 분류하지 않고 포괄 규정하여 처벌하고 있다(전영실 외, 2009). 전 · 현직 임직원의 영업비밀 침해행위는 불법의 양과 책임에 있어 일반인에 비해 크다고 할 수 있는데 현행법은 산업스파이와 기업의 직원이나 퇴직자 그리고 일반인의 경우 법정형에 있어서 차등이 없기 때문에 형평성과 실효성 측면에서 논란이 있을 수 있다(박상열, 2011; 전지연, 2011; 전영실 외, 2008). 따라서 현재의 산업기술보호법을 개정하여 형평성 및 실용성에 맞추어 "임 · 직원의 영업비밀 침해행위 시 가중 처벌"하는 조항을 제36조 제8항에 신설하고, 양형기준을 상향하여 개정해야 할 것이다.

---

1) 형법 제346조.

제2절 산업보안 관련 부처 간 정책관리 통합체계 확립

산업보안에 관련된 업무를 담당하는 기관인 산업통상자원부, 방송통신위원회, 특허청, 국가정보원, 중소기업청 등은 기관별 협력체계를 구축하지 못해 비생산적인 업무 결과를 초래하고 있다. 이러한 체제에 대해 일관적으로 비판한 선행연구들을 찾아볼 수 있었다(정병일, 2009; 최진혁, 2009; 박찬수·황정하, 2013). 결국 산업기술이 유출되지 않기 위해서는 무엇보다 관련 부처별 협업과 획일화된 업무 프로세스를 조정할 수 있는 기관이 필요하다.

최진혁(2009)은 국내의 미흡한 부처별 협업체제를 보완하고 각 부청의 업무와 권한 등을 조율하기 위해서는 미국의 NCIX(Office of the National Counter-intelligence)[2]와 같은 중추기관을 설립·운영하는 것이 필요하다고 주장하였다.

또한 과학기술정책연구원(2013)에서는 국가핵심기술의 지정 및 수출 승인 등과 관련된 컨트롤타워(control tower) 기능을 강화할 필요가 있다고 언급하였다. 즉 국가핵심기술 선정 시 각 부처별 입장에 따른 핵심기술 지정 수준의 차이를 줄이고, 합리적이고 효율적인 업무 추진을 위해서 현 주무부처인 산업부가 그 중추적인 역할을 수행해야 한다고 주장하였다.

이처럼 효율적이고 획일화된 국가핵심기술을 조정·관리하고 효과적인 산업보안 정책을 마련하기 위해서는 국가적 중추기관 설립이 필요하다. 이와 관련된 방안은 두 가지 유형으로 제안할 수 있다.

첫째로 각 정부 부처 및 기관들의 산업보안정책들을 조정하고 관리할 수 있는 별도의 기관을 새롭게 설립해야 한다. 즉, 산업보안조정대응센터(가칭)를 수립하여, 각 기관별로 수집되는 기술 및 정보를 공유하고 이를 종합할 수 있는 획일화된 시스템을 구축해야 한다는 것이다. 이를 통해 각 기관들의 업무나 역할이 중복되지 않도

2) NCIX는 FBI, CIA, NSA(National Security Agency) 등을 중심으로 하여 합동으로 설립된 조직으로 국가 차원의 방첩활동을 총괄적으로 기획하고 조정하면서 이러한 내용들을 의회에 보고하는 정부조직이다.

록 조정하고, 산업기술 유출 시 효과적인 대응책을 마련하고 피해확산을 방지하는 데 그 역할을 수행할 수 있다. 특히 산업기술보호를 위협하는 요인들과 보호해야 할 우선순위를 평가하여 전략적으로 산업보안체계를 확립하는 데 주력할 수 있는 중추적 기관이 되도록 운영되어야 한다.

또 다른 방안은 국가핵심기술 선정 관련 권한을 산업통상자원부에 집중 · 강화하는 방법이다. 현재 각 부처에서 통보한 대상기술을 산업기술보호위원회 심의를 거쳐 산업통상자원부장관이 지정하고 있다. 이러한 과정 속에서 발생되는 각 부처별 입장 차이가 효과적인 업무진행을 방해하고 있다. 이를 예방하기 위해 국가핵심기술의 선정 관련 권한을 현 주무부처인 산업통상자원부로 위임하고, 관계행정기관별 사전 협의를 의무화한다(박찬수 · 황정하, 2013).

제3절 민 · 관 공동 대응 상호협력 체제구축

산업기술을 보호하고 불법적 유출을 방지하기 위해서는 민간부문과 공공부문의 협력이 무엇보다 중요하다. 앞서 살펴보았듯이, 현재 국내의 민 · 관 공동 대응체계가 실질적으로 구축되었다고 보기 어렵다. 설령 공공기관이 기업들을 대상으로 적극적으로 산업기술유출 피해를 줄이고 예방하기 위한 교육 및 정책들을 추진하여도 기업 스스로의 의지와 노력 없이는 한계의 벽에 부딪칠 수밖에 없다(임창묵, 2012). 따라서 민간기업과 공공기관이 함께 노력하여 산업기술 유출을 방지하고 예방할 수 있는 시스템 구축이 무엇보다 필요하다.

이를 위해서 먼저 해결해야 할 부분은 산업기술유출 사고 및 사건이 발생되었을 때 조사체계를 일원화하고, 관련기관(행정/수사)의 역할 분담을 통해 매뉴얼에 따른 대응마련이 필요하다. 산업기술유출 시 명확하고 신속하게 사건 및 사고를 처리하여야 한다.

그리고 효과적인 산업기술 및 국가핵심기술을 보호하기 위해 해당 기업들이 자발적으로 참여할 수 있는 민간 협의체를 구성하는 것도 고려해 볼 만하다. 특히 중소기업은 대기업과 달리 체계적인 보안시스템을 구축하기가 어렵다(노호래, 2008; 이정덕, 2009; 남재성, 2012). 그러나 민간 협의체를 통해 산업보안 관련 정보를 제공받고 피해 발생 시 신속하게 대응할 수 있는 프로세스를 이해한다면 해당 기업뿐만 아니라 국가적 차원에서도 피해를 줄이는 데 상당히 효과적일 것이다. 무엇보다 민간 협의체에서 요구하는 산업보안정책이나 보완사항들을 정부에게 요구하고 이를 정책반영에 고려한다면 보다 다양하고 포괄적인 산업보안정책들을 수립할 수 있을 것이다.

민간부문과 함께 노력해야 할 또 다른 분야는 핵심기술이 해외로 유출되는 것을 방지할 수 있는 국제 협력 공조를 구축하는 것이다. 앞서 살펴보았듯이, 2011년 해외 유출 검거건수 24건 중 14건이 중국에 유출되었다(경찰청 내부자료, 2013). 중국으로의 기술유출은 첨단산업분야인 반도체, 조선, 디스플레이 등이 포함돼 있어 국내 경제에 상당한 악영향을 줄 뿐만 아니라, 중국에 진출한 중소기업에게도 상당한 피해를 주고 있다. 결국 이러한 피해를 줄이고 예방하기 위해서는 해외주재 유관기관, 기업, 협회 등이 협력하여 포괄적인 네트워크를 구축할 필요가 있다. 특히 중국 진출 기업을 중심으로 산업보안 대응체제 및 피해 실태조사를 정기적으로 실시하고 산업보안의 중요성과 같은 인식 전환 교육도 제공할 필요가 있다. 또한 해외 진출 기업과의 정보공유 및 신고망을 확대하여 사고 발생 시 피해를 최소화할 수 있도록 민·관 공동 대응 네트워크 구축이 필요하다(정웅, 2012). 그 예로 미국의 경우, ANSIR(Awareness of Nation Security Issues and Response) 프로그램을 통해 산업보안과 관련된 정보 및 침해 위험성을 민간기업에게 알리고 피해를 예방할 수 있는 정보를 지원하고 있다.[3] 이처럼 산업보안과 관련된 가이드라인이나 지침, 관련 교육과 같은 자료들을 획일화된 프로그램을 통해 국내외 기업에게 제공할 수 있는 방안들을 고려해 볼 필요가 있다.

---

3) ANSIR 프로그램은 총 8개로 분류된 역할을 수행하고 있다. 테러리즘, 산업스파이, 군사무기, 경제방첩, 국가정보기반시설보호, 미국정부보호, 정보(intelligence)관리, 국외첩보 등이 그것이다(www.fas.org: 2013.11.27 검색).

이러한 방안들을 고려하여 〈그림 10-1〉에 민 · 관 공동대응체계 구축 개선안을 제시하였다. 공공부문은 산업보안과 관련된 가이드라인, 교육, 피해예방법과 기업들과의 네트워크를 통한 피해 신고망을 확대한다. 민간부문인 기업들은 민간 협의체를 구성하여 산업보안과 관련된 정책들을 정부에게 건의하고 피해 발생 시 신속하게 신고할 수 있는 프로세스를 구축한다. 이를 통해 민 · 관이 공동으로 산업기술 유출을 효과적으로 예방하고 대응할 수 있다.

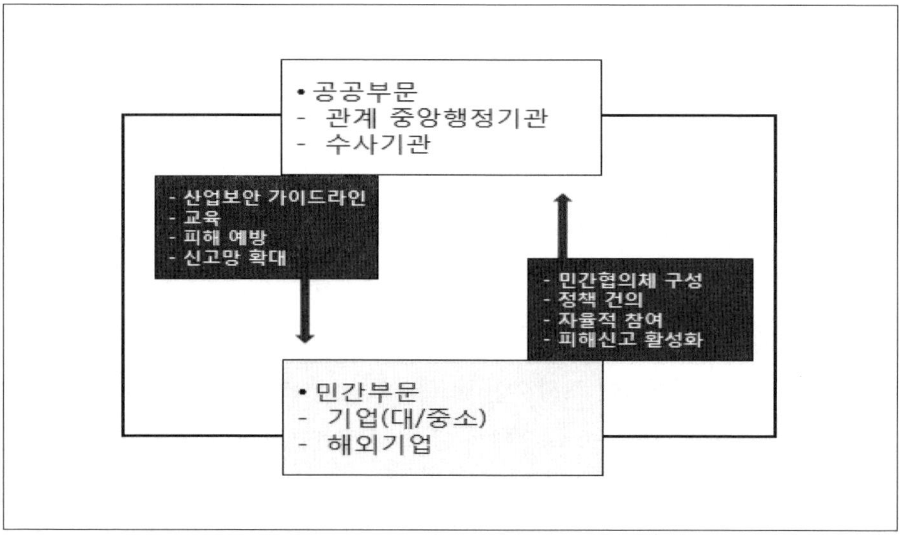

〈그림 10-1〉 민 · 관 공동대응체계 구축 개선안

제4절 정부 주도의 전문인력 양성 강화

산업기술을 보호하고 유출을 방지하기 위한 전문가 양성은 공공재적 특성을 고려하여 정부 주도의 정책 지원이 필요하다. 현재 한국산업기술보호협회에서 지원하고 있는 산업보안관리사는 기업의 산업기술 보안을 체계적으로 관리 · 수행하기에는 다소 무리가 있다(조성봉 외, 2011). 산업보안관리사의 역량을 강화하고 제대로 정착하기 위해서는 국가가 공인하는 전문 자격증(국가자격증)으로 개선할 필요가 있다.[4] 이를 위해서는 산업보안관리사의 자격제도를 전문적인 영역으로 확대하여 국가핵심기술 수출승인 및 사전검토 등과 같은 업무를 할 수 있도록 법적 근거를 마련해야 한다. 또한 이러한 업무 수행능력을 갖추기 위해서는 전문지식뿐만 아니라 실무능력을 측정할 수 있는 검증기준을 마련해야 한다. 이를 토대로, 산업보안 국가자격증은 기존의 산업보안관리사보다 더 광범위한 산업기술유출 방지와 관련된 활동을 할 수 있어 그 전문영역을 키워 나갈 수 있다.

무엇보다 산업보안 전문가들이 기업 내에서 실질적으로 활용하기 위해서는 공통적인 교육과정을 개설·운영할 필요가 있다. 앞으로 보안관련 인력 수요가 늘어남을 감안한다면, 산업보안 실무자들을 중심으로 표준화된 교육프로그램을 해당 기업들에게 제공해야 한다. 이러한 표준교육체계를 수립하는 데 있어서는 산업별·규모별로 구분하여 개발해야 하며, 이러한 정책들이 체계적으로 잘 수행되기 위해서는 총괄업무를 담당하는 지원센터가 설립될 필요가 있다. 그리고 산업보안 교육 담당자에게는 책임 인증제를 부여하여 전문 역량을 강화할 수 있도록 지원해야 한다(민병설 외, 2008).

이와 더불어 산업보안 교육내용도 중요하다. 다시 말해, 산업보안관련 교육콘텐츠도 이해하기 쉽게 구성될 필요가 있다. 산업통상자원부 산업기술보호교육의 현황(2011)에 따르면 산업보안 교육에 있어 가장 개선되어야 할 점이 '쉽게 구성된 교육콘텐츠'라는 것에 비춰보면, 기업직원들이 쉽게 교육 내용을 이해하고 이러한 교육내용을 바탕으로 실전에서도 활용할 수 있는 교육콘텐츠가 필요하다.

장기적으로 산업보안정책이 활성화되기 위해서는 이와 관련된 특성화된 대학이나 전문학과가 개설·운영되어야 한다(최진혁, 2009; 이창무 외, 2011) 산업보안 특성화 대학을 설립하여 산업정보보안, 산업기밀 유출, 국가핵심기술 보호 등의 분야에서 전문적으로 업무를 수행할 수 있는 인력들을 배출하고 장기적으로 안정적인 산업보안인력을 제공할 수 있다. 또한 한국인터넷진흥원(2012)에서 제안한 정책처

---

4) 한국산업기술보호협회에서는 산업보안지도사를 신설하여 국가핵심기술의 수출승인 및 신청, 수출 신고, 사전검토 등의 사무를 수행하도록 제안하였다.

럼, 고등학교→대학교→특수전문 보안학교→보안스페셜리스트 관리의 흐름이 이어지도록 산업보안 전문가를 양성하는 방법도 고려해 볼 만하다.

제5절 중소기업 보안인프라 구축 지원 확대

1. 재정적 지원 및 인증제도 활성화

중소기업은 재정적 측면과 환경들을 고려해 볼 때, 산업보안 시스템이나 인프라 구축 지원에 상당한 어려움을 겪는다(노호래, 2008; 이정덕, 2009; 최진혁, 2009; 남재성, 2012). 이와 함께 보안업무 관련 인식수준이 대기업이나 공공기관에 비해 상대적으로 낮아 산업보안과 관련된 교육지원이 무엇보다 필요하다.

결국 중소기업의 보안수준을 높이고 핵심기술들을 관리하고 불법적인 유출을 방지하기 위한 대책방안들이 필요하다.

우선 중소기업 보안인프라 구축을 위한 지원이 확대되어야 한다. 이를 위해서는 핵심기술을 보유하고 있는 기업들에게 경제적 지원과 같은 인센티브를 제공하여, 자발적으로 체계적인 산업보안 시스템을 구축할 수 있도록 지원해 줄 필요가 있다. 무엇보다 중소기업에 대한 산업보안 관련 지원이 산업통상자원부, 중소기업청, 국가정보원 등 다양한 곳에서 진행되고 있고, 그에 따른 비효율적 지원과 일시적인 정책들이 발생되기도 한다(최진혁, 2009). 이러한 점들에 비춰보면 중소기업 보안과 관련된 지원들은 획일화된 프로세스를 통해 제공되는 것이 필요하다.

이와 더불어 보안관리체계에 대한 공공인증제도를 도입하여 국가핵심기술 및 산업기술 확인 절차를 체계적으로 수립하고 이를 지속적으로 관리 · 운영할 수 있도록 지원하는 것이 중요하다. 보안관리체계에 대한 인증제도는 사전에 기술유출방지뿐만 아니라, 사고 발생 후 국가핵심기술 혹은 산업기술에 해당하는지 여부를 신속하게 확인할 수 있어 그 경제적 피해를 줄일 수 있다. 또한 공공인증제도를 통해 중소기업의 이미지를 긍정적으로 향상시켜 대외적으로 신뢰를 얻을 수 있는 수단이 될 수 있다.

이러한 인증제도를 활성화하기 위해 인프라 구축비용을 정부에서 일부분 지원해 주고, 기술유출 분쟁에 따른 소송비용 지원, 보안 기술 관련 정부 R&D 과제에 우선적으로 참여할 수 있는 기회 등 다양한 인센티브를 제공하는 것도 고려해 볼 만하다.

〈표 10-1〉 중소기업 산업보안 지원체계 개선안

현재	개선안	효과
일시적 지원	재정적·환경적 측면을 고려한 지원 확대	– 안정화된 기업 운영 – 보호관리 능력 향상
다양한 부처의 산발적 지원 및 관리	획일·통일화된 지원, 공공인증제도 도입	– 효과적인 정책 마련 – 체계적 기술관리 – 피해 최소화 대외적 기업이미지 향상

2. 교육프로그램 개발 지원

다음으로 중소기업의 보안의식을 제고할 수 있는 교육프로그램을 개발하거나 확대할 필요가 있다. "2008년 중소기업 산업기밀 실태조사 보고서"(허현회 외, 2008)에 따르면, 사내에서 직원들을 대상으로 보안교육을 실시한 기업의 비율은 46.9%로 절반도 안되는 실정이고, 정기 보안점검·감사를 실시하는 기업은 12.3%, 이동식 저장매체 보안관리 23%, 보안관리규정 마련은 37% 등 중소기업의 보안의식 수준이 높지 않음을 수 있었다(민병설 외, 2008). 중소기업의 취약한 보안수준을 제고하기 위해서는 먼저 중소기업근로자들에 대한 교육프로그램이 활성화될 수 있는 사회적 분위기를 조성하고, 우수사례를 선별하여 금전적 보상이나 기술개발 연구에 혜택을 제공해야 한다. 또한 중소기업의 임직원들에게 산업보안에 대한 중요성을 인식시켜 기업 내 보안교육이 체계적으로 진행될 수 있도록 지원해야 한다. 이를 위해서는 한국기술보호협회에서 개설·운영하고 있는 기술 경영 교육 커리큘럼에 산업보안 교육 내용을 강화하여 그 중요성을 알리고, 임직원들이 기업 내에서 자체적으로 산업보안교육이 지속적으로 진행될 수 있도록 유도해야 한다. 그리고 장기적인 산업보안 교육을 지원하기 위해 접근이 용이한 온라인 교육프로그램을 개발하여, 피해발생 시 신속하고 적극적으로 대응할 수 있는 매뉴얼들을 소개하는 것도 고려해 볼 만하다. 이러한 방안들을 정리하여 〈그림 10-2〉에 제시하였다. 산업보안에 대한 중소기업의 인식 제고를 위해 기업 내 교육이 활성화될 수 있도록 지원하고, 기업 경영 책임자 및 임직원들의 의식 개선, 다양한 교육프로그램을 제공 및 확대할 필요가 있다.

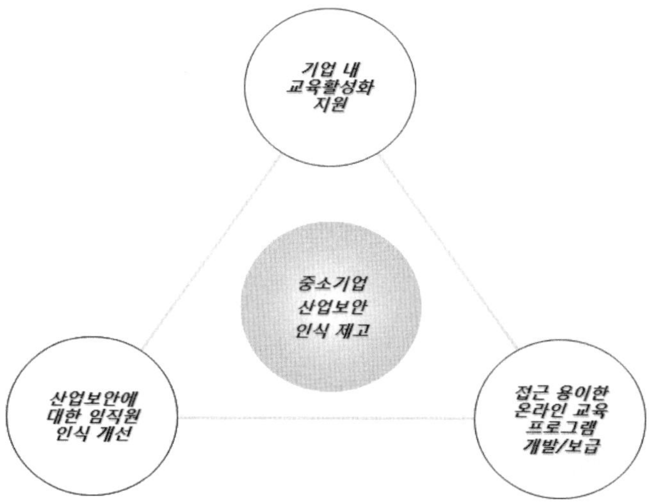

출처: 허현회 외, 2008; 민병설 외, 2008에서 재정리.

〈그림 10-2〉 중소기업 산업보안인식 제고 방안

부록

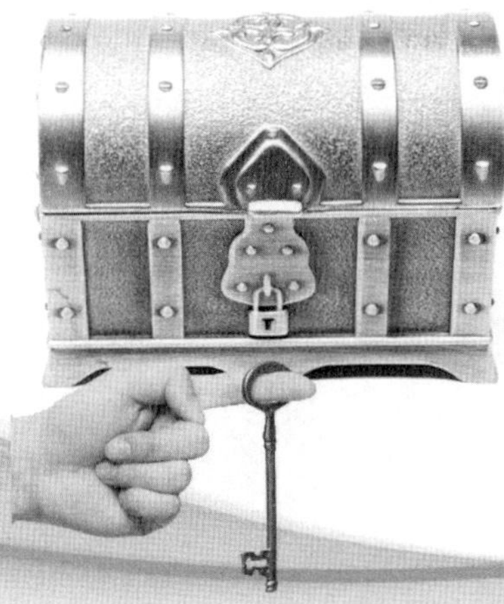

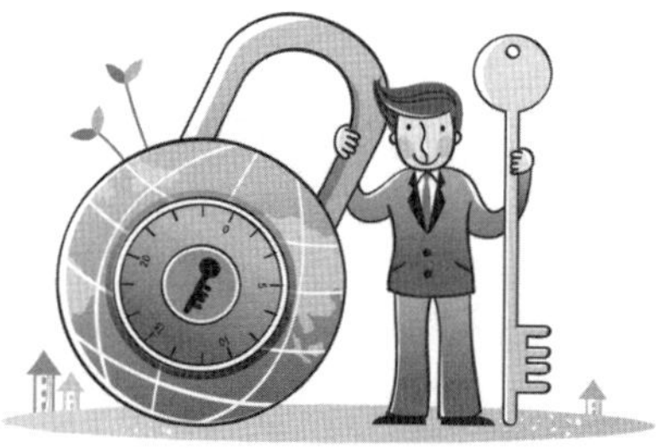

경비업법

[시행 2013.3.23] [법률 제11690호, 2013.3.23, 타법개정]

제1장 총칙

제1조(목적) 이 법은 경비업의 육성 및 발전과 그 체계적 관리에 관하여 필요한 사항을 정함으로써 경비업의 건전한 운영에 이바지함을 목적으로 한다.

제2조(정의) 이 법에서 사용하는 용어의 정의는 다음과 같다. 〈개정 2005.5.31, 2013.6.7〉

1. "경비업"이라 함은 다음 각목의 1에 해당하는 업무(이하 "경비업무"라 한다)의 전부 또는 일부를 도급받아 행하는 영업을 말한다.
   가. 시설경비업무 : 경비를 필요로 하는 시설 및 장소(이하 "경비대상시설"이라 한다)에서의 도난·화재 그 밖의 혼잡 등으로 인한 위험발생을 방지하는 업무
   나. 호송경비업무 : 운반중에 있는 현금·유가증권·귀금속·상품 그 밖의 물건에 대하여 도난·화재 등 위험발생을 방지하는 업무
   다. 신변보호업무 : 사람의 생명이나 신체에 대한 위해의 발생을 방지하고 그 신변을 보호하는 업무
   라. 기계경비업무 : 경비대상시설에 설치한 기기에 의하여 감지·송신된 정보를 그 경비대상시설외의 장소에 설치한 관제시설의 기기로 수신하여 도난·화재 등 위험발생을 방지하는 업무
   마. 특수경비업무 : 공항(항공기를 포함한다) 등 대통령령이 정하는 국가중요시설(이하 "국가중요시설"이라 한다)의 경비 및 도난·화재 그 밖의 위험발생을 방지하는 업무
2. "경비지도사"라 함은 경비원을 지도·감독 및 교육하는 자를 말하며 일반경비지도사와 기계경비지도사로 구분한다.
3. "경비원"이라 함은 제4조제1항의 규정에 의하여 경비업의 허가를 받은 법인(이

하 "경비업자"라 한다)이 채용한 고용인으로서 다음 각목의 1에 해당하는 자를 말한다.

가. 일반경비원 : 제1호 가목 내지 라목의 경비업무를 수행하는 자

나. 특수경비원 : 제1호 마목의 경비업무를 수행하는 자

4. "무기"라 함은 인명 또는 신체에 위해를 가할 수 있도록 제작된 권총 · 소총 등을 말한다.

5. "집단민원현장"이란 다음 각 목의 장소를 말한다.

가. 「노동조합 및 노동관계조정법」에 따라 노동관계 당사자가 노동쟁의 조정신청을 한 사업장 또는 쟁의행위가 발생한 사업장

나. 「도시 및 주거환경정비법」에 따른 정비사업과 관련하여 이해대립이 있어 다툼이 있는 장소

다. 특정 시설물의 설치와 관련하여 민원이 있는 장소

라. 주주총회와 관련하여 이해대립이 있어 다툼이 있는 장소

마. 건물 · 토지 등 부동산 및 동산에 대한 소유권 · 운영권 · 관리권 · 점유권 등 법적 권리에 대한 이해대립이 있어 다툼이 있는 장소

바. 100명 이상의 사람이 모이는 국제 · 문화 · 예술 · 체육 행사장

사. 「행정대집행법」에 따라 대집행을 하는 장소

[시행일 : 2014.6.8] 제2조

제3조(법인) 경비업은 법인이 아니면 이를 영위할 수 없다.

제2장 경비업의 허가 등

제4조(경비업의 허가) ① 경비업을 영위하고자 하는 법인은 도급받아 행하고자 하는 경비업무를 특정하여 그 법인의 주사무소의 소재지를 관할하는 지방경찰청장의 허가를 받아야 한다. 도급받아 행하고자 하는 경비업무를 변경하는 경우에도 또한 같다.

② 제1항에 따른 허가를 받고자 하는 법인은 다음 각 호의 요건을 갖추어야 한다. 〈개정 2013.6.7〉

1. 대통령령으로 정하는 1억원 이상의 자본금의 보유
2. 다음 각 목의 경비인력 요건
   가. 시설경비업무: 경비원 20명 이상 및 경비지도사 1명 이상
   나. 시설경비업무 외의 경비업무: 대통령령으로 정하는 경비 인력
3. 제2호의 경비인력을 교육할 수 있는 교육장을 포함하여 대통령령으로 정하는 시설과 장비의 보유
4. 그 밖에 경비업무 수행을 위하여 대통령령으로 정하는 사항

③ 제1항의 규정에 의하여 경비업의 허가를 받은 법인은 다음 각 호의 1에 해당하는 때에는 지방경찰청장에게 신고하여야 한다.

1. 영업을 폐업하거나 휴업한 때
2. 법인의 명칭이나 대표자·임원을 변경한 때
3. 법인의 주사무소나 출장소를 신설·이전 또는 폐지한 때
4. 기계경비업무의 수행을 위한 관제시설을 신설·이전 또는 폐지한 때
5. 특수경비업무를 개시하거나 종료한 때
6. 그 밖에 대통령령이 정하는 중요사항을 변경한 때

④ 제1항 및 제3항의 규정에 의한 허가 또는 신고의 절차, 신고의 기한 등 허가 및 신고에 관하여 필요한 사항은 대통령령으로 정한다.

[시행일 : 2014.6.8] 제4조

제4조의2(허가의 제한) ① 누구든지 제4조제1항에 따른 허가를 받은 경비업체와 동일한 명칭으로 경비업 허가를 받을 수 없다.

② 제19조제1항제2호 및 제7호의 사유로 경비업체의 허가가 취소된 경우 허가가 취소된 날부터 10년이 지나지 아니한 때에는 누구든지 허가가 취소된 경비업체와 동일한 명칭으로 제4조제1항에 따른 허가를 받을 수 없다.

③ 제19조제1항제2호 및 제7호의 사유로 허가가 취소된 법인은 법인명 또는 임원의 변경에도 불구하고 허가가 취소된 날부터 5년이 지나지 아니한 때에는 제4조제1항에 따른 허가를 받을 수 없다.

[본조신설 2013.6.7]

[시행일 : 2014.6.8] 제4조의2

제5조(임원의 결격사유) 다음 각 호의 1에 해당하는 자는 경비업을 영위하는 법인(제4호에 해당하는 자의 경우에는 특수경비업무를 수행하는 법인을 말하고, 제5호에 해당하는 자의 경우에는 허가취소사유에 해당하는 경비업무와 동종의 경비업무를 수행하는 법인을 말한다)의 임원이 될 수 없다. 〈개정 2008.2.29, 2013.6.7〉

1. 금치산자 또는 한정치산자
2. 파산선고를 받고 복권되지 아니한 자
3. 금고 이상의 형의 선고를 받고 그 형이 실효되지 아니한 자
4. 이 법 또는 「대통령 등의 경호에 관한 법률」에 위반하여 벌금형의 선고를 받고 3년이 지나지 아니한 자
5. 이 법(제19조제1항제2호 및 제7호는 제외한다) 또는 이 법에 의한 명령에 위반하여 허가가 취소된 법인의 허가취소 당시의 임원이었던 자로서 그 취소 후 3년이 지나지 아니한 자
6. 제19조제1항제2호 및 제7호의 사유로 허가가 취소된 법인의 허가취소 당시의 임원이었던 자로서 허가가 취소된 날부터 5년이 지나지 아니한 자

[시행일 : 2014.6.8] 제5조

제6조(허가의 유효기간 등) ① 제4조제1항의 규정에 의한 경비업 허가의 유효기간은 허가받은 날부터 5년으로 한다.

② 제1항의 규정에 의한 유효기간이 만료된 후 계속하여 경비업을 하고자 하는 법인은 안전행정부령이 정하는 바에 의하여 갱신허가를 받아야 한다. 〈개정 2008.2.29, 2013.3.23〉

제7조(경비업자의 의무) ① 경비업자는 경비대상시설의 소유자 또는 관리자(이하 "시설주"라 한다)의 관리권의 범위안에서 경비업무를 수행하여야 하며, 다른 사람의 자유와 권리를 침해하거나 그의 정당한 활동에 간섭하여서는 아니된다.

② 경비업자는 경비업무를 성실하게 수행하여야 하고, 도급을 의뢰받은 경비업무가 위법 또는 부당한 것일 때에는 이를 거부하여야 한다.

③ 경비업자는 불공정한 계약으로 경비원의 권익을 침해하거나 경비업의 건전한 육성과 발전을 해치는 행위를 하여서는 아니된다.

④ 경비업자의 임·직원이거나 임·직원이었던 자는 다른 법률에 특별한 규정이 있는 경우를 제외하고는 그 직무상 알게 된 비밀을 누설하거나 다른 사람에게 제공하여 이용하도록 하는 등 부당한 목적을 위하여 사용하여서는 아니된다.

⑤ 경비업자는 허가받은 경비업무외의 업무에 경비원을 종사하게 하여서는 아니된다.

⑥ 경비업자는 집단민원현장에 경비원을 배치하는 때에는 경비지도사를 선임하고 그 장소에 배치하여 안전행정부령으로 정하는 바에 따라 경비원을 지도·감독하게 하여야 한다. 〈신설 2013.6.7〉

⑦ 특수경비업무를 수행하는 경비업자(이하 "특수경비업자"라 한다)는 제4조제3항제5호의 규정에 의한 특수경비업무의 개시신고를 하는 때에는 국가중요시설에 대한 특수경비업무의 수행이 중단되는 경우 시설주의 동의를 얻어 다른 특수경비업자중에서 경비업무를 대행할 자(이하 "경비대행업자"라 한다)를 지정하여 허가관청에 신고하여야 한다. 경비대행업자의 지정을 변경하는 경우에도 또한 같다. 〈개정 2013.6.7〉

⑧ 특수경비업자는 국가중요시설에 대한 특수경비업무를 중단하게 되는 경우에는 미리 이를 제6항의 규정에 의한 경비대행업자에게 통보하여야 하며, 경비대행업자는 통보받은 즉시 그 경비업무를 인수하여야 한다. 이 경우 제6항의 규정은 경비대행업자에 대하여 이를 준용한다. 〈개정 2013.6.7〉

⑨ 특수경비업자는 이 법에 의한 경비업과 경비장비의 제조·설비·판매업, 네트워크를 활용한 정보산업, 시설물 유지관리업 및 경비원 교육업 등 대통령령이 정하는 경비관련업외의 영업을 하여서는 아니된다. 〈개정 2002.12.18, 2013.6.7〉

[2002.12.18 법률 제6787호에 의하여 2002.4.25 헌법재판소에서 위헌 결정된 이 조를 개정함.]

[시행일 : 2014.6.8] 제7조

제7조의2(경비업무 도급인 등의 의무) ① 누구든지 제4조제1항에 따른 허가를 받지

아니한 자에게 경비업무를 도급하여서는 아니 된다.

② 누구든지 집단민원현장에 경비인력을 20명 이상 배치하려고 할 때에는 그 경비인력을 직접 고용하여서는 아니 되고, 경비업자에게 경비업무를 도급하여야 한다. 다만, 시설주 등이 집단민원현장 발생 3개월 전까지 직접 고용하여 경비업무를 수행하는 피고용인의 경우에는 그러하지 아니하다.

[본조신설 2013.6.7]

[시행일 : 2014.6.8] 제7조의2

제3장 기계경비업무

제8조(대응체제) 기계경비업무를 수행하는 경비업자(이하 "기계경비업자"라 한다)는 경비대상시설에 관한 경보를 수신한 때에는 신속하게 그 사실을 확인하는 등 필요한 대응조치를 취하여야 하며, 이를 위한 대응체제를 갖추어야 한다.

제9조(오경보의 방지 등) ① 기계경비업자는 경비계약을 체결하는 때에는 오경보를 막기 위하여 계약상대방에게 기기사용요령 및 기계경비운영체계 등에 관하여 설명하여야 하며, 각종 기기가 오작동되지 아니하도록 관리하여야 한다.

② 기계경비업자는 대응조치 등 업무의 원활한 운영과 개선을 위하여 대통령령이 정하는 바에 따라 관련 서류를 작성 · 비치하여야 한다.

제4장 경비지도사 및 경비원

제10조(경비지도사 및 경비원의 결격사유) ① 다음 각 호의 1에 해당하는 자는 경비지도사 또는 일반경비원이 될 수 없다. 〈개정 2013.6.7〉

1. 만 18세 미만인 자, 금치산자, 한정치산자
2. 파산선고를 받고 복권되지 아니한 자
3. 금고 이상의 실형의 선고를 받고 그 집행이 종료(집행이 종료된 것으로 보는 경우를 포함한다)되거나 집행이 면제된 날부터 5년이 지나지 아니한 자
4. 금고 이상의 형의 집행유예선고를 받고 그 유예기간중에 있는 자
5. 다음 각 목의 어느 하나에 해당하는 죄를 범하여 벌금형을 선고받은 날부터

10년이 지나지 아니하거나 금고 이상의 형을 선고받고 그 집행이 종료된(종료된 것으로 보는 경우를 포함한다) 날 또는 집행이 유예·면제된 날부터 10년이 지나지 아니한 자

가. 「형법」 제114조의 죄

나. 「폭력행위 등 처벌에 관한 법률」 제4조의 죄

6. 다음 각 목의 어느 하나에 해당하는 죄를 범하여 벌금형을 선고받은 날부터 5년이 지나지 아니하거나 금고 이상의 형을 선고받고 그 집행이 유예된 날부터 5년이 지나지 아니한 자

가. 「형법」 제297조, 제297조의2, 제298조부터 제301조까지, 제301조의2, 제302조, 제303조, 제305조, 제305조의2, 제329조부터 제331조까지, 제331조의2 및 제332조부터 제343조까지의 죄

나. 「성폭력범죄의 처벌 등에 관한 특례법」 제3조부터 제11조까지 및 제15조(제3조부터 제9조까지의 미수범만 해당한다)의 죄

다. 「아동·청소년의 성보호에 관한 법률」 제7조 및 제8조의 죄

라. 가목부터 다목까지의 죄로서 다른 법률에 따라 가중처벌되는 죄

7. 제6호 각 목의 어느 하나에 해당하는 죄를 범하여 치료감호를 선고받고 그 집행이 종료된 날 또는 집행이 면제된 날부터 5년이 지나지 아니한 자

8. 이 법이나 이 법에 따른 명령을 위반하여 벌금형을 선고받은 날부터 5년이 지나지 아니하거나 금고 이상의 형을 선고받고 그 집행이 유예된 날부터 5년이 지나지 아니한 자

② 다음 각 호의 어느 하나에 해당하는 자는 특수경비원이 될 수 없다. 〈개정 2008.2.29, 2009.4.1, 2013.3.23, 2013.6.7〉

1. 만 18세 미만 또는 만 60세 이상인 자, 금치산자, 한정치산자
2. 제1항제2호부터 제8호까지의 어느 하나에 해당하는 자
3. 금고 이상의 형의 선고유예를 받고 그 유예기간중에 있는 자
4. 안전행정부령이 정하는 신체조건에 미달되는 자

③ 경비업자는 제1항 각 호 또는 제2항 각 호의 결격사유에 해당하는 자를 경비지

도사 또는 경비원으로 채용 또는 근무하게 하여서는 아니된다.

[시행일 : 2014.6.8] 제10조

제11조(경비지도사의 시험 등) ① 경비지도사는 제10조제1항 각 호의 1에 해당하지 아니하는 자로서 경찰청장이 시행하는 경비지도사시험에 합격하고 안전행정부령이 정하는 교육을 받은 자이어야 한다. 〈개정 2008.2.29, 2013.3.23〉

② 경찰청장은 제1항의 규정에 의한 교육을 받은 자에게 안전행정부령이 정하는 바에 따라 경비지도사자격증을 교부하여야 한다. 〈개정 2008.2.29, 2013.3.23〉

③ 경비지도사시험의 시험과목, 시험공고, 시험의 일부가 면제되는 자의 범위 그 밖에 경비지도사시험에 관하여 필요한 사항은 대통령령으로 정한다.

제12조(경비지도사의 선임 등) ① 경비업자는 대통령령이 정하는 바에 따라 경비지도사를 선임하여야 한다.

② 제1항의 규정에 의하여 선임된 경비지도사의 직무는 다음과 같다. 〈개정 2013.6.7〉

1. 경비원의 지도 · 감독 · 교육에 관한 계획의 수립 · 실시 및 그 기록의 유지
2. 경비현장에 배치된 경비원에 대한 순회점검 및 감독
3. 경찰기관 및 소방기관과의 연락방법에 대한 지도
4. 집단민원현장에 배치된 경비원에 대한 지도 · 감독
5. 그 밖에 대통령령이 정하는 직무

③ 선임된 경비지도사는 제2항 각 호의 규정에 의한 직무를 대통령령이 정하는 바에 따라 성실하게 수행하여야 한다.

[시행일 : 2014.6.8] 제12조

제13조(경비원의 교육 등) ① 경비업자는 경비업무를 적정하게 실시하기 위하여 경비원으로 하여금 대통령령으로 정하는 바에 따라 경비원 신임교육 및 직무교육을 받게 하여야 한다. 〈개정 2013.6.7〉

② 특수경비업자는 대통령령으로 정하는 바에 따라 특수경비원으로 하여금 특수경비원 신임교육과 정기적인 직무교육을 받게 하여야 하고, 특수경비원 신임교육을 받지 아니한 자를 특수경비업무에 종사하게 하여서는 아니된다. 〈개정 2013.6.7〉

③ 제2항에 의한 특수경비원의 교육시 관할경찰서 소속 경찰공무원이 교육기관에 입회하여 대통령령이 정하는 바에 따라 지도・감독하여야 한다.

[시행일 : 2014.6.8] 제13조

제14조(특수경비원의 직무 및 무기사용 등) ① 특수경비업자는 특수경비원으로 하여금 배치된 경비구역안에서 관할 경찰서장 및 공항경찰대장 등 국가중요시설의 경비책임자(이하 "관할 경찰관서장"이라 한다)와 국가중요시설의 시설주의 감독을 받아 시설을 경비하고 도난・화재 그 밖의 위험의 발생을 방지하는 업무를 수행하게 하여야 한다.

② 특수경비원은 국가중요시설에 대한 경비업무 수행중 국가중요시설의 정상적인 운영을 해치는 장해를 일으켜서는 아니된다.

③ 지방경찰청장은 국가중요시설에 대한 경비업무의 수행을 위하여 필요하다고 인정하는 때에는 시설주의 신청에 의하여 무기를 구입한다. 이 경우 시설주는 그 무기의 구입대금을 지불하고, 구입한 무기를 국가에 기부채납하여야 한다.

④ 지방경찰청장은 국가중요시설에 대한 경비업무의 수행을 위하여 필요하다고 인정하는 때에는 관할경찰관서장으로 하여금 시설주의 신청에 의하여 시설주로부터 국가에 기부채납된 무기를 대여하게 하고, 시설주는 이를 특수경비원으로 하여금 휴대하게 할 수 있다. 이 경우 특수경비원은 정당한 사유없이 무기를 소지하고 배치된 경비구역을 벗어나서는 아니된다.

⑤ 시설주가 제3항의 규정에 의하여 대여받은 무기에 대하여 시설주 및 관할 경찰관서장은 무기의 관리책임을 지고, 관할 경찰관서장은 시설주 및 특수경비원의 무기관리상황을 대통령령이 정하는 바에 따라 지도・감독하여야 한다.

⑥ 관할 경찰관서장은 무기의 적정한 관리를 위하여 제3항의 규정에 의하여 무기를 대여받은 시설주에 대하여 필요한 명령을 발할 수 있다.

⑦ 시설주로부터 무기의 관리를 위하여 지정받은 책임자(이하 "관리책임자"라 한다)는 다음 각 호에 의하여 이를 관리하여야 한다.

1. 무기출납부 및 무기장비운영카드를 비치・기록하여야 한다.
2. 무기는 관리책임자가 직접 지급・회수하여야 한다.

⑧ 특수경비원은 국가중요시설의 경비를 위하여 무기를 사용하지 아니하고는 다른 수단이 없다고 인정되는 때에는 필요한 한도안에서 무기를 사용할 수 있다. 다만, 다음 각 호의 1에 해당하는 때를 제외하고는 사람에게 위해를 끼쳐서는 아니된다.

1. 무기 또는 폭발물을 소지하고 국가중요시설에 침입한 자가 특수경비원으로부터 3회 이상 투기(投棄) 또는 투항(投降)을 요구받고도 이에 불응하면서 계속 항거하는 경우 이를 억제하기 위하여 무기를 사용하지 아니하고는 다른 수단이 없다고 인정되는 때
2. 국가중요시설에 침입한 무장간첩이 특수경비원으로부터 투항(投降)을 요구받고도 이에 불응한 때

⑨ 특수경비원의 무기휴대, 무기종류, 그 사용기준 및 안전검사의 기준 등에 관하여 필요한 사항은 대통령령으로 정한다.

제15조(특수경비원의 의무) ① 특수경비원은 직무를 수행함에 있어 시설주 · 관할 경찰관서장 및 소속상사의 직무상 명령에 복종하여야 한다.

② 특수경비원은 소속상사의 허가 또는 정당한 사유없이 경비구역을 벗어나서는 아니된다.

③ 특수경비원은 파업 · 태업 그 밖에 경비업무의 정상적인 운영을 저해하는 일체의 쟁의행위를 하여서는 아니된다.

④ 특수경비원이 무기를 휴대하고 경비업무를 수행하는 때에는 다음 각 호의 1에 정하는 무기의 안전사용수칙을 지켜야 한다.

1. 특수경비원은 사람을 향하여 권총 또는 소총을 발사하고자 하는 때에는 미리 구두 또는 공포탄에 의한 사격으로 상대방에게 경고하여야 한다. 다만, 다음 각목의 1에 해당하는 경우로서 부득이한 때에는 경고하지 아니할 수 있다.
   가. 특수경비원을 급습하거나 타인의 생명 · 신체에 대한 중대한 위험을 야기하는 범행이 목전에 실행되고 있는 등 상황이 급박하여 경고할 시간적 여유가 없는 경우
   나. 인질 · 간첩 또는 테러사건에 있어서 은밀히 작전을 수행하는 경우

2. 특수경비원은 무기를 사용하는 경우에 있어서 범죄와 무관한 다중의 생명 · 신체에 위해를 가할 우려가 있는 때에는 이를 사용하여서는 아니된다. 다만, 무기를 사용하지 아니하고는 타인 또는 특수경비원의 생명 · 신체에 대한 중대한 위협을 방지할 수 없다고 인정되는 때에는 필요한 최소한의 범위 안에서 이를 사용할 수 있다.
3. 특수경비원은 총기 또는 폭발물을 가지고 대항하는 경우를 제외하고는 14세 미만의 자 또는 임산부에 대하여는 권총 또는 소총을 발사하여서는 아니된다.

第15조의2(경비원 등의 의무) ① 경비원은 직무를 수행함에 있어 타인에게 위력을 과시하거나 물리력을 행사하는 등 경비업무의 범위를 벗어난 행위를 하여서는 아니된다.

② 누구든지 경비원으로 하여금 경비업무의 범위를 벗어난 행위를 하게 하여서는 아니된다.

[본조신설 2005.8.4]

第16조(복장 · 장비 등) 경비원의 복장 · 장비 및 출동차량에 관하여 필요한 사항은 안전행정부령으로 정한다. 〈개정 2008.2.29, 2013.3.23〉

第16조(경비원의 복장 등) ① 경비업자는 경찰공무원 또는 군인의 제복과 색상 및 디자인 등이 명확히 구별되는 소속 경비원의 복장을 정하고 이를 확인할 수 있는 사진을 첨부하여 주된 사무소를 관할하는 지방경찰청장에게 안전행정부령으로 정하는 바에 따라 신고하여야 한다.

② 경비업자는 경비업무 수행 시 경비원에게 소속 경비업체를 표시한 이름표를 부착하도록 하고, 제1항에 따라 신고된 동일한 복장을 착용하게 하여야 하며, 복장에 소속 회사를 오인할 수 있는 표시를 하거나 다른 회사의 복장을 착용하게 하여서는 아니 된다. 다만, 집단민원현장이 아닌 곳에서 신변보호업무를 수행하는 경우 또는 경비업무의 성격상 부득이한 사유가 있어 관할 경찰관서장이 허용하는 경우에는 그러하지 아니하다.

③ 지방경찰청장은 제1항에 따라 제출받은 사진을 검토한 후 경비업자에게 복장 변경 등에 대한 시정명령을 할 수 있다.

④ 제3항에 따른 시정명령을 받은 경비업자는 이를 이행하여야 하고, 지방경찰청장에게 안전행정부령으로 정하는 바에 따라 이행보고를 하여야 한다.

⑤ 그 밖에 경비원의 복장 등에 필요한 사항은 안전행정부령으로 정한다.

[전문개정 2013.6.7]

[시행일 : 2014.6.8] 제16조

제16조의2(경비원의 장비 등) ① 경비원이 휴대할 수 있는 장비의 종류는 경적 · 단봉 · 분사기 등 안전행정부령으로 정하되, 근무 중에만 이를 휴대할 수 있다.

② 경비업자가 경비원으로 하여금 분사기를 휴대하여 직무를 수행하게 하는 경우에는 「총포 · 도검 · 화약류 등 단속법」에 따라 미리 분사기의 소지허가를 받아야 한다.

③ 누구든지 제1항의 장비를 임의로 개조하여 통상의 용법과 달리 사용함으로써 다른 사람의 생명 · 신체에 위해를 가하여서는 아니 된다.

④ 경비원은 경비업무를 위하여 필요하다고 인정되는 상당한 이유가 있을 때에는 필요한 최소한도에서 제1항의 장비를 사용할 수 있다.

⑤ 그 밖에 경비원의 장비 등에 관하여 필요한 사항은 안전행정부령으로 정한다.

[본조신설 2013.6.7]

[시행일 : 2014.6.8] 제16조의2

제16조의3(출동차량 등) ① 경비업자는 출동차량 등의 도색 및 표지를 경찰차량 및 군차량과 명확히 구별될 수 있게 하여야 한다.

② 경비업자는 출동차량 등의 도색 및 표지를 정하고 이를 확인할 수 있는 사진을 첨부하여 주된 사무소를 관할하는 지방경찰청장에게 안전행정부령으로 정하는 바에 따라 신고하여야 한다.

③ 지방경찰청장은 제2항에 따라 제출받은 사진을 검토한 후 경비업자에게 도색 및 표지 변경 등에 대한 시정명령을 할 수 있다.

④ 제3항에 따른 시정명령을 받은 경비업자는 이를 이행하여야 하고, 지방경찰청장에게 안전행정부령으로 정하는 바에 따라 이행보고를 하여야 한다.

⑤ 그 밖에 출동차량 등에 필요한 사항은 안전행정부령으로 정한다.

[본조신설 2013.6.7]

[시행일 : 2014.6.8] 제16조의3

제17조(결격사유자 등의 통보) 지방경찰청장 또는 경찰관서장은 경비원이 제10조제1항 각 호 또는 제2항 각 호의 결격사유에 해당하게 된 사실을 알게 되거나 이 법 또는 이 법에 의한 명령에 위반한 때에는 경비업자에게 그 사실을 통보하여야 한다.

제17조(결격사유 확인을 위한 범죄경력조회 등) ① 경찰청장, 지방경찰청장 또는 관할 경찰관서장은 직권으로 또는 제2항에 따른 범죄경력조회 요청이 있는 경우에는 경비업자의 임원, 경비지도사 또는 경비원이 제5조제3호·제4호, 제10조제1항제3호부터 제8호까지 또는 같은 조 제2항제2호·제3호에 따른 결격사유에 해당하는지를 확인하기 위하여 「형의 실효 등에 관한 법률」 제6조에 따른 범죄경력조회를 할 수 있다.

② 경비업자는 선출·선임·채용 또는 배치하려는 임원, 경비지도사 또는 경비원이 제5조제3호·제4호, 제10조제1항제3호부터 제8호까지 또는 같은 조 제2항제2호·제3호에 따른 결격사유에 해당하는지를 확인하기 위하여 주된 사무소, 출장소 또는 배치장소를 관할하는 지방경찰청장 또는 경찰관서장에게 「형의 실효 등에 관한 법률」 제6조에 따른 범죄경력조회를 요청할 수 있다.

③ 제2항에 따른 범죄경력조회 요청을 받은 지방경찰청장 또는 관할 경찰관서장은 경비업자에게 그 결과를 통보할 때에는 경비업자의 임원, 경비지도사 또는 경비원이 제5조제3호·제4호, 제10조제1항제3호부터 제8호까지 또는 같은 조 제2항제2호·제3호에 따른 결격사유에 해당하는지 여부만을 통보하여야 한다.

④ 지방경찰청장 또는 관할 경찰관서장은 경비업자의 임원, 경비지도사 또는 경비원이 제5조 각 호, 제10조제1항 각 호 또는 제2항 각 호의 결격사유에 해당하는 사실을 알게 되거나 이 법 또는 이 법에 따른 명령을 위반한 때에는 경비업자에게 그 사실을 통보하여야 한다.

[전문개정 2013.6.7]

[시행일 : 2014.6.8] 제17조

제18조(경비원의 명부와 배치허가 등) ① 경비업자는 안전행정부령이 정하는 바에 따라 경비원의 명부를 작성 · 비치하여야 한다. 다만, 집단민원현장에 배치되는 일반경비원의 명부는 그 경비원이 배치되는 장소에도 작성 · 비치하여야 한다. 〈개정 2008.2.29, 2013.3.23, 2013.6.7〉

② 경비업자가 경비원을 배치하거나 배치를 폐지한 경우에는 안전행정부령이 정하는 바에 따라 관할 경찰관서장에게 신고하여야 한다. 다만, 다음 제1호의 경우에는 경비원을 배치하기 48시간 전까지 안전행정부령으로 정하는 바에 따라 배치허가를 신청하고, 관할 경찰관서장의 배치허가를 받은 후에 경비원을 배치하여야 하며(제2호 및 제3호의 경우에는 경비원을 배치하기 전까지 신고하여야 한다), 이 경우 관할 경찰관서장은 배치허가를 함에 있어 필요한 조건을 붙일 수 있다. 〈개정 2005.8.4, 2008.2.29, 2013.3.23, 2013.6.7〉

1. 제2조제1호가목에 따른 시설경비업무 또는 같은 호 다목에 따른 신변보호업무 중 집단민원현장에 배치된 일반경비원
2. 집단민원현장이 아닌 곳에서 제2조제1호 다목의 규정에 의한 신변보호업무를 수행하는 일반경비원
3. 특수경비원

③ 관할 경찰관서장은 제2항 각 호 외의 부분 단서에 따른 배치허가 신청을 받은 경우 다음 각 호의 사유에 해당하는 때에는 배치허가를 하여서는 아니된다. 이 경우 관할 경찰관서장은 다음 각 호의 사유를 확인하기 위하여 소속 경찰관으로 하여금 그 배치장소를 방문하여 조사하게 할 수 있다. 〈신설 2013.6.7〉

1. 제15조의2제1항 및 제2항을 위반하여 경비업무의 범위를 벗어난 행위를 할 우려가 있는 경우
2. 경비원 중 제10조제1항 또는 제2항에 해당하는 결격자나 제13조에 따른 신임교육을 받지 아니한 사람이 대통령령으로 정하는 기준 이상으로 포함되어 있는 경우
3. 제24조에 따라 경비원의 복장 · 장비 등에 대하여 내려진 필요한 명령을 이행하지 아니하는 경우

④ 제2항 각 호 외의 부분 단서에 따른 배치허가 신청을 받은 관할 경찰관서장은 배치되는 경비원 중 제10조제1항 또는 제2항에 해당하는 결격자가 있는 경우에는 그 사람을 제외하고 배치허가를 하여야 한다. 〈신설 2013.6.7〉

⑤ 경비업자는 경비원을 배치하여 경비업무를 수행하게 하는 때에는 안전행정부령으로 정하는 바에 따라 배치된 경비원의 인적사항과 배치일시·배치장소 등 근무상황을 기록하여 보관하여야 한다. 〈신설 2013.6.7〉

⑥ 경비업자는 다음 각 호의 어느 하나에 해당하는 죄를 범하여 벌금형을 선고받고 5년이 지나지 아니하거나 금고 이상의 형을 선고받고 그 집행이 유예된 날부터 5년이 지나지 아니한 자를 집단민원현장에 일반경비원으로 배치하여서는 아니 된다. 〈신설 2013.6.7〉

1. 「형법」 제257조부터 제262조까지, 제264조, 제276조부터 제281조까지의 죄
2. 「폭력행위 등 처벌에 관한 법률」 제2조 또는 제3조의 죄

⑦ 경비업자는 제1항에 따른 경비원 명부에 없는 자를 경비업무에 종사하게 하여서는 아니 되고, 제2항에 따라 경비원을 배치하는 경우에는 제13조에 따른 신임교육을 이수한 자를 배치하여야 한다. 〈신설 2013.6.7〉

⑧ 관할 경찰관서장은 경비업자가 다음 각 호의 어느 하나에 해당하는 때에는 배치폐지를 명할 수 있다. 〈신설 2013.6.7〉

1. 제2항 각 호 외의 부분 단서를 위반하여 배치허가를 받지 아니하고 경비원을 배치하거나 경비원 명단 및 배치일시·배치장소 등 배치허가 신청의 내용을 거짓으로 한 때
2. 제6항의 결격사유에 해당하는 자를 집단민원현장에 일반경비원으로 배치한 때
3. 제7항을 위반하여 신임교육을 이수하지 아니한 자를 제2항 각 호의 경비원으로 배치한 때
4. 경비업자 또는 경비원이 위력이나 흉기 또는 그 밖의 위험한 물건을 사용하여 집단적 폭력사태를 일으킨 때
5. 경비업자가 제2항 각 호 외의 부분 본문을 위반하여 신고하지 아니하고 일반경비원을 배치한 때

[제목개정 2013.6.7]

[시행일 : 2014.6.8] 제18조

제5장 행정처분 등

제19조(경비업 허가의 취소 등) ① 허가관청은 경비업자가 다음 각 호의 어느 하나에 해당하는 때에는 그 허가를 취소하여야 한다. 〈개정 2002.12.18, 2013.6.7〉

1. 허위 그 밖의 부정한 방법으로 허가를 받은 때
2. 제7조제5항의 규정에 위반하여 허가받은 경비업무외의 업무에 경비원을 종사하게 한 때
3. 제7조제9항의 규정에 위반하여 경비업 및 경비관련업외의 영업을 한 때
4. 정당한 사유없이 허가를 받은 날부터 1년 이내에 경비 도급실적이 없거나 계속하여 1년 이상 휴업한 때
5. 정당한 사유없이 최종 도급계약 종료일의 다음 날부터 1년 이내에 경비 도급실적이 없을 때
6. 영업정지처분을 받고 계속하여 영업을 한 때
7. 제15조의2제2항을 위반하여 소속 경비원으로 하여금 경비업무의 범위를 벗어난 행위를 하게 한 때
8. 제18조제8항에 따른 관할 경찰관서장의 배치폐지 명령에 따르지 아니한 때

② 허가관청은 경비업자가 다음 각 호의 어느 하나에 해당하는 때에는 대통령령으로 정하는 행정처분의 기준에 따라 그 허가를 취소하거나 6개월 이내의 기간을 정하여 영업의 전부 또는 일부에 대하여 영업정지를 명할 수 있다. 〈신설 2013.6.7〉

1. 제4조제1항 후단을 위반하여 지방경찰청장의 허가 없이 경비업무를 변경한 때
2. 제7조제2항을 위반하여 도급을 의뢰받은 경비업무가 위법한 것임에도 이를 거부하지 아니한 때
3. 제7조제6항을 위반하여 경비지도사를 집단민원현장에 선임 · 배치하지 아니한 때
4. 제8조를 위반하여 경비대상 시설에 관한 경보 대응체제를 갖추지 아니한 때

5. 제9조제2항을 위반하여 관련 서류를 작성·비치하지 아니한 때
6. 제10조제3항을 위반하여 결격사유에 해당하는 경비원을 배치하거나 결격사유에 해당하는 경비지도사를 선임·배치한 때
7. 제12조제1항을 위반하여 경비지도사를 선임한 때
8. 제13조를 위반하여 경비원으로 하여금 교육을 받게 하지 아니한 때
9. 제16조에 따른 경비원의 복장 등에 관한 규정을 위반한 때
10. 제16조의2에 따른 경비원의 장비 등에 관한 규정을 위반한 때
11. 제16조의3에 따른 경비원의 출동차량 등에 관한 규정을 위반한 때
12. 제18조제1항 단서를 위반하여 집단민원현장에 일반경비원 명부를 작성·비치하지 아니한 때
13. 제18조제2항 각 호 외의 부분 단서를 위반하여 배치허가를 받지 아니하고 경비원을 배치하거나 경비원 명단 및 배치일시·배치장소 등 배치허가 신청의 내용을 거짓으로 한 때
14. 제18조제6항을 위반하여 결격사유에 해당하는 일반경비원을 집단민원현장에 배치한 때
15. 제24조에 따른 감독상 명령에 따르지 아니한 때
16. 제26조를 위반하여 손해를 배상하지 아니한 때

③ 허가관청은 제1항 및 제2항에 의하여 허가취소 또는 영업정지처분을 하는 때에는 경비업자가 허가받은 경비업무중 허가취소 또는 영업정지사유에 해당되는 경비업무에 한하여 처분을 하여야 한다. 다만, 제1항제2호 및 제7호에 해당하여 허가취소를 하는 때에는 그러하지 아니하다. 〈개정 2013.6.7〉

[2002.12.18 법률 제6787호에 의하여 2002.4.25 헌법재판소에서 위헌 결정된 이 조를 개정함.]

[시행일 : 2014.6.8] 제19조

제20조(경비지도사자격의 취소 등) ① 경찰청장은 경비지도사가 다음 각 호의 1에 해당하는 때에는 그 자격을 취소하여야 한다.

1. 제10조제1항 각 호의 결격사유에 해당하게 된 때

2. 허위 그 밖의 부정한 방법으로 경비지도사자격증을 교부받은 때

3. 경비지도사자격증을 다른 사람에게 빌려주거나 양도한 때

② 경찰청장은 경비지도사가 다음 각 호의 1에 해당하는 때에는 대통령령이 정하는 바에 따라 1년의 범위 내에서 그 자격을 정지시킬 수 있다.

1. 제12조제3항의 규정에 위반하여 직무를 성실하게 수행하지 아니한 때

2. 제24조의 규정에 의한 경찰청장 또는 지방경찰청장의 명령을 위반한 때

③ 경찰청장은 제1항의 규정에 의하여 경비지도사의 자격을 취소한 때에는 경비지도사자격증을 회수하여야 하고, 제2항의 규정에 의하여 경비지도사의 자격을 정지한 때에는 그 정지기간 동안 경비지도사자격증을 회수하여 보관하여야 한다.

제21조(청문) 경찰청장 또는 지방경찰청장은 다음 각 호의 1에 해당하는 처분을 하고자 하는 경우에는 청문을 실시하여야 한다.

1. 제19조의 규정에 의한 경비업 허가의 취소 또는 영업정지

2. 제20조제1항 또는 제2항의 규정에 의한 경비지도사자격의 취소 또는 정지

제6장 경비협회

제22조(경비협회) ① 경비업자는 경비업무의 건전한 발전과 경비원의 자질향상 및 교육훈련 등을 위하여 대통령령이 정하는 바에 따라 경비협회를 설립할 수 있다.

② 경비협회는 법인으로 한다.

③ 경비협회의 업무는 다음과 같다.

1. 경비업무의 연구

2. 경비원 교육 · 훈련 및 그 연구

3. 경비원의 후생 · 복지에 관한 사항

4. 경비진단에 관한 사항

5. 그 밖에 경비업무의 건전한 운영과 육성에 관하여 필요한 사항

④ 경비협회에 관하여 이 법에 특별한 규정이 있는 것을 제외하고는 민법중 사단법인에 관한 규정을 준용한다.

제23조(공제사업) ① 경비협회는 제26조의 규정에 의한 경비업자의 손해배상책임

을 보장하기 위하여 대통령령이 정하는 바에 따라 공제사업을 할 수 있다.
② 경비협회는 제1항의 규정에 의한 공제사업을 하고자 하는 때에는 공제규정을 제정하여야 한다.
③ 제2항의 공제규정에는 공제사업의 범위, 공제계약의 내용, 공제금, 공제료 및 공제금에 충당하기 위한 책임준비금 등 공제사업의 운영에 관하여 필요한 사항을 정하여야 한다.

제7장 보칙

제24조(감독) ① 경찰청장 또는 지방경찰청장은 경비업무의 적정한 수행을 위하여 경비업자 및 경비지도사를 지도·감독하며 필요한 명령을 할 수 있다.
② 지방경찰청장 또는 관할 경찰관서장은 소속 경찰공무원으로 하여금 관할구역 안에 있는 경비업자의 주사무소 및 출장소와 경비원배치장소에 출입하여 근무상황 및 교육훈련상황 등을 감독하며 필요한 명령을 하게 할 수 있다. 이 경우 출입하는 경찰공무원은 그 권한을 표시하는 증표를 관계인에게 내보여야 한다.
③ 지방경찰청장 또는 관할 경찰관서장은 경비업자 또는 배치된 경비원이 이 법이나 이 법에 따른 명령, 「폭력행위 등 처벌에 관한 법률」을 위반하는 행위를 하는 경우 그 위반행위의 중지를 명할 수 있다. 〈신설 2013.6.7〉
[시행일 : 2014.6.8] 제24조

제25조(보안지도·점검 등) 지방경찰청장은 대통령령이 정하는 바에 따라 특수경비업자에 대하여 보안지도·점검을 실시하여야 하고, 필요한 경우 관계기관에 보안측정을 요청하여야 한다.

제26조(손해배상 등) ① 경비업자는 경비원이 업무수행 중 고의 또는 과실로 경비대상에 손해가 발생하는 것을 방지하지 못한 때에는 그 손해를 배상하여야 한다.
② 경비업자는 경비원이 업무수행 중 고의 또는 과실로 제3자에게 손해를 입힌 경우에는 이를 배상하여야 한다.

제27조(위임 및 위탁) ① 이 법에 의한 경찰청장의 권한은 대통령령이 정하는 바에 따라 그 일부를 지방경찰청장에게 위임할 수 있다.

② 경찰청장은 제11조의 규정에 의한 경비지도사의 시험 및 교육에 관한 업무를 대통령령이 정하는 바에 따라 관계전문기관 또는 단체에 위탁할 수 있다.

제27조의2(수수료) 이 법에 따른 경비업의 허가를 받거나 허가증을 재교부 받고자 하는 자는 대통령령이 정하는 바에 따라 수수료를 납부하여야 한다.

[본조신설 2005.5.31]

제8장 벌칙

제28조(벌칙) ① 제14조제2항의 규정에 위반하여 국가중요시설의 정상적인 운영을 해치는 장해를 일으킨 특수경비원은 7년 이하의 징역 또는 5천만원 이하의 벌금에 처한다.

② 다음 각 호의 어느 하나에 해당하는 자는 3년 이하의 징역 또는 3천만원 이하의 벌금에 처한다. 〈개정 2005.8.4, 2013.6.7〉

1. 제4조제1항의 규정에 의한 허가를 받지 아니하고 경비업을 영위한 자
2. 제7조제4항의 규정에 위반하여 직무상 알게 된 비밀을 누설하거나 부당한 목적을 위하여 사용한 자
3. 제7조제8항의 규정에 위반하여 경비업무의 중단을 통보하지 아니하거나 경비업무를 즉시 인수하지 아니한 특수경비업자 또는 경비대행업자
4. 집단민원현장에 경비원을 배치하면서 제7조의2제1항을 위반하여 제4조제1항에 따른 허가를 받지 아니한 자에게 경비업무를 도급한 자
5. 제7조의2제2항을 위반하여 집단민원현장에 20명 이상의 경비인력을 배치하면서 그 경비인력을 직접 고용한 자
6. 과실로 인하여 제14조제2항의 규정에 위반하여 국가중요시설의 정상적인 운영을 해치는 장해를 일으킨 특수경비원
7. 특수경비원으로서 경비구역 안에서 시설물의 절도, 손괴, 위험물의 폭발 등의 사유로 인한 위급사태가 발생한 때에 제15조제1항 또는 제2항의 규정에 위반한 자
8. 제15조의2제2항의 규정을 위반하여 경비원에게 경비업무의 범위를 벗어난 행

위를 하게 한 자

③ 제14조제4항 후단의 규정에 위반하여 정당한 사유없이 무기를 소지하고 배치된 경비구역을 벗어난 특수경비원은 2년 이하의 징역 또는 2천만원 이하의 벌금에 처한다.

④ 다음 각 호의 어느 하나에 해당하는 자는 1년 이하의 징역 또는 1천만원 이하의 벌금에 처한다. 〈개정 2005.8.4, 2013.6.7〉

1. 제14조제7항의 규정에 위반한 관리책임자
2. 제15조제3항의 규정에 위반하여 쟁의행위를 한 특수경비원
3. 제15조의2제1항을 위반하여 경비업무의 범위를 벗어난 행위를 한 경비원
4. 제16조의2제1항에서 정한 장비 외에 흉기 또는 그 밖의 위험한 물건을 휴대하고 경비업무를 수행한 경비원 또는 경비원에게 이를 휴대하고 경비업무를 수행하게 한 자
5. 제18조제8항을 위반하여 경찰관서장의 배치폐지 명령을 따르지 아니한 자
6. 제24조제3항에 따른 지방경찰청장 또는 관할 경찰관서장의 중지명령에 따르지 아니한 자

⑤ 삭제 〈2013.6.7〉

[시행일 : 2014.6.8] 제28조

제29조(형의 가중처벌) ① 특수경비원이 무기를 휴대하고 경비업무를 수행중에 제14조제8항의 규정 및 제15조제4항의 규정에 의한 무기의 안전수칙을 위반하여 형법 제257조제1항, 제258조제1항·제2항, 제259조제1항, 제260조제1항, 제262조, 제268조, 제276조제1항, 제277조제1항, 제281조제1항, 제283조제1항, 제324조, 제350조 및 제366조의 죄를 범한 때에는 그 죄에 정한 형의 2분의 1까지 가중처벌한다. 〈개정 2013.6.7〉

② 경비원이 경비업무 수행 중에 제16조의2제1항에서 정한 장비 외에 흉기 또는 그 밖의 위험한 물건을 휴대하고 「형법」 제257조제1항, 제258조제1항·제2항, 제259조제1항, 제261조, 제262조, 제268조, 제276조제1항, 제277조제1항, 제281조제1항, 제283조제1항, 제324조, 제350조 및 제366조의 죄를 범한 때에는 그 죄

에 정한 형의 2분의 1까지 가중처벌한다. 〈신설 2013.6.7〉

[시행일 : 2014.6.8] 제29조

제30조(양벌규정) 법인의 대표자나 법인 또는 개인의 대리인, 사용인, 그 밖의 종업원이 그 법인 또는 개인의 업무에 관하여 제28조의 위반행위를 하면 그 행위자를 벌하는 외에 그 법인 또는 개인에게도 해당 조문의 벌금형을 과(科)한다. 다만, 법인 또는 개인이 그 위반행위를 방지하기 위하여 해당 업무에 관하여 상당한 주의와 감독을 게을리하지 아니한 경우에는 그러하지 아니하다.

[전문개정 2008.12.26]

제31조(과태료) ① 다음 각 호의 어느 하나에 해당하는 경비업자에게는 3천만원 이하의 과태료를 부과한다. 〈신설 2013.6.7〉

1. 제16조제1항을 위반하여 경비원의 복장에 관한 신고를 하지 아니하고 집단민원현장에 경비원을 배치한 자
2. 제16조제2항을 위반하여 이름표를 부착하게 하지 아니하거나, 신고된 동일 복장을 착용하게 하지 아니하고 집단민원현장에 경비원을 배치한 자
3. 제18조제1항 단서를 위반하여 집단민원현장에 일반경비원을 배치하면서 경비원의 명부를 배치장소에 작성 · 비치하지 아니한 자
4. 제18조제2항 각 호 외의 부분 단서를 위반하여 배치허가를 받지 아니하고 경비원을 배치하거나 경비원 명단 및 배치일시 · 배치장소 등 배치허가 신청의 내용을 거짓으로 한 자
5. 제18조제7항을 위반하여 제13조에 따른 신임교육을 이수하지 아니한 자를 제18조제2항 각 호의 경비원으로 배치한 자

② 다음 각 호의 어느 하나에 해당하는 경비업자 또는 시설주에게는 500만원 이하의 과태료를 부과한다. 〈개정 2013.6.7〉

1. 제4조제3항 또는 제18조제2항의 규정에 위반하여 신고를 하지 아니한 자
2. 제7조제7항의 규정에 위반하여 경비대행업자 지정신고를 하지 아니한 자
3. 제9조제1항의 규정에 위반하여 설명의무를 이행하지 아니한 자
4. 제12조제1항의 규정에 위반하여 경비지도사를 선임하지 아니한 자

5. 제14조제6항의 규정에 의한 감독상 필요한 명령을 정당한 이유없이 이행하지 아니한 자
6. 제10조제3항을 위반하여 결격사유에 해당하는 경비원을 배치하거나 결격사유에 해당하는 경비지도사를 선임·배치한 자
7. 제16조제1항의 복장 등에 관한 신고규정을 위반하여 신고를 하지 아니한 자
8. 제16조제2항을 위반하여 이름표를 부착하게 하지 아니하거나, 신고된 동일 복장을 착용하게 하지 아니하고 경비원을 경비업무에 배치한 자
9. 제18조제1항 본문을 위반하여 명부를 작성·비치하지 아니한 자
10. 제18조제5항을 위반하여 경비원의 근무상황을 기록하여 보관하지 아니한 자

③ 제1항 및 제2항의 규정에 의한 과태료는 대통령령이 정하는 바에 의하여 지방경찰청장 또는 경찰관서장이 부과·징수한다. 〈개정 2013.6.7〉

④ 삭제 〈2013.6.7〉

⑤ 삭제 〈2013.6.7〉

[시행일 : 2014.6.8] 제31조

부칙 〈제11690호, 2013.3.23〉 (정부조직법)

제1조(시행일) ① 이 법은 공포한 날부터 시행한다.

② 생략

제2조부터 제5조까지 생략

제6조(다른 법률의 개정) ① 부터 〈217〉까지 생략

〈218〉 경비업법 일부를 다음과 같이 개정한다.

제6조제2항, 제10조제2항제4호, 제11조제1항·제2항, 제16조, 제18조제1항, 같은 조 제2항 각 호 외의 부분 본문 및 같은 항 제1호 중 "행정안전부령"을 각각 "안전행정부령"으로 한다.

〈219〉부터 〈710〉까지 생략

제7조 생략

경비업법 시행령

[시행 2013.3.23] [대통령령 제24419호, 2013.3.23, 타법개정]

경찰청(생활안전과) 02-3150-1331

제1조(목적) 이 영은 경비업법에서 위임된 사항과 그 시행에 관하여 필요한 사항을 규정함을 목적으로 한다.

제2조(국가중요시설) 경비업법(이하 "법"이라 한다) 제2조제1호마목에서 "대통령령이 정하는 국가중요시설"이라 함은 공항 · 항만, 원자력발전소 등의 시설중 국가정보원장이 지정하는 국가보안목표시설과 「통합방위법」 제21조제4항의 규정에 의하여 국방부장관이 지정하는 국가중요시설을 말한다. 〈개정 2003.11.11, 2009.11.17〉

제3조(허가신청 등) ① 법 제4조제1항에 따라 경비업의 허가를 받으려는 경우에는 허가신청서에, 경비업의 허가를 받은 법인(이하 "경비업자"라 한다)이 허가를 받은 경비업무를 변경하거나 새로운 경비업무를 추가하려는 경우에는 변경허가신청서에 안전행정부령으로 정하는 서류를 첨부하여 법인의 주사무소를 관할하는 지방경찰청장 또는 해당 지방경찰청 소속의 경찰서장에게 제출하여야 한다. 이 경우 신청서를 제출받은 경찰서장은 지체 없이 관할 지방경찰청장에게 보내야 한다. 〈개정 2011.4.4, 2013.3.23〉

② 제1항의 규정에 의하여 허가 또는 변경허가 신청서를 제출하는 법인은 별표 1의 규정에 의한 경비인력 · 자본금 · 시설 및 장비를 갖추어야 한다. 다만, 경비업의 허가 또는 변경허가를 신청하는 때에 별표 1의 규정에 의한 시설 등(자본금을 제외한다. 이하 이 항에서 같다)을 갖출 수 없는 경우에는 허가 또는 변경허가의 신청시 시설 등의 확보계획서를 제출한 후 허가 또는 변경허가를 받은 날부터 1월 이내에 별표 1의 규정에 의한 시설 등을 갖추고 지방경찰청장의 확인을 받아야 한다.

제4조(허가절차 등) ① 지방경찰청장은 제3조제1항의 규정에 의하여 허가 또는 변경허가의 신청을 받은 때에는 경비업을 영위하고자 하는 법인의 임원중 법 제5조의 규정에 의한 결격사유에 해당하는 자가 있는지의 유무, 경비인력·시설 및 장비의 확보 또는 확보가능성의 여부, 자본금과 대표자·임원의 경력 및 신용 등을 검토하여 허가여부를 결정하여야 한다.

② 지방경찰청장은 제1항에 따른 검토를 한 후 경비업을 허가하거나 변경허가를 한 경우에는 해당 법인의 주사무소를 관할하는 경찰서장을 거쳐 신청인에게 허가증을 발급하여야 한다. 〈개정 2011.4.4〉

③ 경비업자는 경비업 허가증을 잃어버리거나 경비업 허가증이 못쓰게 된 경우에는 허가증 재교부신청서에 다음 각 호의 구분에 따른 서류를 첨부하여 법인의 주사무소를 관할하는 지방경찰청장 또는 해당 지방경찰청 소속의 경찰서장에게 재발급을 신청하여야 하고, 신청서를 제출받은 경찰서장은 지체 없이 관할 지방경찰청장에게 보내야 한다. 〈개정 2011.4.4〉

1. 허가증을 잃어버린 경우에는 그 사유서
2. 허가증이 못쓰게 된 경우에는 그 허가증

제5조(폐업 또는 휴업 등의 신고) ① 경비업자는 폐업을 한 경우에는 법 제4조제3항제1호에 따라 폐업을 한 날부터 7일 이내에 폐업신고서에 허가증을 첨부하여 법인의 주사무소를 관할하는 지방경찰청장 또는 해당 지방경찰청 소속의 경찰서장에게 제출하여야 한다. 이 경우 폐업신고서를 제출받은 경찰서장은 지체 없이 관할 지방경찰청장에게 보내야 한다. 〈개정 2011.4.4〉

② 경비업자는 휴업을 한 경우에는 법 제4조제3항제1호에 따라 휴업한 날부터 7일 이내에 휴업신고서를 법인의 주사무소를 관할하는 지방경찰청장 또는 해당 지방경찰청 소속의 경찰서장에게 제출하여야 하고, 휴업신고서를 제출받은 경찰서장은 지체 없이 관할 지방경찰청장에게 보내야 한다. 이 경우 휴업신고를 한 경비업자가 신고한 휴업기간이 끝나기 전에 영업을 다시 시작하거나 신고한 휴업기간을 연장하려는 경우에는 영업을 다시 시작한 후 7일 이내에 또는 신고한 휴업기간이 끝난 후 7일 이내에 영업재개신고서 또는 휴업기간연장신고서를 제출하여야

한다. 〈개정 2011.4.4〉

③ 법 제4조제3항제3호의 규정에 의하여 신설 · 이전 또는 폐지한 때에 신고를 하여야 하는 출장소는 주사무소 외의 장소로서 일상적으로 일정 지역안의 경비업무를 지휘 · 총괄하는 영업거점인 지점 · 지사 또는 사업소 등의 장소로 한다.

④ 법 제4조제3항제6호에서 "그밖에 대통령령이 정하는 중요사항"이라 함은 정관의 목적을 말한다. 〈개정 2003.11.11〉

⑤ 법 제4조제3항제2호 내지 제6호의 규정에 의한 신고는 그 사유가 발생한 날부터 15일 이내에 하여야 한다.

[제목개정 2003.11.11]

제6조(특수경비업자의 업무개시전의 조치) ① 법 제2조제1호마목의 규정에 의한 특수경비업무를 수행하는 경비업자(이하 "특수경비업자"라 한다)는 법 제4조제3항제5호의 규정에 의하여 첫 업무개시의 신고를 하기 전에 지방경찰청장의 비밀취급인가를 받아야 한다.

② 지방경찰청장은 제1항의 규정에 의하여 특수경비업자에게 비밀취급인가를 하고자 하는 때에는 법 제25조의 규정에 의하여 특수경비업자로 하여금 경찰청장을 거쳐 국가정보원장에게 보안측정을 요청하도록 하여야 한다.

제7조(기계경비업자의 대응체제) 법 제2조제1호라목의 규정에 의한 기계경비업무를 수행하는 경비업자(이하 "기계경비업자"라 한다)는 법 제8조의 규정에 의하여 관제시설 등에서 경보를 수신한 때에는 경보를 수신한 때부터 늦어도 25분 이내에는 도착시킬 수 있는 대응체제를 갖추어야 한다.

제7조의2(특수경비업자가 할 수 있는 경비관련업) ① 법 제7조제8항에서 "대통령령이 정하는 경비관련업"이라 함은 별표 1의2의 규정에 의한 경비관련업을 말한다.

② 제1항의 규정에 의한 경비관련업의 범위에 관하여는 법 또는 이 영에 특별한 규정이 있는 경우를 제외하고는 「통계법」의 규정에 의하여 통계청장이 고시하는 한국표준산업분류표에 의한다. 〈개정 2007.10.23〉

[본조신설 2003.11.11]

제8조(오경보의 방지를 위한 설명 등) ① 법 제9조제1항의 규정에 의하여 기계경비

업자가 계약상대방에게 하여야 하는 설명은 다음 각 호의 사항을 기재한 서면 또는 전자문서(이하 "서면등"이라 하며, 이 조에서 전자문서는 계약상대방이 원하는 경우에 한한다)를 교부하는 방법에 의한다.

1. 당해 기계경비업무와 관련된 관제시설 및 출장소(제5조제3항의 규정에 의한 출장소를 말한다. 이하 같다)의 명칭·소재지
2. 기계경비업자가 경비대상시설에서 발생한 경보를 수신한 경우에 취하는 조치
3. 기계경비업무용 기기의 설치장소 및 종류와 그밖의 기계장치의 개요
4. 오경보의 발생원인과 송신기기의 유지·관리방법

② 기계경비업자는 제1항 각 호의 사항을 기재한 서면등과 함께 법 제26조의 규정에 의한 손해배상의 범위와 손해배상액에 관한 사항을 기재한 서면등을 계약상대방에게 교부하여야 한다.

제9조(기계경비업자의 관리 서류) ① 기계경비업자는 법 제9조제2항의 규정에 의하여 출장소별로 다음 각 호의 사항을 기재한 서류를 갖추어 두어야 한다.

1. 경비대상시설의 명칭·소재지 및 경비계약기간
2. 기계경비지도사의 명단·배치일자·배치장소와 출동차량의 대수
3. 경보의 수신 및 현장도착 일시와 조치의 결과
4. 오경보인 경우 오경보가 발생한 경비대상시설 및 그 오경보에 대한 조치의 결과

② 제1항제3호 및 제4호의 규정에 의한 사항을 기재한 서류는 당해 경보를 수신한 날부터 1년간 이를 보관하여야 한다.

제10조(경비지도사의 구분) 법 제10조 내지 제12조의 규정에 의한 경비지도사는 다음 각 호와 같이 구분한다.

1. 일반경비지도사 : 다음 각목의 경비업무에 종사하는 경비원을 지도·감독 및 교육하는 경비지도사
   가. 시설경비업무
   나. 호송경비업무
   다. 신변보호업무
   라. 특수경비업무

2. 기계경비지도사 : 기계경비업무에 종사하는 경비원을 지도 · 감독 및 교육하는 경비지도사

제11조(경비지도사시험의 시행 및 공고) ① 경찰청장은 경비지도사의 수급상황을 조사하여 경비지도사를 새로이 선발할 필요가 있다고 인정되는 때에는 법 제11조 제1항의 규정에 의한 경비지도사시험(이하 "시험"이라 한다)의 실시계획을 수립하여야 한다.

② 경찰청장은 제1항의 규정에 의한 시험의 실시계획에 따라 시험을 실시하고자 하는 때에는 응시자격 · 시험과목 · 시험일시 · 시험장소 및 선발예정인원 등을 시험시행일 90일 전까지 공고하여야 한다. 〈개정 2012.5.1〉

③ 제2항의 규정에 의한 공고는 관보게재와 각 지방경찰청 게시판 및 인터넷 홈페이지에 게시하는 방법에 의한다.

제12조(시험의 방법 및 과목 등) ① 시험은 필기시험의 방법에 의하되, 제1차시험과 제2차시험으로 구분하여 실시한다. 이 경우 경찰청장이 필요하다고 인정하는 때에는 제1차시험과 제2차시험을 병합하여 실시할 수 있다.

② 제1차시험 및 제2차시험은 각각 선택형으로 하되, 제2차시험에 있어서는 선택형 외에 단답형을 추가할 수 있다.

③ 제1차시험 및 제2차시험의 과목은 별표 2와 같다.

④ 제2차시험은 제1차시험에 합격한 자에 대하여 실시한다. 다만, 제1항 후단의 규정에 의하여 제1차시험과 제2차시험을 병합하여 실시하는 경우에는 그러하지 아니하다.

⑤ 제1항 후단의 규정에 의하여 제1차시험과 제2차시험을 병합하여 실시하는 경우에는 제1차시험에 불합격한 자가 치른 제2차시험은 이를 무효로 한다.

⑥ 제1차시험에 합격한 자에 대하여는 다음 회의 시험에 한하여 제1차 시험을 면제한다. 〈신설 2003.11.11〉

제13조(시험의 일부면제) 법 제11조제3항에 따라 다음 각 호의 어느 하나에 해당하는 사람은 경비지도사 제1차 시험을 면제한다. 〈개정 2013.3.23〉

1. 「경찰공무원법」에 따른 경찰공무원으로 7년 이상 재직한 사람

2. 「대통령 등의 경호에 관한 법률」에 따른 경호공무원 또는 별정직공무원으로 7년 이상 재직한 사람
3. 「군인사법」에 따른 각 군 전투병과 또는 헌병병과 부사관 이상 간부로 7년 이상 재직한 사람
4. 「경비업법」에 따른 경비업무에 7년 이상(특수경비업무의 경우에는 3년 이상) 종사하고 안전행정부령으로 정하는 교육과정을 이수한 사람
5. 「고등교육법」에 따른 대학 이상의 학교를 졸업한 사람으로서 재학 중 제12조제3항에 따른 경비지도사 시험과목을 3과목 이상을 이수하고 졸업한 후 경비업무에 종사한 경력이 3년 이상인 사람
6. 「고등교육법」에 따른 전문대학을 졸업한 사람으로서 재학 중 제12조제3항에 따른 경비지도사 시험과목을 3과목 이상을 이수하고 졸업한 후 경비업무에 종사한 경력이 5년 이상인 사람
7. 일반경비지도사의 자격을 취득한 후 기계경비지도사의 시험에 응시하는 사람 또는 기계경비지도사의 자격을 취득한 후 일반경비지도사의 시험에 응시하는 사람
8. 「공무원임용령」에 따른 행정직군 교정직렬 공무원으로 7년 이상 재직한 사람

[전문개정 2011.4.4]

제14조(시험합격자의 결정) ① 제1차시험의 합격결정에 있어서는 매 과목 100점을 만점으로 하며, 매과목 40점 이상, 전과목 평균 60점 이상 득점한 자를 합격자로 결정한다.

② 제2차시험의 합격결정에 있어서는 선발예정인원의 범위안에서 60점 이상을 득점한 자중에서 고득점 순으로 합격자를 결정한다. 이 경우 동점자로 인하여 선발예정인원이 초과되는 때에는 동점자 모두를 합격자로 한다.

③ 경찰청장은 제2차시험에 합격한 자에 대하여 합격공고를 하고, 합격 및 교육소집 통지서를 교부하여야 한다.

제15조(시험출제위원의 임명 · 위촉 등) ① 경찰청장은 시험문제의 출제를 위하여 다음 각 호의 1에 해당하는 자중에서 시험출제위원을 임명 또는 위촉한다.

1. 고등교육법에 의한 전문대학 이상의 교육기관에서 경찰행정학과 등 경비업무 관련학과 및 법학과의 부교수(전문대학의 경우에는 교수) 이상으로 재직하고 있는 자
2. 석사 이상의 학위소지자로 경찰청장이 정하는 바에 의하여 경비업무에 관한 연구실적이나 전문경력이 인정되는 자
3. 방범 · 경비업무를 3년 이상 담당한 경감 이상 경찰공무원의 경력이 있는 자

② 제1항의 규정에 의한 시험출제위원의 수는 시험과목별로 2인 이상으로 한다.

③ 시험출제위원으로 임명 또는 위촉된 자는 경찰청장이 정하는 준수사항을 성실히 이행하여야 한다.

④ 시험출제위원과 시험관리업무에 종사하는 자에 대하여는 예산의 범위안에서 수당과 여비를 지급할 수 있다. 다만, 공무원인 위원이 그 소관업무와 직접적으로 관련하여 시험관리업무에 종사하는 경우에는 그러하지 아니하다.

제16조(경비지도사의 선임 · 배치) ① 경비업자는 법 제12조제1항의 규정에 의하여 별표 3의 기준에 따라 경비지도사를 선임 · 배치하여야 한다.

② 경비업자는 제1항의 규정에 의하여 선임 · 배치된 경비지도사에 결원이 있거나 자격정지 등의 사유로 그 직무를 수행할 수 없는 때에는 15일 이내에 경비지도사를 새로이 충원하여야 한다.

제17조(경비지도사의 직무 및 준수사항) ① 법 제12조제2항제4호에서 "그밖에 대통령령이 정하는 직무"라 함은 다음 각 호의 직무를 말한다.

1. 기계경비업무를 위한 기계장치의 운용 · 감독(기계경비지도사의 경우에 한한다)
2. 오경보방지 등을 위한 기기관리의 감독(기계경비지도사의 경우에 한한다)

② 경비지도사는 법 제12조제3항에 따라 같은 조 제2항제1호 · 제2호의 직무 및 제1항 각 호의 직무를 월 1회 이상 수행하여야 한다. 〈개정 2011.4.4〉

③ 경비지도사는 법 제12조제2항제1호에 따라 경비원에 대한 교육을 실시하고, 안전행정부령으로 정하는 경비원 직무교육 실시대장에 그 내용을 기록하여 2년간 보존하여야 한다. 〈신설 2011.4.4, 2013.3.23〉

제18조(일반경비원에 대한 교육) ① 일반경비업자는 법 제13조제1항의 규정에 의하

여 다음 각 호의 1에 해당하는 사람에 대하여는 일반경비업자의 부담으로 신임교육을 받게 하여야 한다. 다만, 일반경비원으로 채용된 사람이 경찰공무원법에 의한 경찰공무원, 「대통령 등의 경호에 관한 법률」에 의한 경호공무원·별정직공무원 또는 군인사법에 의한 부사관 이상의 경력을 가진 사람인 경우에는 그를 신임교육의 대상에서 제외할 수 있다. 〈개정 2003.11.11, 2008.2.29〉

1. 경비원의 경력이 없는 사람으로서 일반경비원으로 채용된 사람
2. 경비원 교육을 받은 후 3년 이상의 기간동안 경비업무에 종사하지 아니하다가 일반경비원으로 채용된 사람

② 일반경비업자는 법 제13조제1항의 규정에 의하여 소속 일반경비원에 대하여 매월 안전행정부령이 정하는 시간 이상의 직무교육을 실시하여야 한다. 〈개정 2008.2.29, 2013.3.23〉

③ 제1항의 신임교육은 다음 각 호의 기관 또는 단체가 실시하고, 직무교육은 경비업자가 실시한다.

1. 법 제22조제1항의 규정에 의한 경비협회
2. 경찰교육기관
3. 경비업무 관련학과가 개설된 대학 등 경비원에 대한 교육을 전문적으로 수행할 수 있는 인력과 시설을 갖춘 기관 또는 단체중 경찰청장이 지정하여 고시하는 기관 또는 단체

④ 일반경비원에 대한 교육의 과목·시간 그밖에 교육의 실시에 관하여 필요한 사항은 안전행정부령으로 정한다. 〈개정 2008.2.29, 2013.3.23〉

제19조(특수경비원에 대한 교육) ① 특수경비업자는 법 제13조제1항의 규정에 의하여 다음 각 호의 1에 해당하는 사람에 대하여는 특수경비업자의 부담으로 경찰교육기관이나 안전행정부령이 정하는 기준에 적합한 기관 또는 단체에서 개설한 특수경비원신임교육을 받게 하여야 한다. 〈개정 2003.11.11, 2008.2.29, 2013.3.23〉

1. 특수경비원의 경력이 없는 사람으로서 특수경비원으로 채용된 사람
2. 특수경비원 교육을 받은 후 3년 이상의 기간동안 특수경비업무에 종사하지 아니하다가 다시 특수경비원으로 채용된 사람

② 삭제 〈2003.11.11〉

③ 특수경비업자는 법 제13조제2항의 규정에 의하여 소속 특수경비원에 대하여 매월 안전행정부령이 정하는 시간 이상의 직무교육을 실시하여야 한다. 〈개정 2008.2.29, 2013.3.23〉

④ 특수경비원에 대한 교육의 과목 · 시간 그밖에 교육의 실시에 관하여 필요한 사항은 안전행정부령으로 정한다. 〈개정 2008.2.29, 2013.3.23〉

제20조(특수경비원 무기휴대의 절차 등) ① 시설주는 법 제14조제4항의 규정에 의하여 특수경비원이 휴대할 무기를 대여받고자 하는 때에는 무기대여신청서를 관할경찰서장 및 공항경찰대장 등 국가중요시설의 경비책임자(이하 "관할경찰관서장"이라 한다)를 거쳐 지방경찰청장에게 제출하여야 한다.

② 시설주는 법 제14조제4항의 규정에 의하여 관할경찰관서장으로부터 대여받은 무기를 특수경비원에게 휴대하게 하는 경우에는 동조제9항의 규정에 의하여 관할경찰관서장의 사전승인을 얻어야 한다.

③ 제2항의 규정에 의한 사전승인을 함에 있어서 관할경찰관서장은 국가중요시설에 총기 또는 폭발물의 소지자나 무장간첩 침입의 우려가 있는지의 여부 등을 고려하는 등 특수경비원에게 무기를 지급하여야 할 필요성이 있는지의 여부에 관하여 판단하여야 한다.

④ 시설주는 제3항의 규정에 의한 무기지급의 필요성이 해소되었다고 인정되는 때에는 특수경비원으로부터 즉시 무기를 회수하여야 한다.

⑤ 법 제14조제9항의 규정에 의하여 특수경비원이 휴대할 수 있는 무기종류는 권총 및 소총으로 한다.

⑥ 경찰장비의사용기준등에관한규정 제18조 및 별표 2의 규정은 법 제14조제9항의 규정에 의한 안전검사의 기준에 관하여 이를 준용한다.

⑦ 시설주, 법 제14조제7항의 규정에 의한 관리책임자와 특수경비원은 안전행정부령이 정하는 무기관리수칙을 준수하여야 한다. 〈개정 2008.2.29, 2013.3.23〉

제21조(무기관리에 대한 지도 · 감독) 관할경찰관서장은 법 제14조제5항의 규정에 의하여 시설주 및 특수경비원의 무기관리상황을 매월 1회 이상 점검하여야 한다.

제22조(결격사유자 등의 통보) 지방경찰청장 또는 경찰관서장은 법 제17조의 규정에 의하여 경비원이 결격사유에 해당하게 된 사실 등을 경비업자에게 통보하는 때에는 그 사유를 명시한 서면등으로 하여야 한다.

제23조(위반행위의 보고 · 통보) ① 경비업자의 출장소 또는 경비대상시설을 관할하는 지방경찰청장 또는 경찰관서장은 출장소의 임 · 직원이나 경비원이 법 또는 법에 의한 명령에 위반한 사실을 안 때에는 지체없이 그 사실을 서면등으로 당해 경비업을 허가한 지방경찰청장에게 통보하거나 보고하여야 한다.

② 제1항의 규정에 의하여 통보 또는 보고를 받은 지방경찰청장은 그 위반행위에 대하여 행정처분을 한 때에는 이를 해당 지방경찰청장 또는 경찰관서장에게 통보하여야 한다.

제24조(행정처분의 기준) 법 제19조제1항의 규정에 의한 행정처분의 기준은 별표 4와 같다.

제25조(경비지도사의 자격정지처분의 기준) 법 제20조제2항의 규정에 의한 경비지도사에 대한 자격정지처분의 기준은 별표 5와 같다.

제26조(경비협회) ① 경비업자는 법 제22조제1항의 규정에 의하여 경비업자 5인 이상이 발기인이 되어 경비협회(이하 “협회”라 한다)를 설립할 수 있다.

② 협회는 정관이 정하는 바에 의하여 회원으로부터 회비를 징수할 수 있다.

제27조(공제사업) ① 협회는 법 제23조제1항의 규정에 의하여 공제사업을 하는 경우 공제사업의 회계는 다른 사업의 회계와 구분하여 경리하여야 한다.

② 협회는 법 제26조제1항 또는 제2항의 규정에 의한 경비업자의 손해배상책임의 보장 외의 목적으로 공제사업을 운영하여서는 아니된다.

제28조(허가증 등의 수수료) ① 법에 의한 경비업의 허가를 받거나 허가증을 재교부받고자 하는 자는 다음 각 호의 수수료를 납부하여야 한다.

1. 법 제4조제1항 및 법 제6조제2항의 규정에 의한 경비업의 허가(추가 · 변경 · 갱신허가를 포함한다)의 경우에는 1만원
2. 허가사항의 변경신고로 인한 허가증 재교부의 경우에는 2천원

② 제1항의 규정에 의한 수수료는 허가 등의 신청서에 수입인지를 첨부하여 납부

한다.

③ 시험에 응시하고자 하는 자는 경찰청장이 정하여 고시하는 수수료를 납부하여야 한다.

④ 제3항에 따라 납부한 응시수수료는 다음 각 호의 어느 하나에 해당하는 경우에는 반환하여야 한다. 이 경우 제1호의 경우에는 과오납한 금액을, 제2호와 제3호의 경우에는 납부한 응시수수료의 전액을 각각 반환한다. 〈신설 2011.4.4〉

1. 응시수수료를 과오납한 경우
2. 시험시행기관의 귀책사유로 시험에 응시하지 못한 경우
3. 시험시행일 3일 전까지 접수를 취소한 경우

⑤ 경찰청장 및 지방경찰청장은 제2항 및 제3항의 규정에 불구하고 정보통신망을 이용하여 전자화폐 · 전자결제 등의 방법으로 수수료를 납부하게 할 수 있다. 〈신설 2004.3.17, 2011.4.4〉

제29조(보안지도점검) 지방경찰청장은 법 제25조의 규정에 의하여 특수경비업자에 대하여 연 2회 이상의 보안지도 · 점검을 실시하여야 한다.

제30조(경비가 필요한 시설 등에 대한 경비의 요청) 지방경찰청장은 행사장 그밖에 많은 사람이 모이는 시설 또는 장소에서 혼잡 등으로 인한 위험의 발생을 방지하기 위하여 법 제2조제3호의 규정에 의한 경비원에 의한 경비가 필요하다고 인정되는 때에는 행사개최일 전에 당해 행사의 주최자에게 경비원에 의한 경비를 실시하거나 부득이한 사유로 그것을 실시할 수 없는 경우에는 행사개최 24시간 전까지 지방경찰청장에게 그 사실을 통지하여 줄 것을 요청할 수 있다.

제31조(권한의 위임 및 위탁) ① 경찰청장은 법 제27조제1항의 규정에 의하여 다음 각 호의 권한을 지방경찰청장에게 위임한다.

1. 법 제20조의 규정에 의한 경비지도사의 자격의 취소 및 정지에 관한 권한
2. 법 제21조제2호의 규정에 의한 경비지도사 자격의 취소 및 정지에 관한 청문의 권한

② 경찰청장 또는 경찰관서장은 법 제27조제2항의 규정에 의하여 법 제11조제1항의 규정에 의한 경비지도사시험의 관리와 경비지도사의 교육에 관한 업무를 경비

업무에 관한 인력과 전문성을 갖춘 기관으로서 경찰청장이 지정하여 고시하는 기관 또는 단체에 위탁한다.

제31조의2(민감정보 및 고유식별정보의 처리) 경찰청장, 지방경찰청장, 경찰서장 및 경찰관서장(제31조에 따라 경찰청장 및 경찰관서장의 권한을 위임·위탁받은 자를 포함한다)은 다음 각 호의 사무를 수행하기 위하여 불가피한 경우 「개인정보보호법 시행령」 제18조제2호에 따른 범죄경력자료에 해당하는 정보와 같은 영 제19조제1호 또는 제4호에 따른 주민등록번호 또는 외국인등록번호가 포함된 자료를 처리할 수 있다.

1. 법 제4조 및 제6조에 따른 경비업의 허가 및 갱신허가 등에 관한 사무
2. 법 제11조에 따른 경비지도사 시험 등에 관한 사무
3. 법 제13조에 따른 경비원의 교육 등에 관한 사무
4. 법 제14조에 따른 특수경비원의 직무 및 무기사용 등에 관한 사무
5. 법 제17조에 따른 결격사유자 등의 통보에 관한 사무
6. 법 제18조에 따른 경비원 배치 등 신고에 관한 사무
7. 법 제19조 및 제20조에 따른 행정처분에 관한 사무
8. 법 제24조에 따른 경비업자 및 경비지도사의 지도·감독에 관한 사무
9. 법 제25조에 따른 보안지도·점검 및 보안측정에 관한 사무
10. 제1호부터 제9호까지의 규정에 따른 사무를 수행하기 위하여 필요한 사무

[본조신설 2012.1.6]

제32조(과태료의 부과기준 등) ① 법 제31조제1항에 따른 과태료의 부과기준은 별표 6과 같다.

② 지방경찰청장 또는 경찰관서장은 「질서위반행위규제법」 제14조 각 호의 사항을 고려하여 별표 6에 따른 금액의 100분의 50의 범위에서 경감하거나 가중할 수 있다. 다만, 가중하는 때에는 법 제31조제1항에 따른 과태료 금액의 상한을 초과할 수 없다.

③ 과태료를 부과받은 자는 과태료 부과 고지서를 받은 날부터 60일 이내에 납부하여야 한다. 다만, 천재지변이나 그 밖의 부득이한 사유로 과태료를 납부할 수

없는 때에는 그 사유가 없어진 날부터 5일 이내에 납부하여야 한다.

④ 제1항부터 제3항까지에서 규정한 사항 외에 과태료의 부과 · 징수절차에 관하여 필요한 사항은 안전행정부령으로 정한다. 〈개정 2013.3.23〉

[전문개정 2008.11.26]

부칙 〈제24419호, 2013.3.23〉 (경찰청과 그 소속기관 직제)

제1조(시행일) 이 영은 공포한 날부터 시행한다.

제2조 생략

제3조(다른 법령의 개정) ① 경비업법 시행령 일부를 다음과 같이 개정한다.

제3조제1항 전단, 제13조제4호, 제17조제3항, 제18조제2항 · 제4항, 제19조제1항 각 호 외의 부분, 같은 조 제3항 · 제4항, 제20조제7항 및 제32조제4항 중 "행정안전부령"을 각각 "안전행정부령"으로 한다.

②부터 ⑭까지 생략

경비업법 시행규칙

[시행 2014.1.8] [안전행정부령 제50호, 2014.1.8, 타법개정]

경찰청(생활안전과) 02-3150-1331

제1조(목적) 이 규칙은 경비업법 및 동법시행령에서 위임된 사항과 그 시행에 관하여 필요한 사항을 규정함을 목적으로 한다.

제2조(호송경비의 통지) 경비업법(이하 "법"이라 한다) 제4조제1항의 규정에 의하여 경비업의 허가를 받은 법인(이하 "경비업자"라 한다)은 법 제2조제1호 나목의 규정에 의한 호송경비업무를 수행하기 위하여 관할경찰서의 협조를 얻고자 하는 때에는 현금 등의 운반을 위한 출발 전일까지 출발지의 경찰서장에게 별지 제1호서식의 호송경비통지서(전자문서로 된 통지서를 포함한다)를 제출하여야 한다. 〈개정 2004.12.10〉

제3조(허가신청 등) ① 법 제4조제1항 및 「경비업법 시행령」(이하 "영"이라 한다) 제3조제1항에 따라 경비업의 허가를 받으려는 경우 또는 경비업자가 허가를 받은 경비업무를 변경하거나 새로운 경비업무를 추가하려는 경우에는 별지 제2호서식의 경비업 허가신청서 또는 변경허가신청서(전자문서로 된 신청서를 포함한다)에 다음 각 호의 서류(전자문서를 포함한다)를 첨부하여 법인의 주사무소를 관할하는 지방경찰청장 또는 해당 지방경찰청 소속의 경찰서장에게 제출하여야 한다. 이 경우 신청서를 제출받은 경찰서장은 지체 없이 관할 지방경찰청장에게 보내야 한다. 〈개정 2004.12.10, 2006.9.7, 2011.4.4〉

1. 법인의 정관 1부
2. 법인 임원의 이력서 1부
3. 경비인력・시설 및 장비의 확보계획서 1부(경비업 허가의 신청시 이를 갖출 수 없는 경우에 한한다)

② 제1항에 따른 신청서를 제출받은 지방경찰청장은 「전자정부법」 제36조제1항

에 따른 행정정보의 공동이용을 통하여 법인의 등기사항증명서를 확인하여야 한다. 〈신설 2006.9.7, 2008.12.5, 2010.9.10〉

제4조(허가증 등) ① 영 제4조제2항의 규정에 의한 허가증은 별지 제3호서식에 의한다.

② 영 제4조제3항의 규정에 의한 허가증 재교부신청서는 별지 제4호서식에 의한다.

제5조(폐업 또는 휴업 등의 신고) ① 영 제5조제1항의 규정에 의한 폐업신고서와 동조제2항의 규정에 의한 휴업신고서 · 영업재개신고서 및 휴업기간연장신고서는 별지 제5호서식에 의한다. 〈개정 2003.11.17〉

② 법 제4조제3항제2호에 따른 법인의 명칭 · 대표자 · 임원, 같은 항 제3호에 따른 주사무소 · 출장소나 영 제5조제4항에 따른 정관의 목적이 변경되어 법 제4조제3항에 따른 신고를 하는 경우에는 별지 제6호서식의 경비업 허가사항 등의 변경신고서(전자문서로 된 신고서를 포함한다)에 다음 각 호의 서류(전자문서를 포함한다)를 첨부하여 법인의 주사무소를 관할하는 지방경찰청장 또는 해당 지방경찰청 소속의 경찰서장에게 제출하여야 한다. 변경신고서를 제출받은 경찰서장은 이를 지체 없이 관할지방경찰청장에게 보내야 한다. 〈개정 2003.11.17, 2004.12.10, 2006.2.2, 2006.9.7, 2011.4.4〉

1. 명칭 변경의 경우 : 허가증 원본
2. 대표자 변경의 경우
   가. 삭제 〈2006.9.7〉
   나. 법인 대표자의 이력서 1부
   다. 허가증 원본
3. 임원 변경의 경우 : 법인 임원의 이력서 1부
4. 주사무소 또는 출장소 변경의 경우 : 허가증 원본
5. 정관의 목적 변경의 경우 : 법인의 정관 1부

③ 제2항에 따른 신고서를 제출받은 지방경찰청장은 「전자정부법」 제36조제1항에 따른 행정정보의 공동이용을 통하여 법인의 등기사항증명서를 확인하여야 한다. 〈신설 2006.9.7, 2008.12.5, 2010.9.10〉

④ 법 제4조제3항제5호의 규정에 의한 특수경비업무의 개시 또는 종료의 신고는 별지 제7호서식에 의한다. 〈개정 2006.9.7〉

[제목개정 2003.11.17]

제6조(허가갱신) ① 법 제6조제2항에 따라 경비업의 갱신허가를 받으려는 자는 허가의 유효기간 만료일 30일 전까지 별지 제2호서식의 경비업 갱신허가신청서(전자문서로 된 신청서를 포함한다)에 허가증 원본 및 정관(변경사항이 있는 경우만 해당한다)을 첨부하여 법인의 주사무소를 관할하는 지방경찰청장 또는 해당 지방경찰청 소속의 경찰서장에게 제출하여야 한다. 경비업 갱신허가신청서를 제출받은 경찰서장은 이를 지체 없이 관할지방경찰청장에게 보내야 한다. 〈개정 2011.4.4〉

② 제1항에 따른 신청서를 제출받은 지방경찰청장은 「전자정부법」 제36조제1항에 따른 행정정보의 공동이용을 통하여 법인의 등기사항증명서를 확인하여야 한다. 〈신설 2006.9.7, 2008.12.5, 2010.9.10〉

③ 지방경찰청장은 법 제6조제2항의 규정에 의하여 갱신허가를 하는 때에는 유효기간이 만료되는 허가증을 회수한 후 별지 제3호서식의 허가증을 교부하여야 한다. 〈개정 2006.9.7〉

제7조(특수경비원의 신체조건) 법 제10조제2항제4호에서 "안전행정부령이 정하는 신체조건"이라 함은 팔과 다리가 완전하고 두 눈의 맨눈시력 각각 0.2 이상 또는 교정시력 각각 0.8 이상을 말한다. 〈개정 2008.3.6, 2013.3.23〉

[전문개정 2003.11.17]

제8조(응시원서) 법 제11조의 규정에 의한 경비지도사시험에 응시하고자 하는 자는 별지 제8호서식의 응시원서(전자문서로 된 원서를 포함한다)를 경찰청장에게 제출하여야 한다. 〈개정 2004.12.10〉

제9조(경비지도사에 대한 교육) ① 법 제11조제1항에서 "안전행정부령이 정하는 교육"이라 함은 경비지도사에 대한 별표 1의 규정에 의한 과목 및 시간의 교육을 말한다. 〈개정 2008.3.6, 2013.3.23〉

② 제1항의 규정에 의한 교육에 소요되는 비용은 경비지도사의 교육을 받는 자의 부담으로 한다.

제10조(경비지도사시험의 일부면제) 영 제13조제4호에서 "안전행정부령으로 정하는 교육과정을 이수한 사람"이란 다음 각 호의 어느 하나에 해당하는 사람을 말한다. 〈개정 2008.3.6, 2011.4.4, 2013.3.23〉

1. 고등교육법에 의한 전문대학 이상의 교육기관(경비지도사의 시험과목 3과목 이상이 개설된 교육기관에 한한다)에서 1년 이상의 경비업무관련 과정을 마친 사람
2. 경찰청장이 지정하는 기관 또는 단체에서 실시하는 64시간 이상의 경비지도사 양성과정을 마치고 수료시험에 합격한 사람

제11조(경비지도사자격증의 교부) 경찰청장은 법 제11조의 규정에 의한 경비지도사 시험에 합격하고 제9조의 규정에 의한 경비지도사 교육을 받은 자에 대하여는 별지 제9호서식의 경비지도사자격증 교부대장에 소정의 사항을 기재한 후, 별지 제10호서식의 경비지도사 자격증을 교부하여야 한다.

제11조의2(경비원 직무교육 실시대장) 영 제17조제3항에 따른 경비원 직무교육 실시대장은 별지 제10호의2서식에 따른다.

[본조신설 2011.4.4]

제12조(일반경비원에 대한 신임교육의 실시 등) ① 영 제18조제4항의 규정에 의한 일반경비원 신임교육의 과목 및 시간은 별표 2와 같다.

② 경찰청장은 일반경비원에 대한 신임교육의 실시를 위하여 연도별 교육계획을 수립하고, 영 제18조제3항의 규정에 의한 일반경비원 신임교육 기관 또는 단체가 교육계획에 따라 교육을 실시하도록 하여야 한다. 〈개정 2006.2.2〉

③ 경비업자는 경비원을 새로이 채용한 때에는 근무배치후 2개월이 경과하기 전까지 신임교육을 받게 하여야 한다. 다만, 법 제18조제2항제1호 및 제2호의 규정에 의하여 배치하는 일반경비원의 경우에는 근무배치 전까지 신임교육을 받게 하여야 한다. 〈개정 2006.2.2, 2009.7.1〉

④ 영 제18조제3항의 규정에 의한 교육실시의 기관 또는 단체의 장은 제1항의 규정에 의한 신임교육의 과정을 마친 사람에 대하여는 별지 제11호서식의 일반경비원 신임교육 이수증교부대장에 그 사실을 기재한 후 별지 제12호서식의 일반경비

원 신임교육이수증을 교부하여야 한다.

⑤ 경비업자는 일반경비원이 제1항의 규정에 의한 신임교육을 받은 때에는 제23조제1항의 규정에 의한 경비원의 명부에 그 사실을 기재하여야 한다.

제13조(일반경비원에 대한 직무교육의 시간 등) ① 영 제18조제2항의 규정에서 "안전행정부령이 정하는 시간"이라 함은 4시간을 말한다. 〈개정 2008.3.6, 2011.1.26, 2013.3.23〉

② 영 제18조제4항에 따른 일반경비원에 대한 직무교육의 과목은 일반경비원의 직무수행에 필요한 이론·실무과목, 그 밖에 정신교양 등으로 한다. 〈신설 2011.1.26〉

[제목개정 2011.1.26]

제14조(특수경비원에 대한 신임교육의 실시 등) ① 영 제19조제1항에 의한 특수경비원 신임교육의 과정을 개설하고자 하는 기관 또는 단체는 별표 3의 규정에 의한 시설 등을 갖추고 경찰청장에게 지정을 요청하여야 한다.

② 경찰청장은 제1항의 규정에 의한 교육과정을 개설하고자 하는 기관 또는 단체가 동항의 규정에 의한 지정을 요청한 때에는 별표 3의 규정에 의한 기준에 적합한 지의 여부를 확인한 후 그 기준에 적합한 경우 이를 특수경비원 신임교육을 실시할 수 있는 기관 또는 단체로 지정할 수 있다. 〈개정 2006.2.2〉

③ 제2항의 규정에 의하여 지정을 받은 기관 또는 단체는 신임교육의 과정에서 필요한 경우에는 관할 경찰관서장에게 경찰관서 시설물의 이용이나 전문적인 소양을 갖춘 경찰관의 파견을 요청할 수 있다. 〈개정 2006.2.2〉

제15조(특수경비원 교육과목 등) ① 영 제19조제4항의 규정에 의한 특수경비원 신임교육의 과목 및 시간은 별표 4와 같다.

② 영 제19조제1항의 규정에 의한 교육실시의 기관 또는 단체의 장은 제1항의 규정에 의한 신임교육의 과정을 마친 사람에 대하여는 별지 제11호서식의 특수경비원 신임교육 이수증교부대장이 그 사실을 기재한 후 별지 제12호서식의 특수경비원 신임교육이수증을 교부하여야 한다.

③ 경비업자는 특수경비원이 제1항의 규정에 의한 신임교육을 받은 때에는 제23조제1항의 규정에 의한 경비원의 명부에 그 사실을 기재하여야 한다.

제16조(특수경비원에 대한 직무교육의 시간 등) ① 영 제19조제3항에서 "안전행정부령이 정하는 시간"이란 6시간을 말한다. 〈개정 2008.3.6, 2011.1.26, 2013.3.23〉

② 관할경찰서장 및 공항경찰대장 등 국가중요시설의 경비책임자(이하 "관할경찰관서장"이라 한다)는 필요하다고 인정하는 경우에는 특수경비원이 배치된 경비대상시설에 소속공무원을 파견하여 직무집행에 필요한 교육을 실시할 수 있다.

③ 영 제19조제4항에 따른 특수경비원에 대한 직무교육의 과목은 특수경비원의 직무수행에 필요한 이론 · 실무과목, 그 밖에 정신교양 등으로 한다. 〈신설 2011.1.26〉

[제목개정 2011.1.26]

제17조(무기대여신청서) 영 제20조제1항의 규정에 의한 무기대여신청서는 별지 제13호서식에 의한다.

제18조(무기의 관리수칙 등) ① 법 제14조제4항의 규정에 의하여 무기를 대여받은 국가중요시설의 시설주(이하 "시설주"라 한다) 또는 동조제7항의 규정에 의한 관리책임자(이하 "관리책임자"라 한다)는 다음 각 호의 관리수칙에 따라 무기(탄약을 포함한다. 이하 같다)를 관리하여야 한다.

1. 무기의 관리를 위한 책임자를 지정하고 관할경찰관서장에게 이를 통보할 것
2. 무기고 및 탄약고는 단층에 설치하고 환기 · 방습 · 방화 및 총가 등의 시설을 할 것
3. 탄약고는 무기고와 사무실 등 많은 사람을 수용하거나 많은 사람이 오고 가는 시설과 떨어진 곳에 설치할 것
4. 무기고 및 탄약고에는 이중 시건장치를 하여야 하며, 열쇠는 관리책임자가 보관하되, 근무시간 이후에는 열쇠를 당직책임자에게 인계하여 보관시킬 것
5. 관할경찰관서장이 정하는 바에 의하여 무기의 관리실태를 매월 파악하여 다음 달 3일까지 관할경찰관서장에게 통보할 것
6. 대여받은 무기를 빼앗기거나 대여받은 무기가 분실 · 도난 또는 훼손되는 등의 사고가 발생한 때에는 관할경찰관서장에게 그 사유를 지체없이 통보할 것
7. 대여받은 무기를 빼앗기거나 대여받은 무기가 분실 · 도난 또는 훼손된 때에는 경찰청장이 정하는 바에 의하여 그 전액을 배상할 것. 다만, 전시 · 사변, 천

재 · 지변 그 밖의 불가항력의 사유가 있다고 지방경찰청장이 인정한 때에는 그러하지 아니하다.

8. 시설주는 자체계획을 수립하여 보관하고 있는 무기를 매주 1회 이상 손질할 수 있게 할 것

② 시설주 또는 관리책임자는 고의 또는 과실로 무기(부속품을 포함한다)를 빼앗기거나 무기가 분실 · 도난 또는 훼손되도록 한 특수경비원에 대하여 특수경비업자에게 교체 또는 징계 등의 조치를 요청할 수 있다. 이 경우 특수경비업자는 특별한 사유가 없는 한 이에 응하여야 한다.

③ 법 제14조제4항의 규정에 의하여 무기를 대여받은 시설주 또는 관리책임자가 특수경비원에게 무기를 출납하고자 하는 때에는 다음 각 호의 관리수칙에 따라 무기를 관리하여야 한다.

1. 관할경찰관서장이 무기를 회수하여 집중적으로 관리하도록 지시하는 경우 또는 출납하는 탄약의 수를 증감하거나 출납을 중지하도록 지시하는 경우에는 이에 따를 것
2. 탄약의 출납은 소총에 있어서는 1정당 15발 이내, 권총에 있어서는 1정당 7발 이내로 하되, 생산된 후 오래된 탄약을 우선적으로 출납할 것
3. 무기를 지급받은 특수경비원으로 하여금 무기를 매주 1회 이상 손질하게 할 것
4. 수리가 필요한 무기가 있는 때에는 그 목록과 무기장비운영카드를 첨부하여 관할경찰관서장에게 수리를 요청할 것

④ 법 제14조제4항의 규정에 의하여 시설주로부터 무기를 지급받은 특수경비원은 다음 각 호의 관리수칙에 따라 무기를 관리하여야 한다.

1. 무기를 지급받거나 반납하는 때 또는 무기의 인계 인수를 하는 때에는 반드시 “앞에 총”의 자세에서 “검사 총”을 할 것
2. 무기를 지급받은 때에는 별도의 지시가 없는 한 탄약은 무기로부터 분리하여 휴대하여야 하며, 소총은 “우로 어깨걸어 총”의 자세를 유지하고, 권총은 “권총집에 넣어 총”의 자세를 유지할 것
3. 지급받은 무기를 다른 사람에게 보관 · 휴대 또는 손질시키지 아니할 것

4. 무기를 손질 또는 조작하는 때에는 총구를 반드시 공중으로 향하게 할 것
5. 무기를 반납하는 때에는 손질을 철저히 한 후 반납하도록 할 것
6. 근무시간 이후에는 무기를 시설주에게 반납하거나 교대근무자에게 인계할 것

⑤ 시설주는 다음 각 호의 1에 해당하는 특수경비원에 대하여 무기를 지급하여서는 아니되며, 지급된 무기가 있는 경우 이를 즉시 회수하여야 한다.

1. 형사사건으로 인하여 조사를 받고 있는 사람
2. 사의를 표명한 사람
3. 정신질환자
4. 그 밖에 무기를 지급하기에 부적합하다고 인정되는 사람

⑥ 시설주는 무기를 수송하는 때에는 출발하기 전에 관할경찰서장에게 그 사실을 통보하여야 하며, 통보를 받은 관할경찰서장은 1인 이상의 무장경찰관을 무기를 수송하는 자동차 등에 함께 타도록 하여야 한다.

제19조(제복) ① 경비원의 제복은 경찰공무원 또는 군인의 제복과 색상 및 표지장이 명확히 구별될 수 있어야 하며, 경비원임이 식별될 수 있는 복장으로 정하여야 한다.

② 경비업자가 경비원의 제복을 정한 때에는 주된 사무소를 관할하는 지방경찰청장에게 그 형식 및 색상을 확인할 수 있는 사진을 제출하여야 한다.

③ 경비원에 대한 지휘 · 감독을 위하여 조원 · 조장 · 반장 및 대장의 계급제도를 실시하는 경우 그 계급장은 별도 1에 의한다.

④ 경비원이 제복을 착용할 경우에는 별도 1 내지 별도 3에 의한 계급장 · 모장 · 흉장 및 표지장을 별도 4에서 규정된 위치에 붙여야 한다.

⑤ 경비업자는 근무의 지역 및 내용에 따라 경비원으로 하여금 제복외의 복장을 착용하게 할 수 있다. 〈개정 2006.2.2〉

⑥ 경비업자는 제5항의 규정에 의하여 제복외의 복장을 착용하는 경비원을 동일한 배치장소에 2인 이상을 배치할 경우 동일한 복장을 착용하게 하여야 한다. 다만, 신변보호 업무의 수행 등 부득이한 사유가 있는 경우에는 그러하지 아니하다. 〈신설 2006.2.2〉

제20조(장구 등) 경비원이 휴대하는 장구의 종류는 경적 · 경봉 및 분사기 등으로

하되, 근무중에 한하여 이를 휴대할 수 있다.

제21조(분사기의 휴대) 경비업자가 경비원으로 하여금 분사기를 휴대하여 직무를 수행하게 하는 경우에는 총포・도검・화약류등단속법에 의하여 미리 분사기의 소지허가를 받아야 한다.

제22조(출동차량의 도색 등) ① 기계경비업자는 출동차량의 도색 및 표지를 경찰차량 및 군차량과 명확히 구별될 수 있는 것으로 정하여야 한다.

② 기계경비업자는 출동차량의 도색 및 표지를 정한 때에는 그 도색 및 표지를 확인할 수 있는 사진을 주된 사무소를 관할하는 지방경찰청장에게 제출하여야 한다.

제23조(경비원의 명부) ① 법 제18조제1항의 규정에 의하여 경비업자가 갖추어 두어야 하는 경비원의 명부는 별지 제14호서식에 의한다.

② 경비업자는 제1항의 규정에 의한 경비원의 명부를 주된 사무소 및 출장소(영 제5조제3항의 규정에 의한 출장소를 말하며, 당해 출장소에 배치된 경비원에 한한다)에 갖추어 두고 이를 항상 정리하여야 한다.

③ 경비업자가 경비원을 채용하는 경우 법 제10조에 규정된 결격사유의 유무를 확인하기 위하여 필요한 때에는 주된 사무소 및 출장소를 관할하는 경찰관서장에게 범죄경력조회 등 필요한 협조를 요청할 수 있다.

제24조(경비원의 배치 및 배치폐지의 신고) ① 경비업자는 법 제18조제2항의 규정에 의하여 경비업무를 수행하기 위하여 20일 이상 경비원을 배치하거나 그 기간을 연장하고자 하는 때에는 경비원을 배치한 후 7일 이내에 별지 제15호서식의 경비원 배치신고서(전자문서로 된 신고서를 포함한다)를 배치지의 관할경찰관서장에게 제출하여야 한다. 다만, 법 제18조제2항제1호의 규정에 의하여 다음 각 호의 장소에 일반경비원을 배치하는 때에는 경비원을 배치하는 기간과 관계없이 경비원을 배치하기 24시간 전까지 제출하여야 한다. 〈개정 2006.2.2, 2009.7.1〉

1. 영 제30조의 규정에 의하여 지방경찰청장이 행사장 그 밖의 많은 사람들이 모이는 시설 또는 장소로서 혼잡 등으로 인한 위험의 발생을 방지하기 위하여 경비원에 의한 경비가 필요하다고 인정하는 장소
2. 노사분규가 진행 중인 사업장 또는 노사분규가 발생할 것으로 예상되는 사업장

3. 주택재개발 · 재건축관련 이해대립이 있어 다툼이 있는 장소
4. 특정 시설물의 설치와 관련하여 민원이 있는 장소
5. 주주총회와 관련하여 이해대립이 있어 다툼이 있는 장소
6. 건물 · 토지 등 부동산 및 동산에 대한 소유권 · 운영권 · 관리권 · 점유권 등 법적 권리에 대한 이해대립이 있어 다툼이 있는 장소

② 제1항의 규정에 의하여 경비원의 배치신고를 한 경비업자가 경비원의 배치를 폐지한 때에는 배치폐지를 한 날부터 7일 이내에 별지 제15호서식의 경비원 배치폐지신고서(전자문서로 된 신고서를 포함한다)를 배치지의 관할경찰관서장에게 제출하여야 한다. 다만, 경비원 배치신고시에 기재한 배치폐지 예정일에 경비원의 배치를 폐지한 경우에는 그러하지 아니하다. 〈개정 2004.12.10, 2009.7.1〉

第25조(경비전화의 가설) ① 관할경찰관서장은 시설주의 신청에 의하여 특수경비원이 배치된 국가중요시설 등에 경비전화를 가설할 수 있다.

② 제1항의 규정에 의하여 경비전화를 가설하는 경우의 소요경비는 시설주의 부담으로 한다.

第26조(갖추어 두어야 하는 장부 또는 서류) ① 특수경비원을 배치한 시설주는 다음 각 호의 장부 및 서류를 갖추어 두어야 한다.

1. 근무일지
2. 근무상황카드
3. 경비구역배치도
4. 순찰표철
5. 무기탄약출납부
6. 무기장비운영카드

② 특수경비원을 배치한 국가중요시설의 관할경찰관서장은 다음 각 호의 장부 및 서류를 갖추어 두어야 한다.

1. 감독순시부
2. 특수경비원 전 · 출입관계철
3. 특수경비원 교육훈련실시부

4. 무기·탄약대여대장

5. 그 밖에 특수경비원의 관리 등을 위하여 필요한 장부 또는 서류

③ 제1항 및 제2항의 규정에 의한 장부 또는 서류의 서식은 경찰관서에서 사용하는 서식을 준용한다.

제27조(신분증명서의 발급) ① 경비지도사 및 경비원의 신분증명서는 경비지도사 또는 경비원이 소속된 경비업자가 발급한다.

② 제1항의 규정에 의한 신분증명서의 규격 및 지질은 별도 5와 같다.

제27조의2(규제의 재검토) 경찰청장은 제20조에 따른 경비원이 휴대하는 장구 등에 대하여 2014년 1월 1일을 기준으로 3년마다(매 3년이 되는 해의 1월 1일 전까지를 말한다) 그 타당성을 검토하여 개선 등의 조치를 하여야 한다.

[본조신설 2014.1.8]

제28조(과태료 부과 고지서 등) ① 법 제31조제1항에 따른 과태료 부과의 사전 통지는 별지 제16호서식의 과태료 부과 사전 통지서에 따른다.

② 법 제31조제1항에 따른 과태료의 부과는 별지 제17호서식의 과태료 부과 고지서에 따른다.

[전문개정 2008.12.5]

부칙 〈제50호, 2014.1.8〉 (행정규제기본법 개정에 따른 재검토기한 규정을 위한 경비업법 시행규칙 등 일부개정령)

이 규칙은 공포한 날부터 시행한다.

청원경찰법

[시행 2013.3.23] [법률 제11690호, 2013.3.23, 타법개정]

경찰청(위기관리센터) 02-3150-2756

제1조(목적) 이 법은 청원경찰의 직무 · 임용 · 배치 · 보수 · 사회보장 및 그 밖에 필요한 사항을 규정함으로써 청원경찰의 원활한 운영을 목적으로 한다.

[전문개정 2010.2.4]

제2조(정의) 이 법에서 "청원경찰"이란 다음 각 호의 어느 하나에 해당하는 기관의 장 또는 시설 · 사업장 등의 경영자가 경비{이하 "청원경찰경비"(請願警察經費)라 한다}를 부담할 것을 조건으로 경찰의 배치를 신청하는 경우 그 기관 · 시설 또는 사업장 등의 경비(警備)를 담당하게 하기 위하여 배치하는 경찰을 말한다. 〈개정 2013.3.23〉

1. 국가기관 또는 공공단체와 그 관리하에 있는 중요 시설 또는 사업장
2. 국내 주재(駐在) 외국기관
3. 그 밖에 안전행정부령으로 정하는 중요 시설, 사업장 또는 장소

[전문개정 2010.2.4]

제3조(청원경찰의 직무) 청원경찰은 제4조제2항에 따라 청원경찰의 배치 결정을 받은 자{이하 "청원주"(請願主)라 한다}와 배치된 기관 · 시설 또는 사업장 등의 구역을 관할하는 경찰서장의 감독을 받아 그 경비구역만의 경비를 목적으로 필요한 범위에서 「경찰관직무집행법」에 따른 경찰관의 직무를 수행한다.

[전문개정 2010.2.4]

제4조(청원경찰의 배치) ① 청원경찰을 배치받으려는 자는 대통령령으로 정하는 바에 따라 관할 지방경찰청장에게 청원경찰 배치를 신청하여야 한다.

② 지방경찰청장은 제1항의 청원경찰 배치 신청을 받으면 지체 없이 그 배치 여부를 결정하여 신청인에게 알려야 한다.

③ 지방경찰청장은 청원경찰 배치가 필요하다고 인정하는 기관의 장 또는 시설 ·

사업장의 경영자에게 청원경찰을 배치할 것을 요청할 수 있다.

[전문개정 2010.2.4]

제5조(청원경찰의 임용 등) ① 청원경찰은 청원주가 임용하되, 임용을 할 때에는 미리 지방경찰청장의 승인을 받아야 한다.

② 「국가공무원법」 제33조 각 호의 어느 하나의 결격사유에 해당하는 사람은 청원경찰로 임용될 수 없다.

③ 청원경찰의 임용자격·임용방법·교육 및 보수에 관하여는 대통령령으로 정한다.

④ 청원경찰의 복무에 관하여는 「국가공무원법」 제57조, 제58조제1항, 제60조, 제66조제1항 및 「경찰공무원법」 제18조를 준용한다.

[전문개정 2010.2.4]

제5조의2(청원경찰의 징계) ① 청원주는 청원경찰이 다음 각 호의 어느 하나에 해당하는 때에는 대통령령으로 정하는 징계절차를 거쳐 징계처분을 하여야 한다.

1. 직무상의 의무를 위반하거나 직무를 태만히 한 때
2. 품위를 손상하는 행위를 한 때

② 청원경찰에 대한 징계의 종류는 파면, 해임, 정직, 감봉 및 견책으로 구분한다.

③ 청원경찰의 징계에 관하여 그 밖에 필요한 사항은 대통령령으로 정한다.

[본조신설 2010.2.4]

제6조(청원경찰경비) ① 청원주는 다음 각 호의 청원경찰경비를 부담하여야 한다.

1. 청원경찰에게 지급할 봉급과 각종 수당
2. 청원경찰의 피복비
3. 청원경찰의 교육비
4. 제7조에 따른 보상금 및 제7조의2에 따른 퇴직금

② 국가기관 또는 지방자치단체에 근무하는 청원경찰의 보수는 다음 각 호의 구분에 따라 같은 재직기간에 해당하는 경찰공무원의 보수를 감안하여 대통령령으로 정한다.

1. 재직기간 15년 미만: 순경

2. 재직기간 15년 이상 30년 미만: 경장

3. 재직기간 30년 이상: 경사

③ 청원주의 제1항제1호에 따른 봉급 · 수당의 최저부담기준액(국가기관 또는 지방자치단체에 근무하는 청원경찰의 봉급 · 수당은 제외한다)과 같은 항 제2호 및 제3호에 따른 비용의 부담기준액은 경찰청장이 정하여 고시(告示)한다.

[전문개정 2010.2.4]

제7조(보상금) 청원주는 청원경찰이 다음 각 호의 어느 하나에 해당하게 되면 대통령령으로 정하는 바에 따라 청원경찰 본인 또는 그 유족에게 보상금을 지급하여야 한다.

1. 직무수행으로 인하여 부상을 입거나, 질병에 걸리거나 또는 사망한 경우
2. 직무상의 부상 · 질병으로 인하여 퇴직하거나, 퇴직 후 2년 이내에 사망한 경우

[전문개정 2010.2.4]

제7조의2(퇴직금) 청원주는 청원경찰이 퇴직할 때에는 「근로자퇴직급여 보장법」에 따른 퇴직금을 지급하여야 한다. 다만, 국가기관이나 지방자치단체에 근무하는 청원경찰의 퇴직금에 관하여는 따로 대통령령으로 정한다.

[전문개정 2010.2.4]

제8조(제복 착용과 무기 휴대) ① 청원경찰은 근무 중 제복을 착용하여야 한다.

② 지방경찰청장은 청원경찰이 직무를 수행하기 위하여 필요하다고 인정하면 청원주의 신청을 받아 관할 경찰서장으로 하여금 청원경찰에게 무기를 대여하여 지니게 할 수 있다.

③ 청원경찰의 복제(服制)와 무기 휴대에 필요한 사항은 대통령령으로 정한다.

[전문개정 2010.2.4]

제9조 삭제 〈1999.3.31〉

제9조의2 삭제 〈2001.4.7〉

제9조의3(감독) ① 청원주는 항상 소속 청원경찰의 근무 상황을 감독하고, 근무 수행에 필요한 교육을 하여야 한다.

② 지방경찰청장은 청원경찰의 효율적인 운영을 위하여 청원주를 지도하며 감독

상 필요한 명령을 할 수 있다.

[전문개정 2010.2.4]

제10조(직권남용 금지 등) ① 청원경찰이 직무를 수행할 때 직권을 남용하여 국민에게 해를 끼친 경우에는 6개월 이하의 징역이나 금고에 처한다.

② 청원경찰 업무에 종사하는 사람은 「형법」이나 그 밖의 법령에 따른 벌칙을 적용할 때에는 공무원으로 본다.

[전문개정 2010.2.4]

제10조의2(청원경찰의 불법행위에 대한 배상책임) 청원경찰(국가기관이나 지방자치단체에 근무하는 청원경찰은 제외한다)의 직무상 불법행위에 대한 배상책임에 관하여는 「민법」의 규정을 따른다.

[전문개정 2010.2.4]

제10조의3(권한의 위임) 이 법에 따른 지방경찰청장의 권한은 그 일부를 대통령령으로 정하는 바에 따라 관할 경찰서장에게 위임할 수 있다.

[전문개정 2010.2.4]

제10조의4(의사에 반한 면직) ① 청원경찰은 형의 선고, 징계처분 또는 신체상·정신상의 이상으로 직무를 감당하지 못할 때를 제외하고는 그 의사(意思)에 반하여 면직(免職)되지 아니한다.

② 청원주가 청원경찰을 면직시켰을 때에는 그 사실을 관할 경찰서장을 거쳐 지방경찰청장에게 보고하여야 한다.

[전문개정 2010.2.4]

제10조의5(배치의 폐지 등) ① 청원주는 청원경찰이 배치된 시설이 폐쇄되거나 축소되어 청원경찰의 배치를 폐지하거나 배치인원을 감축할 필요가 있다고 인정하면 청원경찰의 배치를 폐지하거나 배치인원을 감축할 수 있다. 다만, 청원주는 「경비업법」에 따른 특수경비원을 배치할 목적으로 청원경찰 배치를 폐지하거나 배치인원을 감축할 수 없다.

② 제1항에 따라 청원주가 청원경찰을 폐지하거나 감축하였을 때에는 청원경찰 배치 결정을 한 경찰관서의 장에게 알려야 하며, 그 사업장이 제4조제3항에 따라

지방경찰청장이 청원경찰의 배치를 요청한 사업장일 때에는 그 폐지 또는 감축 사유를 구체적으로 밝혀야 한다.

[전문개정 2010.2.4]

제10조의6(당연 퇴직) 청원경찰이 다음 각 호의 어느 하나에 해당할 때에는 당연 퇴직된다.

1. 제5조제2항에 따른 임용결격사유에 해당될 때
2. 제10조의5에 따라 청원경찰의 배치가 폐지되었을 때
3. 나이가 60세가 되었을 때. 다만, 그 날이 1월부터 6월 사이에 있으면 6월 30일에, 7월부터 12월 사이에 있으면 12월 31일에 각각 당연 퇴직된다.

[전문개정 2010.2.4]

제10조의7(휴직 및 명예퇴직) 국가기관이나 지방자치단체에 근무하는 청원경찰의 휴직 및 명예퇴직에 관하여는 「국가공무원법」 제71조부터 제73조까지 및 제74조의2를 준용한다.

[전문개정 2010.2.4]

제11조(벌칙) 청원경찰로서 제5조제4항에 따라 준용되는 「국가공무원법」 제66조제1항을 위반한 사람은 1년 이하의 징역 또는 200만원 이하의 벌금에 처한다.

[전문개정 2010.2.4]

제12조(과태료) ① 다음 각 호의 어느 하나에 해당하는 자에게는 500만원 이하의 과태료를 부과한다.

1. 제4조제2항에 따른 지방경찰청장의 배치 결정을 받지 아니하고 청원경찰을 배치하거나 제5조제1항에 따른 지방경찰청장의 승인을 받지 아니하고 청원경찰을 임용한 자
2. 정당한 사유 없이 제6조제3항에 따라 경찰청장이 고시한 최저부담기준액 이상의 보수를 지급하지 아니한 자
3. 제9조의3제2항에 따른 감독상 필요한 명령을 정당한 사유 없이 이행하지 아니한 자

② 제1항에 따른 과태료는 대통령령으로 정하는 바에 따라 지방경찰청장이 부

과 · 징수한다.

[전문개정 2010.2.4]

부칙 〈제11690호, 2013.3.23〉 (정부조직법)

제1조(시행일) ① 이 법은 공포한 날부터 시행한다.

② 생략

제2조부터 제5조까지 생략

제6조(다른 법률의 개정) ①부터 〈226〉까지 생략

〈227〉 청원경찰법 일부를 다음과 같이 개정한다.

제2조제3호 중 "행정안전부령"을 "안전행정부령"으로 한다.

〈228〉부터 〈710〉까지 생략

제7조 생략

청원경찰법 시행령

[시행 2014.1.1] [대통령령 제25050호, 2013.12.30, 타법개정]

경찰청(위기관리센터) 02-3150-2756

제1조(목적) 이 영은 「청원경찰법」에서 위임된 사항과 그 시행에 필요한 사항을 규정함을 목적으로 한다.

제2조(청원경찰의 배치 신청 등) 「청원경찰법」(이하 "법"이라 한다) 제4조제1항에 따라 청원경찰의 배치를 받으려는 자는 청원경찰 배치신청서에 다음 각 호의 서류를 첨부하여 법 제2조 각 호의 기관 · 시설 · 사업장 또는 장소(이하 "사업장"이라 한다)의 소재지를 관할하는 경찰서장(이하 "관할 경찰서장"이라 한다)을 거쳐 지방경찰청장에게 제출하여야 한다. 이 경우 배치 장소가 둘 이상의 도(특별시, 광역시 및 특별자치도를 포함한다. 이하 같다)일 때에는 주된 사업장의 관할 경찰서장을 거쳐 지방경찰청장에게 한꺼번에 신청할 수 있다.

1. 경비구역 평면도 1부
2. 배치계획서 1부

제3조(임용자격) 법 제5조제3항에 따른 청원경찰의 임용자격은 다음 각 호와 같다. 〈개정 2013.3.23〉

1. 18세 이상 50세 미만의 사람. 다만, 남자의 경우에는 군복무를 마쳤거나 군복무가 면제된 사람으로 한정한다.
2. 안전행정부령으로 정하는 신체조건에 해당하는 사람

제4조(임용방법 등) ① 법 제4조제2항에 따라 청원경찰의 배치 결정을 받은 자(이하 "청원주"라 한다)는 법 제5조제1항에 따라 그 배치 결정의 통지를 받은 날부터 30일 이내에 배치 결정된 인원수의 임용예정자에 대하여 청원경찰 임용승인을 지방경찰청장에게 신청하여야 한다.

② 청원주가 법 제5조제1항에 따라 청원경찰을 임용하였을 때에는 임용한 날부터 10일 이내에 그 임용사항을 관할 경찰서장을 거쳐 지방경찰청장에게 보고하여야

한다. 청원경찰이 퇴직하였을 때에도 또한 같다.

제5조(교육) ① 청원주는 청원경찰로 임용된 사람으로 하여금 경비구역에 배치하기 전에 경찰교육기관에서 직무 수행에 필요한 교육을 받게 하여야 한다. 다만, 경찰교육기관의 교육계획상 부득이하다고 인정할 때에는 우선 배치하고 임용 후 1년 이내에 교육을 받게 할 수 있다.

② 경찰공무원(전투경찰순경을 포함한다) 또는 청원경찰에서 퇴직한 사람이 퇴직한 날부터 3년 이내에 청원경찰로 임용되었을 때에는 제1항에 따른 교육을 면제할 수 있다.

③ 제1항의 교육기간·교육과목·수업시간 및 그 밖에 교육의 시행에 필요한 사항은 안전행정부령으로 정한다. 〈개정 2013.3.23〉

제6조(배치 및 이동) ① 청원주는 청원경찰을 신규로 배치하거나 이동배치하였을 때에는 배치지(이동배치의 경우에는 종전의 배치지)를 관할하는 경찰서장에게 그 사실을 통보하여야 한다.

② 제1항의 통보를 받은 경찰서장은 이동배치지가 다른 관할구역에 속할 때에는 전입지를 관할하는 경찰서장에게 이동배치한 사실을 통보하여야 한다.

제7조(복무) 법 제5조제4항에서 규정한 사항 외에 청원경찰의 복무에 관하여는 해당 사업장의 취업규칙에 따른다.

제8조(징계) ① 관할 경찰서장은 청원경찰이 법 제5조의2제1항 각 호의 어느 하나에 해당한다고 인정되면 청원주에게 해당 청원경찰에 대하여 징계처분을 하도록 요청할 수 있다.

② 법 제5조의2제2항의 정직(停職)은 1개월 이상 3개월 이하로 하고, 그 기간에 청원경찰의 신분은 보유하나 직무에 종사하지 못하며, 보수의 3분의 2를 줄인다.

③ 법 제5조의2제2항의 감봉은 1개월 이상 3개월 이하로 하고, 그 기간에 보수의 3분의 1을 줄인다.

④ 법 제5조의2제2항의 견책(譴責)은 전과(前過)에 대하여 훈계하고 회개하게 한다.

⑤ 청원주는 청원경찰 배치 결정의 통지를 받았을 때에는 통지를 받은 날부터 15일 이내에 청원경찰에 대한 징계규정을 제정하여 관할 지방경찰청장에게 신고하

여야 한다. 징계규정을 변경할 때에도 또한 같다.

⑥ 지방경찰청장은 제5항에 따른 징계규정의 보완이 필요하다고 인정할 때에는 청원주에게 그 보완을 요구할 수 있다.

제9조(국가기관 또는 지방자치단체에 근무하는 청원경찰의 보수) ① 법 제6조제2항에 따른 국가기관 또는 지방자치단체에 근무하는 청원경찰의 봉급은 별표 1과 같다.

② 법 제6조제2항에 따른 국가기관 또는 지방자치단체에 근무하는 청원경찰의 각종 수당은 「공무원수당 등에 관한 규정」에 따른 수당 중 가계보전수당, 실비변상 등으로 하며, 그 세부 항목은 경찰청장이 정하여 고시한다.

③ 법 제6조제2항에 따른 재직기간은 청원경찰로서 근무한 기간으로 한다.

제10조(국가기관 또는 지방자치단체에 근무하는 청원경찰 외의 청원경찰의 보수) 국가기관 또는 지방자치단체에 근무하는 청원경찰 외의 청원경찰의 봉급과 각종 수당은 법 제6조제3항에 따라 경찰청장이 고시한 최저부담기준액 이상으로 지급하여야 한다. 다만, 고시된 최저부담기준액이 배치된 사업장에서 같은 종류의 직무나 유사 직무에 종사하는 근로자에게 지급하는 임금보다 적을 때에는 그 사업장에서 같은 종류의 직무나 유사 직무에 종사하는 근로자에게 지급하는 임금에 상당하는 금액을 지급하여야 한다.

제11조(보수 산정 시의 경력 인정 등) ① 청원경찰의 보수 산정에 관하여 그 배치된 사업장의 취업규칙에 특별한 규정이 없는 경우에는 다음 각 호의 경력을 봉급 산정의 기준이 되는 경력에 산입(算入)하여야 한다.

1. 청원경찰로 근무한 경력
2. 군 또는 전투경찰에 복무한 경력
3. 수위 · 경비원 · 감시원 또는 그 밖에 청원경찰과 비슷한 직무에 종사하던 사람이 해당 사업장의 청원주에 의하여 청원경찰로 임용된 경우에는 그 직무에 종사한 경력
4. 국가기관 또는 지방자치단체에서 근무하는 청원경찰에 대해서는 국가기관 또는 지방자치단체에서 상근(常勤)으로 근무한 경력

② 국가기관 또는 지방자치단체에 근무하는 청원경찰 보수의 호봉 간 승급기간은

경찰공무원의 승급기간에 관한 규정을 준용한다.

③ 국가기관 또는 지방자치단체에 근무하는 청원경찰 외의 청원경찰 보수의 호봉 간 승급기간 및 승급액은 그 배치된 사업장의 취업규칙에 따르며, 이에 관한 취업 규칙이 없을 때에는 순경의 승급에 관한 규정을 준용한다.

제12조(청원경찰경비의 고시 등) ① 법 제6조제1항제1호부터 제3호까지의 청원경찰 경비의 지급방법 또는 납부방법은 안전행정부령으로 정한다. 〈개정 2013.3.23〉

② 법 제6조제3항에 따른 청원경찰경비의 최저부담기준액 및 부담기준액은 경찰 공무원 중 순경의 것을 고려하여 다음 연도분을 매년 12월에 고시하여야 한다. 다만, 부득이한 사유가 있을 때에는 수시로 고시할 수 있다.

제13조(보상금) 청원주는 법 제7조에 따른 보상금의 지급을 이행하기 위하여 「산업재해보상보험법」에 따른 산업재해보상보험에 가입하거나, 「근로기준법」에 따라 보상금을 지급하기 위한 재원(財源)을 따로 마련하여야 한다.

제14조(복제) ① 청원경찰의 복제(服制)는 제복 · 장구(裝具) 및 부속물로 구분한다.

② 청원경찰의 제복 · 장구 및 부속물에 관하여 필요한 사항은 안전행정부령으로 정한다. 〈개정 2013.3.23〉

③ 청원경찰이 그 배치지의 특수성 등으로 특수복장을 착용할 필요가 있을 때에는 청원주는 지방경찰청장의 승인을 받아 특수복장을 착용하게 할 수 있다.

제15조(분사기 휴대) 청원주는 「총포 · 도검 · 화약류 등 단속법」에 따른 분사기의 소지허가를 받아 청원경찰로 하여금 그 분사기를 휴대하여 직무를 수행하게 할 수 있다.

제16조(무기 휴대) ① 청원주가 법 제8조제2항에 따라 청원경찰이 휴대할 무기를 대여받으려는 경우에는 관할 경찰서장을 거쳐 지방경찰청장에게 무기대여를 신청하여야 한다.

② 제1항의 신청을 받은 지방경찰청장이 무기를 대여하여 휴대하게 하려는 경우에는 청원주로부터 국가에 기부채납된 무기에 한정하여 관할 경찰서장으로 하여금 무기를 대여하여 휴대하게 할 수 있다.

③ 제1항에 따라 무기를 대여하였을 때에는 관할 경찰서장은 청원경찰의 무기관

리 상황을 수시로 점검하여야 한다.

④ 청원주 및 청원경찰은 안전행정부령으로 정하는 무기관리수칙을 준수하여야 한다. 〈개정 2013.3.23〉

제17조(감독) 관할 경찰서장은 매달 1회 이상 청원경찰을 배치한 경비구역에 대하여 다음 각 호의 사항을 감독하여야 한다.

1. 복무규율과 근무 상황
2. 무기의 관리 및 취급 사항

제18조(청원경찰의 신분) 청원경찰은 「형법」이나 그 밖의 법령에 따른 벌칙을 적용하는 경우와 법 및 이 영에서 특별히 규정한 경우를 제외하고는 공무원으로 보지 아니한다.

제19조(근무 배치 등의 위임) ① 「경비업법」에 따른 경비업자(이하 이 조에서 "경비업자"라 한다)가 중요 시설의 경비를 도급받았을 때에는 청원주는 그 사업장에 배치된 청원경찰의 근무 배치 및 감독에 관한 권한을 해당 경비업자에게 위임할 수 있다.

② 청원주는 제1항에 따라 경비업자에게 청원경찰의 근무 배치 및 감독에 관한 권한을 위임한 경우에 이를 이유로 청원경찰의 보수나 신분상의 불이익을 주어서는 아니 된다.

제20조(권한의 위임) 지방경찰청장은 법 제10조의3에 따라 다음 각 호의 권한을 관할 경찰서장에게 위임한다. 다만, 청원경찰을 배치하고 있는 사업장이 하나의 경찰서의 관할구역에 있는 경우로 한정한다.

1. 법 제4조제2항 및 제3항에 따른 청원경찰 배치의 결정 및 요청에 관한 권한
2. 법 제5조제1항에 따른 청원경찰의 임용승인에 관한 권한
3. 법 제9조의3제2항에 따른 청원주에 대한 지도 및 감독상 필요한 명령에 관한 권한
4. 법 제12조에 따른 과태료 부과 · 징수에 관한 권한

제20조의2(민감정보 및 고유식별정보의 처리) 지방경찰청장 또는 경찰서장은 다음 각 호의 사무를 수행하기 위하여 불가피한 경우 「개인정보 보호법」 제23조에 따

른 건강에 관한 정보와 같은 법 시행령 제18조제2호에 따른 범죄경력자료에 해당하는 정보, 같은 영 제19조제1호 또는 제4호에 따른 주민등록번호 또는 외국인등록번호가 포함된 자료를 처리할 수 있다.

1. 법 및 이 영에 따른 청원경찰의 임용, 배치 등 인사관리에 관한 사무
2. 법 제8조에 따른 청원경찰의 제복 착용 및 무기 휴대에 관한 사무
3. 법 제9조의3에 따른 청원주에 대한 지도·감독에 관한 사무
4. 제1호부터 제3호까지의 규정에 따른 사무를 수행하기 위하여 필요한 사무

[본조신설 2012.1.6]

제20조의3(규제의 재검토) 경찰청장은 제8조에 따른 청원경찰의 징계에 대하여 2014년 1월 1일을 기준으로 3년마다(매 3년이 되는 해의 1월 1일 전까지를 말한다) 그 타당성을 검토하여 개선 등의 조치를 하여야 한다.

[본조신설 2013.12.30]

제21조(과태료의 부과기준 등) ① 법 제12조제1항에 따른 과태료의 부과기준은 별표 2와 같다.

② 지방경찰청장은 위반행위의 동기, 내용 및 위반의 정도 등을 고려하여 별표 2에 따른 과태료 금액의 100분의 50의 범위에서 그 금액을 줄이거나 늘릴 수 있다. 다만, 늘리는 경우에는 법 제12조제1항에 따른 과태료 금액의 상한을 초과할 수 없다.

부칙 〈제25050호, 2013.12.30〉 (행정규제기본법 개정에 따른 규제 재검토기한 설정을 위한 주택법 시행령 등 일부개정령)

이 영은 2014년 1월 1일부터 시행한다. 〈단서 생략〉

청원경찰법 시행규칙

[시행 2013.10.22] [안전행정부령 제20호, 2013.10.22, 타법개정]

경찰청(위기관리센터) 02-3150-2756

제1조(목적) 이 규칙은 「청원경찰법」 및 같은 법 시행령에서 위임된 사항과 그 시행에 필요한 사항을 규정함을 목적으로 한다.

제2조(배치 대상) 「청원경찰법」(이하 "법"이라 한다) 제2조제3호에서 "그 밖에 안전행정부령으로 정하는 중요 시설, 사업장 또는 장소"란 다음 각 호의 시설, 사업장 또는 장소를 말한다. 〈개정 2013.3.23〉

1. 선박, 항공기 등 수송시설
2. 금융 또는 보험을 업(業)으로 하는 시설 또는 사업장
3. 언론, 통신, 방송 또는 인쇄를 업으로 하는 시설 또는 사업장
4. 학교 등 육영시설
5. 「의료법」에 따른 의료기관
6. 그 밖에 공공의 안녕질서 유지와 국민경제를 위하여 고도의 경비(警備)가 필요한 중요 시설, 사업체 또는 장소

제3조(청원경찰 배치신청서 등) ① 「청원경찰법 시행령」(이하 "영"이라 한다) 제2조에 따른 청원경찰 배치신청서는 별지 제1호서식에 따른다.

② 법 제4조제2항에 따른 청원경찰 배치 결정 통지 또는 청원경찰 배치 불허 통지는 별지 제2호서식에 따른다.

제4조(임용의 신체조건) 영 제3조제2호에 따른 신체조건은 다음 각 호와 같다.

1. 신체가 건강하고 팔다리가 완전할 것
2. 시력(교정시력을 포함한다)은 양쪽 눈이 각각 0.8 이상일 것

제5조(임용승인신청서 등) ① 법 제4조제2항에 따라 청원경찰의 배치 결정을 받은 자[이하 "청원주"(請願主)라 한다]가 영 제4조제1항에 따라 지방경찰청장에게 청원경찰 임용승인을 신청할 때에는 별지 제3호서식의 청원경찰 임용승인신청서에

그 해당자에 관한 다음 각 호의 서류를 첨부하여야 한다. 〈개정 2013.10.22〉

1. 이력서 1부
2. 주민등록증 사본 1부
3. 민간인 신원진술서 1부
4. 최근 3개월 이내에 발행한 채용신체검사서 또는 취업용 건강진단서 1부
5. 가족관계등록부 중 기본증명서 1부

② 제1항에 따른 신청서를 제출받은 지방경찰청장은 「전자정부법」 제36조제1항에 따라 행정정보의 공동이용을 통하여 해당자의 병적증명서를 확인하여야 한다. 다만, 그 해당자가 확인에 동의하지 아니할 때에는 해당 서류를 첨부하도록 하여야 한다. 〈개정 2013.10.22〉

제6조(교육기간 등) 영 제5조제3항에 따른 교육기간은 2주로 하고, 교육과목 및 수업시간은 별표 1과 같다.

제7조(청원경찰 배치통보서 등) 영 제6조제1항에 따른 청원경찰 배치 통보 및 영 제6조제2항에 따른 청원경찰 전출 통보는 별지 제4호서식에 따른다.

제8조(청원경찰경비의 지급방법 등) 영 제12조에 따른 청원경찰경비의 지급방법 및 납부방법은 다음 각 호와 같다.

1. 봉급과 각종 수당은 청원주가 그 청원경찰이 배치된 기관・시설・사업장 또는 장소(이하 "사업장"이라 한다)의 직원에 대한 보수 지급일에 청원경찰에게 직접 지급한다.
2. 피복은 청원주가 제작하거나 구입하여 별표 2에 따른 정기지급일 또는 신규 배치 시에 청원경찰에게 현품으로 지급한다.
3. 교육비는 청원주가 해당 청원경찰의 입교(入校) 3일 전에 해당 경찰교육기관에 낸다.

제9조(복제) ① 영 제14조에 따른 청원경찰의 제복・장구(裝具) 및 부속물의 종류는 다음 각 호와 같다.

1. 제복: 정모(正帽), 기동모, 근무복(하복, 동복), 성하복(盛夏服), 기동복, 점퍼, 비옷, 방한복, 외투, 단화, 기동화 및 방한화

2. 장구: 허리띠, 경찰봉, 호루라기 및 포승(捕繩)
3. 부속물: 모자표장, 가슴표장, 휘장, 계급장, 넥타이핀, 단추 및 장갑

② 영 제14조에 따른 청원경찰의 제복 · 장구(裝具) 및 부속물의 제식(制式)과 재질은 다음 각 호와 같다.

1. 제복의 제식 및 재질은 청원주가 결정하되, 경찰공무원 또는 군인 제복의 색상과 명확하게 구별될 수 있어야 하며, 사업장별로 통일하여야 한다. 다만, 기동모와 기동복의 색상은 진한 청색으로 하고, 기동복의 제식은 별도 1과 같이 한다.
2. 장구의 제식과 재질은 경찰 장구와 같이 한다.
3. 부속물의 제식과 재질은 다음 각 목과 같이 한다.
   가. 모자표장의 제식과 재질은 별도 2와 같이 하되, 기동모의 표장은 정모 표장의 2분의 1 크기로 할 것.
   나. 가슴표장, 휘장, 계급장, 넥타이핀 및 단추의 제식과 재질은 별도 3부터 별도 7까지와 같이 할 것.

③ 청원경찰은 평상근무 중에는 정모, 근무복, 단화, 호루라기, 경찰봉 및 포승을 착용하거나 휴대하여야 하고, 총기를 휴대하지 아니할 때에는 분사기를 휴대하여야 하며, 교육훈련이나 그 밖의 특수근무 중에는 기동모, 기동복, 기동화 및 휘장을 착용하거나 부착하되, 허리띠와 경찰봉은 착용하거나 휴대하지 아니할 수 있다.

④ 가슴표장, 휘장 및 계급장을 달거나 부착할 위치는 별도 8과 같다.

제10조(제복의 착용시기) 하복 · 동복의 착용시기는 사업장별로 청원주가 결정하되, 착용시기를 통일하여야 한다.

제11조(신분증명서) ① 청원경찰의 신분증명서는 청원주가 발행하며, 그 형식은 청원주가 결정하되 사업장별로 통일하여야 한다.

② 청원경찰은 근무 중에는 항상 신분증명서를 휴대하여야 한다. 〈개정 2013.2.26〉

제12조(급여품 및 대여품) ① 청원경찰에게 지급하는 급여품은 별표 2와 같고, 대여품은 별표 3과 같다.

② 청원경찰이 퇴직할 때에는 대여품을 청원주에게 반납하여야 한다.

제13조(직무교육) ① 청원주는 소속 청원경찰에게 그 직무집행에 필요한 교육을 매

월 4시간 이상 하여야 한다.

② 청원경찰이 배치된 사업장의 소재지를 관할하는 경찰서장(이하 "관할 경찰서장"이라 한다)은 필요하다고 인정하는 경우에는 그 사업장에 소속 공무원을 파견하여 직무집행에 필요한 교육을 할 수 있다.

제14조(근무요령) ① 자체경비를 하는 입초근무자는 경비구역의 정문이나 그 밖의 지정된 장소에서 경비구역의 내부, 외부 및 출입자의 움직임을 감시한다.

② 업무처리 및 자체경비를 하는 소내근무자는 근무 중 특이한 사항이 발생하였을 때에는 지체 없이 청원주 또는 관할 경찰서장에게 보고하고 그 지시에 따라야 한다.

③ 순찰근무자는 청원주가 지정한 일정한 구역을 순회하면서 경비 임무를 수행한다. 이 경우 순찰은 단독 또는 복수로 정선순찰(定線巡察)을 하되, 청원주가 필요하다고 인정할 때에는 요점순찰(要點巡察) 또는 난선순찰(亂線巡察)을 할 수 있다.

④ 대기근무자는 소내근무에 협조하거나 휴식하면서 불의의 사고에 대비한다.

제15조(무기대여 신청서) 영 제16조제1항에 따른 무기대여 신청은 별지 제5호서식에 따른다.

제16조(무기관리수칙) ① 영 제16조에 따라 무기와 탄약을 대여받은 청원주는 다음 각 호에 따라 무기와 탄약을 관리하여야 한다.

1. 청원주가 무기와 탄약을 대여받았을 때에는 경찰청장이 정하는 무기·탄약 출납부 및 무기장비 운영카드를 갖춰 두고 기록하여야 한다.
2. 청원주는 무기와 탄약의 관리를 위하여 관리책임자를 지정하고 관할 경찰서장에게 그 사실을 통보하여야 한다.
3. 무기고 및 탄약고는 단층에 설치하고 환기·방습·방화 및 총가(銃架) 등의 시설을 하여야 한다.
4. 탄약고는 무기고와 떨어진 곳에 설치하고, 그 위치는 사무실이나 그 밖에 여러 사람을 수용하거나 여러 사람이 오고 가는 시설로부터 격리되어야 한다.
5. 무기고와 탄약고에는 이중 잠금장치를 하고, 열쇠는 관리책임자가 보관하되,

근무시간 이후에는 숙직책임자에게 인계하여 보관시켜야 한다.

6. 청원주는 경찰청장이 정하는 바에 따라 매월 무기와 탄약의 관리 실태를 파악하여 다음 달 3일까지 관할 경찰서장에게 통보하여야 한다.
7. 청원주는 대여받은 무기와 탄약에 분실 · 도난 · 피탈(被奪) 또는 훼손 등의 사고가 발생하였을 때에는 지체 없이 그 사유를 관할 경찰서장에게 통보하여야 한다.
8. 청원주는 무기와 탄약이 분실 · 도난 · 피탈 또는 훼손되었을 때에는 경찰청장이 정하는 바에 따라 그 전액을 배상하여야 한다. 다만, 전시 · 사변 · 천재지변이나 그 밖의 불가항력적인 사유가 있다고 지방경찰청장이 인정하였을 때에는 그러하지 아니하다.

② 영 제16조에 따라 무기와 탄약을 대여받은 청원주가 청원경찰에게 무기와 탄약을 출납하려는 경우에는 다음 각 호에 따라야 한다. 다만, 관할 경찰서장의 지시에 따라 제2호에 따른 탄약의 수를 늘리거나 줄일 수 있고, 무기와 탄약의 출납을 중지할 수 있으며, 무기와 탄약을 회수하여 집중관리할 수 있다.

1. 무기와 탄약을 출납하였을 때에는 무기 · 탄약 출납부에 그 출납사항을 기록하여야 한다.
2. 소총의 탄약은 1정당 15발 이내, 권총의 탄약은 1정당 7발 이내로 출납하여야 한다. 이 경우 생산된 후 오래된 탄약을 우선하여 출납하여야 한다.
3. 청원경찰에게 지급한 무기와 탄약은 매주 1회 이상 손질하게 하여야 한다.
4. 수리가 필요한 무기가 있을 때에는 그 목록과 무기장비 운영카드를 첨부하여 관할 경찰서장에게 수리를 요청할 수 있다.

③ 청원주로부터 무기와 탄약을 지급받은 청원경찰은 다음 각 호의 사항을 준수하여야 한다.

1. 무기를 지급받거나 반납할 때 또는 인계인수할 때에는 반드시 "앞에 총" 자세에서 "검사 총"을 하여야 한다.
2. 무기와 탄약을 지급받았을 때에는 별도의 지시가 없으면 무기와 탄약을 분리하여 휴대하여야 하며, 소총은 "우로 어깨 걸어 총"의 자세를 유지하고, 권총은

"권총집에 넣어 총"의 자세를 유지하여야 한다.

3. 지급받은 무기는 다른 사람에게 보관 또는 휴대하게 할 수 없으며 손질을 의뢰할 수 없다.
4. 무기를 손질하거나 조작할 때에는 반드시 총구를 공중으로 향하게 하여야 한다.
5. 무기와 탄약을 반납할 때에는 손질을 철저히 하여야 한다.
6. 근무시간 이후에는 무기와 탄약을 청원주에게 반납하거나 교대근무자에게 인계하여야 한다.

④ 청원주는 다음 각 호의 어느 하나에 해당하는 청원경찰에게 무기와 탄약을 지급해서는 아니 되며, 지급한 무기와 탄약은 회수하여야 한다.

1. 직무상 비위(非違)로 징계 대상이 된 사람
2. 형사사건으로 조사 대상이 된 사람
3. 사의(辭意)를 밝힌 사람
4. 평소에 불평이 심하고 염세적인 사람
5. 주벽(酒癖)이 심한 사람
6. 변태적 성벽(性癖)이 있는 사람

제17조(문서와 장부의 비치) ① 청원주는 다음 각 호의 문서와 장부를 갖춰 두어야 한다.

1. 청원경찰 명부
2. 근무일지
3. 근무 상황카드
4. 경비구역 배치도
5. 순찰표철
6. 무기·탄약 출납부
7. 무기장비 운영카드
8. 봉급지급 조서철
9. 신분증명서 발급대장
10. 징계 관계철

11. 교육훈련 실시부
12. 청원경찰 직무교육계획서
13. 급여품 및 대여품 대장
14. 그 밖에 청원경찰의 운영에 필요한 문서와 장부

② 관할 경찰서장은 다음 각 호의 문서와 장부를 갖춰 두어야 한다.

1. 청원경찰 명부
2. 감독 순시부
3. 전출입 관계철
4. 교육훈련 실시부
5. 무기 · 탄약 대여대장
6. 징계요구서철
7. 그 밖에 청원경찰의 운영에 필요한 문서와 장부

③ 지방경찰청장은 다음 각 호의 문서와 장부를 갖춰 두어야 한다.

1. 배치 결정 관계철
2. 청원경찰 임용승인 관계철
3. 전출입 관계철
4. 그 밖에 청원경찰의 운영에 필요한 문서와 장부

④ 제1항부터 제3항까지의 규정에 따른 문서와 장부의 서식은 경찰관서에서 사용하는 서식을 준용한다.

제18조(표창) 지방경찰청장, 관할 경찰서장 또는 청원주는 청원경찰에게 다음 각 호의 구분에 따라 표창을 수여할 수 있다.

1. 공적상: 성실히 직무를 수행하여 근무성적이 탁월하거나 헌신적인 봉사로 특별한 공적을 세운 경우
2. 우등상: 교육훈련에서 교육성적이 우수한 경우

제19조(감독자의 지정) ① 2명 이상의 청원경찰을 배치한 사업장의 청원주는 청원경찰의 지휘 · 감독을 위하여 청원경찰 중에서 유능한 사람을 선정하여 감독자로 지정하여야 한다.

② 제1항에 따른 감독자는 조장, 반장 또는 대장으로 하며, 그 지정기준은 별표 4와 같다.

제20조(경비전화의 가설) ① 관할 경찰서장은 청원주의 신청에 따라 경비를 위하여 필요하다고 인정할 때에는 청원경찰이 배치된 사업장에 경비전화를 가설할 수 있다.

② 제1항에 따라 경비전화를 가설할 때 드는 비용은 청원주가 부담한다.

제21조(주의사항) ① 청원경찰이 법 제3조에 따른 직무를 수행할 때에는 경비 목적을 위하여 필요한 최소한의 범위에서 하여야 한다.

② 청원경찰은 「경찰관 직무집행법」에 따른 직무 외의 수사활동 등 사법경찰관리의 직무를 수행해서는 아니 된다.

제22조(보고) 청원경찰이 법 제3조에 따라 직무를 수행할 때에 「경찰관 직무집행법」 및 같은 법 시행령에 따라 하여야 할 모든 보고는 관할 경찰서장에게 서면으로 보고하기 전에 지체 없이 구두로 보고하고 그 지시에 따라야 한다.

제23조(청원경찰 배치의 폐지 · 감축 통보) 법 제10조의5제2항에 따른 청원경찰 배치의 폐지 또는 감축의 통보는 별지 제6호서식에 따른다.

제24조(과태료 부과 고지서 등) ① 법 제12조제1항에 따른 과태료 부과의 사전 통지는 별지 제7호서식의 과태료 부과 사전 통지서에 따른다.

② 법 제12조제1항에 따른 과태료의 부과는 별지 제8호서식의 과태료 부과 고지서에 따른다.

③ 경찰서장은 과태료처분을 하였을 때에는 과태료 부과 및 징수 사항을 별지 제9호서식의 과태료 수납부에 기록하고 정리하여야 한다.

부칙 〈제20호, 2013.10.22〉 (법령 서식 개선을 위한 경비업법 시행규칙 등 일부개정령)

이 규칙은 공포한 날부터 시행한다.

산업기술의 유출방지 및 보호에 관한 법률

[시행 2013.3.23] [법률 제11690호, 2013.3.23, 타법개정]

산업통상자원부(산업기술시장과) 02-2110-5399

제1장 총칙

제1조(목적) 이 법은 산업기술의 부정한 유출을 방지하고 산업기술을 보호함으로써 국내산업의 경쟁력을 강화하고 국가의 안전보장과 국민경제의 발전에 이바지함을 목적으로 한다.

제2조(정의) 이 법에서 사용하는 용어의 정의는 다음과 같다. 〈개정 2011.7.25〉

1. "산업기술"이라 함은 제품 또는 용역의 개발 · 생산 · 보급 및 사용에 필요한 제반 방법 내지 기술상의 정보 중에서 관계중앙행정기관의 장이 소관 분야의 산업경쟁력 제고 등을 위하여 법률 또는 해당 법률에서 위임한 명령(대통령령 · 총리령 · 부령에 한정한다. 이하 이 조에서 같다)에 따라 지정 · 고시 · 공고 · 인증하는 다음 각 목의 어느 하나에 해당하는 기술을 말한다.
   가. 「산업발전법」 제5조에 따른 첨단기술
   나. 「조세특례제한법」 제18조제2항에 따른 고도기술
   다. 「산업기술혁신 촉진법」 제15조의2에 따른 신기술
   라. 「전력기술관리법」 제6조의2에 따른 신기술
   마. 「부품 · 소재전문기업 등의 육성에 관한 특별조치법」 제19조에 따른 부품 · 소재기술
   바. 「환경기술 및 환경산업 지원법」 제7조제1항에 따른 신기술
   사. 그 밖의 법률 또는 해당 법률에서 위임한 명령에 따라 지정 · 고시 · 공고 · 인증하는 기술
2. "국가핵심기술"이라 함은 국내외 시장에서 차지하는 기술적 · 경제적 가치가 높거나 관련 산업의 성장잠재력이 높아 해외로 유출될 경우에 국가의 안전보

장 및 국민경제의 발전에 중대한 악영향을 줄 우려가 있는 기술로서 제9조의 규정에 따라 지정된 산업기술을 말한다.

3. "국가연구개발사업"이라 함은 「과학기술기본법」 제11조의 규정에 따라 관계중앙행정기관의 장이 추진하는 연구개발사업을 말한다.

제3조(국가 등의 책무) ① 국가는 산업기술의 유출방지와 보호에 필요한 종합적인 시책을 수립·추진하여야 한다.

② 국가·기업·연구기관 및 대학 등 산업기술의 개발·보급 및 활용에 관련된 모든 기관은 이 법의 적용에 있어 산업기술의 연구개발자 등 관련 종사자들이 부당한 처우와 선의의 피해를 받지 아니하도록 하고, 산업기술 및 지식의 확산과 활용이 제약되지 아니하도록 노력하여야 한다.

③ 모든 국민은 산업기술의 유출방지에 대한 관심과 인식을 높이고, 각자의 직업윤리의식을 배양하기 위하여 노력하여야 한다.

제4조(다른 법률과의 관계) 산업기술의 유출방지 및 보호에 관하여는 다른 법률에 특별한 규정이 있는 경우를 제외하고는 이 법이 정하는 바에 따른다.

제2장 산업기술의 유출방지 및 보호 정책의 수립·추진

제5조(종합계획의 수립·시행) ① 산업통상자원부장관은 산업기술의 유출방지 및 보호에 관한 종합계획(이하 "종합계획"이라 한다)을 수립·시행하여야 한다. 〈개정 2008.2.29, 2011.7.25, 2013.3.23〉

② 산업통상자원부장관은 종합계획을 수립함에 있어서 미리 관계중앙행정기관의 장과 협의한 후 제7조의 규정에 따른 산업기술보호위원회의 심의를 거쳐야 한다. 〈개정 2008.2.29, 2011.7.25, 2013.3.23〉

③ 종합계획에는 다음 각 호의 사항이 포함되어야 한다. 〈개정 2011.7.25〉

1. 산업기술의 유출방지 및 보호에 관한 기본목표와 추진방향
2. 산업기술의 유출방지 및 보호에 관한 단계별 목표와 추진방안
3. 산업기술의 유출방지 및 보호에 대한 홍보와 교육에 관한 사항
4. 산업기술의 유출방지 및 보호의 기반구축에 관한 사항

5. 산업기술의 유출방지 및 보호를 위한 기술의 연구개발에 관한 사항
6. 산업기술의 유출방지 및 보호에 관한 정보의 수집 · 분석 · 가공과 보급에 관한 사항
7. 산업기술의 유출방지 및 보호를 위한 국제협력에 관한 사항
8. 그 밖에 산업기술의 유출방지 및 보호를 위하여 필요한 사항

④ 산업통상자원부장관은 종합계획의 수립을 위하여 관계중앙행정기관의 장 및 산업기술을 보유한 기업 · 연구기관 · 전문기관 · 대학 등(이하 "대상기관"이라 한다)의 장에게 필요한 자료의 제출을 요청할 수 있다. 이 경우 자료제출을 요청받은 기관의 장은 특별한 사유가 없는 한 이에 협조하여야 한다. 〈개정 2008.2.29, 2011.7.25, 2013.3.23〉

[제목개정 2011.7.25]

제6조(시행계획의 수립 · 시행) ① 관계중앙행정기관의 장은 종합계획에 따라 매년 산업기술의 유출방지 및 보호에 관한 시행계획(이하 "시행계획"이라 한다)을 수립 · 시행하여야 한다. 〈개정 2011.7.25〉

② 시행계획의 수립 · 시행에 관하여 필요한 사항은 대통령령으로 정한다.

제7조(산업기술보호위원회의 설치 등) ① 산업기술의 유출방지 및 보호에 관한 다음 각 호의 사항을 심의하기 위하여 국무총리 소속하에 산업기술보호위원회(이하 "위원회"라 한다)를 둔다. 〈개정 2011.7.25〉

1. 종합계획의 수립 및 시행에 관한 사항
2. 제9조의 규정에 따른 국가핵심기술의 지정 · 변경 및 해제에 관한 사항
3. 제11조의 규정에 따른 국가핵심기술의 수출 등에 관한 사항
4. 제11조의2에 따른 국가핵심기술을 보유하는 대상기관의 해외인수 · 합병등에 관한 사항
5. 그 밖에 산업기술의 유출방지 및 보호를 위하여 필요한 것으로서 대통령령으로 정하는 사항

② 위원회는 위원장 1인을 포함한 25인 이내의 위원으로 구성한다. 이 경우 위원 중에는 제3항제3호의 규정에 해당하는 자가 5인 이상 포함되어야 한다.

③ 위원장은 국무총리가 되고, 위원은 다음 각 호의 자가 된다. 〈개정 2008.2.29〉

1. 관계중앙행정기관의 장으로서 대통령령으로 정하는 자
2. 산업기술의 유출방지업무를 수행하는 정보수사기관의 장
3. 산업기술의 유출방지 및 보호에 관한 학식과 경험이 풍부한 자로서 위원장이 위촉하는 자

④ 위원회에 간사위원 1인을 두되, 간사위원은 산업통상자원부장관이 된다. 〈개정 2008.2.29, 2013.3.23〉

⑤ 산업기술의 유출방지 및 보호에 관한 다음 각 호의 사항을 심의하기 위하여 위원회에 실무위원회를 두며, 실무위원회 소속으로 안건 심의 등을 지원하기 위하여 분야별 전문위원회를 둔다. 〈개정 2011.7.25〉

1. 위원회의 심의사항에 대한 사전검토
2. 대통령령으로 정하는 바에 따라 위원회로부터 위임받은 사항
3. 그 밖에 산업기술의 유출방지 및 보호를 위하여 필요한 실무적 사항으로서 대통령령으로 정하는 사항

⑥ 그 밖에 위원회·실무위원회 및 분야별 전문위원회의 구성·운영 등에 관하여 필요한 사항은 대통령령으로 정한다.

제3장 산업기술의 유출방지 및 관리

제8조(보호지침의 제정 등) ① 산업통상자원부장관은 산업기술의 유출을 방지하고 산업기술을 보호하기 위하여 필요한 방법·절차 등에 관한 지침(이하 "보호지침"이라 한다)을 관계 중앙행정기관의 장과 협의하여 제정하고 이를 대상기관이 활용할 수 있도록 하여야 한다. 〈개정 2008.2.29, 2011.7.25, 2013.3.23〉

② 산업통상자원부장관은 산업기술의 발전추세 및 국내외 시장환경 등을 감안하여 관계 중앙행정기관의 장과 협의하여 보호지침을 수정 또는 보완할 수 있다. 〈개정 2008.2.29, 2011.7.25, 2013.3.23〉

제9조(국가핵심기술의 지정·변경 및 해제 등) ① 산업통상자원부장관은 관계중앙행정기관의 장으로부터 그 소관의 국가핵심기술로 지정되어야 할 대상기술(이하

이 조에서 "지정대상기술"이라 한다)을 통보받아 위원회의 심의를 거쳐 국가핵심기술로 지정할 수 있다. 〈개정 2008.2.29, 2013.3.23〉

② 관계중앙행정기관의 장은 지정대상기술을 선정함에 있어서 해당기술이 국가안보 및 국민경제에 미치는 파급효과, 관련 제품의 국내외 시장점유율, 해당 분야의 연구동향 및 기술 확산과의 조화 등을 종합적으로 고려하여 필요최소한의 범위 안에서 선정하여야 한다.

③ 산업통상자원부장관은 관계중앙행정기관의 장으로부터 그 소관의 국가핵심기술의 범위 또는 내용의 변경이나 지정의 해제를 요청받은 경우에는 위원회의 심의를 거쳐 변경 또는 해제할 수 있다. 〈개정 2008.2.29, 2013.3.23〉

④ 산업통상자원부장관은 제1항의 규정에 따라 국가핵심기술을 지정하거나 제3항의 규정에 따라 국가핵심기술의 범위 또는 내용을 변경 또는 지정을 해제한 경우에는 이를 고시하여야 한다. 〈개정 2008.2.29, 2013.3.23〉

⑤ 위원회는 제1항 및 제3항의 규정에 따라 국가핵심기술의 지정 · 변경 또는 해제에 대한 심의를 함에 있어서 지정대상기술을 보유 · 관리하는 기업 등 이해관계인의 요청이 있는 경우에는 대통령령이 정하는 바에 따라 의견을 진술할 기회를 주어야 한다.

⑥ 대상기관은 해당 기관이 보유하고 있는 기술이 국가핵심기술에 해당하는지에 대한 판정을 대통령령으로 정하는 바에 따라 산업통상자원부장관에게 신청할 수 있다. 〈신설 2011.7.25, 2013.3.23〉

⑦ 제1항 및 제3항의 규정에 따른 국가핵심기술의 지정 · 변경 및 해제의 기준 · 절차 그 밖에 필요한 사항은 대통령령으로 정한다. 〈개정 2011.7.25〉

제10조(국가핵심기술의 보호조치) ① 국가핵심기술을 보유 · 관리하고 있는 대상기관의 장은 보호구역의 설정 · 출입허가 또는 출입시 휴대품 검사 등 국가핵심기술의 유출을 방지하기 위한 기반구축에 필요한 조치를 하여야 한다.

② 제1항의 규정에 따른 조치에 관하여 필요한 사항은 대통령령으로 정한다.

③ 누구든지 정당한 사유 없이 제1항의 보호조치를 거부 · 방해 또는 기피하여서는 아니 된다. 〈신설 2009.1.30〉

제11조(국가핵심기술의 수출 등) ① 국가로부터 연구개발비를 지원받아 개발한 국가핵심기술을 보유한 대상기관이 해당국가핵심기술을 외국기업 등에 매각 또는 이전 등의 방법으로 수출(이하 "국가핵심기술의 수출"이라 한다)하고자 하는 경우에는 산업통상자원부장관의 승인을 얻어야 한다. 〈개정 2008.2.29, 2013.3.23〉

② 산업통상자원부장관은 제1항의 규정에 따른 승인신청에 대하여 국가핵심기술의 수출에 따른 국가안보 및 국민경제적 파급효과 등을 검토하여 관계중앙행정기관의 장과 협의한 후 위원회의 심의를 거쳐 승인할 수 있다. 〈개정 2008.2.29, 2013.3.23〉

③ 제1항의 규정에 따라 승인을 얻은 국가핵심기술이 「대외무역법」 제19조제1항의 기술인 경우에는 같은 조 제2항에 따라 허가를 받은 것으로 보며, 「방위사업법」 제30조 및 제34조의 국방과학기술 및 방산물자인 경우에는 같은 법 제57조제2항에 따라 허가를 받은 것으로 본다. 이 경우 산업통상자원부장관은 사전에 관계중앙행정기관의 장과 협의를 하여야 한다. 〈개정 2008.2.29, 2011.7.25, 2013.3.23〉

④ 제1항의 규정에 따른 승인대상 외의 국가핵심기술을 보유·관리하고 있는 대상기관이 국가핵심기술의 수출을 하고자 하는 경우에는 산업통상자원부장관에게 사전에 신고를 하여야 한다. 〈개정 2008.2.29, 2013.3.23〉

⑤ 산업통상자원부장관은 제4항의 신고대상인 국가핵심기술의 수출이 국가안보에 심각한 영향을 줄 수 있다고 판단하는 경우에는 관계중앙행정기관의 장과 협의한 후 위원회의 심의를 거쳐 국가핵심기술의 수출중지·수출금지·원상회복 등의 조치를 명할 수 있다. 〈개정 2008.2.29, 2013.3.23〉

⑥ 제4항의 신고대상 국가핵심기술의 수출을 하고자 하는 자는 해당국가핵심기술이 국가안보와 관련되는지 여부에 대하여 산업통상자원부장관에게 사전검토를 신청할 수 있다. 〈개정 2008.2.29, 2013.3.23〉

⑦ 산업통상자원부장관은 국가핵심기술을 보유한 대상기관이 제1항의 규정에 따른 승인을 얻지 아니하거나 부정한 방법으로 승인을 얻어 국가핵심기술의 수출을 한 경우 또는 제4항의 규정에 따른 신고대상 국가핵심기술을 신고하지 아니하거나 허위로 신고하고 국가핵심기술의 수출을 한 경우에는 정보수사기관의 장에게

조사를 의뢰하고, 조사결과를 위원회에 보고한 후 위원회의 심의를 거쳐 해당국가핵심기술의 수출중지 · 수출금지 · 원상회복 등의 조치를 명령할 수 있다. 〈개정 2008.2.29, 2013.3.23〉

⑧ 위원회는 다음 각 호의 어느 하나에 해당하는 경우에는 대상기관의 의견을 청취할 수 있다.

1. 제2항의 규정에 따른 승인신청에 대한 심의
2. 제5항의 규정에 따른 국가안보에 심각한 영향을 주는 국가핵심기술의 수출중지 · 수출금지 · 원상회복 심의
3. 제7항의 규정에 따른 미승인 또는 부정승인 및 미신고 또는 허위신고 등에 대한 국가핵심기술의 수출중지 · 수출금지 · 원상회복 심의

⑨ 산업통상자원부장관은 제1항의 규정에 따른 승인 또는 제4항의 규정에 따른 신고와 관련하여 분야별 전문위원회로 하여금 검토하게 할 수 있으며 관계중앙행정기관의 장 또는 대상기관의 장에게 자료제출 등의 필요한 협조를 요청할 수 있다. 이 경우 관계 중앙행정기관의 장 및 대상기관의 장은 특별한 사유가 없는 한 이에 협조하여야 한다. 〈개정 2008.2.29, 2013.3.23〉

⑩ 제1항의 승인, 제4항의 신고, 제5항 및 제7항의 수출중지 · 수출금지 · 원상회복 등의 조치 및 절차 등에 관하여 세부적인 사항은 대통령령으로 정한다.

⑪ 제6항의 규정에 따른 국가핵심기술이 국가안보와 관련되는지 여부에 대한 사전검토의 신청에 관하여 필요한 사항은 대통령령으로 정한다.

제11조의2(국가핵심기술을 보유하는 대상기관의 해외인수 · 합병등) ① 국가로부터 연구개발비를 지원받아 개발한 국가핵심기술을 보유한 대상기관이 대통령령으로 정하는 해외 인수 · 합병, 합작투자 등 외국인투자(이하 "해외인수 · 합병등"이라 한다)를 진행하려는 경우에는 산업통상자원부장관에게 미리 신고하여야 한다. 〈개정 2013.3.23〉

② 제1항의 대상기관은 대통령령으로 정하는 외국인에 의하여 해외인수 · 합병등이 진행되는 것을 알게 된 경우 지체 없이 산업통상자원부장관에게 신고하여야 한다. 〈개정 2013.3.23〉

③ 산업통상자원부장관은 제1항 및 제2항에 따른 국가핵심기술의 유출이 국가안보에 심각한 영향을 줄 수 있다고 판단하는 경우에는 관계 중앙행정기관의 장과 협의한 후 위원회의 심의를 거쳐 해외인수·합병등에 대하여 중지·금지·원상회복 등의 조치를 명할 수 있다. 〈개정 2013.3.23〉

④ 제1항 및 제2항에 따라 해외인수·합병등을 진행하려는 자는 해당 해외인수·합병등과 관련하여 다음 각 호의 사항에 관하여 의문이 있는 때에는 대통령령으로 정하는 바에 따라 산업통상자원부장관에게 미리 검토하여 줄 것을 신청할 수 있다. 〈개정 2013.3.23〉

1. 해당 국가핵심기술이 국가안보와 관련되는지 여부
2. 해당 해외인수·합병등이 제1항 및 제2항의 신고대상인지 여부
3. 그 밖에 해당 해외인수·합병등과 관련하여 의문이 있는 사항

⑤ 산업통상자원부장관은 국가핵심기술을 보유한 대상기관이 제1항 및 제2항에 따른 신고를 하지 아니하거나 거짓이나 그 밖의 부정한 방법으로 신고를 하고서 해외인수·합병등을 한 경우에는 정보수사기관의 장에게 조사를 의뢰하고, 조사결과를 위원회에 보고한 후 위원회의 심의를 거쳐 해당 해외인수·합병등에 대하여 중지·금지 등 필요한 조치를 명할 수 있다. 〈개정 2013.3.23〉

⑥ 위원회는 다음 각 호의 어느 하나에 해당하는 경우에는 대상기관의 의견을 청취할 수 있다.

1. 제1항 및 제2항에 따른 신고에 대한 심의
2. 제3항에 따른 국가안보에 심각한 영향을 주는 해외인수·합병등에 대한 중지·금지·원상회복 등 심의
3. 제3항의 조치에 따른 대상기관의 손해에 대한 심의
4. 제5항에 따른 미신고 또는 거짓신고 등에 대한 해외인수·합병등의 중지·금지·원상회복 등 심의

⑦ 산업통상자원부장관은 제1항 및 제2항에 따른 신고와 관련하여 분야별 전문위원회로 하여금 검토하게 할 수 있으며 관계 중앙행정기관의 장 또는 대상기관의 장에게 자료제출 등의 필요한 협조를 요청할 수 있다. 이 경우 관계 중앙행정기관

의 장 및 대상기관의 장은 특별한 사유가 없는 한 이에 협조하여야 한다. 〈개정 2013.3.23〉

⑧ 제1항 및 제2항의 신고, 제3항 및 제5항의 중지 · 금지 · 원상회복 등의 조치 및 절차 등에 관하여 세부적인 사항은 대통령령으로 정한다.

[본조신설 2011.7.25]

제12조(국가연구개발사업의 보호관리) 대상기관의 장은 산업기술과 관련된 국가연구개발사업을 수행하는 과정에서 개발성과물이 외부로 유출되지 아니하도록 필요한 대책을 수립 · 시행하여야 한다.

제13조(개선권고) ① 산업통상자원부장관은 제10조의 규정에 따른 국가핵심기술의 보호조치 및 제12조의 규정에 따른 국가연구개발사업의 보호관리와 관련하여 필요하다고 인정되는 경우 대상기관의 장에 대하여 개선을 권고할 수 있다. 〈개정 2011.7.25, 2013.3.23〉

② 제1항의 규정에 따라 개선권고를 받은 대상기관의 장은 개선대책을 수립 · 시행하고 그 결과를 산업통상자원부장관에게 통보하여야 한다. 〈개정 2011.7.25, 2013.3.23〉

③ 산업통상자원부장관은 제1항에 따라 대상기관의 장에게 개선권고를 한 경우 해당 개선권고의 주요 내용 및 이유, 대상기관의 조치결과 등을 위원회에 보고하여야 한다. 〈신설 2011.7.25, 2013.3.23〉

④ 제1항 및 제2항에 따른 개선권고 및 개선대책의 수립 · 시행 및 제3항에 따라 위원회에 보고하기 위하여 필요한 사항은 대통령령으로 정한다. 〈개정 2011.7.25〉

제14조(산업기술의 유출 및 침해행위 금지) 누구든지 다음 각 호의 어느 하나에 해당하는 행위를 하여서는 아니 된다. 〈개정 2008.2.29, 2011.7.25, 2013.3.23〉

1. 절취 · 기망 · 협박 그 밖의 부정한 방법으로 대상기관의 산업기술을 취득하는 행위 또는 그 취득한 산업기술을 사용하거나 공개(비밀을 유지하면서 특정인에게 알리는 것을 포함한다. 이하 같다)하는 행위
2. 제34조의 규정 또는 대상기관과의 계약 등에 따라 산업기술에 대한 비밀유지의무가 있는 자가 부정한 이익을 얻거나 그 대상기관에게 손해를 가할 목적으

로 유출하거나 그 유출한 산업기술을 사용 또는 공개하거나 제3자가 사용하게 하는 행위

3. 제1호 또는 제2호의 규정에 해당하는 행위가 개입된 사실을 알고 그 산업기술을 취득·사용 및 공개하거나 산업기술을 취득한 후에 그 산업기술에 대하여 제1호 또는 제2호의 규정에 해당하는 행위가 개입된 사실을 알고 그 산업기술을 사용하거나 공개하는 행위
4. 제1호 또는 제2호의 규정에 해당하는 행위가 개입된 사실을 중대한 과실로 알지 못하고 그 산업기술을 취득·사용 및 공개하거나 산업기술을 취득한 후에 그 산업기술에 대하여 제1호 또는 제2호의 규정에 해당하는 행위가 개입된 사실을 중대한 과실로 알지 못하고 그 산업기술을 사용하거나 공개하는 행위
5. 제11조제1항의 규정에 따른 승인을 얻지 아니하거나 부정한 방법으로 승인을 얻어 국가핵심기술을 수출하는 행위
6. 국가핵심기술을 외국에서 사용하거나 사용되게 할 목적으로 제11조의2제1항 및 제2항에 따른 신고를 하지 아니하거나 거짓이나 그 밖의 부정한 방법으로 신고를 하고서 해외인수·합병등을 하는 행위
7. 제11조제5항·제7항 및 제11조의2제3항·제5항에 따른 산업통상자원부장관의 명령을 이행하지 아니하는 행위

제14조의2(산업기술 침해행위에 대한 금지청구권 등) ① 대상기관은 산업기술 침해행위를 하거나 하려는 자에 대하여 그 행위에 의하여 영업상의 이익이 침해되거나 침해될 우려가 있는 경우에는 법원에 그 행위의 금지 또는 예방을 청구할 수 있다.

② 대상기관이 제1항에 따른 청구를 할 때에는 침해행위를 조성한 물건의 폐기, 침해행위에 제공된 설비의 제거, 그 밖에 침해행위의 금지 또는 예방을 위하여 필요한 조치를 함께 청구할 수 있다.

③ 제1항에 따라 산업기술 침해행위의 금지 또는 예방을 청구할 수 있는 권리는 산업기술 침해행위가 계속되는 경우에 대상기관이 그 침해행위에 의하여 영업상의 이익이 침해되거나 침해될 우려가 있다는 사실 및 침해행위자를 안 날부터 3년

간 행사하지 아니하면 시효의 완성으로 소멸한다. 그 침해행위가 시작된 날부터 10년이 지난 때에도 또한 같다.

[본조신설 2011.7.25]

제15조(산업기술 침해신고 등) ① 국가핵심기술 및 국가연구개발사업으로 개발한 산업기술을 보유한 대상기관의 장은 제14조 각 호의 어느 하나에 해당하는 행위가 발생할 우려가 있거나 발생한 때에는 즉시 산업통상자원부장관 및 정보수사기관의 장에게 그 사실을 신고하여야 하고, 필요한 조치를 요청할 수 있다. 〈개정 2008.2.29, 2013.3.23〉

② 산업통상자원부장관 및 정보수사기관의 장은 제1항의 규정에 따른 요청을 받은 경우 또는 제14조에 따른 금지행위를 인지한 경우에는 그 필요한 조치를 하여야 한다. 〈개정 2008.2.29, 2011.7.25, 2013.3.23〉

제4장 산업기술보호의 기반구축 및 산업보안기술의 개발 · 지원 등

제16조(산업기술보호협회의 설립 등) ① 대상기관은 산업기술의 유출방지 및 보호에 관한 시책을 효율적으로 추진하기 위하여 산업통상자원부장관의 인가를 받아 산업기술보호협회(이하 "협회"라 한다)를 설립할 수 있다. 〈개정 2008.2.29, 2013.3.23〉

② 협회는 법인으로 하고, 그 주된 사무소의 소재지에서 설립등기를 함으로써 성립한다.

③ 설립등기 외의 등기를 필요로 하는 사항은 그 등기 후가 아니면 제3자에게 대항하지 못한다.

④ 협회는 다음 각 호의 업무를 행한다. 〈개정 2008.2.29, 2011.7.25, 2013.3.23〉

1. 산업기술보호를 위한 정책의 개발 및 협력
2. 산업기술의 해외유출 관련 정보 전파
3. 산업기술의 유출방지를 위한 상담 · 홍보 · 교육 · 실태조사
4. 국내외 산업기술보호 관련 자료 수집 · 분석 및 발간
5. 제22조제1항에 따른 산업기술의 보호를 위한 지원업무

6. 제23조의 규정에 따른 산업기술분쟁조정위원회의 업무지원
7. 그 밖에 산업통상자원부장관이 필요하다고 인정하여 위탁하거나 협회의 정관이 정한 사업

⑤ 정부는 대상기관의 산업기술의 보호를 위하여 필요한 경우에는 예산의 범위 안에서 협회의 사업수행에 필요한 자금을 지원할 수 있다.

⑥ 협회의 사업 및 감독 등에 관하여 필요한 사항은 대통령령으로 정한다.

⑦ 협회에 관하여 이 법에 규정된 사항을 제외하고는 「민법」 중 사단법인에 관한 규정을 준용한다.

제17조(산업기술보호를 위한 실태조사) ① 산업통상자원부장관은 필요한 경우 대상기관의 산업기술의 보호 및 관리 현황에 대한 실태조사를 실시할 수 있다. 〈개정 2008.2.29, 2013.3.23〉

② 산업통상자원부장관은 제1항의 규정에 따른 실태조사를 위하여 산업기술을 보유하고 있는 대상기관 및 관련 단체에 대하여 관련 자료의 제출이나 조사업무의 수행에 필요한 협조를 요청할 수 있다. 이 경우 그 요청을 받은 자는 특별한 사유가 없는 한 이에 응하여야 한다. 〈개정 2008.2.29, 2013.3.23〉

③ 제2항의 규정에 따른 실태조사의 대상·범위·방법 등에 관하여 필요한 사항은 대통령령으로 정한다.

제18조(국제협력) ① 정부는 산업기술의 보호에 관한 국제협력을 촉진하기 위하여 관련 산업보안기술 및 전문인력의 국제교류, 산업보안기술의 국제표준화 및 국제공동연구개발 등에 관하여 필요한 국제협력사업을 추진할 수 있다.

② 정부는 다음 각 호의 사업을 지원할 수 있다.

1. 산업보안기술 및 보안산업의 국제적 차원의 조사·연구
2. 산업보안기술 및 보안산업에 관한 국제적 차원의 인력·정보의 교류
3. 산업보안기술 및 보안산업에 관한 국제적 전시회·학술회의 등의 개최
4. 그 밖에 국제적 차원의 대책을 수립하고 추진하기 위하여 필요하다고 인정하여 대통령령이 정하는 사업

제19조(산업기술보호교육) ① 산업통상자원부장관은 산업기술의 유출방지 및 보호

를 위하여 대상기관의 임 · 직원을 대상으로 교육을 실시할 수 있다. 〈개정 2008.2.29, 2013.3.23〉

② 제1항의 규정에 따른 교육의 내용 · 기간 · 주기 등에 관하여 필요한 사항은 대통령령으로 정한다.

제20조(산업보안기술의 개발지원 등) ① 정부는 산업기술을 보호하기 위하여 산업보안기술의 개발 및 전문인력의 양성에 관한 시책을 수립하여 추진할 수 있다.

② 정부는 산업기술보호에 필요한 기술개발을 효율적으로 추진하기 위하여 대상기관으로 하여금 제1항의 규정에 따른 산업보안기술의 개발 등을 실시하게 할 수 있다.

③ 정부는 제2항의 규정에 따라 산업보안기술 개발사업 등을 실시하는 자에게 그 사업에 소요되는 비용을 출연 또는 보조할 수 있다.

④ 제3항의 규정에 따른 출연금의 지급 · 사용 및 관리 등에 관하여 필요한 사항은 대통령령으로 정한다.

제21조(산업기술보호 포상 및 보호 등) ① 정부는 산업보안기술의 개발 등 산업기술의 유출방지 및 보호에 기여한 공이 큰 자 또는 이 법의 규정을 위반하여 산업기술을 해외로 유출한 사실을 신고한 자 등에 대하여 예산의 범위 내에서 포상 및 포상금을 지급할 수 있다. 〈개정 2009.1.30〉

② 정부는 이 법의 규정을 위반하여 산업기술을 해외로 유출한 사실을 신고한 자로부터 요청이 있는 경우 그에 대하여 신변보호 등 필요한 조치를 취하여야 한다.

③ 정부는 산업보안기술의 개발 등 산업기술의 유출방지 및 보호에 기여한 공이 큰 외국인에 대하여 국내정착 및 국적취득을 지원할 수 있다.

④ 제1항 내지 제3항의 규정에 따른 포상 · 포상금 지급, 신변보호 등의 기준 · 방법 및 절차에 관하여 필요한 사항은 대통령령으로 정한다.

제22조(산업기술의 보호를 위한 지원) ① 정부는 산업기술의 보호를 촉진하기 위하여 필요하다고 인정하면 다음 각 호의 사항을 대상기관 등에게 지원할 수 있다. 〈개정 2011.7.25〉

1. 산업기술 보안에 대한 자문

2. 산업기술의 보안시설을 설치·운영하는 기술지원

3. 산업기술보호를 위한 교육 및 인력양성을 위한 지원

4. 그 밖에 산업기술보호를 위하여 필요한 사항

② 제1항의 규정에 따른 지원에 관하여 필요한 사항은 대통령령으로 정한다.

[제목개정 2011.7.25]

제5장 보칙

제23조(산업기술분쟁조정위원회) ① 산업기술의 유출에 대한 분쟁을 신속하게 조정하기 위하여 산업통상자원부장관 소속하에 산업기술분쟁조정위원회(이하 "조정위원회"라 한다)를 둔다. 〈개정 2008.2.29, 2013.3.23〉

② 조정위원회는 위원장 1인을 포함한 15인 이내의 위원으로 구성한다.

③ 조정위원회의 위원은 다음 각 호의 어느 하나에 해당하는 자 중에서 대통령령이 정하는 바에 따라 산업통상자원부장관이 임명 또는 위촉한다. 〈개정 2008.2.29, 2013.3.23〉

1. 대학이나 공인된 연구기관에서 부교수 이상 또는 이에 상당하는 직에 있거나 있었던 자로서 기술 또는 정보의 보호 관련 분야를 전공한 자

2. 4급 또는 4급 상당 이상의 공무원 또는 이에 상당하는 공공기관의 직에 있거나 있었던 자로서 산업기술유출의 방지업무에 관한 경험이 있는 자

3. 산업기술의 보호사업을 영위하고 있는 기업 또는 산업기술의 보호업무를 수행하는 단체의 임원직에 있는 자

4. 판사·검사 또는 변호사의 자격이 있는 자

④ 위원의 임기는 3년으로 하되, 연임할 수 있다.

⑤ 위원장은 위원 중에서 산업통상자원부장관이 임명한다. 〈개정 2008.2.29, 2013.3.23〉

제24조(조정부) ① 분쟁의 조정을 효율적으로 수행하기 위하여 조정위원회에 5인 이내의 위원으로 구성되는 조정부를 두되, 그 중 1인은 변호사의 자격이 있는 자로 한다.

② 조정위원회는 필요한 경우 일부 분쟁에 대하여 제1항의 규정에 따른 조정부에 일임하여 조정하게 할 수 있다.

③ 제1항의 규정에 따른 조정부의 구성 및 운영에 관하여 필요한 사항은 대통령령으로 정한다.

제25조(위원의 제척 · 기피 · 회피) ① 위원은 다음 각 호의 어느 하나에 해당하는 경우에는 당해 분쟁조정청구사건(이하 "사건"이라 한다)의 심의 · 의결에서 제척된다.

1. 위원 또는 그 배우자나 배우자이었던 자가 당해 사건의 당사자가 되거나 당해 사건에 관하여 공동권리자 또는 의무자의 관계에 있는 경우
2. 위원이 당해 사건의 당사자와 친족관계에 있거나 있었던 경우
3. 위원이 당해 사건에 관하여 증언이나 감정을 한 경우
4. 위원이 당해 사건에 관하여 당사자의 대리인 또는 임 · 직원으로서 관여하거나 관여하였던 경우

② 당사자는 위원에게 심의 · 의결의 공정성을 기대하기 어려운 사정이 있는 경우에는 조정위원회에 기피신청을 할 수 있다. 이 경우 조정위원회는 기피신청이 타당하다고 인정하는 때에는 기피의 결정을 하여야 한다.

③ 위원이 제1항 또는 제2항의 사유에 해당하는 경우에는 스스로 그 사건의 심의 · 의결을 회피할 수 있다.

제26조(분쟁의 조정) ① 산업기술유출과 관련한 분쟁의 조정을 원하는 자는 신청취지와 원인을 기재한 조정신청서를 조정위원회에 제출하여 분쟁의 조정을 신청할 수 있다.

② 제1항의 규정에 따른 분쟁의 조정신청을 받은 조정위원회는 신청을 받은 날부터 3월 이내에 이를 심사하여 조정안을 작성하여야 한다. 다만, 부득이한 사정이 있는 경우에는 조정위원회의 의결로 1월의 범위 내에서 기간을 연장할 수 있다.

③ 제2항의 규정에 따른 기간이 경과하는 경우에는 조정이 성립되지 아니한 것으로 본다.

제27조(자료요청 등) ① 조정위원회는 분쟁조정을 위하여 필요한 자료를 분쟁당사

자에게 요청할 수 있다. 이 경우 해당분쟁당사자는 정당한 사유가 없는 한 이에 응하여야 한다.

② 조정위원회는 필요하다고 인정하는 경우에는 분쟁당사자 또는 참고인으로 하여금 조정위원회에 출석하게 하여 그 의견을 들을 수 있다.

③ 조정위원회는 제1항의 규정에 따른 자료요구와 제2항의 규정에 따라 의견진술을 청취할 경우 비공개로 하여야 하며, 제출된 자료 및 청취된 의견에 대해서는 비밀을 유지하여야 한다.

제28조(조정의 효력) ① 조정위원회는 제26조제2항의 규정에 따라 조정안을 작성한 때에는 지체 없이 이를 각 당사자에게 제시하여야 한다.

② 제1항의 규정에 따라 조정안을 제시받은 당사자는 그 제시를 받은 날부터 15일 이내에 그 수락 여부를 조정위원회에 통보하여야 한다.

③ 당사자가 조정안을 수락한 때에는 조정위원회는 즉시 조정조서를 작성하여야 하며, 위원장 및 각 당사자는 이에 기명날인하여야 한다.

④ 당사자가 제3항의 규정에 따라 조정안을 수락하고 기명날인한 경우에는 해당 조정조서는 재판상 화해와 동일한 효력을 갖는다.

제29조(조정의 거부 및 중지) ① 조정위원회는 분쟁의 성질상 조정위원회에서 조정하는 것이 적합하지 아니하다고 인정하거나 당사자가 부정한 목적으로 조정을 신청한 것으로 인정되는 경우에는 해당조정을 거부할 수 있다. 이 경우 그 사유 등을 신청인에게 통보하여야 한다.

② 조정위원회는 신청된 조정사건에 대한 처리절차를 진행 중에 일방 당사자가 법원에 소를 제기한 경우에는 그 조정의 처리를 중지하고 이를 당사자에게 통지하여야 한다.

제30조(조정의 절차 등) 분쟁의 조정방법·조정절차 및 조정업무의 처리 등에 관하여 필요한 사항은 대통령령으로 정한다.

제31조(준용법률) 산업기술유출에 관한 분쟁조정에 관하여 이 법에 규정이 있는 경우를 제외하고는 그 성질에 반하지 않는 한 「민사조정법」의 규정을 준용한다.

제32조(수수료) ① 제26조제1항의 규정에 따라 조정위원회에 산업기술유출과 관련

한 분쟁의 조정을 신청하는 자는 대통령령이 정하는 바에 따라 수수료를 납부하여야 한다.

② 제1항의 규정에 따른 수수료의 금액 · 징수방법 · 징수절차 등에 관하여 필요한 사항은 산업통상자원부령으로 정한다. 〈개정 2008.2.29, 2013.3.23〉

第33조(권한의 위임 · 위탁) 산업통상자원부장관은 이 법에 의한 권한의 일부를 대통령령이 정하는 바에 따라 보조기관 · 소속기관의 장이나 관계중앙행정기관의 장 또는 관계전문기관의 장에게 위임 또는 위탁할 수 있다. 〈개정 2008.2.29, 2013.3.23〉

第34조(비밀유지의무) 다음 각 호의 어느 하나에 해당하거나 해당하였던 자는 그 직무상 알게 된 비밀을 누설하거나 도용하여서는 아니 된다. 〈개정 2008.2.29, 2011.7.25, 2013.3.23〉

1. 대상기관의 임 · 직원(교수 · 연구원 · 학생을 포함한다)
2. 제9조의 규정에 따라 국가핵심기술의 지정 · 변경 및 해제 업무를 수행하는 자
3. 제11조 및 제11조의2에 따라 국가핵심기술의 수출 및 해외인수 · 합병등에 관한 사항을 검토하거나 사전검토, 조사업무를 수행하는 자
4. 제15조의 규정에 따라 침해행위의 접수 및 방지 등의 업무를 수행하는 자
5. 제16조제4항제3호의 규정에 따라 상담업무 또는 실태조사에 종사하는 자
6. 제17조제1항의 규정에 따라 산업기술의 보호 및 관리 현황에 대한 실태조사업무를 수행하는 자
7. 제20조제2항의 규정에 따라 산업보안기술 개발사업자에게 고용되어 산업보안기술 연구개발업무를 수행하는 자
8. 제23조의 규정에 따라 산업기술 분쟁조정업무를 수행하는 자
9. 제33조의 규정에 따라 산업통상자원부장관의 권한의 일부를 위임 · 위탁받아 업무를 수행하는 자

第35조(벌칙 적용에서의 공무원 의제) 다음 각 호의 업무를 행하는 자는 「형법」 제129조 내지 제132조를 적용함에 있어서는 이를 공무원으로 본다. 〈개정 2008.2.29, 2011.7.25, 2013.3.23〉

1. 제9조의 규정에 따라 국가핵심기술의 지정・변경 및 해제 업무를 수행하는 자
2. 제11조 및 제11조의2에 따라 국가핵심기술의 수출 및 해외인수・합병등에 관한 사항을 검토하거나 조사업무를 수행하는 자
3. 제15조의 규정에 따라 침해행위의 접수 및 방지 등의 업무를 수행하는 자
4. 제17조의 규정에 따라 산업기술의 보호 및 관리 현황에 대한 실태조사업무를 수행하는 자
5. 제23조의 규정에 따라 산업기술 분쟁조정업무를 수행하는 자
6. 제33조의 규정에 따라 산업통상자원부장관의 권한의 일부를 위임・위탁받아 업무를 수행하는 자

제6장 벌칙

제36조(벌칙) ① 산업기술을 외국에서 사용하거나 사용되게 할 목적으로 제14조 각 호(제4호를 제외한다)의 어느 하나에 해당하는 행위를 한 자는 10년 이하의 징역 또는 10억원 이하의 벌금에 처한다. 〈개정 2008.3.14〉

② 제14조 각 호(제4호 및 제6호는 제외한다)의 어느 하나에 해당하는 행위를 한 자는 5년 이하의 징역 또는 5억원 이하의 벌금에 처한다. 〈개정 2011.7.25〉

③ 제14조제4호에 해당하는 행위를 한 자는 3년 이하의 징역 또는 3억원 이하의 벌금에 처한다.

④ 제1항 내지 제3항의 죄를 범한 자가 그 범죄행위로 인하여 얻은 재산은 이를 몰수한다. 다만, 그 전부 또는 일부를 몰수할 수 없는 때에는 그 가액을 추징한다.

⑤ 제34조의 규정을 위반하여 비밀을 누설한 자는 5년 이하의 징역이나 10년 이하의 자격정지 또는 5천만원 이하의 벌금에 처한다.

⑥ 제1항 및 제2항의 미수범은 처벌한다.

⑦ 제1항 내지 제3항의 징역형과 벌금형은 이를 병과할 수 있다.

[단순위헌, 2011헌바39, 2013.7.25. 구 산업기술의 유출방지 및 보호에 관한 법률(2006. 10. 27. 법률 제8062호로 제정되고, 2011. 7. 25. 법률 제10962호로 개정되기 전의 것) 제36조 제2항 중 제14조 제1호 가운데 '부정한 방법에 의한 산업

기술 취득행위'에 관한 부분은 헌법에 위반된다.]

제37조(예비 · 음모) ① 제36조제1항의 죄를 범할 목적으로 예비 또는 음모한 자는 3년 이하의 징역 또는 3천만원 이하의 벌금에 처한다.

② 제36조제2항의 죄를 범할 목적으로 예비 또는 음모한 자는 2년 이하의 징역 또는 2천만원 이하의 벌금에 처한다.

제38조(양벌규정) 법인의 대표자나 법인 또는 개인의 대리인, 사용인, 그 밖의 종업원이 그 법인 또는 개인의 업무에 관하여 제36조제1항부터 제3항까지의 어느 하나에 해당하는 위반행위를 하면 그 행위자를 벌하는 외에 그 법인 또는 개인에게도 해당 조문의 벌금형을 과(科)한다. 다만, 법인 또는 개인이 그 위반행위를 방지하기 위하여 해당 업무에 관하여 상당한 주의와 감독을 게을리하지 아니한 경우에는 그러하지 아니하다.

[전문개정 2008.12.26]

제39조(과태료) ① 다음 각 호의 어느 하나에 해당하는 자는 1천만원 이하의 과태료에 처한다. 〈개정 2009.1.30〉

1. 제10조제3항을 위반하여 국가핵심기술의 보호조치를 거부 · 방해 또는 기피한 자
2. 제15조제1항의 규정에 따른 산업기술 침해신고를 하지 아니한 자
3. 제17조제2항의 규정을 위반하여 관련 자료를 제출하지 아니하거나 허위로 제출한 자

② 제1항의 규정에 따른 과태료는 대통령령이 정하는 바에 따라 산업통상자원부장관이 부과 · 징수한다. 〈개정 2008.2.29, 2013.3.23〉

③ 삭제 〈2009.1.30〉

④ 삭제 〈2009.1.30〉

⑤ 삭제 〈2009.1.30〉

부칙 〈제11690호, 2013.3.23〉 (정부조직법)

제1조(시행일) ① 이 법은 공포한 날부터 시행한다.

② 생략

제2조부터 제5조까지 생략

제6조(다른 법률의 개정) ①부터 〈383〉까지 생략

〈384〉 산업기술의 유출방지 및 보호에 관한 법률 일부를 다음과 같이 개정한다.

제5조제1항·제2항, 같은 조 제4항 전단, 제7조제4항, 제8조제1항·제2항, 제9조제1항·제3항·제4항·제6항, 제11조제1항·제2항, 같은 조 제3항 후단, 같은 조 제4항부터 제7항까지, 같은 조 제9항 전단, 제11조의2제1항부터 제3항까지, 같은 조 제4항 각 호 외의 부분, 같은 조 제5항, 같은 조 제7항 전단, 제13조제1항부터 제3항까지, 제14조제7호, 제15조제1항·제2항, 제16조제1항, 같은 조 제4항 제7호, 제17조제1항, 같은 조 제2항 전단, 제19조제1항, 제23조제1항, 같은 조 제3항 각 호 외의 부분, 같은 조 제5항, 제33조, 제34조제9호, 제35조제6호 및 제39조제2항 중 "지식경제부장관"을 각각 "산업통상자원부장관"으로 한다.

제32조제2항 중 "지식경제부령"을 "산업통상자원부령"으로 한다.

법률 제10962호 산업기술의 유출방지 및 보호에 관한 법률 일부개정법률 부칙 제3항 중 "지식경제부장관"을 "산업통상자원부장관"으로 한다.

〈385〉부터 〈710〉까지 생략

제7조 생략

부정경쟁방지 및 영업비밀보호에 관한 법률

[시행 2014.1.31] [법률 제11963호, 2013.7.30, 일부개정]

특허청(산업재산보호정책과) 042-481-3310

제1장 총칙 〈개정 2007.12.21〉

제1조(목적) 이 법은 국내에 널리 알려진 타인의 상표 · 상호(商號) 등을 부정하게 사용하는 등의 부정경쟁행위와 타인의 영업비밀을 침해하는 행위를 방지하여 건전한 거래질서를 유지함을 목적으로 한다.

[전문개정 2007.12.21]

제2조(정의) 이 법에서 사용하는 용어의 뜻은 다음과 같다. 〈개정 2011.12.2, 2013.7.30〉

1. "부정경쟁행위"란 다음 각 목의 어느 하나에 해당하는 행위를 말한다.
   가. 국내에 널리 인식된 타인의 성명, 상호, 상표, 상품의 용기 · 포장, 그 밖에 타인의 상품임을 표시한 표지(標識)와 동일하거나 유사한 것을 사용하거나 이러한 것을 사용한 상품을 판매 · 반포(頒布) 또는 수입 · 수출하여 타인의 상품과 혼동하게 하는 행위
   나. 국내에 널리 인식된 타인의 성명, 상호, 표장(標章), 그 밖에 타인의 영업임을 표시하는 표지와 동일하거나 유사한 것을 사용하여 타인의 영업상의 시설 또는 활동과 혼동하게 하는 행위
   다. 가목 또는 나목의 혼동하게 하는 행위 외에 비상업적 사용 등 대통령령으로 정하는 정당한 사유 없이 국내에 널리 인식된 타인의 성명, 상호, 상표, 상품의 용기 · 포장, 그 밖에 타인의 상품 또는 영업임을 표시한 표지와 동일하거나 유사한 것을 사용하거나 이러한 것을 사용한 상품을 판매 · 반포 또는 수입 · 수출하여 타인의 표지의 식별력이나 명성을 손상하는 행위
   라. 상품이나 그 광고에 의하여 또는 공중이 알 수 있는 방법으로 거래상의 서류 또는 통신에 거짓의 원산지의 표지를 하거나 이러한 표지를 한 상품을

판매 · 반포 또는 수입 · 수출하여 원산지를 오인(誤認)하게 하는 행위

마. 상품이나 그 광고에 의하여 또는 공중이 알 수 있는 방법으로 거래상의 서류 또는 통신에 그 상품이 생산 · 제조 또는 가공된 지역 외의 곳에서 생산 또는 가공된 듯이 오인하게 하는 표지를 하거나 이러한 표지를 한 상품을 판매 · 반포 또는 수입 · 수출하는 행위

바. 타인의 상품을 사칭(詐稱)하거나 상품 또는 그 광고에 상품의 품질, 내용, 제조방법, 용도 또는 수량을 오인하게 하는 선전 또는 표지를 하거나 이러한 방법이나 표지로써 상품을 판매 · 반포 또는 수입 · 수출하는 행위

사. 다음의 어느 하나의 나라에 등록된 상표 또는 이와 유사한 상표에 관한 권리를 가진 자의 대리인이나 대표자 또는 그 행위일 전 1년 이내에 대리인이나 대표자이었던 자가 정당한 사유 없이 해당 상표를 그 상표의 지정상품과 동일하거나 유사한 상품에 사용하거나 그 상표를 사용한 상품을 판매 · 반포 또는 수입 · 수출하는 행위

(1) 「공업소유권의 보호를 위한 파리협약」(이하 "파리협약"이라 한다) 당사국

(2) 세계무역기구 회원국

(3) 「상표법 조약」의 체약국(締約國)

아. 정당한 권원이 없는 자가 다음의 어느 하나의 목적으로 국내에 널리 인식된 타인의 성명, 상호, 상표, 그 밖의 표지와 동일하거나 유사한 도메인이름을 등록 · 보유 · 이전 또는 사용하는 행위

(1) 상표 등 표지에 대하여 정당한 권원이 있는 자 또는 제3자에게 판매하거나 대여할 목적

(2) 정당한 권원이 있는 자의 도메인이름의 등록 및 사용을 방해할 목적

(3) 그 밖에 상업적 이익을 얻을 목적

자. 타인이 제작한 상품의 형태(형상 · 모양 · 색채 · 광택 또는 이들을 결합한 것을 말하며, 시제품 또는 상품소개서상의 형태를 포함한다. 이하 같다)를 모방한 상품을 양도 · 대여 또는 이를 위한 전시를 하거나 수입 · 수출하는 행위. 다만, 다음의 어느 하나에 해당하는 행위는 제외한다.

(1) 상품의 시제품 제작 등 상품의 형태가 갖추어진 날부터 3년이 지난 상품의 형태를 모방한 상품을 양도 · 대여 또는 이를 위한 전시를 하거나 수입 · 수출하는 행위

(2) 타인이 제작한 상품과 동종의 상품(동종의 상품이 없는 경우에는 그 상품과 기능 및 효용이 동일하거나 유사한 상품을 말한다)이 통상적으로 가지는 형태를 모방한 상품을 양도 · 대여 또는 이를 위한 전시를 하거나 수입 · 수출하는 행위

차. 그 밖에 타인의 상당한 투자나 노력으로 만들어진 성과 등을 공정한 상거래 관행이나 경쟁질서에 반하는 방법으로 자신의 영업을 위하여 무단으로 사용함으로써 타인의 경제적 이익을 침해하는 행위

2. "영업비밀"이란 공공연히 알려져 있지 아니하고 독립된 경제적 가치를 가지는 것으로서, 상당한 노력에 의하여 비밀로 유지된 생산방법, 판매방법, 그 밖에 영업활동에 유용한 기술상 또는 경영상의 정보를 말한다.

3. "영업비밀 침해행위"란 다음 각 목의 어느 하나에 해당하는 행위를 말한다.

가. 절취(竊取), 기망(欺罔), 협박, 그 밖의 부정한 수단으로 영업비밀을 취득하는 행위(이하 "부정취득행위"라 한다) 또는 그 취득한 영업비밀을 사용하거나 공개(비밀을 유지하면서 특정인에게 알리는 것을 포함한다. 이하 같다)하는 행위

나. 영업비밀에 대하여 부정취득행위가 개입된 사실을 알거나 중대한 과실로 알지 못하고 그 영업비밀을 취득하는 행위 또는 그 취득한 영업비밀을 사용하거나 공개하는 행위

다. 영업비밀을 취득한 후에 그 영업비밀에 대하여 부정취득행위가 개입된 사실을 알거나 중대한 과실로 알지 못하고 그 영업비밀을 사용하거나 공개하는 행위

라. 계약관계 등에 따라 영업비밀을 비밀로서 유지하여야 할 의무가 있는 자가 부정한 이익을 얻거나 그 영업비밀의 보유자에게 손해를 입힐 목적으로 그 영업비밀을 사용하거나 공개하는 행위

마. 영업비밀이 라목에 따라 공개된 사실 또는 그러한 공개행위가 개입된 사실을 알거나 중대한 과실로 알지 못하고 그 영업비밀을 취득하는 행위 또는 그 취득한 영업비밀을 사용하거나 공개하는 행위

바. 영업비밀을 취득한 후에 그 영업비밀이 라목에 따라 공개된 사실 또는 그러한 공개행위가 개입된 사실을 알거나 중대한 과실로 알지 못하고 그 영업비밀을 사용하거나 공개하는 행위

4. "도메인이름"이란 인터넷상의 숫자로 된 주소에 해당하는 숫자·문자·기호 또는 이들의 결합을 말한다.

[전문개정 2007.12.21]

제2조의2(부정경쟁방지 및 영업비밀보호 사업) 특허청장은 부정경쟁행위의 방지 및 영업비밀보호를 위하여 연구·교육 및 홍보, 부정경쟁방지를 위한 정보관리시스템 구축 및 운영, 그 밖에 대통령령으로 정하는 사업을 할 수 있다.

[본조신설 2009.3.25]

제2장 부정경쟁행위의 금지 등 〈개정 2007.12.21〉

제3조(국기·국장 등의 사용 금지) ① 파리협약 당사국, 세계무역기구 회원국 또는 「상표법 조약」 체약국의 국기·국장(國章), 그 밖의 휘장이나 국제기구의 표지와 동일하거나 유사한 것은 상표로 사용할 수 없다. 다만, 해당 국가 또는 국제기구의 허락을 받은 경우에는 그러하지 아니하다.

② 파리협약 당사국, 세계무역기구 회원국 또는 「상표법 조약」 체약국 정부의 감독용 또는 증명용 표지와 동일하거나 유사한 것은 상표로 사용할 수 없다. 다만, 해당 정부의 허락을 받은 경우에는 그러하지 아니하다.

[전문개정 2007.12.21]

제3조의2(자유무역협정에 따라 보호하는 지리적 표시의 사용금지 등) ① 정당한 권원이 없는 자는 대한민국이 외국과 양자간(兩者間) 또는 다자간(多者間)으로 체결하여 발효된 자유무역협정에 따라 보호하는 지리적 표시(이하 이 조에서 "지리적 표시"라 한다)에 대하여는 제2조제1호라목 및 마목의 부정경쟁행위 이외에도 지

리적 표시에 나타난 장소를 원산지로 하지 아니하는 상품(지리적 표시를 사용하는 상품과 동일하거나 동일하다고 인식되는 상품으로 한정한다)에 관하여 다음 각 호의 행위를 할 수 없다.

1. 진정한 원산지 표시 이외에 별도로 지리적 표시를 사용하는 행위
2. 지리적 표시를 번역 또는 음역하여 사용하는 행위
3. "종류", "유형", "양식" 또는 "모조품" 등의 표현을 수반하여 지리적 표시를 사용하는 행위

② 정당한 권원이 없는 자는 다음 각 호의 행위를 할 수 없다.

1. 제1항 각 호에 해당하는 방식으로 지리적 표시를 사용한 상품을 양도 · 인도 또는 이를 위하여 전시하거나 수입 · 수출하는 행위
2. 제2조제1호라목 또는 마목에 해당하는 방식으로 지리적 표시를 사용한 상품을 인도하거나 이를 위하여 전시하는 행위

③ 제1항 각 호에 해당하는 방식으로 상표를 사용하는 자로서 다음 각 호의 요건을 모두 갖춘 자는 제1항에도 불구하고 해당 상표를 그 사용하는 상품에 계속 사용할 수 있다.

1. 국내에서 지리적 표시의 보호개시일 이전부터 해당 상표를 사용하고 있을 것
2. 제1호에 따라 상표를 사용한 결과 해당 지리적 표시의 보호개시일에 국내 수요자 간에 그 상표가 특정인의 상품을 표시하는 것이라고 인식되어 있을 것

[본조신설 2011.6.30]

제4조(부정경쟁행위 등의 금지청구권 등) ① 부정경쟁행위나 제3조의2제1항 또는 제2항을 위반하는 행위로 자신의 영업상의 이익이 침해되거나 침해될 우려가 있는 자는 부정경쟁행위나 제3조의2제1항 또는 제2항을 위반하는 행위를 하거나 하려는 자에 대하여 법원에 그 행위의 금지 또는 예방을 청구할 수 있다. 〈개정 2011.6.30〉

② 제1항에 따른 청구를 할 때에는 다음 각 호의 조치를 함께 청구할 수 있다. 〈개정 2011.6.30〉

1. 부정경쟁행위나 제3조의2제1항 또는 제2항을 위반하는 행위를 조성한 물건의

폐기

2. 부정경쟁행위나 제3조의2제1항 또는 제2항을 위반하는 행위에 제공된 설비의 제거
3. 부정경쟁행위나 제3조의2제1항 또는 제2항을 위반하는 행위의 대상이 된 도메인이름의 등록말소
4. 그 밖에 부정경쟁행위나 제3조의2제1항 또는 제2항을 위반하는 행위의 금지 또는 예방을 위하여 필요한 조치

[전문개정 2007.12.21]

[제목개정 2011.6.30]

제5조(부정경쟁행위 등에 대한 손해배상책임) 고의 또는 과실에 의한 부정경쟁행위나 제3조의2제1항 또는 제2항을 위반한 행위(제2조제1호다목의 경우에는 고의에 의한 부정경쟁행위만을 말한다)로 타인의 영업상 이익을 침해하여 손해를 입힌 자는 그 손해를 배상할 책임을 진다. 〈개정 2011.6.30〉

[전문개정 2007.12.21]

[제목개정 2011.6.30]

제6조(부정경쟁행위 등으로 실추된 신용의 회복) 법원은 고의 또는 과실에 의한 부정경쟁행위나 제3조의2제1항 또는 제2항을 위반한 행위(제2조제1호다목의 경우에는 고의에 의한 부정경쟁행위만을 말한다)로 타인의 영업상의 신용을 실추시킨 자에게는 부정경쟁행위나 제3조의2제1항 또는 제2항을 위반한 행위로 인하여 자신의 영업상의 이익이 침해된 자의 청구에 의하여 제5조에 따른 손해배상을 갈음하거나 손해배상과 함께 영업상의 신용을 회복하는 데에 필요한 조치를 명할 수 있다.

[전문개정 2007.12.21]

[제목개정 2011.6.30]

제7조(부정경쟁행위 등의 조사 등) ① 특허청장, 특별시장・광역시장・도지사・특별자치도지사(이하 "시・도지사"라 한다) 또는 시장・군수・구청장(자치구의 구청장을 말한다. 이하 같다)은 제2조제1호가목부터 사목까지의 부정경쟁행위나 제

3조, 제3조의2제1항 또는 제2항을 위반한 행위를 확인하기 위하여 필요하다고 인정하면 관계 공무원에게 영업시설 또는 제조시설에 출입하여 관계 서류나 장부 · 제품 등을 조사하게 하거나 조사에 필요한 최소분량의 제품을 수거하여 검사하게 할 수 있다. 〈개정 2011.6.30〉

② 특허청장, 시 · 도지사 또는 시장 · 군수 · 구청장이 제1항에 따른 조사를 할 때에는 「행정조사기본법」 제15조에 따라 그 조사가 중복되지 아니하도록 하여야 한다. 〈신설 2011.6.30〉

③ 제1항에 따라 조사 등을 하는 공무원은 그 권한을 표시하는 증표를 지니고 이를 관계인에게 내보여야 한다. 〈개정 2011.6.30〉

[전문개정 2007.12.21]

[제목개정 2011.6.30]

제8조(위반행위의 시정권고) 특허청장, 시 · 도지사 또는 시장 · 군수 · 구청장은 제2조제1호가목부터 사목까지의 부정경쟁행위나 제3조, 제3조의2제1항 또는 제2항을 위반한 행위가 있다고 인정되면 그 위반행위를 한 자에게 30일 이내의 기간을 정하여 그 행위를 중지하거나 표지를 제거 또는 폐기할 것 등 그 시정에 필요한 권고를 할 수 있다. 〈개정 2011.6.30〉

[전문개정 2007.12.21]

제9조(의견청취) 특허청장, 시 · 도지사 또는 시장 · 군수 · 구청장은 제8조에 따른 시정권고를 하기 위하여 필요하다고 인정하면 대통령령으로 정하는 바에 따라 당사자 · 이해관계인 또는 참고인의 의견을 들어야 한다. 〈개정 2011.6.30〉

[전문개정 2007.12.21]

제3장 영업비밀의 보호 〈개정 2007.12.21〉

제9조의2(영업비밀 원본 증명) ① 영업비밀 보유자는 영업비밀이 포함된 전자문서의 원본 여부를 증명받기 위하여 제9조의3에 따른 영업비밀 원본증명기관에 그 전자문서로부터 추출된 고유의 식별값[이하 "전자지문"(電子指紋)이라 한다]을 등록할 수 있다.

② 제9조의3에 따른 영업비밀 원본증명기관은 제1항에 따라 등록된 전자지문과 영업비밀 보유자가 보관하고 있는 전자문서로부터 추출된 전자지문이 같은 경우에는 그 전자문서가 전자지문으로 등록된 원본임을 증명하는 증명서(이하 "원본증명서"라 한다)를 발급할 수 있다.

[본조신설 2013.7.30]

제9조의3(원본증명기관의 지정 등) ① 특허청장은 전자지문을 이용하여 영업비밀이 포함된 전자문서의 원본 여부를 증명하는 업무(이하 "원본증명업무"라 한다)에 관하여 전문성이 있는 자를 중소기업청장과 협의하여 영업비밀 원본증명기관(이하 "원본증명기관"이라 한다)으로 지정할 수 있다.

② 원본증명기관으로 지정을 받으려는 자는 대통령령으로 정하는 전문인력과 설비 등의 요건을 갖추어 특허청장에게 지정을 신청하여야 한다.

③ 특허청장은 원본증명기관에 대하여 원본증명업무를 수행하는 데 필요한 비용의 전부 또는 일부를 보조할 수 있다.

④ 원본증명기관은 원본증명업무의 안전성과 신뢰성을 확보하기 위하여 다음 각 호에 관하여 대통령령으로 정하는 사항을 지켜야 한다.

1. 전자지문의 추출·등록 및 보관
2. 영업비밀 원본 증명 및 원본증명서의 발급
3. 원본증명업무에 필요한 전문인력의 관리 및 설비의 보호
4. 그 밖에 원본증명업무의 운영·관리 등

⑤ 원본증명기관 지정의 기준 및 절차에 필요한 사항은 대통령령으로 정한다.

[본조신설 2013.7.30]

제9조의4(원본증명기관에 대한 시정명령 등) ① 특허청장은 원본증명기관이 다음 각 호의 어느 하나에 해당하는 경우에는 6개월 이내의 기간을 정하여 그 시정을 명할 수 있다.

1. 원본증명기관으로 지정을 받은 후 제9조의3제2항에 따른 요건에 맞지 아니하게 된 경우
2. 제9조의3제4항에 따라 대통령령으로 정하는 사항을 지키지 아니한 경우

② 특허청장은 원본증명기관이 제9조의3제3항에 따른 보조금을 다른 목적으로 사용한 경우에는 기간을 정하여 그 반환을 명할 수 있다.

③ 특허청장은 원본증명기관이 다음 각 호의 어느 하나에 해당하는 경우에는 그 지정을 취소하거나 6개월 이내의 기간을 정하여 원본증명업무의 전부 또는 일부의 정지를 명할 수 있다. 다만, 제1호 또는 제2호에 해당하는 경우에는 그 지정을 취소하여야 한다.

1. 거짓이나 그 밖의 부정한 방법으로 지정을 받은 경우
2. 원본증명업무의 전부 또는 일부의 정지명령을 받은 자가 그 명령을 위반하여 원본증명업무를 한 경우
3. 정당한 이유 없이 원본증명기관으로 지정받은 날부터 6개월 이내에 원본증명업무를 시작하지 아니하거나 6개월 이상 계속하여 원본증명업무를 중단한 경우
4. 제1항에 따른 시정명령을 정당한 이유 없이 이행하지 아니한 경우
5. 제2항에 따른 보조금 반환명령을 이행하지 아니한 경우

④ 제3항에 따라 지정이 취소된 원본증명기관은 지정이 취소된 날부터 3개월 이내에 등록된 전자지문이나 그 밖에 전자지문의 등록에 관한 기록 등 원본증명업무에 관한 기록을 특허청장이 지정하는 다른 원본증명기관에 인계하여야 한다. 다만, 다른 원본증명기관이 인수를 거부하는 등 부득이한 사유로 원본증명업무에 관한 기록을 인계할 수 없는 경우에는 그 사실을 특허청장에게 지체 없이 알려야 한다.

⑤ 특허청장은 제3항에 따라 지정이 취소된 원본증명기관이 제4항을 위반하여 원본증명업무에 관한 기록을 인계하지 아니하거나 그 기록을 인계할 수 없는 사실을 알리지 아니한 경우에는 6개월 이내의 기간을 정하여 그 시정을 명할 수 있다.

⑥ 제3항에 따른 처분의 세부 기준 및 절차, 제4항에 따른 인계 · 인수에 필요한 사항은 대통령령으로 정한다.

[본조신설 2013.7.30]

제9조의5(과징금) ① 특허청장은 제9조의4제3항에 따라 업무정지를 명하여야 하는 경우로서 그 업무정지가 원본증명기관을 이용하는 자에게 심한 불편을 주거나 공

익을 해칠 우려가 있는 경우에는 업무정지명령을 갈음하여 1억원 이하의 과징금을 부과할 수 있다.

② 특허청장은 제1항에 따라 과징금 부과처분을 받은 자가 기한 내에 과징금을 납부하지 아니하는 경우에는 국세 체납처분의 예에 따라 징수한다.

③ 제1항에 따라 과징금을 부과하는 위반행위의 종류·정도 등에 따른 과징금의 금액 및 산정방법, 그 밖에 필요한 사항은 대통령령으로 정한다.

[본조신설 2013.7.30]

제9조의6(청문) 특허청장은 제9조의4제3항에 따라 지정을 취소하거나 업무정지를 명하려면 청문을 하여야 한다.

[본조신설 2013.7.30]

제9조의7(비밀유지 등) ① 누구든지 원본증명기관에 등록된 전자지문이나 그 밖의 관련 정보를 없애거나 훼손·변경·위조 또는 유출하여서는 아니 된다.

② 원본증명기관의 임직원이거나 임직원이었던 사람은 직무상 알게 된 비밀을 누설하여서는 아니 된다.

[본조신설 2013.7.30]

제10조(영업비밀 침해행위에 대한 금지청구권 등) ① 영업비밀의 보유자는 영업비밀 침해행위를 하거나 하려는 자에 대하여 그 행위에 의하여 영업상의 이익이 침해되거나 침해될 우려가 있는 경우에는 법원에 그 행위의 금지 또는 예방을 청구할 수 있다.

② 영업비밀 보유자가 제1항에 따른 청구를 할 때에는 침해행위를 조성한 물건의 폐기, 침해행위에 제공된 설비의 제거, 그 밖에 침해행위의 금지 또는 예방을 위하여 필요한 조치를 함께 청구할 수 있다.

[전문개정 2007.12.21]

제11조(영업비밀 침해에 대한 손해배상책임) 고의 또는 과실에 의한 영업비밀 침해행위로 영업비밀 보유자의 영업상 이익을 침해하여 손해를 입힌 자는 그 손해를 배상할 책임을 진다.

[전문개정 2007.12.21]

제12조(영업비밀 보유자의 신용회복) 법원은 고의 또는 과실에 의한 영업비밀 침해행위로 영업비밀 보유자의 영업상의 신용을 실추시킨 자에게는 영업비밀 보유자의 청구에 의하여 제11조에 따른 손해배상을 갈음하거나 손해배상과 함께 영업상의 신용을 회복하는 데에 필요한 조치를 명할 수 있다.

[전문개정 2007.12.21]

제13조(선의자에 관한 특례) ① 거래에 의하여 영업비밀을 정당하게 취득한 자가 그 거래에 의하여 허용된 범위에서 그 영업비밀을 사용하거나 공개하는 행위에 대하여는 제10조부터 제12조까지의 규정을 적용하지 아니한다.

② 제1항에서 "영업비밀을 정당하게 취득한 자"란 제2조제3호다목 또는 바목에서 영업비밀을 취득할 당시에 그 영업비밀이 부정하게 공개된 사실 또는 영업비밀의 부정취득행위나 부정공개행위가 개입된 사실을 중대한 과실 없이 알지 못하고 그 영업비밀을 취득한 자를 말한다.

[전문개정 2007.12.21]

제14조(시효) 제10조제1항에 따라 영업비밀 침해행위의 금지 또는 예방을 청구할 수 있는 권리는 영업비밀 침해행위가 계속되는 경우에 영업비밀 보유자가 그 침해행위에 의하여 영업상의 이익이 침해되거나 침해될 우려가 있다는 사실 및 침해행위자를 안 날부터 3년간 행사하지 아니하면 시효(時效)로 소멸한다. 그 침해행위가 시작된 날부터 10년이 지난 때에도 또한 같다.

[전문개정 2007.12.21]

제4장 보칙 〈개정 2007.12.21〉

제14조의2(손해액의 추정 등) ① 부정경쟁행위, 제3조의2제1항이나 제2항을 위반한 행위 또는 영업비밀 침해행위로 영업상의 이익을 침해당한 자가 제5조 또는 제11조에 따른 손해배상을 청구하는 경우 영업상의 이익을 침해한 자가 부정경쟁행위, 제3조의2제1항이나 제2항을 위반한 행위 또는 영업비밀 침해행위를 하게 한 물건을 양도하였을 때에는 제1호의 수량에 제2호의 단위수량당 이익액을 곱한 금액을 영업상의 이익을 침해당한 자의 손해액으로 할 수 있다. 이 경우 손해액은

영업상의 이익을 침해당한 자가 생산할 수 있었던 물건의 수량에서 실제 판매한 물건의 수량을 뺀 수량에 단위수량당 이익액을 곱한 금액을 한도로 한다. 다만, 영업상의 이익을 침해당한 자가 부정경쟁행위, 제3조의2제1항이나 제2항을 위반한 행위 또는 영업비밀 침해행위 외의 사유로 판매할 수 없었던 사정이 있는 경우에는 그 부정경쟁행위, 제3조의2제1항이나 제2항을 위반한 행위 또는 영업비밀 침해행위 외의 사유로 판매할 수 없었던 수량에 따른 금액을 빼야 한다. 〈개정 2011.6.30〉

1. 물건의 양도수량
2. 영업상의 이익을 침해당한 자가 그 부정경쟁행위, 제3조의2제1항이나 제2항을 위반한 행위 또는 영업비밀 침해행위가 없었다면 판매할 수 있었던 물건의 단위수량당 이익액

② 부정경쟁행위, 제3조의2제1항이나 제2항을 위반한 행위 또는 영업비밀 침해행위로 영업상의 이익을 침해당한 자가 제5조 또는 제11조에 따른 손해배상을 청구하는 경우 영업상의 이익을 침해한 자가 그 침해행위에 의하여 이익을 받은 것이 있으면 그 이익액을 영업상의 이익을 침해당한 자의 손해액으로 추정한다. 〈개정 2011.6.30〉

③ 부정경쟁행위, 제3조의2제1항이나 제2항을 위반한 행위 또는 영업비밀 침해행위로 영업상의 이익을 침해당한 자는 제5조 또는 제11조에 따른 손해배상을 청구하는 경우 부정경쟁행위 또는 제3조의2제1항이나 제2항을 위반한 행위의 대상이 된 상품 등에 사용된 상표 등 표지의 사용 또는 영업비밀 침해행위의 대상이 된 영업비밀의 사용에 대하여 통상 받을 수 있는 금액에 상당하는 금액을 자기의 손해액으로 하여 손해배상을 청구할 수 있다. 〈개정 2011.6.30〉

④ 부정경쟁행위, 제3조의2제1항이나 제2항을 위반한 행위 또는 영업비밀 침해행위로 인한 손해액이 제3항에 따른 금액을 초과하면 그 초과액에 대하여도 손해배상을 청구할 수 있다. 이 경우 그 영업상의 이익을 침해한 자에게 고의 또는 중대한 과실이 없으면 법원은 손해배상 금액을 산정할 때 이를 고려할 수 있다. 〈개정 2011.6.30〉

⑤ 법원은 부정경쟁행위, 제3조의2제1항이나 제2항을 위반한 행위 또는 영업비밀 침해행위에 관한 소송에서 손해가 발생된 것은 인정되나 그 손해액을 입증하기 위하여 필요한 사실을 입증하는 것이 해당 사실의 성질상 극히 곤란한 경우에는 제1항부터 제4항까지의 규정에도 불구하고 변론 전체의 취지와 증거조사의 결과에 기초하여 상당한 손해액을 인정할 수 있다. 〈개정 2011.6.30〉

[전문개정 2007.12.21]

제14조의3(자료의 제출) 법원은 부정경쟁행위, 제3조의2제1항이나 제2항을 위반한 행위 또는 영업비밀 침해행위로 인한 영업상 이익의 침해에 관한 소송에서 당사자의 신청에 의하여 상대방 당사자에 대하여 해당 침해행위로 인한 손해액을 산정하는 데에 필요한 자료의 제출을 명할 수 있다. 다만, 그 자료의 소지자가 자료의 제출을 거절할 정당한 이유가 있는 경우에는 그러하지 아니하다. 〈개정 2011.6.30〉

[전문개정 2007.12.21]

제14조의4(비밀유지명령) ① 법원은 부정경쟁행위, 제3조의2제1항이나 제2항을 위반한 행위 또는 영업비밀 침해행위로 인한 영업상 이익의 침해에 관한 소송에서 그 당사자가 보유한 영업비밀에 대하여 다음 각 호의 사유를 모두 소명한 경우에는 그 당사자의 신청에 따라 결정으로 다른 당사자(법인인 경우에는 그 대표자), 당사자를 위하여 소송을 대리하는 자, 그 밖에 해당 소송으로 인하여 영업비밀을 알게 된 자에게 그 영업비밀을 해당 소송의 계속적인 수행 외의 목적으로 사용하거나 그 영업비밀에 관계된 이 항에 따른 명령을 받은 자 외의 자에게 공개하지 아니할 것을 명할 수 있다. 다만, 그 신청 시점까지 다른 당사자(법인인 경우에는 그 대표자), 당사자를 위하여 소송을 대리하는 자, 그 밖에 해당 소송으로 인하여 영업비밀을 알게 된 자가 제1호에 규정된 준비서면의 열람이나 증거 조사 외의 방법으로 그 영업비밀을 이미 취득하고 있는 경우에는 그러하지 아니하다.

1. 이미 제출하였거나 제출하여야 할 준비서면 또는 이미 조사하였거나 조사하여야 할 증거에 영업비밀이 포함되어 있다는 것
2. 제1호의 영업비밀이 해당 소송 수행 외의 목적으로 사용되거나 공개되면 당사자의 영업에 지장을 줄 우려가 있어 이를 방지하기 위하여 영업비밀의 사용 또

는 공개를 제한할 필요가 있다는 것

② 제1항에 따른 명령(이하 "비밀유지명령"이라 한다)의 신청은 다음 각 호의 사항을 적은 서면으로 하여야 한다.

1. 비밀유지명령을 받을 자
2. 비밀유지명령의 대상이 될 영업비밀을 특정하기에 충분한 사실
3. 제1항 각 호의 사유에 해당하는 사실

③ 법원은 비밀유지명령이 결정된 경우에는 그 결정서를 비밀유지명령을 받은 자에게 송달하여야 한다.

④ 비밀유지명령은 제3항의 결정서가 비밀유지명령을 받은 자에게 송달된 때부터 효력이 발생한다.

⑤ 비밀유지명령의 신청을 기각 또는 각하한 재판에 대하여는 즉시항고를 할 수 있다.

[본조신설 2011.12.2]

제14조의5(비밀유지명령의 취소) ① 비밀유지명령을 신청한 자 또는 비밀유지명령을 받은 자는 제14조의4제1항에 따른 요건을 갖추지 못하였거나 갖추지 못하게 된 경우 소송기록을 보관하고 있는 법원(소송기록을 보관하고 있는 법원이 없는 경우에는 비밀유지명령을 내린 법원)에 비밀유지명령의 취소를 신청할 수 있다.

② 법원은 비밀유지명령의 취소 신청에 대한 재판이 있는 경우에는 그 결정서를 그 신청을 한 자 및 상대방에게 송달하여야 한다.

③ 비밀유지명령의 취소 신청에 대한 재판에 대하여는 즉시항고를 할 수 있다.

④ 비밀유지명령을 취소하는 재판은 확정되어야 그 효력이 발생한다.

⑤ 비밀유지명령을 취소하는 재판을 한 법원은 비밀유지명령의 취소 신청을 한 자 또는 상대방 외에 해당 영업비밀에 관한 비밀유지명령을 받은 자가 있는 경우에는 그 자에게 즉시 비밀유지명령의 취소 재판을 한 사실을 알려야 한다.

[본조신설 2011.12.2]

제14조의6(소송기록 열람 등의 청구 통지 등) ① 비밀유지명령이 내려진 소송(모든 비밀유지명령이 취소된 소송은 제외한다)에 관한 소송기록에 대하여 「민사소송법」

제163조제1항의 결정이 있었던 경우, 당사자가 같은 항에서 규정하는 비밀 기재 부분의 열람 등의 청구를 하였으나 그 청구절차를 해당 소송에서 비밀유지명령을 받지 아니한 자가 밟은 경우에는 법원서기관, 법원사무관, 법원주사 또는 법원주사보(이하 이 조에서 "법원사무관등"이라 한다)는 「민사소송법」 제163조제1항의 신청을 한 당사자(그 열람 등의 청구를 한 자는 제외한다. 이하 제3항에서 같다)에게 그 청구 직후에 그 열람 등의 청구가 있었다는 사실을 알려야 한다.

② 제1항의 경우에 법원사무관등은 제1항의 청구가 있었던 날부터 2주일이 지날 때까지(그 청구절차를 행한 자에 대한 비밀유지명령신청이 그 기간 내에 행하여진 경우에는 그 신청에 대한 재판이 확정되는 시점까지) 그 청구절차를 행한 자에게 제1항의 비밀 기재 부분의 열람 등을 하게 하여서는 아니 된다.

③ 제2항은 제1항의 열람 등의 청구를 한 자에게 제1항의 비밀 기재 부분의 열람 등을 하게 하는 것에 대하여 「민사소송법」 제163조제1항의 신청을 한 당사자 모두의 동의가 있는 경우에는 적용되지 아니한다.

[본조신설 2011.12.2]

제15조(다른 법률과의 관계) ① 「특허법」, 「실용신안법」, 「디자인보호법」, 「상표법」, 「농수산물 품질관리법」 또는 「저작권법」에 제2조부터 제6조까지 및 제18조제3항과 다른 규정이 있으면 그 법에 따른다. 〈개정 2011.6.30, 2013.7.30〉

② 「독점규제 및 공정거래에 관한 법률」, 「표시 · 광고의 공정화에 관한 법률」 또는 「형법」 중 국기 · 국장에 관한 규정에 제2조제1호라목부터 바목까지 및 차목, 제3조부터 제6조까지 및 제18조제3항과 다른 규정이 있으면 그 법에 따른다. 〈개정 2013.7.30〉

[전문개정 2007.12.21]

제16조(신고포상금 지급) ① 특허청장은 제2조제1호가목에 따른 부정경쟁행위(「상표법」 제2조제1항제6호에 따른 등록상표에 관한 것으로 한정한다)를 한 자를 신고한 자에게 예산의 범위에서 신고포상금을 지급할 수 있다.

② 제1항에 따른 신고포상금 지급의 기준 · 방법 및 절차에 필요한 사항은 대통령령으로 정한다.

[본조신설 2013.7.30]

제17조(업무의 위탁 등) ① 삭제 〈2011.6.30〉

② 특허청장은 제2조의2에 따른 연구·교육·홍보 및 정보관리시스템의 구축·운영에 관한 업무를 대통령령으로 정하는 산업재산권 보호 또는 부정경쟁방지 업무와 관련된 법인이나 단체(이하 이 조에서 "전문단체"라 한다)에 위탁할 수 있다. 〈신설 2009.3.25〉

③ 특허청장, 시·도지사 또는 시장·군수·구청장은 제7조나 제8조에 따른 업무를 수행하기 위하여 필요한 경우에 전문단체의 지원을 받을 수 있다. 〈신설 2009.3.25, 2011.6.30〉

④ 제3항에 따른 지원업무에 종사하는 자에 관하여는 제7조제3항을 준용한다. 〈신설 2009.3.25, 2011.6.30〉

⑤ 특허청장은 예산의 범위에서 제2항에 따른 위탁업무 및 제3항에 따른 지원업무에 사용되는 비용의 전부 또는 일부를 지원할 수 있다. 〈신설 2009.3.25〉

[전문개정 2007.12.21]

[제목개정 2011.6.30]

제17조의2(벌칙 적용에서의 공무원 의제) 제17조제3항에 따른 지원업무에 종사하는 자는 「형법」 제127조 및 제129조부터 제132조까지의 규정에 따른 벌칙의 적용에서는 공무원으로 본다.

[본조신설 2009.3.25]

제18조(벌칙) ① 부정한 이익을 얻거나 영업비밀 보유자에게 손해를 입힐 목적으로 그 영업비밀을 외국에서 사용하거나 외국에서 사용될 것임을 알면서 취득·사용 또는 제3자에게 누설한 자는 10년 이하의 징역 또는 1억원 이하의 벌금에 처한다. 다만, 벌금형에 처하는 경우 위반행위로 인한 재산상 이득액의 10배에 해당하는 금액이 1억원을 초과하면 그 재산상 이득액의 2배 이상 10배 이하의 벌금에 처한다. 〈개정 2009.12.30, 2013.7.30〉

② 부정한 이익을 얻거나 영업비밀 보유자에게 손해를 입힐 목적으로 그 영업비밀을 취득·사용하거나 제3자에게 누설한 자는 5년 이하의 징역 또는 5천만원 이

하의 벌금에 처한다. 다만, 벌금형에 처하는 경우 위반행위로 인한 재산상 이득액의 10배에 해당하는 금액이 5천만원을 초과하면 그 재산상 이득액의 2배 이상 10배 이하의 벌금에 처한다. 〈개정 2013.7.30〉

③ 다음 각 호의 어느 하나에 해당하는 자는 3년 이하의 징역 또는 3천만원 이하의 벌금에 처한다. 〈개정 2013.7.30〉

1. 제2조제1호(아목부터 차목까지는 제외한다)에 따른 부정경쟁행위를 한 자
2. 제3조를 위반하여 다음 각 목의 어느 하나에 해당하는 휘장 또는 표지와 동일하거나 유사한 것을 상표로 사용한 자
   가. 파리협약 당사국, 세계무역기구 회원국 또는 「상표법 조약」 체약국의 국기 · 국장, 그 밖의 휘장
   나. 국제기구의 표지
   다. 파리협약 당사국, 세계무역기구 회원국 또는 「상표법 조약」 체약국 정부의 감독용 · 증명용 표지

④ 다음 각 호의 어느 하나에 해당하는 자는 1년 이하의 징역 또는 1천만원 이하의 벌금에 처한다. 〈신설 2013.7.30〉

1. 제9조의7제1항을 위반하여 원본증명기관에 등록된 전자지문이나 그 밖의 관련 정보를 없애거나 훼손 · 변경 · 위조 또는 유출한 자
2. 제9조의7제2항을 위반하여 직무상 알게 된 비밀을 누설한 사람

⑤ 제1항과 제2항의 징역과 벌금은 병과(倂科)할 수 있다. 〈개정 2013.7.30〉

[전문개정 2007.12.21]

제18조의2(미수) 제18조제1항 및 제2항의 미수범은 처벌한다.

[전문개정 2007.12.21]

제18조의3(예비 · 음모) ① 제18조제1항의 죄를 범할 목적으로 예비 또는 음모한 자는 3년 이하의 징역 또는 2천만원 이하의 벌금에 처한다.

② 제18조제2항의 죄를 범할 목적으로 예비 또는 음모한 자는 2년 이하의 징역 또는 1천만원 이하의 벌금에 처한다.

[전문개정 2007.12.21]

제18조의4(비밀유지명령 위반죄) ① 국내외에서 정당한 사유 없이 제14조의4제1항에 따른 비밀유지명령을 위반한 자는 5년 이하의 징역 또는 5천만원 이하의 벌금에 처한다.

② 제1항의 죄는 비밀유지명령을 신청한 자의 고소가 없으면 공소를 제기할 수 없다.

[본조신설 2011.12.2]

제19조(양벌규정) 법인의 대표자나 법인 또는 개인의 대리인, 사용인, 그 밖의 종업원이 그 법인 또는 개인의 업무에 관하여 제18조제1항부터 제4항까지의 어느 하나에 해당하는 위반행위를 하면 그 행위자를 벌하는 외에 그 법인 또는 개인에게도 해당 조문의 벌금형을 과(科)한다. 다만, 법인 또는 개인이 그 위반행위를 방지하기 위하여 해당 업무에 관하여 상당한 주의와 감독을 게을리하지 아니한 경우에는 그러하지 아니하다. 〈개정 2013.7.30〉

[전문개정 2008.12.26]

제20조(과태료) ① 다음 각 호의 어느 하나에 해당하는 자에게는 2천만원 이하의 과태료를 부과한다. 〈개정 2013.7.30〉

1. 제7조제1항에 따른 관계 공무원의 조사나 수거를 거부·방해 또는 기피한 자
2. 제9조의4제5항을 위반하여 시정명령을 이행하지 아니한 자

② 제1항에 따른 과태료는 대통령령으로 정하는 바에 따라 특허청장, 시·도지사 또는 시장·군수·구청장이 부과·징수한다. 〈개정 2011.6.30〉

③ 삭제 〈2009.12.30〉

④ 삭제 〈2009.12.30〉

⑤ 삭제 〈2009.12.30〉

[전문개정 2007.12.21]

부칙 〈제11963호, 2013.7.30〉

이 법은 공포 후 6개월이 경과한 날부터 시행한다.

특허법

[시행 2013.7.1] [법률 제11654호, 2013.3.22, 일부개정]

특허청(특허심사제도과) 042-481-5397

제1장 총칙

제1조(목적) 이 법은 발명을 보호 · 장려하고 그 이용을 도모함으로써 기술의 발전을 촉진하여 산업발전에 이바지함을 목적으로 한다.

제2조(정의) 이 법에서 사용하는 용어의 정의는 다음과 같다. 〈개정 1995.12.29〉

1. "발명"이라 함은 자연법칙을 이용한 기술적 사상의 창작으로서 고도한 것을 말한다.
2. "특허발명"이라 함은 특허를 받은 발명을 말한다.
3. "실시"라 함은 다음 각목의 1에 해당하는 행위를 말한다.
   가. 물건의 발명인 경우에는 그 물건을 생산 · 사용 · 양도 · 대여 또는 수입하거나 그 물건의 양도 또는 대여의 청약(양도 또는 대여를 위한 전시를 포함한다. 이하 같다)을 하는 행위
   나. 방법의 발명인 경우에는 그 방법을 사용하는 행위
   다. 물건을 생산하는 방법의 발명인 경우에는 나목의 행위외에 그 방법에 의하여 생산한 물건을 사용 · 양도 · 대여 또는 수입하거나 그 물건의 양도 또는 대여의 청약을 하는 행위

제3조(미성년자등의 행위능력) ① 미성년자 · 한정치산자 또는 금치산자는 법정대리인에 의하지 아니하면 특허에 관한 출원 · 청구 기타의 절차(이하 "특허에 관한 절차"라 한다)를 밟을 수 없다. 다만, 미성년자와 한정치산자가 독립하여 법률행위를 할 수 있는 경우에는 그러하지 아니하다.

② 제1항의 법정대리인은 친족회의 동의없이 상대방이 청구한 심판 또는 재심에 대한 절차를 밟을 수 있다. 〈개정 1995.1.5, 1997.4.10, 2006.3.3〉

③ 삭제 <2006.3.3>

제4조(법인이 아닌 사단등) 법인이 아닌 사단 또는 재단으로서 대표자 또는 관리인이 정하여져 있는 경우에는 그 사단 또는 재단의 이름으로 출원심사의 청구인, 심판의 청구인 및 피청구인 또는 재심의 청구인 및 피청구인이 될 수 있다. <개정 2001.2.3, 2006.3.3>

제5조(재외자의 특허관리인) ① 국내에 주소 또는 영업소를 가지지 아니하는 자(이하 "재외자"라 한다)는 재외자(법인의 경우에는 그 대표자)가 국내에 체재하는 경우를 제외하고는 그 재외자의 특허에 관한 대리인으로서 국내에 주소 또는 영업소를 가지는 자(이하 "특허관리인"이라 한다)에 의하지 아니하면 특허에 관한 절차를 밟거나 이 법 또는 이 법에 의한 명령에 의하여 행정청이 한 처분에 대하여 소를 제기할 수 없다. <개정 2001.2.3>

② 특허관리인은 수여된 범위안에서 특허에 관한 모든 절차 및 이 법 또는 이 법에 의한 명령에 의하여 행정청이 한 처분에 관한 소송에 대하여 본인을 대리한다. <개정 2001.2.3>

③ 삭제 <2001.2.3>

④ 삭제 <2001.2.3>

제6조(대리권의 범위) 국내에 주소 또는 영업소를 가진 자로부터 특허에 관한 절차를 밟을 것을 위임받은 대리인은 특별한 수권을 얻지 아니하면 특허출원의 변경·포기·취하, 특허권의 존속기간의 연장등록출원의 취하, 특허권의 포기, 신청의 취하, 청구의 취하, 제55조제1항의 규정에 의한 우선권주장이나 그 취하, 제132조의3의 규정에 의한 심판청구 또는 복대리인의 선임을 할 수 없다. <개정 1993.12.10, 1995.1.5, 1998.9.23, 2001.2.3, 2006.3.3>

제7조(대리권의 증명) 특허에 관한 절차를 밟는 자의 대리인(특허관리인을 포함한다. 이하 같다)의 대리권은 이를 서면으로써 증명하여야 한다. <개정 2001.2.3>

제7조의2(행위능력 등의 흠에 대한 추인) 행위능력 또는 법정대리권이 없거나 특허에 관한 절차를 밟음에 필요한 수권(授權)이 흠결된 자가 밟은 절차는 보정된 당사자나 법정대리인의 추인이 있는 때에는 행위시에 소급하여 그 효력이 발생한다.

[본조신설 2006.3.3]

제8조(대리권의 불소멸) 특허에 관한 절차를 밟는 자의 위임에 의한 대리인의 대리권은 본인의 사망이나 능력의 상실, 본인인 법인의 합병에 의한 소멸, 본인인 수탁자의 신탁임무의 종료, 법정대리인의 사망이나 능력의 상실 또는 대리권의 소멸이나 변경으로 인하여 소멸하지 아니한다.

제9조(개별대리) 특허에 관한 절차를 밟는 자의 대리인이 수인이 있는 때에는 특허청 또는 특허심판원에 대하여 각 자가 본인을 대리한다. 〈개정 1995.1.5〉

제10조(대리인의 개임등) ① 특허청장 또는 심판장은 특허에 관한 절차를 밟는 자가 그 절차를 원활히 수행할 수 없거나 구술심리에서 진술할 능력이 없다고 인정되는 등 그 절차를 밟는데 적당하지 아니하다고 인정되는 때에는 대리인에 의하여 그 절차를 밟도록 명할 수 있다. 〈개정 2001.2.3〉

② 특허청장 또는 심판장은 특허에 관한 절차를 밟는 자의 대리인이 그 절차를 원활히 수행할 수 없거나 구술심리에서 진술할 능력이 없다고 인정되는 등 그 절차를 밟는데 적당하지 아니하다고 인정되는 때에는 그 개임을 명할 수 있다. 〈개정 2001.2.3〉

③ 특허청장 또는 심판장은 제1항 및 제2항의 경우에 변리사로 하여금 대리하게 할 것을 명할 수 있다.

④ 특허청장 또는 심판장은 제1항 또는 제2항의 규정에 의하여 명령을 한 후 제1항 또는 제2항의 규정에 의한 대리인의 선임 또는 개임전에 제1항의 특허에 관한 절차를 밟는 자 또는 제2항의 대리인이 특허청 또는 특허심판원에 대하여 한 특허에 관한 절차는 무효로 할 수 있다. 〈개정 1995.1.5〉

제11조(복수당사자의 대표) ① 2인이상이 특허에 관한 절차를 밟는 때에는 다음 각호의 어느 하나에 해당하는 사항을 제외하고는 각 자가 전원을 대표한다. 다만, 대표자를 선정하여 특허청 또는 특허심판원에 신고한 때에는 그러하지 아니하다. 〈개정 1995.1.5, 1998.9.23, 2001.2.3, 2006.3.3〉

1. 특허출원의 변경 · 포기 · 취하 또는 특허권의 존속기간의 연장등록출원의 취하
2. 신청의 취하 · 제55조제1항의 규정에 의한 우선권주장 또는 그 취하

3. 청구의 취하

4. 제132조의3의 규정에 의한 심판청구

② 제1항 단서의 규정에 의하여 신고한 때에는 대표자로 선임된 사실을 서면으로 증명하여야 한다.

제12조(「민사소송법」의 준용) 이 법에서 대리인에 관하여 특별한 규정이 있는 것을 제외하고는 「민사소송법」 제1편제2장제4절의 규정을 준용한다. 〈개정 2006.3.3〉

[제목개정 2006.3.3]

제13조(재외자의 재판적) 재외자의 특허권 또는 특허에 관한 권리에 관하여 특허관리인이 있는 때에는 그 특허관리인의 주소 또는 영업소를, 특허관리인이 없는 때에는 특허청 소재지를 「민사소송법」 제11조의 규정에 의한 재산소재지로 본다. 〈개정 2002.1.26, 2006.3.3〉

제14조(기간의 계산) 이 법 또는 이 법에 의한 명령에 의한 기간의 계산은 다음 각 호에 의한다. 〈개정 1995.12.29, 2001.2.3, 2006.3.3〉

1. 기간의 초일은 이를 산입하지 아니한다. 다만, 그 기간이 오전 영시부터 시작하는 때에는 그러하지 아니하다.
2. 기간을 월 또는 년으로 정한 때에는 역에 의하여 계산한다.
3. 월 또는 년의 처음부터 기간을 기산하지 아니하는 때에는 최후의 월 또는 년에서 그 기산일에 해당하는 날의 전일로 기간이 만료한다. 다만, 월 또는 년으로 정한 경우에 최종의 월에 해당 일이 없는 때에는 그 월의 말일로 기간이 만료한다.
4. 특허에 관한 절차에 있어서 기간의 말일이 공휴일(「근로자의 날 제정에 관한 법률」에 의한 근로자의 날 및 토요일을 포함한다)에 해당하는 때에는 기간은 그 다음날로 만료한다.

제15조(기간의 연장등) ① 특허청장 또는 특허심판원장은 청구에 따라 또는 직권으로 제132조의3에 따른 심판의 청구기간을 1회에 한하여 30일 이내에서 연장할 수 있다. 다만, 교통이 불편한 지역에 있는 자의 경우에는 그 횟수 및 기간을 추가로 연장할 수 있다. 〈개정 2009.1.30〉

② 특허청장 · 특허심판원장 · 심판장 또는 심사관은 이 법에 따라 특허에 관한 절차를 밟을 기간을 정한 때에는 청구에 따라 그 기간을 단축 또는 연장하거나 직권으로 그 기간을 연장할 수 있다. 이 경우 특허청장 등은 해당절차의 이해관계인의 이익이 부당하게 침해되지 아니하도록 단축 또는 연장 여부를 결정하여야 한다. 〈개정 2007.1.3〉

③ 심판장 또는 심사관은 이 법의 규정에 의하여 특허에 관한 절차를 밟을 기일을 정한 때에는 청구에 의하여 또는 직권으로 그 기일을 변경할 수 있다.

제16조(절차의 무효) ① 특허청장 또는 특허심판원장은 제46조의 규정에 의한 보정명령을 받은 자가 지정된 기간 이내에 그 보정을 하지 아니한 경우에는 특허에 관한 절차를 무효로 할 수 있다. 다만, 제82조제2항의 규정에 의한 심사청구료를 납부하지 아니하여 보정명령을 받은 자가 지정된 기간 이내에 그 심사청구료를 납부하지 아니한 경우에는 특허출원서에 첨부한 명세서에 관한 보정을 무효로 할 수 있다.

② 특허청장 또는 특허심판원장은 제1항에 따라 특허에 관한 절차가 무효로 된 경우로서 지정된 기간을 지키지 못한 것이 보정명령을 받은 자가 책임질 수 없는 사유에 의한 것으로 인정되는 때에는 그 사유가 소멸한 날부터 2개월 이내에 보정명령을 받은 자의 청구에 의하여 그 무효처분을 취소할 수 있다. 다만, 지정된 기간의 만료일부터 1년이 지난 때에는 그러하지 아니하다. 〈개정 2013.3.22〉

③ 특허청장 또는 특허심판원장은 제1항 본문 · 단서의 규정에 따른 무효처분 또는 제2항 본문의 규정에 따른 무효처분의 취소처분을 할 때에는 그 보정명령을 받은 자에게 처분통지서를 송달하여야 한다. 〈신설 2007.1.3〉

[전문개정 2001.2.3]

제17조(절차의 추후보완) 특허에 관한 절차를 밟은 자가 책임질 수 없는 사유로 인하여 제132조의3의 규정에 의한 심판의 청구기간, 제180조제1항의 규정에 의한 재심의 청구기간을 준수할 수 없을 때에는 그 사유가 소멸한 날부터 14일이내에 지키지 못한 절차를 추후보완할 수 있다. 다만, 그 기간의 만료일부터 1년이 경과한 때에는 그러하지 아니하다. 〈개정 1995.1.5, 1998.9.23, 2001.2.3〉

[제목개정 2001.2.3]

제18조(절차의 효력의 승계) 특허권 또는 특허에 관한 권리에 관하여 밟은 절차의 효력은 그 특허권 또는 특허에 관한 권리의 승계인에게 미친다.

제19조(절차의 속행) 특허청장 또는 심판장은 특허에 관한 절차가 특허청 또는 특허심판원에 계속중에 특허권 또는 특허에 관한 권리의 이전이 있는 때에는 그 특허권 또는 특허에 관한 권리의 승계인에 대하여 그 절차를 속행하게 할 수 있다. 〈개정 1995.1.5, 2001.2.3〉

제20조(절차의 중단) 특허에 관한 절차가 다음 각 호의 어느 하나에 해당하는 경우에는 특허청 또는 특허심판원에 계속중인 절차는 중단된다. 다만, 절차를 밟을 것을 위임받은 대리인이 있는 경우에는 그러하지 아니하다. 〈개정 1995.1.5, 2001.2.3, 2006.3.3〉

1. 당사자가 사망한 경우
2. 당사자인 법인이 합병에 의하여 소멸한 경우
3. 당사자가 절차를 밟을 능력을 상실한 경우
4. 당사자의 법정대리인이 사망하거나 그 대리권을 상실한 경우
5. 당사자의 신탁에 의한 수탁자의 임무가 종료한 경우
6. 제11조제1항 단서의 규정에 의한 대표자가 사망하거나 그 자격을 상실한 경우
7. 파산관재인 등 일정한 자격에 의하여 자기 이름으로 남을 위하여 당사자가 된 자가 그 자격을 잃거나 사망한 경우

제21조(중단된 절차의 수계) 제20조의 규정에 의하여 특허청 또는 특허심판원에 계속중인 절차가 중단된 때에는 다음 각 호의 어느 하나에 해당하는 자가 그 절차를 수계하여야 한다. 〈개정 1995.1.5, 2001.2.3, 2006.3.3〉

1. 제20조제1호의 경우에는 그 상속인·상속재산관리인 또는 법률에 의하여 절차를 속행할 자. 다만, 상속인은 상속을 포기할 수 있을 때까지 그 절차를 수계하지 못한다.
2. 제20조제2호의 경우에는 합병에 의하여 설립되거나 합병후 존속하는 법인
3. 제20조제3호 및 제4호의 경우에는 절차를 밟을 능력을 회복한 당사자 또는 법

정대리인이 된 자

4. 제20조제5호의 경우에는 새로운 수탁자
5. 제20조제6호의 경우에는 새로운 대표자 또는 각 당사자
6. 제20조제7호의 경우에는 같은 자격을 가진 자

제22조(수계신청) ① 제20조의 규정에 의하여 중단된 절차에 관한 수계신청은 상대방도 할 수 있다.

② 특허청장 또는 심판장은 제20조의 규정에 의하여 중단된 절차에 관한 수계신청이 있는 때에는 이를 상대방에게 통지하여야 한다.

③ 특허청장 또는 심판관은 제20조의 규정에 의하여 중단된 절차에 관한 수계신청에 대하여 직권으로 조사하여 이유없다고 인정한 때에는 결정으로 기각하여야 한다. 〈개정 1995.1.5〉

④ 특허청장 또는 심판관은 결정 또는 심결의 등본을 송달한 후에 중단된 절차에 관한 수계신청에 대하여는 수계하게 할 것인가의 여부를 결정하여야 한다. 〈개정 1995.1.5, 2001.2.3〉

⑤ 특허청장 또는 심판관은 제21조에 규정된 자가 중단된 절차를 수계하지 아니하는 경우에는 직권으로 기간을 정하여 수계를 명하여야 한다. 〈개정 1995.1.5〉

⑥ 제5항의 규정에 의한 기간내에 수계가 없는 경우에는 그 기간이 만료되는 날의 다음날에 수계가 있는 것으로 본다.

⑦ 특허청장 또는 심판장은 제6항의 규정에 의하여 수계가 있는 것으로 본 경우에는 이를 당사자에게 통지하여야 한다.

제23조(절차의 중지) ① 특허청장 또는 심판관이 천재 · 지변 기타 불가피한 사유로 인하여 그 직무를 행할 수 없는 때에는 특허청 또는 특허심판원에 계속중인 절차는 그 사유가 소멸될 때까지 중지된다. 〈개정 1995.1.5, 2001.2.3〉

② 특허청장 또는 심판관은 당사자가 부정기간의 장애로 특허청 또는 특허심판원에 계속중인 절차를 속행할 수 없는 때에는 결정으로 그 중지를 명할 수 있다. 〈개정 1995.1.5, 2001.2.3〉

③ 특허청장 또는 심판관은 제2항의 규정에 의한 결정을 취소할 수 있다. 〈개정

1995.1.5〉

④ 제1항 및 제2항의 규정에 의한 중지 또는 제3항의 규정에 의한 취소를 한 때에는 특허청장 또는 심판장은 이를 각각 당사자에게 통지하여야 한다. 〈개정 2001.2.3〉

제24조(중단 또는 중지의 효과) 특허에 관한 절차가 중단 또는 중지된 경우에는 그 기간의 진행은 정지되고 그 절차의 수계통지를 하거나 그 절차를 속행한 때부터 다시 모든 기간이 진행된다. 〈개정 1993.12.10〉

제25조(외국인의 권리능력) 재외자중 외국인은 다음 각 호의 1에 해당하는 경우를 제외하고 특허권 또는 특허에 관한 권리를 향유할 수 없다.

1. 그 자가 속하는 국가에서 대한민국 국민에 대하여 그 국민과 동일한 조건으로 특허권 또는 특허에 관한 권리의 향유를 인정하는 경우
2. 대한민국이 그 외국인에 대하여 특허권 또는 특허에 관한 권리의 향유를 인정하는 경우에는 그 자가 속하는 국가에서 대한민국 국민에 대하여 그 국민과 동일한 조건으로 특허권 또는 특허에 관한 권리의 향유를 인정하는 경우
3. 조약 및 이에 준하는 것(이하 "조약"이라 한다)에 의하여 특허권 또는 특허에 관한 권리의 향유를 인정하고 있는 경우

제26조 삭제 〈2011.12.2〉

제27조 삭제 〈2001.2.3〉

제28조(서류제출의 효력발생시기) ① 이 법 또는 이 법에 의한 명령에 의하여 특허청 또는 특허심판원에 제출하는 출원서·청구서 기타의 서류(물건을 포함한다. 이하 이 조에서 같다)는 특허청 또는 특허심판원에 도달된 날부터 그 효력이 발생된다. 〈개정 1995.1.5〉

② 제1항의 출원서·청구서 기타의 서류를 우편으로 특허청 또는 특허심판원에 제출하는 경우에 우편물의 통신일부인에서 표시된 날이 분명한 경우에는 그 표시된 날, 그 표시된 날이 불분명한 경우에는 우체국에 제출한 날을 우편물의 수령증에 의하여 증명한 날에 특허청 또는 특허심판원에 도달한 것으로 본다. 다만, 특허권 및 특허에 관한 권리의 등록신청서류와 「특허협력조약」 제2조(vii)의 규정에

의한 국제출원(이하 "국제출원"이라 한다)에 관한 서류를 우편으로 제출하는 경우에는 그러하지 아니하다. 〈개정 1995.1.5, 1998.9.23, 2006.3.3〉

③ 삭제 〈1998.9.23〉

④ 제1항 및 제2항에 규정된 것외의 우편물의 지연 · 우편물의 망실 및 우편업무의 중단으로 인한 서류제출에 관하여 필요한 사항은 산업통상자원부령으로 정한다. 〈개정 1993.3.6, 1995.12.29, 1998.9.23, 2001.2.3, 2008.2.29, 2013.3.23〉

제28조의2(고유번호의 기재) ① 특허에 관한 절차를 밟는 자중 산업통상자원부령이 정하는 자(제2항 또는 제3항의 규정에 의하여 이미 고유번호를 부여받은 자를 제외한다)는 특허청 또는 특허심판원에 자신의 고유번호의 부여를 신청하여야 한다. 〈개정 2001.2.3, 2008.2.29, 2013.3.23〉

② 특허청장 또는 특허심판원장은 제1항의 규정에 의한 신청이 있는 경우에 신청인의 고유번호를 부여하고 이를 통지하여야 한다.

③ 특허청장 또는 특허심판원장은 제1항의 규정에 의한 특허에 관한 절차를 밟는 자가 고유번호의 부여 신청을 하지 아니하는 경우에는 직권으로 고유번호를 부여하고 이를 통지하여야 한다.

④ 제2항 또는 제3항의 규정에 의하여 고유번호를 부여받은 자가 특허에 관한 절차를 밟는 경우에는 산업통상자원부령이 정하는 서류에 자신의 고유번호를 기재하여야 한다. 이 경우 이 법 또는 이 법에 의한 명령의 규정에 불구하고 당해 서류에 주소(법인인 경우에는 영업소의 소재지)를 기재하지 아니할 수 있다. 〈개정 2001.2.3, 2008.2.29, 2013.3.23〉

⑤ 제1항 내지 제4항의 규정은 특허에 관한 절차를 밟는 자의 대리인에 관하여 이를 준용한다.

⑥ 고유번호의 부여 신청, 고유번호의 부여 및 통지 기타 고유번호에 관하여 필요한 사항은 산업통상자원부령으로 정한다. 〈개정 2008.2.29, 2013.3.23〉

[본조신설 1998.9.23]

제28조의3(전자문서에 의한 특허에 관한 절차의 수행) ① 특허에 관한 절차를 밟는 자는 이 법에 의하여 특허청장 또는 특허심판원장에게 제출하는 특허출원서, 기

타 서류를 산업통상자원부령이 정하는 방식에 따라 전자문서화하고 이를 정보통신망을 이용하여 제출하거나 플로피디스크 또는 광디스크 등 전자적 기록매체에 수록하여 제출할 수 있다. 〈개정 2001.2.3, 2006.3.3, 2008.2.29, 2013.3.23〉

② 제1항의 규정에 의하여 제출된 전자문서는 이 법에 의하여 제출된 서류와 동일한 효력을 가진다.

③ 제1항의 규정에 의하여 정보통신망을 이용하여 제출된 전자문서는 당해 문서의 제출인이 정보통신망을 통하여 접수번호를 확인한 때에 특허청 또는 특허심판원에서 사용하는 접수용 전산정보처리조직의 파일에 기록된 내용으로 접수된 것으로 본다. 〈개정 2001.2.3〉

④ 제1항의 규정에 의하여 전자문서로 제출할 수 있는 서류의 종류·제출방법 기타 전자문서에 의한 서류의 제출에 관하여 필요한 사항은 산업통상자원부령으로 정한다. 〈개정 2008.2.29, 2013.3.23〉

[본조신설 1998.9.23]

제28조의4(전자문서 이용신고 및 전자서명) ① 전자문서에 의하여 특허에 관한 절차를 밟고자 하는 자는 미리 특허청장 또는 특허심판원장에게 전자문서 이용신고를 하여야 하며, 특허청 또는 특허심판원에 제출하는 전자문서에 제출인을 식별할 수 있도록 전자서명을 하여야 한다.

② 제28조의3의 규정에 의하여 제출된 전자문서는 제1항의 규정에 의한 전자서명을 한 자가 제출한 것으로 본다.

③ 제1항의 규정에 의한 전자문서 이용신고 절차·전자서명 방법등에 관하여 필요한 사항은 산업통상자원부령으로 정한다. 〈개정 2008.2.29, 2013.3.23〉

[본조신설 1998.9.23]

제28조의5(정보통신망을 이용한 통지등의 수행) ① 특허청장·특허심판원장·심판장·심판관·심사장 또는 심사관은 제28조의4제1항의 규정에 의하여 전자문서 이용신고를 한 자에게 서류의 통지 및 송달(이하 "통지등"이라 한다)을 하고자 하는 경우에는 정보통신망을 이용하여 이를 행할 수 있다. 〈개정 2001.2.3〉

② 제1항의 규정에 따라 정보통신망을 이용하여 행한 서류의 통지등은 서면으로

행한 것과 동일한 효력을 가진다. 〈개정 2001.2.3〉

③ 제1항의 규정에 의한 서류의 통지등은 당해 통지등을 받는 자가 사용하는 전산정보처리조직의 파일에 기록된 때에 특허청 또는 특허심판원에서 사용하는 발송용 전산정보처리조직의 파일에 기록된 내용으로 도달한 것으로 본다. 〈개정 2001.2.3〉

④ 제1항의 규정에 의하여 정보통신망을 이용하여 행하는 통지등의 종류 · 방법등에 관하여 필요한 사항은 산업통상자원부령으로 정한다. 〈개정 2001.2.3, 2008.2.29, 2013.3.23〉

[본조신설 1998.9.23]

[제목개정 2001.2.3]

제2장 특허요건 및 특허출원

제29조(특허요건) ① 산업상 이용할 수 있는 발명으로서 다음 각 호의 어느 하나에 해당하는 것을 제외하고는 그 발명에 대하여 특허를 받을 수 있다. 〈개정 2001.2.3, 2006.3.3, 2013.3.22〉

1. 특허출원전에 국내 또는 국외에서 공지되었거나 공연히 실시된 발명
2. 특허출원전에 국내 또는 국외에서 반포된 간행물에 게재되었거나 전기통신회선을 통하여 공중(公衆)이 이용할 수 있는 발명

② 특허출원전에 그 발명이 속하는 기술분야에서 통상의 지식을 가진 자가 제1항 각 호의 1에 규정된 발명에 의하여 용이하게 발명할 수 있는 것일 때에는 그 발명에 대하여는 제1항의 규정에 불구하고 특허를 받을 수 없다. 〈개정 2001.2.3〉

③ 특허출원한 발명이 당해 특허출원을 한 날전에 특허출원 또는 실용신안등록출원을 하여 당해 특허출원을 한 후에 출원공개되거나 등록공고된 타특허출원 또는 실용신안등록출원의 출원서에 최초로 첨부된 명세서 또는 도면에 기재된 발명 또는 고안과 동일한 경우에 그 발명에 대하여는 제1항의 규정에 불구하고 특허를 받을 수 없다. 다만, 당해 특허출원의 발명자와 타특허출원의 발명자나 실용신안등록출원의 고안자가 동일한 경우 또는 당해 특허출원의 특허출원시의 특허출원

인과 타특허출원이나 실용신안등록출원의 출원인이 동일한 경우에는 그러하지 아니하다. 〈개정 1993.12.10, 1997.4.10, 1998.9.23, 2001.2.3, 2006.3.3〉

④ 제3항을 적용할 때 다른 특허출원 또는 실용신안등록출원이 다음 각 호의 어느 하나에 해당하는 경우 제3항 중 "출원공개"는 "출원공개 또는 「특허협력조약」 제21조에 따른 국제공개"로, "출원서에 최초로 첨부된 명세서 또는 도면에 기재된 발명 또는 고안"은 국어로 출원한 경우 "국제출원일에 제출한 국제출원의 명세서, 청구의 범위 또는 도면에 기재된 발명 또는 고안"으로, 외국어로 출원한 경우 "국제출원일에 제출한 국제출원의 명세서, 청구의 범위 또는 도면과 그 출원번역문에 다 같이 기재된 발명 또는 고안"으로 본다. 〈개정 2009.1.30〉

1. 다른 특허출원이 제199조제1항에 따라 특허출원으로 보는 국제출원(제214조제4항에 따라 특허출원으로 되는 국제출원을 포함한다)인 경우
2. 실용신안등록출원이 「실용신안법」 제34조제1항에 따라 실용신안등록출원으로 보는 국제출원(같은 법 제40조제4항에 따라 실용신안등록출원으로 되는 국제출원을 포함한다)인 경우

제30조(공지 등이 되지 아니한 발명으로 보는 경우) ① 특허를 받을 수 있는 권리를 가진 자의 발명이 다음 각 호의 어느 하나에 해당하는 경우에는 그날부터 12개월 이내에 특허출원을 하면 그 특허출원된 발명에 대하여 제29조제1항 또는 제2항을 적용할 때에는 그 발명은 제29조제1항 각 호의 어느 하나에 해당하지 아니한 것으로 본다. 〈개정 1993.12.10, 2001.2.3, 2006.3.3, 2011.12.2〉

1. 특허를 받을 수 있는 권리를 가진 자에 의하여 그 발명이 제29조제1항 각 호의 어느 하나에 해당하게 된 경우. 다만, 조약 또는 법률에 따라 국내 또는 국외에서 출원공개되거나 등록공고된 경우를 제외한다.
2. 특허를 받을 수 있는 권리를 가진 자의 의사에 반하여 그 발명이 제29조제1항 각 호의 1에 해당하게 된 경우
3. 삭제 〈2006.3.3〉

② 제1항제1호의 규정을 적용받고자 하는 자는 특허출원서에 그 취지를 기재하여 출원하고, 이를 증명할 수 있는 서류를 특허출원일부터 30일이내에 특허청장에게

제출하여야 한다. 〈개정 2006.3.3〉

[제목개정 2001.2.3]

제31조 삭제 〈2006.3.3〉

제32조(특허를 받을 수 없는 발명) 공공의 질서 또는 선량한 풍속을 문란하게 하거나 공중의 위생을 해할 염려가 있는 발명에 대하여는 제29조제1항 및 제2항의 규정에 불구하고 특허를 받을 수 없다.

[전문개정 1995.12.29]

제33조(특허를 받을 수 있는 자) ① 발명을 한 자 또는 그 승계인은 이 법에서 정하는 바에 의하여 특허를 받을 수 있는 권리를 가진다. 다만, 특허청직원 및 특허심판원직원은 상속 또는 유증의 경우를 제외하고는 재직중 특허를 받을 수 없다. 〈개정 1995.1.5, 2001.2.3〉

② 2인이상이 공동으로 발명한 때에는 특허를 받을 수 있는 권리는 공유로 한다.

제34조(무권리자의 특허출원과 정당한 권리자의 보호) 발명자가 아닌 자로서 특허를 받을 수 있는 권리의 승계인이 아닌 자(이하 "무권리자"라 한다)가 한 특허출원이 제33조제1항 본문의 규정에 의한 특허를 받을 수 있는 권리를 가지지 아니한 사유로 제62조제2호에 해당되어 특허를 받지 못하게 된 경우에는 그 무권리자의 특허출원후에 한 정당한 권리자의 특허출원은 무권리자가 특허출원한 때에 특허출원한 것으로 본다. 다만, 무권리자가 특허를 받지 못하게 된 날부터 30일을 경과한 후에 출원을 한 경우에는 그러하지 아니하다. 〈개정 2001.2.3〉

[전문개정 1997.4.10]

제35조(무권리자의 특허와 정당한 권리자의 보호) 제33조제1항 본문의 규정에 의한 특허를 받을 수 있는 권리를 가지지 아니한 자에 대하여 제133조제1항제2호에 해당되어 특허를 무효로 한다는 심결이 확정된 경우에는 그 특허출원 후에 한 정당한 권리자의 특허출원은 무효로 된 그 특허의 출원시에 특허출원한 것으로 본다. 다만, 그 특허의 등록공고가 있는 날부터 2년을 경과한 후 또는 심결이 확정된 날부터 30일을 경과한 후에 특허출원을 한 경우에는 그러하지 아니하다.

[전문개정 2006.3.3]

제36조(선출원) ① 동일한 발명에 대하여 다른 날에 2이상의 특허출원이 있는 때에는 먼저 특허출원한 자만이 그 발명에 대하여 특허를 받을 수 있다.

② 동일한 발명에 대하여 같은 날에 2이상의 특허출원이 있는 때에는 특허출원인의 협의에 의하여 정하여진 하나의 특허출원인만이 그 발명에 대하여 특허를 받을 수 있다. 협의가 성립하지 아니하거나 협의를 할 수 없는 때에는 어느 특허출원인도 그 발명에 대하여 특허를 받을 수 없다.

③ 특허출원된 발명과 실용신안등록출원된 고안이 동일한 경우 그 특허출원과 실용신안등록출원이 다른 날에 출원된 것일 때에는 제1항의 규정을 준용하고, 그 특허출원과 실용신안등록출원이 같은 날에 출원된 것일 때에는 제2항의 규정을 준용한다. 〈개정 1998.9.23, 2001.2.3, 2006.3.3〉

④ 특허출원 또는 실용신안등록출원이 무효・취하 또는 포기되거나 거절결정이나 거절한다는 취지의 심결이 확정된 때에는 그 특허출원 또는 실용신안등록출원은 제1항 내지 제3항의 규정을 적용함에 있어서는 처음부터 없었던 것으로 본다. 다만, 제2항 후단(제3항의 규정에 의하여 준용되는 경우를 포함한다)의 규정에 해당하여 그 특허출원 또는 실용신안등록출원에 대하여 거절결정이나 거절한다는 취지의 심결이 확정된 때에는 그러하지 아니하다. 〈개정 2001.2.3, 2006.3.3〉

⑤ 발명자 또는 고안자가 아닌 자로서 특허를 받을 수 있는 권리 또는 실용신안등록을 받을 수 있는 권리의 승계인이 아닌 자가 한 특허출원 또는 실용신안등록출원은 제1항 내지 제3항의 규정을 적용함에 있어서는 처음부터 없었던 것으로 본다.

⑥ 특허청장은 제2항의 경우에는 특허출원인에게 기간을 정하여 협의의 결과를 신고할 것을 명하고 그 기간내에 신고가 없는 때에는 제2항의 규정에 의한 협의는 성립되지 아니한 것으로 본다.

[제목개정 2001.2.3]

제37조(특허를 받을 수 있는 권리의 이전등) ① 특허를 받을 수 있는 권리는 이전할 수 있다.

② 특허를 받을 수 있는 권리는 질권의 목적으로 할 수 없다.

③ 특허를 받을 수 있는 권리가 공유인 경우에는 각 공유자는 다른 공유자의 동의

를 얻지 아니하면 그 지분을 양도할 수 없다.

제38조(특허를 받을 수 있는 권리의 승계) ① 특허출원전에 있어서 특허를 받을 수 있는 권리의 승계는 그 승계인이 특허출원을 하지 아니하면 제3자에게 대항할 수 없다.

② 동일한 자로부터 승계한 동일한 특허를 받을 수 있는 권리에 대하여 같은 날에 2이상의 특허출원이 있는 때에는 특허출원인의 협의에 의하여 정한 자외의 자의 승계는 그 효력이 발생하지 아니한다.

③ 동일한 자로부터 승계한 동일한 발명 및 고안에 대한 특허를 받을 수 있는 권리 및 실용신안등록을 받을 수 있는 권리에 대하여 같은 날에 특허출원 및 실용신안등록출원이 있는 때에도 제2항과 같다.

④ 특허출원후에 있어서 특허를 받을 수 있는 권리의 승계는 상속 기타 일반승계의 경우를 제외하고는 특허출원인변경신고를 하지 아니하면 그 효력이 발생하지 아니한다. 〈개정 2001.2.3〉

⑤ 특허를 받을 수 있는 권리의 상속 기타 일반승계가 있는 경우에는 승계인은 지체없이 그 취지를 특허청장에게 신고하여야 한다.

⑥ 동일인으로부터 승계한 동일한 특허를 받을 수 있는 권리의 승계에 관하여 같은 날에 2이상의 특허출원인변경신고가 있는 때에는 신고를 한 자간의 협의에 의하여 정한 자외의 자의 신고는 그 효력이 발생하지 아니한다. 〈개정 2001.2.3〉

⑦ 제36조제6항의 규정은 제2항 · 제3항 및 제6항의 경우에 이를 준용한다. 〈개정 1993.12.10〉

제39조 삭제 〈2006.3.3〉

제40조 삭제 〈2006.3.3〉

제41조(국방상 필요한 발명등) ① 정부는 국방상 필요한 경우에는 외국에의 특허출원을 금지하거나 발명자 · 출원인 및 대리인에게 그 발명을 비밀로 취급하도록 명할 수 있다. 다만, 정부의 허가를 얻은 때에는 외국에 특허출원을 할 수 있다.

② 정부는 특허출원한 발명이 국방상 필요한 경우에는 특허를 하지 아니할 수 있으며, 전시 · 사변 또는 이에 준하는 비상시에 있어서 국방상 필요한 경우에는 특

허를 받을 수 있는 권리를 수용할 수 있다. 〈개정 1995.12.29〉

③ 제1항의 규정에 의한 외국에의 특허출원 금지 또는 비밀취급에 따른 손실에 대하여는 정부는 정당한 보상금을 지급하여야 한다. 〈개정 2001.2.3〉

④ 제2항의 규정에 의하여 특허하지 아니하거나 수용한 경우에는 정부는 정당한 보상금을 지급하여야 한다.

⑤ 제1항의 규정에 의한 외국에의 특허출원의 금지 또는 비밀취급명령을 위반한 경우에는 그 발명에 대하여 특허를 받을 수 있는 권리를 포기한 것으로 본다.

⑥ 제1항의 규정에 의한 비밀취급명령을 위반한 경우에는 비밀취급에 따른 손실보상금의 청구권을 포기한 것으로 본다.

⑦ 제1항의 규정에 의한 외국에의 특허출원의 금지・비밀취급의 절차・제2항 내지 제4항의 규정에 의한 수용 및 보상금 지급의 절차 기타 필요한 사항은 대통령령으로 정한다.

제42조(특허출원) ① 특허를 받고자 하는 자는 다음 각 호의 사항을 기재한 특허출원서를 특허청장에게 제출하여야 한다. 〈개정 2001.2.3〉

1. 특허출원인의 성명 및 주소(법인인 경우에는 그 명칭 및 영업소의 소재지)
2. 특허출원인의 대리인이 있는 경우에는 그 대리인의 성명 및 주소나 영업소의 소재지(대리인이 특허법인인 경우에는 그 명칭, 사무소의 소재지 및 지정된 변리사의 성명)
3. 삭제 〈2001.2.3〉
4. 발명의 명칭
5. 발명자의 성명 및 주소
6. 삭제 〈2001.2.3〉

② 제1항의 규정에 의한 특허출원서에는 다음 각 호의 사항을 기재한 명세서와 필요한 도면 및 요약서를 첨부하여야 한다.

1. 발명의 명칭
2. 도면의 간단한 설명
3. 발명의 상세한 설명

4. 특허청구범위

③ 제2항제3호에 따른 발명의 상세한 설명의 기재는 다음 각 호의 요건을 충족하여야 한다. 〈개정 2011.5.24, 2013.3.23〉

1. 그 발명이 속하는 기술 분야에서 통상의 지식을 가진 자가 그 발명을 쉽게 실시할 수 있도록 산업통상자원부령으로 정하는 기재방법에 따라 명확하고 상세하게 기재할 것
2. 그 발명의 배경이 되는 기술을 기재할 것

④ 제2항제4호의 규정에 의한 특허청구범위에는 보호를 받고자 하는 사항을 기재한 항(이하 "청구항"이라 한다)이 1 또는 2이상 있어야 하며, 그 청구항은 다음 각 호에 해당하여야 한다. 〈개정 2007.1.3〉

1. 발명의 상세한 설명에 의하여 뒷받침될 것
2. 발명이 명확하고 간결하게 기재될 것
3. 삭제 〈2007.1.3〉

⑤ 특허출원인은 제2항의 규정에 불구하고 특허출원당시에 제2항제4호의 특허청구범위를 기재하지 아니한 명세서를 특허출원서에 첨부할 수 있다. 이 경우 다음 각 호의 구분에 따른 기한까지 특허청구범위가 기재되도록 명세서를 보정하여야 한다. 〈신설 2007.1.3〉

1. 제64조제1항 각 호의 어느 하나에 해당하는 날부터 1년 6개월이 되는 날까지
2. 제1호의 기한 이내에 제60조제3항의 규정에 따른 출원심사 청구의 취지를 통지받은 날부터 3개월이 되는 날까지(제64조제1항 각 호의 어느 하나에 해당하는 날부터 1년 3개월이 되는 날 후에 통지받은 경우에는 동항 각 호의 어느 하나에 해당하는 날부터 1년 6개월이 되는 날까지)

⑥ 제2항제4호의 규정에 따른 특허청구범위를 기재할 때에는 보호받고자 하는 사항을 명확히 할 수 있도록 발명을 특정하는데 필요하다고 인정되는 구조·방법·기능·물질 또는 이들의 결합관계 등을 기재하여야 한다. 〈신설 2007.1.3〉

⑦ 특허출원인이 특허출원 후에 제5항 각 호의 규정에 따른 기한까지 명세서를 보정하지 아니한 경우에는 그 기한이 되는 날의 다음 날에 해당특허출원은 취하

된 것으로 본다. 〈신설 2007.1.3〉

⑧ 제2항제4호의 규정에 의한 특허청구범위의 기재방법에 관하여 필요한 사항은 대통령령으로 정한다. 〈개정 2007.1.3〉

⑨ 제2항의 규정에 의한 요약서의 기재방법등에 관하여 필요한 사항은 산업통상자원부령으로 정한다. 〈개정 1993.3.6, 1995.12.29, 2001.2.3, 2007.1.3, 2008.2.29, 2013.3.23〉

제43조(요약서) 제42조제2항의 규정에 의한 요약서는 기술정보로서의 용도로 사용하여야 하며, 특허발명의 보호범위를 정하는 데에는 사용할 수 없다.

제44조(공동출원) 특허를 받을 수 있는 권리가 공유인 경우에는 공유자 전원이 공동으로 특허출원을 하여야 한다. 〈개정 2013.3.22〉

제45조(특허출원의 범위) ① 특허출원은 1발명을 1특허출원으로 한다. 다만, 하나의 총괄적 발명의 개념을 형성하는 1군의 발명에 대하여 1특허출원으로 할 수 있다.

② 제1항의 규정에 의한 1특허출원의 요건은 대통령령으로 정한다.

제46조(절차의 보정) 특허청장 또는 특허심판원장은 특허에 관한 절차가 다음 각 호의 1에 해당하는 경우에는 기간을 정하여 보정을 명하여야 한다. 〈개정 1997.4.10, 2001.2.3, 2002.12.11〉

1. 제3조제1항 또는 제6조의 규정에 위반된 경우
2. 이 법 또는 이 법에 의한 명령이 정하는 방식에 위반된 경우
3. 제82조의 규정에 의하여 납부하여야 할 수수료를 납부하지 아니한 경우

제47조(특허출원의 보정) ① 특허출원인은 제42조제5항 각 호에 따른 기한까지 또는 제66조에 따른 특허결정의 등본을 송달하기 전까지 특허출원서에 첨부된 명세서 또는 도면을 보정할 수 있다. 다만, 제63조제1항에 따른 거절이유통지(이하 "거절이유통지"라 한다)를 받은 후에는 다음 각 호에서 정하는 기간(제3호의 경우에는 그 때)에만 보정할 수 있다. 〈개정 2007.1.3, 2009.1.30〉

1. 거절이유통지(거절이유통지에 대한 보정에 따라 발생한 거절이유에 대한 거절이유통지는 제외한다)를 최초로 받거나 제2호의 거절이유통지가 아닌 거절이유통지를 받은 경우 해당 거절이유통지에 따른 의견서제출기간

2. 거절이유통지에 대한 보정에 따라 발생한 거절이유에 대하여 거절이유통지를 받은 경우 해당 거절이유통지에 따른 의견서 제출기간

3. 제67조의2에 따른 재심사를 청구할 때

② 제1항의 규정에 의한 명세서 또는 도면의 보정은 특허출원서에 최초로 첨부된 명세서 또는 도면에 기재된 사항의 범위 안에서 이를 할 수 있다.

③ 제1항제2호 및 제3호에 따른 보정 중 특허청구범위에 대한 보정은 다음 각 호의 어느 하나에 해당하는 경우에만 할 수 있다. 〈개정 2009.1.30〉

1. 청구항을 한정 또는 삭제하거나 청구항에 부가하여 특허청구범위를 감축하는 경우
2. 잘못된 기재를 정정하는 경우
3. 분명하지 아니한 기재를 명확하게 하는 경우
4. 제2항에 따른 범위를 벗어난 보정에 대하여 그 보정 전 특허청구범위로 되돌아가거나 되돌아가면서 특허청구범위를 제1호부터 제3호까지의 규정에 따라 보정하는 경우

④ 제1항제1호 또는 제2호에 따른 기간에 보정을 하는 경우에는 각각의 보정절차에서 마지막 보정 전에 한 모든 보정은 취하된 것으로 본다. 〈신설 2013.3.22〉

[전문개정 2001.2.3]

제48조 삭제 〈2001.2.3〉

제49조 삭제 〈2006.3.3〉

제50조 삭제 〈1997.4.10〉

제51조(보정각하) ① 심사관은 제47조제1항제2호 및 제3호에 따른 보정이 같은 조 제2항 및 제3항을 위반하거나 그 보정(같은 조 제3항제1호 및 제4호에 따른 보정 중 청구항을 삭제하는 보정은 제외한다)에 따라 새로운 거절이유가 발생한 것으로 인정하면 결정으로 그 보정을 각하하여야 한다. 다만, 제67조의2에 따른 재심사의 청구가 있는 경우 그 청구 전에 한 보정인 경우에는 그러하지 아니하다. 〈개정 2009.1.30〉

② 제1항의 규정에 의한 각하결정은 서면으로 하여야 하며 그 이유를 붙여야 한다.

③ 제1항에 따른 각하결정에 대하여는 불복할 수 없다. 다만, 제132조의3에 따른 특허거절결정에 대한 심판에서 그 각하결정(제67조의2에 따른 재심사의 청구가 있는 경우 그 청구 전에 한 각하결정은 제외한다)에 대하여 다투는 경우에는 그러하지 아니하다. 〈개정 2009.1.30〉

[전문개정 2001.2.3]

제52조(분할출원) ① 특허출원인은 2이상의 발명을 하나의 특허출원으로 한 경우에는 그 특허출원의 출원서에 최초로 첨부된 명세서 또는 도면에 기재된 사항의 범위 안에서 다음 각 호의 어느 하나에 해당하는 기간에 그 일부를 하나이상의 특허출원으로 분할할 수 있다. 〈개정 2009.1.30〉

1. 제47조제1항에 따라 보정을 할 수 있는 기간
2. 특허거절결정등본을 송달받은 후 제132조의3에 따라 심판을 청구할 수 있는 기간

② 제1항의 규정에 의하여 분할된 특허출원(이하 "분할출원"이라 한다)이 있는 경우 그 분할출원은 특허출원한 때에 출원한 것으로 본다. 다만, 그 분할출원에 대하여 다음 각 호의 규정을 적용함에 있어서는 당해 분할출원시에 출원한 것으로 본다. 〈개정 1993.12.10, 1998.9.23, 2006.3.3〉

1. 분할출원이 제29조제3항에서 규정하는 타특허출원 또는 「실용신안법」 제4조제3항에서 규정하는 특허출원에 해당하여 제29조제3항 또는 「실용신안법」 제4조제3항의 규정을 적용하는 경우
2. 제30조제2항의 규정을 적용하는 경우
3. 제54조제3항의 규정을 적용하는 경우
4. 제55조제2항의 규정을 적용하는 경우

③ 제1항의 규정에 의하여 분할출원을 하는 자는 분할출원서에 그 취지 및 분할의 기초가 된 특허출원의 표시를 하여야 한다. 〈신설 2001.2.3〉

④ 분할출원의 경우에 제54조에 따른 우선권을 주장하는 자는 같은 조 제4항에 따른 서류를 같은 조 제5항에 따른 기간이 지난 후에도 분할출원을 한 날부터 3개월 이내에 특허청장에게 제출할 수 있다. 〈개정 2013.3.22〉

제53조(변경출원) ① 실용신안등록출원인은 그 실용신안등록출원의 출원서에 최초로 첨부된 명세서 또는 도면에 기재된 사항의 범위 안에서 그 실용신안등록출원을 특허출원으로 변경할 수 있다. 다만, 그 실용신안등록출원에 관하여 최초의 거절결정등본을 송달받은 날부터 30일이 경과한 때에는 특허출원으로 변경할 수 없다.

② 제1항의 규정에 의하여 변경된 특허출원(이하 "변경출원"이라 한다)이 있는 경우에 그 변경출원은 실용신안등록출원을 한 때에 특허출원한 것으로 본다. 다만, 그 변경출원이 다음 각 호의 어느 하나에 해당하는 경우에는 그러하지 아니하다.

1. 제29조제3항의 규정에 따른 타특허출원 또는 「실용신안법」 제4조제3항의 규정에 따른 특허출원에 해당하여 제29조제3항 또는 「실용신안법」 제4조제3항의 규정을 적용하는 경우
2. 제30조제2항의 규정을 적용하는 경우
3. 제54조제3항의 규정을 적용하는 경우
4. 제55조제2항의 규정을 적용하는 경우

③ 제1항의 규정에 의하여 변경출원을 하는 자는 변경출원서에 그 취지 및 변경출원의 기초가 된 실용신안등록출원의 표시를 하여야 한다.

④ 변경출원이 있는 경우에는 그 실용신안등록출원은 취하된 것으로 본다.

⑤ 제1항 단서의 규정에 의한 30일의 기간은 「실용신안법」 제3조의 규정에 의하여 준용되는 이 법 제15조제1항의 규정에 의하여 제132조의3에서 규정한 기간이 연장된 때에는 그 연장된 기간에 따라 연장된 것으로 본다.

⑥ 변경출원의 경우에 제54조에 따른 우선권을 주장하는 자는 같은 조 제4항에 따른 서류를 같은 조 제5항에 따른 기간이 지난 후에도 변경출원을 한 날부터 3개월 이내에 특허청장에게 제출할 수 있다. 〈개정 2013.3.22〉

[전문개정 2006.3.3]

제54조(조약에 의한 우선권주장) ① 조약에 의하여 대한민국 국민에게 특허출원에 대한 우선권을 인정하는 당사국 국민이 그 당사국 또는 다른 당사국에 특허출원을 한 후 동일발명을 대한민국에 특허출원하여 우선권을 주장하는 때에는 제29조 및 제36조의 규정을 적용함에 있어서 그 당사국에 출원한 날을 대한민국에 특허

출원한 날로 본다. 대한민국 국민이 조약에 의하여 대한민국 국민에게 특허출원에 대한 우선권을 인정하는 당사국에 특허출원한 후 동일발명을 대한민국에 특허출원한 경우에도 또한 같다.

② 제1항의 규정에 의하여 우선권을 주장하고자 하는 자는 우선권주장의 기초가 되는 최초의 출원일부터 1년이내에 특허출원하지 아니하면 이를 주장할 수 없다.

③ 제1항의 규정에 의하여 우선권을 주장하고자 하는 자는 특허출원시 특허출원서에 그 취지, 최초로 출원한 국명 및 출원의 연월일을 기재하여야 한다.

④ 제3항의 규정에 의하여 우선권을 주장한 자는 제1호의 서류 또는 제2호의 서면을 특허청장에게 제출하여야 한다. 다만, 제2호의 서면은 산업통상자원부령이 정하는 국가의 경우에 한한다. 〈개정 2001.2.3, 2008.2.29, 2013.3.23〉

1. 최초로 출원한 국가의 정부가 인정하는 서류로서 특허출원의 연월일을 기재한 서면, 발명의 명세서 및 도면의 등본
2. 최초로 출원한 국가의 특허출원의 출원번호를 기재한 서면

⑤ 제4항의 규정에 의한 서류 또는 서면은 다음 각 호에 해당하는 날중 최선일부터 1년 4월 이내에 제출하여야 한다. 〈신설 2001.2.3〉

1. 조약 당사국에 최초로 출원한 출원일
2. 그 특허출원이 제55조제1항의 규정에 의한 우선권주장을 수반하는 경우에는 그 우선권주장의 기초가 되는 출원의 출원일
3. 그 특허출원이 제3항의 규정에 의한 다른 우선권주장을 수반하는 경우에는 그 우선권주장의 기초가 되는 출원의 출원일

⑥ 제3항의 규정에 의하여 우선권을 주장한 자가 제5항의 기간내에 제4항에 규정한 서류를 제출하지 아니한 경우에는 그 우선권주장은 효력을 상실한다. 〈개정 2002.12.11〉

⑦ 제1항의 규정에 의하여 우선권주장을 한 자중 제2항의 요건을 갖춘 자는 제5항의 규정에 의한 최선일부터 1년 4월 이내에 당해 우선권주장을 보정하거나 추가할 수 있다. 〈신설 2001.2.3〉

제55조(특허출원 등을 기초로 한 우선권 주장) ① 특허를 받으려는 자는 자신이 특

허나 실용신안등록을 받을 수 있는 권리를 가진 특허출원 또는 실용신안등록출원으로 먼저 한 출원(이하 "선출원"이라 한다)의 출원서에 최초로 첨부된 명세서 또는 도면에 기재된 발명을 기초로 그 특허출원한 발명에 관하여 우선권을 주장할 수 있다. 다만, 다음 각 호의 어느 하나에 해당하는 경우에는 그러하지 아니하다. 〈개정 2013.3.22〉

1. 그 특허출원이 선출원의 출원일부터 1년이 지난 후에 출원된 경우
2. 선출원이 제52조제2항(「실용신안법」 제11조에 따라 준용되는 경우를 포함한다)에 따른 분할출원이나 제53조제2항 또는 「실용신안법」 제10조제2항에 따른 변경출원인 경우
3. 그 특허출원을 할 때에 선출원이 포기 · 무효 또는 취하된 경우
4. 그 특허출원을 할 때에 선출원이 특허 여부의 결정, 실용신안등록 여부의 결정 또는 거절한다는 취지의 심결이 확정된 경우

② 제1항에 따른 우선권을 주장하려는 자는 특허출원을 할 때에 특허출원서에 그 취지와 선출원의 표시를 하여야 한다.

③ 제1항에 따른 우선권 주장을 수반하는 특허출원된 발명 중 해당 우선권 주장의 기초가 된 선출원의 출원서에 최초로 첨부된 명세서 또는 도면에 기재된 발명과 같은 발명에 관하여 제29조제1항 · 제2항, 제29조제3항 본문, 제30조제1항, 제36조제1항부터 제3항까지, 제96조제1항제3호, 제98조, 제103조, 제105조제1항 · 제2항, 제129조 및 제136조제4항(제133조의2제4항에 따라 준용되는 경우를 포함한다), 「실용신안법」 제7조제3항 · 제4항 및 제25조, 「디자인보호법」 제45조 및 제52조제3항을 적용할 때에는 그 특허출원은 그 선출원의 출원을 한 때에 특허출원한 것으로 본다.

④ 제1항에 따른 우선권 주장을 수반하는 특허출원의 출원서에 최초로 첨부된 명세서 또는 도면에 기재된 발명 중 해당 우선권 주장의 기초가 된 선출원의 출원서에 최초로 첨부된 명세서 또는 도면에 기재된 발명과 같은 발명은 그 특허출원이 출원공개되거나 특허가 등록공고되었을 때에 해당 우선권 주장의 기초가 된 선출원에 관하여 출원공개가 된 것으로 보고 제29조제3항 본문 또는 「실용신안법」 제

4조제3항 본문을 적용한다.

⑤ 선출원이 다음 각 호의 어느 하나에 해당하면 그 선출원의 출원서에 최초로 첨부된 명세서 또는 도면에 기재된 발명 중 그 선출원에 관하여 우선권 주장의 기초가 된 특허출원의 출원을 한 때에 명세서 또는 도면에 기재된 발명에 대하여는 제3항과 제4항을 적용하지 아니한다.

1. 선출원이 제1항에 따른 우선권 주장을 수반하는 출원인 경우
2. 선출원이 「공업소유권보호를 위한 파리조약」 제4조D(1)에 따른 우선권 주장을 수반하는 출원인 경우

⑥ 제4항을 적용할 때 그 선출원이 다음 각 호의 어느 하나에 해당하는 경우 제29조제4항 중 "국제출원일에 제출한 국제출원의 명세서, 청구의 범위 또는 도면과 그 출원번역문에 다 같이 기재된 발명 또는 고안"은 "국제출원일에 제출한 국제출원의 명세서, 청구의 범위 또는 도면에 기재된 발명 또는 고안"으로 본다.

1. 선출원이 제199조제1항에 따라 특허출원으로 보는 국제출원(제214조제4항에 따라 특허출원으로 되는 국제출원을 포함한다)인 경우
2. 선출원이 「실용신안법」 제34조제1항에 따라 실용신안등록출원으로 보는 국제출원(같은 법 제40조제4항에 따라 실용신안등록출원으로 되는 국제출원을 포함한다)인 경우

⑦ 제1항에 따른 요건을 갖추어 우선권 주장을 한 자는 선출원일(선출원이 2 이상인 경우 최선출원일)부터 1년 4개월 이내에 그 우선권 주장을 보정하거나 추가할 수 있다.

[전문개정 2009.1.30]

제56조(선출원의 취하등) ① 제55조제1항에 따른 우선권주장의 기초가 된 선출원은 그 출원일부터 1년 3개월이 지난 때에 취하된 것으로 본다. 다만, 그 선출원이 다음 각 호의 어느 하나에 해당하는 경우에는 그러하지 아니하다. 〈개정 2009.1.30〉

1. 포기, 무효 또는 취하된 경우
2. 특허여부의 결정, 실용신안등록여부의 결정 또는 심결이 확정된 경우
3. 당해 선출원을 기초로 한 우선권주장이 취하된 경우

4. 삭제 <2006.3.3>

② 제55조제1항의 규정에 의한 우선권주장을 수반하는 특허출원의 출원인은 선출원의 출원일부터 1년 3월을 경과한 후에는 그 우선권주장을 취하할 수 없다.

③ 제55조제1항의 규정에 의한 우선권주장을 수반하는 특허출원이 선출원의 출원일부터 1년 3월이내에 취하된 때에는 그 우선권주장도 동시에 취하된 것으로 본다.

제3장 심사

제57조(심사관에 의한 심사) ① 특허청장은 심사관으로 하여금 특허출원을 심사하게 한다. <개정 2006.3.3>

② 심사관의 자격에 관하여 필요한 사항은 대통령령으로 정한다.

제58조(선행기술의 조사등) ① 특허청장은 특허출원의 심사(국제출원에 대한 국제조사 및 국제예비심사를 포함한다)에 있어서 필요하다고 인정할 때에는 전문기관을 지정하여 선행기술의 조사, 국제특허분류의 부여 그 밖에 대통령령이 정하는 업무를 의뢰할 수 있다. <개정 2001.2.3, 2006.3.3, 2009.1.30>

② 특허청장은 특허출원의 심사에 관하여 필요하다고 인정할 때에는 정부기관 · 당해 기술분야의 전문기관 또는 특허에 관한 지식과 경험이 풍부한 자에게 협조를 요청하거나 의견을 들을 수 있다. 이 경우 특허청장은 예산의 범위안에서 수당 또는 비용을 지급할 수 있다.

③ 제1항의 규정에 따른 전문기관의 지정기준 등 지정에 관하여 필요한 사항과 선행기술의 조사 또는 국제특허분류의 부여 등의 의뢰절차에 관하여 필요한 사항은 대통령령으로 정한다. <개정 2001.2.3, 2006.3.3>

제58조의2(전문기관 지정의 취소 등) ① 특허청장은 제58조제1항의 규정에 따른 전문기관이 제1호에 해당하는 경우에는 전문기관의 지정을 취소하여야 하며, 제2호에 해당하는 경우에는 그 지정을 취소하거나 6개월 이내의 기간을 정하여 업무의 정지를 명할 수 있다.

1. 거짓 그 밖의 부정한 방법으로 전문기관의 지정을 받은 경우
2. 제58조제3항의 규정에 따른 지정기준에 적합하지 아니하게 된 경우

② 특허청장은 제1항에 따라 전문기관의 지정을 취소하거나 업무정지를 명하려면 청문을 하여야 한다. 〈개정 2013.3.22〉

③ 제1항의 규정에 따른 전문기관의 지정취소 및 업무정지의 기준과 절차 등에 관하여 필요한 사항은 산업통상자원부령으로 정한다. 〈개정 2008.2.29, 2013.3.23〉

[전문개정 2007.1.3]

제59조(특허출원심사의 청구) ① 특허출원은 심사청구가 있을 때에 한하여 이를 심사한다.

② 특허출원이 있는 때에는 누구든지 그날부터 5년이내에 특허청장에게 그 특허출원에 관하여 출원심사의 청구를 할 수 있다. 다만, 특허출원인의 경우에는 특허청구범위가 기재된 명세서가 첨부된 때에 한하여 출원심사의 청구를 할 수 있다. 〈개정 2007.1.3〉

③ 제34조 및 제35조에 따른 정당한 권리자의 특허출원, 분할출원 또는 변경출원에 관하여는 제2항에 따른 기간이 지난 후에도 정당한 권리자가 특허출원을 한 날, 분할출원을 한 날 또는 변경출원을 한 날부터 각각 30일 이내에 출원심사의 청구를 할 수 있다. 〈개정 2013.3.22〉

④ 출원심사의 청구는 취하할 수 없다.

⑤ 제2항 또는 제3항의 규정에 의하여 출원심사의 청구를 할 수 있는 기간내에 출원심사의 청구가 없는 때에는 그 특허출원은 취하한 것으로 본다.

제60조(출원심사의 청구절차) ① 출원심사의 청구를 하고자 하는 자는 다음 각 호의 사항을 기재한 출원심사청구서를 특허청장에게 제출하여야 한다. 〈개정 2002.12.11〉

1. 청구인의 성명 및 주소(법인인 경우에는 그 명칭·영업소의 소재지)
2. 삭제 〈2002.12.11〉
3. 출원심사의 청구대상이 되는 특허출원의 표시

② 특허청장은 출원공개전에 출원심사의 청구가 있는 때에는 출원공개시에, 출원공개후에 출원심사의 청구가 있는 때에는 지체없이 그 취지를 특허공보에 게재하여야 한다.

③ 특허청장은 특허출원인이 아닌 자로부터 출원심사의 청구가 있는 때에는 그

취지를 특허출원인에게 통지하여야 한다.

제61조(우선심사) 특허청장은 다음 각 호의 1에 해당되는 특허출원에 대하여는 심사관으로 하여금 다른 특허출원에 우선하여 심사하게 할 수 있다.

1. 출원공개후 특허출원인이 아닌 자가 업으로서 특허출원된 발명을 실시하고 있다고 인정되는 경우
2. 대통령령이 정하는 특허출원으로서 긴급처리가 필요하다고 인정되는 경우

[전문개정 2001.2.3]

제62조(특허거절결정) 심사관은 특허출원이 다음 각 호의 어느 하나(이하 "거절이유"라 한다)에 해당하는 경우에는 그 특허출원에 대하여 특허거절결정을 하여야 한다. 〈개정 2001.2.3, 2006.3.3, 2007.1.3〉

1. 제25조 · 제29조 · 제32조 · 제36조제1항 내지 제3항 또는 제44조의 규정에 의하여 특허할 수 없는 경우
2. 제33조제1항 본문의 규정에 의한 특허를 받을 수 있는 권리를 가지지 아니하거나 동조동항 단서의 규정에 의하여 특허를 받을 수 없는 경우
3. 조약의 규정에 위반된 경우
4. 제42조제3항 · 제4항 · 제8항 또는 제45조에 규정된 요건을 갖추지 아니한 경우
5. 제47조제2항의 규정에 의한 범위를 벗어난 보정인 경우
6. 제52조제1항의 규정에 의한 범위를 벗어난 분할출원인 경우
7. 제53조제1항의 규정에 의한 범위를 벗어난 변경출원인 경우

[제목개정 2001.2.3]

제63조(거절이유통지) ① 심사관은 제62조의 규정에 의하여 특허거절결정을 하고자 할 때에는 그 특허출원인에게 거절이유를 통지하고 기간을 정하여 의견서를 제출할 수 있는 기회를 주어야 한다. 다만, 제51조제1항에 따라 각하결정을 하고자 하는 때에는 그러하지 아니하다. 〈개정 2001.2.3, 2009.1.30〉

② 심사관은 특허청구범위에 2 이상의 청구항이 있는 특허출원에 대하여 제1항 본문의 규정에 따라 거절이유를 통지할 때에는 그 통지서에 거절되는 청구항을 명시하고 그 청구항에 관한 거절이유를 구체적으로 기재하여야 한다. 〈신설

2007.1.3, 2009.1.30〉

第63조의2(특허출원에 대한 정보제공) 특허출원이 있는 때에는 누구든지 그 특허출원이 거절이유에 해당되어 특허될 수 없다는 취지의 정보를 증거와 함께 특허청장에게 제공할 수 있다. 다만, 제42조제3항제2호, 같은 조 제8항 및 제45조에 규정된 요건을 갖추지 아니한 경우에는 그러하지 아니하다. 〈개정 2007.1.3, 2011.5.24〉

[본조신설 2006.3.3]

第64조(출원공개) ① 특허청장은 다음 각 호의 어느 하나에 해당하는 날부터 1년6월이 경과한 때 또는 특허출원일부터 1년 6월이 경과하기 전이라도 출원인의 신청이 있는 때에는 산업통상자원부령이 정하는 바에 따라 그 특허출원에 관하여 특허공보에 게재하여 출원공개를 하여야 한다. 다만, 제42조제5항 각 호 외의 부분 전단의 규정에 따라 특허청구범위가 기재되지 아니한 명세서를 첨부한 특허출원 및 제87조제3항의 규정에 따라 등록공고를 한 특허의 경우에는 출원공개의 대상이 되지 아니한다. 〈개정 1995.12.29, 1997.4.10, 2001.2.3, 2007.1.3, 2008.2.29, 2013.3.23〉

1. 제54조제1항의 규정에 의한 우선권주장을 수반하는 특허출원에 있어서는 그 우선권주장의 기초가 된 출원일
2. 제55조제1항의 규정에 의한 우선권주장을 수반하는 특허출원에 있어서는 선출원의 출원일
3. 제54조제1항 또는 제55조제1항의 규정에 의한 2 이상의 우선권주장을 수반하는 특허출원에 있어서는 해당 우선권주장의 기초가 된 출원일중 최선일
4. 제1호 내지 제3호의 1에 해당하지 아니하는 특허출원에 있어서는 그 특허출원일

② 삭제 〈2006.3.3〉

③ 제87조제4항은 제1항의 출원공개에 관하여 이를 준용한다. 〈개정 1997.4.10〉

④ 제1항의 출원공개에 관하여 특허공보에 게재할 사항은 대통령령으로 정한다.

第65조(출원공개의 효과) ① 특허출원인은 출원공개가 있은 후 그 특허출원된 발명을 업으로서 실시한 자에게 특허출원된 발명임을 서면으로 경고할 수 있다.

② 제1항의 규정에 의한 경고를 받거나 출원공개된 발명임을 알고 그 특허출원된 발명을 업으로 실시한 자에게 특허출원인은 그 경고를 받거나 출원공개된 발명임을 안 때부터 특허권의 설정등록시까지의 기간동안 그 특허발명의 실시에 대하여 통상 받을 수 있는 금액에 상당하는 보상금의 지급을 청구할 수 있다. 〈개정 1997.4.10〉

③ 제2항의 규정에 의한 청구권은 당해 특허출원에 대한 특허권의 설정등록이 있은 후가 아니면 이를 행사할 수 없다. 〈개정 1997.4.10〉

④ 제2항의 규정에 의한 청구권의 행사는 특허권의 행사에 영향을 미치지 아니한다. 〈개정 1997.4.10〉

⑤ 제127조 · 제129조 · 제132조 또는 민법 제760조 및 동법 제766조의 규정은 제2항의 규정에 의한 청구권을 행사하는 경우에 이를 준용한다. 이 경우 「민법」 제766조제1항중 "피해자나 그 법정대리인이 그 손해 및 가해자를 안 날"은 "당해 특허권의 설정등록일"로 본다. 〈개정 1997.4.10, 2006.3.3〉

⑥ 출원공개후 특허출원이 포기 · 무효 또는 취하된 때, 특허출원의 특허거절결정이 확정된 때 및 제133조의 규정에 의한 특허를 무효로 한다는 심결(동조제1항제4호의 규정에 의한 경우를 제외한다)이 확정된 때에는 제2항의 규정에 의한 청구권은 처음부터 발생하지 아니한 것으로 본다. 〈신설 1997.4.10, 2001.2.3, 2006.3.3〉

[전문개정 1995.12.29]

제66조(특허결정) 심사관은 특허출원에 대하여 거절이유를 발견할 수 없는 때에는 특허결정을 하여야 한다. 〈개정 2001.2.3〉

[전문개정 1997.4.10]

[제목개정 2001.2.3]

제66조의2(직권에 의한 보정 등) ① 심사관은 특허결정을 할 때에 특허출원서에 첨부된 명세서, 도면 또는 요약서에 명백히 잘못 기재된 내용이 있으면 직권으로 보정(이하 "직권보정"이라 한다)할 수 있다.

② 제1항에 따라 심사관이 직권보정을 하려면 제67조제2항에 따른 특허결정의 등본 송달과 함께 그 직권보정 사항을 특허출원인에게 알려야 한다.

③ 특허출원인은 직권보정 사항의 전부 또는 일부를 받아들일 수 없으면 제79조

제1항에 따라 특허료를 납부할 때까지 그 직권보정 사항에 대한 의견서를 특허청장에게 제출하여야 한다.

④ 특허출원인이 제3항에 따라 의견서를 제출한 경우 해당 직권보정 사항의 전부 또는 일부는 처음부터 없었던 것으로 본다.

⑤ 명백히 잘못 기재된 것이 아닌 사항에 대하여 직권보정이 이루어진 경우 그 직권보정은 처음부터 없었던 것으로 본다.

[본조신설 2009.1.30]

제67조(특허여부결정의 방식) ① 특허결정 및 특허거절결정(이하 "특허여부결정"이라 한다)은 서면으로 하여야 하며 그 이유를 붙여야 한다. 〈개정 2001.2.3〉

② 특허청장은 특허여부결정이 있는 경우에는 그 결정의 등본을 특허출원인에게 송달하여야 한다. 〈개정 2001.2.3〉

[전문개정 1997.4.10]

[제목개정 2001.2.3]

제67조의2(재심사의 청구) ① 특허출원인은 그 특허출원에 관하여 거절결정등본을 송달받은 날부터 30일(제15조제1항에 따라 제132조의3에 따른 기간이 연장된 경우 그 연장된 기간을 말한다) 이내에 그 특허출원의 특허출원서에 첨부된 명세서 또는 도면을 보정하여 해당 특허출원에 관하여 재심사(이하 "재심사"라 한다)를 청구할 수 있다. 다만, 재심사에 따른 특허거절결정이 있거나 제132조의3에 따른 심판청구가 있는 경우에는 그러하지 아니하다.

② 제1항에 따른 재심사의 청구가 있는 경우 해당 특허출원에 대하여 종전에 이루어진 특허거절결정은 취소된 것으로 본다.

③ 제1항에 따른 재심사의 청구는 취하할 수 없다.

[본조신설 2009.1.30]

제67조의3(특허출원의 회복) ① 특허출원인이 책임질 수 없는 사유로 다음 각 호의 어느 하나에 해당하는 기간을 지키지 못하여 특허출원이 취하되거나 특허거절결정이 확정된 것으로 인정되는 경우에는 그 사유가 소멸한 날부터 2개월 이내에 출원심사의 청구 또는 재심사의 청구를 할 수 있다. 다만, 그 기간의 만료일부터

1년이 지난 때에는 그러하지 아니하다.

1. 제59조제2항 또는 제3항에 따라 출원심사의 청구를 할 수 있는 기간

2. 제67조의2제1항에 따라 재심사의 청구를 할 수 있는 기간

② 제1항에 따른 출원심사의 청구 또는 재심사의 청구가 있는 경우에는 제59조제5항에도 불구하고 그 특허출원은 취하되지 아니한 것으로 보거나 특허거절결정이 확정되지 아니한 것으로 본다.

[본조신설 2013.3.22]

제68조(심판규정의 심사에의 준용) 제148조제1호 내지 제5호 및 제7호의 규정은 특허출원의 심사에 관하여 이를 준용한다.

[전문개정 1997.4.10]

제69조 삭제 〈2006.3.3〉

제70조 삭제 〈2006.3.3〉

제71조 삭제 〈2006.3.3〉

제72조 삭제 〈2006.3.3〉

제73조 삭제 〈2006.3.3〉

제74조 삭제 〈2006.3.3〉

제75조 삭제 〈2006.3.3〉

제76조 삭제 〈2006.3.3〉

제77조 삭제 〈2006.3.3〉

제78조(심사 또는 소송절차의 중지) ① 특허출원의 심사에 있어서 필요한 때에는 심결이 확정될 때까지 또는 소송절차가 완결될 때까지 당해 심사의 절차를 중지할 수 있다. 〈개정 2006.3.3〉

② 법원은 소송에 있어서 필요한 경우에는 특허출원에 대한 결정이 확정될 때까지 그 소송절차를 중지할 수 있다. 〈개정 2006.3.3〉

③ 제1항 및 제2항의 규정에 의한 중지에 대하여는 불복할 수 없다.

[전문개정 1997.4.10]

제78조의2 삭제 〈2006.3.3〉

제4장 특허료 및 특허등록등

제79조(특허료) ① 제87조제1항에 따른 특허권의 설정등록을 받으려는 자는 설정등록을 받으려는 날(이하 "설정등록일"이라 한다)부터 3년분의 특허료를 납부하여야 하고, 특허권자는 그 다음 연도분부터의 특허료를 해당 권리의 설정등록일에 해당하는 날을 기준으로 매년 1년분씩 납부하여야 한다.

② 제1항에도 불구하고 특허권자는 특허료를 그 납부연차 순서에 따른 수년분 또는 모든 연차분을 함께 납부할 수 있다.

③ 제1항 및 제2항에 따른 특허료, 납부 방법, 납부 기간, 그 밖에 필요한 사항은 산업통상자원부령으로 정한다. 〈개정 2013.3.23〉

[전문개정 2009.1.30]

제80조(이해관계인에 의한 특허료의 납부) ① 이해관계인은 납부하여야 할 자의 의사에 불구하고 특허료를 납부할 수 있다.

② 이해관계인은 제1항의 규정에 의하여 특허료를 납부한 경우에는 납부하여야 할 자가 현재 이익을 받은 한도에서 그 비용의 상환을 청구할 수 있다.

제81조(특허료의 추가납부 등) ① 특허권의 설정등록을 받고자 하는 자 또는 특허권자는 제79조제3항에 따른 특허료 납부기간이 경과한 후에도 6개월이내에 특허료를 추가납부할 수 있다. 〈개정 2009.1.30〉

② 제1항에 따라 특허료를 추가납부할 때에는 납부하여야 할 특허료의 2배 이내의 범위에서 산업통상자원부령으로 정한 금액을 납부하여야 한다. 〈개정 2009.1.30, 2013.3.23〉

③ 제1항의 규정에 의한 추가납부기간 이내에 특허료를 납부하지 아니한 때(추가납부기간이 만료되더라도 제81조의2제2항의 규정에 의한 보전기간이 만료되지 아니한 경우에는 그 보전기간 이내에 보전하지 아니한 때를 말한다)에는 특허권의 설정등록을 받고자 하는 자의 특허출원은 이를 포기한 것으로 보며, 특허권자의 특허권은 제79조제1항 또는 제2항에 따라 납부된 특허료에 해당되는 기간이 만료되는 날의 다음날로 소급하여 소멸된 것으로 본다. 〈개정 2002.12.11, 2009.1.30〉

[제목개정 2002.12.11]

제81조의2(특허료의 보전) ① 특허청장은 특허권의 설정등록을 받으려는 자 또는 특허권자가 제79조제3항 또는 제81조제1항에 따른 기간 이내에 특허료의 일부를 납부하지 아니한 경우에 특허료의 보전(補塡)을 명하여야 한다. 〈개정 2009.1.30〉

② 제1항의 규정에 의하여 보전명령을 받은 자는 그 보전명령을 받은 날부터 1월 이내에 특허료를 보전할 수 있다.

③ 제2항에 따라 특허료를 보전하는 자는 다음 각 호의 어느 하나에 해당하는 경우에 납부하지 아니한 금액의 2배 이내의 범위에서 산업통상자원부령으로 정한 금액을 납부하여야 한다. 〈개정 2009.1.30, 2013.3.23〉

1. 특허료를 제79조제3항에 따른 납부기간을 경과하여 보전하는 경우
2. 특허료를 제81조제1항의 규정에 의한 추가납부기간을 경과하여 보전하는 경우

[본조신설 2002.12.11]

[종전 제81조의2는 제81조의3으로 이동 〈2002.12.11〉]

제81조의3(특허료의 추가납부 또는 보전에 의한 특허출원과 특허권의 회복 등) ① 특허권의 설정등록을 받으려는 자 또는 특허권자가 책임질 수 없는 사유로 말미암아 제81조제1항에 따른 추가납부기간에 특허료를 내지 아니하였거나 제81조의2제2항에 따른 보전기간에 보전하지 아니한 경우에는 그 사유가 종료한 날부터 2개월 이내에 그 특허료를 내거나 보전할 수 있다. 다만, 추가납부기간의 만료일 또는 보전기간의 만료일중 늦은 날부터 1년이 지난 때에는 그러하지 아니하다. 〈개정 2002.12.11, 2013.3.22〉

② 제1항의 규정에 의하여 특허료를 납부하거나 보전한 자는 제81조제3항의 규정에 불구하고 그 특허출원을 포기하지 아니한 것으로 보며, 그 특허권은 계속하여 존속하고 있던 것으로 본다. 〈개정 2002.12.11, 2009.1.30〉

③ 제81조제1항의 규정에 따른 추가납부기간 이내에 특허료를 납부하지 아니하였거나 제81조의2제2항의 규정에 따른 보전기간 이내에 보전하지 아니하여 실시 중인 특허발명의 특허권이 소멸한 경우 그 특허권자는 추가납부기간 또는 보전기간 만료일부터 3개월 이내에 제79조의 규정에 따른 특허료의 3배를 납부하고 그 소멸한 권리의 회복을 신청할 수 있다. 이 경우 그 특허권은 계속하여 존속하고 있

던 것으로 본다. 〈신설 2005.5.31, 2009.1.30〉

④ 제2항 또는 제3항의 규정에 의한 특허출원 또는 특허권의 효력은 특허료 추가납부기간이 경과한 날부터 납부하거나 보전한 날까지의 기간(이하 이 조에서 "효력제한기간"이라 한다)중에 다른 사람이 특허발명을 실시한 행위에 대하여는 그 효력이 미치지 아니한다. 〈개정 2002.12.11, 2005.5.31〉

⑤ 효력제한기간중 국내에서 선의로 제2항 또는 제3항의 규정에 의한 특허출원된 발명 또는 특허권에 대하여 그 발명의 실시사업을 하거나 그 사업의 준비를 하고 있는 자는 그 실시 또는 준비를 하고 있는 발명 또는 사업의 목적의 범위안에서 그 특허출원된 발명에 대한 특허권에 대하여 통상실시권을 가진다. 〈개정 2005.5.31〉

⑥ 제5항의 규정에 의하여 통상실시권을 가진 자는 특허권자 또는 전용실시권자에게 상당한 대가를 지급하여야 한다. 〈개정 2005.5.31〉

[본조신설 2001.2.3]

[제목개정 2002.12.11]

[제81조의2에서 이동 〈2002.12.11〉]

第82조(수수료) ① 특허에 관한 절차를 밟는 자는 수수료를 납부하여야 한다.

② 특허출원인이 아닌 자가 출원심사의 청구를 한 후 그 특허출원서에 첨부한 명세서를 보정하여 특허청구범위에 기재한 청구항의 수가 증가한 때에는 그 증가한 청구항에 관하여 납부하여야 할 심사청구료는 특허출원인이 납부하여야 한다. 〈개정 2001.2.3〉

③ 제1항의 규정에 의한 수수료·그 납부방법·납부기간 그 밖에 필요한 사항은 산업통상자원부령으로 정한다. 〈개정 1993.3.6, 1995.12.29, 2002.12.11, 2008.2.29, 2013.3.23〉

第83조(특허료 또는 수수료의 감면) ① 특허청장은 다음 각 호의 어느 하나에 해당하는 특허료 및 수수료는 제79조 및 제82조에도 불구하고 면제한다. 〈개정 2011.12.2〉

1. 국가에 속하는 특허출원 또는 특허권에 관한 수수료 또는 특허료
2. 제133조제1항, 제134조제1항·제2항 또는 제137조제1항에 따른 심사관의 무효심판청구에 대한 수수료

② 특허청장은 「국민기초생활 보장법」 제5조의 규정에 의한 수급권자 및 산업통상자원부령이 정하는 자가 한 발명에 관한 특허출원인 경우에는 제79조 및 제82조의 규정에 불구하고 특허권의 설정등록을 받기 위한 최초 3년분의 특허료 및 산업통상자원부령이 정하는 수수료를 감면할 수 있다. 〈개정 1993.3.6, 1995.12.29, 1999.9.7, 2002.12.11, 2006.3.3, 2008.2.29, 2013.3.23〉

③ 제2항의 규정에 의하여 특허료 및 수수료를 감면받고자 하는 자는 산업통상자원부령이 정하는 서류를 특허청장에게 제출하여야 한다. 〈개정 1993.3.6, 1995.12.29, 2002.12.11, 2008.2.29, 2013.3.23〉

제84조(특허료등의 반환) ① 납부된 특허료 및 수수료는 반환하지 아니한다. 다만, 다음 각 호의 어느 하나에 해당하는 경우에는 납부한 자의 청구에 따라 반환한다. 〈개정 1997.4.10, 2001.2.3, 2006.3.3, 2007.1.3, 2013.3.22〉

1. 잘못 납부된 특허료 및 수수료
2. 특허를 무효로 한다는 심결이 확정된 연도의 다음 연도부터의 특허료 해당분
3. 특허권의 존속기간의 연장등록을 무효로 한다는 심결이 확정된 연도의 다음 연도부터의 특허료 해당분
4. 특허출원(분할출원, 변경출원 및 제61조에 따른 우선심사의 신청을 한 특허출원은 제외한다) 후 1개월 이내에 그 특허출원을 취하하거나 포기한 경우에 이미 낸 수수료 중 특허출원료, 심사청구료 및 특허출원의 우선권주장 신청료

② 특허청장은 제1항 각 호의 어느 하나에 해당하는 경우에는 이를 납부한 자에게 통지하여야 한다. 〈신설 2001.2.3, 2006.3.3〉

③ 제1항 단서의 규정에 따른 반환은 제2항의 규정에 따른 통지를 받은 날부터 3년을 경과한 때에는 이를 청구할 수 없다. 〈개정 2006.3.3, 2007.5.17〉

[전문개정 1993.12.10]

제85조(특허원부) ① 특허청장은 특허청에 특허원부를 비치하고 다음 각 호의 사항을 등록한다. 〈개정 2002.12.11〉

1. 특허권의 설정 · 이전 · 소멸 · 회복 · 처분의 제한 또는 존속기간의 연장
2. 전용실시권 또는 통상실시권의 설정 · 보존 · 이전 · 변경 · 소멸 또는 처분의

제한

3. 특허권·전용실시권 또는 통상실시권을 목적으로 하는 질권의 설정·이전·변경·소멸 또는 처분의 제한

② 제1항의 규정에 의한 특허원부는 그 전부 또는 일부를 자기테이프등으로 작성할 수 있다.

③ 제1항 및 제2항에 규정된 것외의 등록사항 및 등록절차등에 관하여 필요한 사항은 대통령령으로 정한다.

④ 특허발명의 명세서 및 도면 기타 대통령령이 정하는 서류는 특허원부의 일부로 본다.

제86조(특허증의 교부) ① 특허청장은 특허권의 설정등록을 한 때에는 특허권자에게 특허증을 교부하여야 한다.

② 특허청장은 특허증이 특허원부 기타 서류와 부합되지 아니한 때에는 신청에 의하여 또는 직권으로 특허증을 회수하여 정정교부하거나 새로운 특허증을 교부하여야 한다.

③ 특허청장은 제136조제1항의 정정심판의 심결이 확정된 때에는 그 심결에 따라 새로운 특허증을 교부하여야 한다.

제5장 특허권

제87조(특허권의 설정등록 및 등록공고) ① 특허권은 설정등록에 의하여 발생한다.

② 특허청장은 다음 각 호의 어느 하나에 해당하는 경우에는 특허권을 설정하기 위한 등록을 하여야 한다. 〈개정 2006.3.3〉

1. 제79조제1항의 규정에 의하여 특허료를 납부한 때
2. 제81조제1항의 규정에 의하여 특허료를 추가납부한 때
3. 제81조의2제2항의 규정에 의하여 특허료를 보전한 때
4. 제81조의3제1항의 규정에 의하여 특허료를 납부하거나 보전한 때
5. 제83조제1항제1호 및 제2항의 규정에 의하여 그 특허료가 면제된 때

③ 특허청장은 제2항의 규정에 의한 등록이 있는 때에는 그 특허에 관하여 특허공

보에 게재하여 등록공고를 하여야 한다. 〈개정 1997.4.10〉

④ 비밀취급을 요하는 특허발명에 대하여는 비밀취급의 해제시까지 등록공고를 보류하여야 하며, 그 비밀취급이 해제된 때에는 지체없이 등록공고를 하여야 한다. 〈신설 1997.4.10〉

⑤ 특허청장은 등록공고가 있는 날부터 3월간 출원서류 및 그 부속물건을 공중의 열람에 제공하여야 한다. 〈신설 1997.4.10〉

⑥ 제3항의 규정에 의한 등록공고에 관하여 특허공보에 게재할 사항은 대통령령으로 정한다. 〈신설 1997.4.10〉

제88조(특허권의 존속기간) ① 특허권의 존속기간은 제87조제1항의 규정에 의한 특허권의 설정등록이 있는 날부터 특허출원일후 20년이 되는 날까지로 한다. 〈개정 1997.4.10, 2001.2.3〉

② 정당한 권리자의 특허출원에 대하여 제34조 및 제35조의 규정에 의하여 특허된 경우에는 제1항의 특허권의 존속기간은 무권리자의 특허출원일의 다음날부터 기산한다. 〈개정 1995.12.29〉

③ 삭제 〈2001.2.3〉

④ 삭제 〈2006.3.3〉

제89조(허가등에 따른 특허권의 존속기간의 연장) ① 특허발명을 실시하기 위하여 다른 법령의 규정에 의하여 허가를 받거나 등록등을 하여야 하고, 그 허가 또는 등록등(이하 "허가등"이라 한다)을 위하여 필요한 활성 · 안전성등의 시험으로 인하여 장기간이 소요되는 대통령령이 정하는 발명인 경우에는 제88조제1항의 규정에 불구하고 그 실시할 수 없었던 기간에 대하여 5년의 기간내에서 당해 특허권의 존속기간을 연장할 수 있다.

② 제1항의 규정을 적용함에 있어서, 특허권자에게 책임있는 사유로 소요된 기간은 제1항의 "실시할 수 없었던 기간"에 포함되지 아니한다.

[전문개정 2011.12.2]

제90조(허가등에 따른 특허권의 존속기간의 연장등록출원) ① 제89조제1항의 규정에 의하여 특허권의 존속기간의 연장등록출원을 하려는 자(이하 이 조 및 제91조

에서 "연장등록출원인"이라 한다)는 다음 각 호의 사항을 기재한 특허권의 존속기간의 연장등록출원서를 특허청장에게 제출하여야 한다. 〈개정 1993.3.6, 1995.12.29, 2001.2.3, 2008.2.29, 2011.12.2, 2013.3.23〉

1. 연장등록출원인의 성명 및 주소(법인인 경우에는 그 명칭 및 영업소의 소재지)
2. 연장등록출원인의 대리인이 있는 경우에는 그 대리인의 성명 및 주소나 영업소의 소재지(대리인이 특허법인인 경우에는 그 명칭, 사무소의 소재지 및 지정된 변리사의 성명)
3. 연장대상특허권의 특허번호 및 연장대상특허청구범위의 표시
4. 연장신청의 기간
5. 제89조제1항의 허가등의 내용
6. 산업통상자원부령이 정하는 연장이유(이를 증명할 수 있는 자료를 첨부하여야 한다)

② 제1항의 특허권의 존속기간의 연장등록출원은 제89조제1항의 규정에 의한 허가등을 받은 날부터 3월이내에 출원하여야 한다. 다만, 제88조에서 규정하는 특허권의 존속기간의 만료전 6월이후에는 할 수 없다. 〈개정 2011.12.2〉

③ 특허권이 공유인 경우에는 공유자 전원이 공동으로 특허권의 존속기간의 연장등록출원을 하여야 한다.

④ 제1항의 특허권의 존속기간의 연장등록출원이 있는 때에는 그 존속기간은 연장된 것으로 본다. 다만, 그 출원에 관하여 제91조의 연장등록거절결정이 확정된 때에는 그러하지 아니하다. 〈개정 1997.4.10, 2001.2.3, 2011.12.2〉

⑤ 특허청장은 제1항의 특허권의 존속기간의 연장등록출원이 있는 때에는 제1항 각 호의 사항을 특허공보에 게재하여야 한다. 〈개정 2011.12.2〉

⑥ 연장등록출원인은 심사관이 연장등록여부결정등본을 송달하기 전까지 연장등록출원서에 기재된 사항 중 제1항제3호부터 제6호까지의 사항(제3호 중 연장대상특허권의 특허번호는 제외한다)에 대하여 보정할 수 있다. 다만, 제93조에 따라 준용되는 거절이유통지를 받은 후에는 해당 거절이유통지에 따른 의견서 제출기간에만 보정할 수 있다. 〈신설 2001.2.3, 2009.1.30〉

[제목개정 2011.12.2]

제91조(허가등에 따른 특허권의 존속기간의 연장등록거절결정) 심사관은 제90조에 따른 특허권의 존속기간의 연장등록출원이 다음 각 호의 어느 하나에 해당하는 경우에는 그 출원에 대하여 연장등록거절결정을 하여야 한다.

1. 그 특허발명의 실시가 제89조제1항의 규정에 의한 허가등을 받을 필요가 있는 것으로 인정되지 아니하는 경우
2. 그 특허권자 또는 그 특허권의 전용실시권이나 등록된 통상실시권을 가진 자가 제89조제1항의 규정에 의한 허가등을 받지 아니한 경우
3. 연장신청의 기간이 제89조에 따라 인정되는 그 특허발명을 실시할 수 없었던 기간을 초과하는 경우
4. 연장등록출원인이 당해 특허권자가 아닌 경우
5. 제90조제3항의 규정에 위반하여 연장등록출원을 한 경우

[전문개정 2011.12.2]

제92조(허가등에 따른 특허권의 존속기간의 연장등록결정 등) ①심사관은 제90조에 따른 특허권의 존속기간의 연장등록출원에 대하여 제91조 각 호의 어느 하나에 해당하는 사유를 발견할 수 없는 때에는 연장등록결정을 하여야 한다. 〈개정 2001.2.3, 2011.12.2, 2013.3.22〉

② 특허청장은 제1항의 연장등록결정이 있는 때에는 특허권의 존속기간의 연장을 특허원부에 등록하여야 한다. 〈개정 2001.2.3〉

③ 제2항의 등록이 있는 때에는 다음 각 호에 기재된 사항을 특허공보에 게재하여야 한다. 〈개정 2001.2.3, 2011.12.2〉

1. 특허권자의 성명 및 주소(법인인 경우에는 그 명칭 및 영업소의 소재지)
2. 특허번호
3. 연장등록의 연월일
4. 연장의 기간
5. 제89조제1항의 규정에 의한 허가등의 내용

[제목개정 2011.12.2]

제92조의2(등록지연에 따른 특허권의 존속기간의 연장) ① 특허출원에 대하여 특허출원일부터 4년과 출원심사 청구일부터 3년 중 늦은 날보다 지연되어 특허권의 설정등록이 이루어지는 경우에는 제88조제1항에도 불구하고 그 지연된 기간만큼 해당 특허권의 존속기간을 연장할 수 있다.

② 제1항의 규정을 적용함에 있어서 출원인으로 인하여 지연된 기간은 제1항에 따른 특허권의 존속기간의 연장에서 제외된다. 다만, 출원인으로 인하여 지연된 기간이 겹치는 경우에는 특허권의 존속기간의 연장에서 제외되는 기간은 출원인으로 인하여 실제 지연된 기간을 초과하여서는 아니된다.

③ 제2항에서 "출원인으로 인하여 지연된 기간"에 관한 사항은 대통령령으로 정한다.

④ 제1항에 따라 특허출원일부터 4년을 기산할 때에는 제34조, 제35조, 제52조제2항, 제53조제2항, 제199조제1항 및 제214조제4항에도 불구하고 다음 각 호에 해당하는 날을 특허출원일로 본다.

1. 제34조 또는 제35조에 따른 정당한 권리자의 특허출원의 경우에는 정당한 권리자가 출원을 한 날
2. 제52조에 따른 분할출원의 경우에는 분할출원을 한 날
3. 제53조에 따른 변경출원의 경우에는 변경출원을 한 날
4. 제199조제1항에 따라 특허출원으로 보는 국제출원의 경우에는 제203조제1항 각 호의 사항을 기재한 서면을 제출한 날
5. 제214조에 따라 특허출원으로 보는 국제출원의 경우에는 국제출원의 출원인이 제214조제1항에 따라 결정을 신청한 날
6. 제1호부터 제5호까지의 규정 중 어느 하나에 해당되지 아니하는 특허출원에 대하여는 그 특허출원일

[본조신설 2011.12.2]

제92조의3(등록지연에 따른 특허권의 존속기간의 연장등록출원) ① 제92조의2에 따라 특허권의 존속기간의 연장등록출원을 하려는 자(이하 이 조 및 제92조의4에서 "연장등록출원인"이라 한다)는 다음 각 호의 사항을 적은 특허권의 존속기간의 연장등록출원서를 특허청장에게 제출하여야 한다. 〈개정 2013.3.23〉

1. 연장등록출원인의 성명 및 주소(법인인 경우에는 그 명칭 및 영업소의 소재지)
2. 연장등록출원인의 대리인이 있는 경우에는 그 대리인의 성명 및 주소나 영업소의 소재지(대리인이 특허법인인 경우에는 그 명칭, 사무소의 소재지 및 지정된 변리사의 성명)
3. 연장 대상 특허권의 특허번호
4. 연장신청의 기간
5. 산업통상자원부령이 정하는 연장이유(이를 증명할 수 있는 자료를 첨부하여야 한다)

② 제1항에 따른 특허권의 존속기간의 연장등록출원은 특허권의 설정등록일부터 3개월 이내에 출원하여야 한다.

③ 특허권이 공유인 경우에는 공유자 전원이 공동으로 특허권의 존속기간의 연장등록출원을 하여야 한다.

④ 연장등록출원인은 심사관이 특허권의 존속기간의 연장등록 여부결정 전까지 연장등록출원서에 기재된 사항 중 제1항제4호 및 제5호의 사항에 대하여 보정할 수 있다. 다만, 제93조에 따라 준용되는 거절이유통지를 받은 후에는 해당 거절이유통지에 따른 의견서 제출기간에만 보정할 수 있다.

[본조신설 2011.12.2]

제92조의4(등록지연에 따른 특허권의 존속기간의 연장등록거절결정) 심사관은 제92조의3에 따른 특허권의 존속기간의 연장등록출원이 다음 각 호의 어느 하나에 해당하는 경우에는 그 출원에 대하여 연장등록거절결정을 하여야 한다.

1. 연장신청의 기간이 제92조의2에 따라 인정되는 연장의 기간을 초과한 경우
2. 연장등록출원인이 해당 특허권자가 아닌 경우
3. 제92조의3제3항을 위반하여 연장등록출원을 한 경우

[본조신설 2011.12.2]

제92조의5(등록지연에 따른 특허권의 존속기간의 연장등록결정 등) ① 심사관은 제92조의3에 따른 특허권의 존속기간의 연장등록출원에 대하여 제92조의4 각 호의 어느 하나에 해당하는 사유를 발견할 수 없는 경우에는 연장등록결정을 하여야

한다.

② 특허청장은 제1항의 연장등록결정이 있으면 특허권의 존속기간의 연장을 특허원부에 등록하여야 한다.

③ 제2항에 따른 등록이 있으면 다음 각 호의 사항을 특허공보에 게재하여야 한다.

1. 특허권자의 성명 및 주소(법인인 경우에는 그 명칭 및 영업소의 소재지)
2. 특허번호
3. 연장등록 연월일
4. 연장 기간

[본조신설 2011.12.2]

제93조(준용규정) 특허권의 존속기간의 연장등록출원의 심사에 관하여는 제57조제1항, 제63조, 제67조, 제148조제1호부터 제5호까지 및 같은 조 제7호를 준용한다.

[전문개정 2011.12.2]

제94조(특허권의 효력) 특허권자는 업으로서 그 특허발명을 실시할 권리를 독점한다. 다만, 그 특허권에 관하여 전용실시권을 설정한 때에는 제100조제2항의 규정에 의하여 전용실시권자가 그 특허발명을 실시할 권리를 독점하는 범위안에서는 그러하지 아니하다.

제95조(허가등에 따른 존속기간이 연장된 경우의 특허권의 효력) 제90조제4항에 따라 특허권의 존속기간이 연장된 특허권의 효력은 그 연장등록의 이유가 된 허가등의 대상물건(그 허가등에 있어 물건이 특정의 용도가 정하여져 있는 경우에 있어서는 그 용도에 사용되는 물건)에 관한 그 특허발명의 실시외의 행위에는 미치지 아니한다. 〈개정 2011.12.2〉

[제목개정 2011.12.2]

제96조(특허권의 효력이 미치지 아니하는 범위) ① 특허권의 효력은 다음 각 호의 어느 하나에 해당하는 사항에는 미치지 아니한다. 〈개정 2010.1.27〉

1. 연구 또는 시험(「약사법」에 따른 의약품의 품목허가·품목신고 및 「농약관리법」에 따른 농약의 등록을 위한 연구 또는 시험을 포함한다)을 하기 위한 특허발명의 실시

2. 국내를 통과하는데 불과한 선박 · 항공기 · 차량 또는 이에 사용되는 기계 · 기구 · 장치 기타의 물건
3. 특허출원시부터 국내에 있는 물건

② 2이상의 의약(사람의 질병의 진단 · 경감 · 치료 · 처치 또는 예방을 위하여 사용되는 물건을 말한다. 이하 같다)을 혼합함으로써 제조되는 의약의 발명 또는 2이상의 의약을 혼합하여 의약을 제조하는 방법의 발명에 관한 특허권의 효력은 「약사법」에 의한 조제행위와 그 조제에 의한 의약에는 미치지 아니한다. 〈개정 2006.3.3〉

제97조(특허발명의 보호범위) 특허발명의 보호범위는 특허청구범위에 기재된 사항에 의하여 정하여진다.

제98조(타인의 특허발명등과의 관계) 특허권자 · 전용실시권자 또는 통상실시권자는 특허발명이 그 특허발명의 특허출원일전에 출원된 타인의 특허발명 · 등록실용신안 또는 등록디자인이나 이와 유사한 디자인을 이용하거나 특허권이 그 특허발명의 특허출원일전에 출원된 타인의 디자인권 또는 상표권과 저촉되는 경우에는 그 특허권자 · 실용신안권자 · 디자인권자 또는 상표권자의 허락을 얻지 아니하고는 자기의 특허발명을 업으로서 실시할 수 없다. 〈개정 1993.12.10, 2001.2.3, 2004.12.31〉

제99조(특허권의 양도 및 공유) ① 특허권은 이를 양도할 수 있다.

② 특허권이 공유인 경우에는 각 공유자는 다른 공유자의 동의를 얻지 아니하면 그 지분을 양도하거나 그 지분을 목적으로 하는 질권을 설정할 수 없다.

③ 특허권이 공유인 경우에는 각 공유자는 계약으로 특별히 약정한 경우를 제외하고는 다른 공유자의 동의를 얻지 아니하고 그 특허발명을 자신이 실시할 수 있다.

④ 특허권이 공유인 경우에는 각 공유자는 다른 공유자의 동의를 얻지 아니하면 그 특허권에 대하여 전용실시권을 설정하거나 통상실시권을 허락할 수 없다.

제100조(전용실시권) ① 특허권자는 그 특허권에 대하여 타인에게 전용실시권을 설정할 수 있다.

② 제1항의 규정에 의한 전용실시권의 설정을 받은 전용실시권자는 그 설정행위

로 정한 범위안에서 업으로서 그 특허발명을 실시할 권리를 독점한다.

③ 전용실시권자는 실시사업과 같이 이전하는 경우 또는 상속 기타 일반승계의 경우를 제외하고는 특허권자의 동의를 얻지 아니하면 그 전용실시권을 이전할 수 없다.

④ 전용실시권자는 특허권자의 동의를 얻지 아니하면 그 전용실시권을 목적으로 하는 질권을 설정하거나 통상실시권을 허락할 수 없다.

⑤ 제99조제2항 내지 제4항의 규정은 전용실시권에 관하여 이를 준용한다.

제101조(특허권 및 전용실시권의 등록의 효력) ① 다음 각 호에 해당하는 사항은 이를 등록하지 아니하면 그 효력이 발생하지 아니한다. 〈개정 2001.2.3〉

1. 특허권의 이전(상속 기타 일반승계에 의한 경우를 제외한다)·포기에 의한 소멸 또는 처분의 제한
2. 전용실시권의 설정·이전(상속 기타 일반승계에 의한 경우를 제외한다)·변경·소멸(혼동에 의한 경우를 제외한다) 또는 처분의 제한
3. 특허권 또는 전용실시권을 목적으로 하는 질권의 설정·이전(상속 기타 일반승계에 의한 경우를 제외한다)·변경·소멸(혼동에 의한 경우를 제외한다) 또는 처분의 제한

② 제1항 각 호의 규정에 의한 특허권·전용실시권 및 질권의 상속 기타 일반승계의 경우에는 지체없이 그 취지를 특허청장에게 신고하여야 한다.

제102조(통상실시권) ① 특허권자는 그 특허권에 대하여 타인에게 통상실시권을 허락할 수 있다.

② 통상실시권자는 이 법의 규정에 의하여 또는 설정행위로 정한 범위안에서 업으로서 그 특허발명을 실시할 수 있는 권리를 가진다. 〈개정 1993.12.10〉

③ 제107조의 규정에 의한 통상실시권은 실시사업과 같이 이전하는 경우에 한하여 이전할 수 있다. 〈개정 1995.12.29〉

④ 제138조, 「실용신안법」 제32조 또는 「디자인보호법」 제70조의 규정에 의한 통상실시권은 그 통상실시권자의 당해 특허권·실용신안권 또는 디자인권과 함께 이전되고 당해 특허권·실용신안권 또는 디자인권이 소멸된 때에는 함께 소멸된

다. 〈개정 1998.9.23, 2004.12.31, 2006.3.3〉

⑤ 제3항 및 제4항외의 통상실시권은 실시사업과 같이 이전하는 경우 또는 상속 기타 일반승계의 경우를 제외하고는 특허권자(전용실시권에 관한 통상실시권에 있어서는 특허권자 및 전용실시권자)의 동의를 얻지 아니하면 이를 이전할 수 없다. 〈개정 1995.12.29, 2001.2.3〉

⑥ 제3항 및 제4항외의 통상실시권은 특허권자(전용실시권에 관한 통상실시권에 있어서는 특허권자 및 전용실시권자)의 동의를 얻지 아니하면 그 통상실시권을 목적으로 하는 질권을 설정할 수 없다.

⑦ 제99조제2항 및 제3항의 규정은 통상실시권에 관하여 이를 준용한다. 〈개정 1993.12.10〉

제103조(선사용에 의한 통상실시권) 특허출원시에 그 특허출원된 발명의 내용을 알지 못하고 그 발명을 하거나 그 발명을 한 자로부터 지득하여 국내에서 그 발명의 실시사업을 하거나 그 사업의 준비를 하고 있는 자는 그 실시 또는 준비를 하고 있는 발명 및 사업의 목적의 범위안에서 그 특허출원된 발명에 대한 특허권에 대하여 통상실시권을 가진다. 〈개정 2001.2.3〉

제104조(무효심판청구등록전의 실시에 의한 통상실시권) ① 다음 각 호의 어느 하나에 해당하는 자가 특허 또는 실용신안등록에 대한 무효심판청구의 등록전에 자기의 특허발명 또는 등록실용신안이 무효사유에 해당되는 것을 알지 못하고 국내에서 그 발명 또는 고안의 실시사업을 하거나 그 사업의 준비를 하고 있는 경우에는 그 실시 또는 준비를 하고 있는 발명 또는 고안 및 사업의 목적의 범위안에서 그 특허권에 대하여 통상실시권을 가지거나 특허나 실용신안등록이 무효로 된 당시에 존재하는 특허권에 대한 전용실시권에 대하여 통상실시권을 가진다. 〈개정 1998.9.23, 2006.3.3〉

1. 동일발명에 대한 2이상의 특허중 그 하나를 무효로 한 경우의 원특허권자
2. 특허발명과 등록실용신안이 동일하여 그 실용신안등록을 무효로 한 경우의 원실용신안권자
3. 특허를 무효로 하고 동일한 발명에 관하여 정당한 권리자에게 특허를 한 경우

의 원특허권자

4. 실용신안등록을 무효로 하고 그 고안과 동일한 발명에 관하여 정당한 권리자에게 특허를 한 경우의 원실용신안권자
5. 제1호 내지 제4호의 경우에 있어서 그 무효로 된 특허권 또는 실용신안권에 대하여 무효심판청구의 등록 당시에 이미 전용실시권이나 통상실시권 또는 그 전용실시권에 대한 통상실시권을 취득하고 그 등록을 받은 자. 다만, 제118조제2항의 규정에 해당하는 자인 경우에는 등록을 요하지 아니한다.

② 제1항의 규정에 의하여 통상실시권을 가진 자는 특허권자 또는 전용실시권자에게 상당한 대가를 지급하여야 한다.

제105조(디자인권의 존속기간 만료후의 통상실시권) ① 특허출원일전 또는 특허출원일과 같은 날에 출원되어 등록된 디자인권이 그 특허권과 저촉되는 경우 그 디자인권의 존속기간이 만료되는 때에는 그 원디자인권자는 원디자인권의 범위안에서 당해 특허권 또는 그 디자인권의 존속기간이 만료되는 당시에 존재하는 전용실시권에 대하여 통상실시권을 가진다. 〈개정 2004.12.31〉

② 특허출원일전 또는 특허출원일과 같은 날에 출원되어 등록된 디자인권이 그 특허권과 저촉되는 경우 그 디자인권의 존속기간이 만료되는 때에는 그 만료되는 당시에 존재하는 디자인권에 대한 전용실시권 또는 그 디자인권이나 전용실시권에 관한 디자인보호법 제61조의 규정에 의하여 준용되는 제118조제1항의 효력을 가지는 통상실시권을 가진 자는 원권리의 범위안에서 당해 특허권 또는 디자인권의 존속기간이 만료되는 당시에 존재하는 전용실시권에 대하여 통상실시권을 가진다. 〈개정 2004.12.31〉

③ 제2항의 규정에 의하여 통상실시권을 가진 자는 특허권자 또는 전용실시권자에게 상당한 대가를 지급하여야 한다.

제106조(특허권의 수용) ① 정부는 특허발명이 전시, 사변 또는 이에 준하는 비상시에 있어서 국방상 필요한 때에는 특허권을 수용할 수 있다. 〈개정 2010.1.27〉

② 특허권이 수용되는 때에는 그 특허발명에 관한 특허권외의 권리는 소멸된다.

③ 정부는 제1항에 따라 특허권을 수용하는 경우에는 특허권자, 전용실시권자 또

는 통상실시권자에 대하여 정당한 보상금을 지급하여야 한다. 〈개정 2010.1.27〉
④ 특허권의 수용 및 보상금의 지급에 관하여 필요한 사항은 대통령령으로 정한다. 〈개정 2010.1.27〉
[제목개정 2010.1.27]

제106조의2(정부 등에 의한 특허발명의 실시) ① 정부는 특허발명이 국가 비상사태, 극도의 긴급상황 또는 공공의 이익을 위하여 비상업적으로 실시할 필요가 있다고 인정하는 경우에는 그 특허발명을 실시하거나 정부 외의 자로 하여금 실시하게 할 수 있다.
② 정부 또는 정부 외의 자는 타인의 특허권이 존재한다는 사실을 알았거나 알 수 있을 때에는 제1항의 실시 사실을 특허권자, 전용실시권자 또는 통상실시권자에게 신속하게 통지하여야 한다.
③ 정부 또는 정부 외의 자는 제1항에 따라 특허발명을 실시하는 경우에는 특허권자, 전용실시권자 또는 통상실시권자에게 정당한 보상금을 지급하여야 한다.
④ 특허발명의 실시 및 보상금의 지급에 관하여 필요한 사항은 대통령령으로 정한다.
[본조신설 2010.1.27]

제107조(통상실시권 설정의 재정) ① 특허발명을 실시하고자 하는 자는 특허발명이 다음 각 호의 1에 해당하고 그 특허발명의 특허권자 또는 전용실시권자와 합리적인 조건하에 통상실시권 허락에 관한 협의(이하 이 조에서 "협의"라 한다)를 하였으나 합의가 이루어지지 아니하는 경우 또는 협의를 할 수 없는 경우에는 특허청장에게 통상실시권 설정에 관한 재정(이하 "재정"이라 한다)을 청구할 수 있다. 다만, 공공의 이익을 위하여 비상업적으로 실시하고자 하는 경우와 제4호의 규정에 해당하는 경우에는 협의를 하지 아니하여도 재정을 청구할 수 있다. 〈개정 2005.5.31〉

1. 특허발명이 천재 · 지변 기타 불가항력 또는 대통령령이 정하는 정당한 이유없이 계속하여 3년이상 국내에서 실시되고 있지 아니한 경우
2. 특허발명이 정당한 이유없이 계속하여 3년이상 국내에서 상당한 영업적 규모

로 실시되지 아니하거나 적당한 정도와 조건으로 국내수요를 충족시키지 못한 경우

3. 특허발명의 실시가 공공의 이익을 위하여 특히 필요한 경우
4. 사법적 절차 또는 행정적 절차에 의하여 불공정거래행위로 판정된 사항을 시정하기 위하여 특허발명을 실시할 필요가 있는 경우
5. 자국민 다수의 보건을 위협하는 질병을 치료하기 위하여 의약품(의약품 생산에 필요한 유효성분, 의약품 사용에 필요한 진단키트를 포함한다)을 수입하고자 하는 국가(이하 이 조에서 "수입국"이라 한다)에 그 의약품을 수출할 수 있도록 특허발명을 실시할 필요가 있는 경우

② 제1항제1호 및 제2호의 규정은 특허발명이 특허출원일부터 4년을 경과하지 아니한 경우에는 이를 적용하지 아니한다.

③ 특허청장은 재정을 함에 있어서는 매 청구별로 통상실시권 설정의 필요성을 검토하여야 한다.

④ 특허청장은 제1항제1호 내지 제3호 또는 제5호의 규정에 따른 재정을 함에 있어서 재정을 받는 자에게 다음 각 호의 조건을 부과하여야 한다. 〈개정 2005.5.31〉

1. 제1항제1호 내지 제3호의 규정에 따른 재정의 경우에는 통상실시권을 국내수요충족을 위한 공급을 주목적으로 실시할 것
2. 제1항제5호의 규정에 따른 재정의 경우에는 생산된 의약품 전량을 수입국에 수출할 것

⑤ 특허청장은 재정을 함에 있어서 상당한 대가가 지급될 수 있도록 하여야 한다. 이 경우 제1항제4호 또는 제5호의 규정에 따른 재정을 함에 있어서는 다음 각 호의 사항을 대가 결정에 참작할 수 있다. 〈개정 2005.5.31〉

1. 제1항제4호의 규정에 따른 재정의 경우에는 불공정거래행위를 시정하기 위한 취지
2. 제1항제5호의 규정에 따른 재정의 경우에는 당해 특허발명을 실시함으로써 발생하는 수입국에서의 경제적 가치

⑥ 반도체 기술에 대하여는 제1항제3호(공공의 이익을 위한 비상업적 실시에 한

한다) 또는 제4호의 경우에 한하여 재정을 청구할 수 있다. 〈개정 2005.5.31〉

⑦ 수입국은 세계무역기구회원국 중 세계무역기구에 다음 각 호의 사항을 통지한 국가 또는 세계무역기구회원국이 아닌 국가 중 대통령령이 정하는 국가로서 다음 각 호의 사항을 대한민국정부에 통지한 국가에 한한다. 〈신설 2005.5.31〉

1. 수입국이 필요로 하는 의약품의 명칭과 수량
2. 국제연합총회의 결의에 따른 최빈개발도상국이 아닌 경우 당해 의약품의 생산을 위한 제조능력이 없거나 부족하다는 수입국의 확인
3. 수입국에서 당해 의약품이 특허된 경우 강제적인 실시를 허락하였거나 허락할 의사가 있다는 그 국가의 확인

⑧ 제1항제5호의 규정에 따른 의약품은 다음 각 호의 어느 하나에 해당하는 것을 말한다. 〈신설 2005.5.31〉

1. 특허된 의약품
2. 특허된 제조방법으로 생산된 의약품
3. 의약품 생산에 필요한 특허된 유효성분
4. 의약품 사용에 필요한 특허된 진단키트

⑨ 재정을 청구하는 자가 제출하여야 하는 서류, 그 밖에 재정에 관하여 필요한 사항은 대통령령으로 정한다. 〈신설 2005.5.31〉

[전문개정 1995.12.29]

第108条(답변서의 제출) 특허청장은 재정의 청구가 있은 때에는 그 청구서의 부본을 그 청구에 관련된 특허권자 · 전용실시권자 기타 그 특허에 관하여 등록을 한 권리를 가지는 자에게 송달하고 기간을 정하여 답변서를 제출할 수 있는 기회를 주어야 한다.

第109条(산업재산권분쟁조정위원회 및 관계 부처의 장의 의견청취) 특허청장은 재정을 함에 있어 필요하다고 인정하는 경우에는 「발명진흥법」 제41조의 규정에 따른 산업재산권분쟁조정위원회 및 관계부처의 장의 의견을 들을 수 있고, 관계 행정기관이나 관계인에게 협조를 요청할 수 있다. 〈개정 2006.3.3, 2007.4.11〉

[전문개정 2005.5.31]

제110조(재정의 방식 등) ① 재정은 서면으로 하고 그 이유를 명시하여야 한다.

② 제1항의 재정에는 다음 각 호의 사항을 명시하여야 한다. 〈개정 1995.12.29, 2005.5.31〉

1. 통상실시권의 범위 및 기간
2. 대가와 그 지급방법 및 지급시기
3. 제107조제1항제5호의 규정에 따른 재정의 경우에는 그 특허발명의 특허권자·전용실시권자 또는 통상실시권자(재정에 의한 경우를 제외한다)가 공급하는 의약품과 외관상 구분할 수 있는 포장·표시 및 재정에서 정한 사항을 공시할 인터넷 주소
4. 그 밖에 재정을 받은 자가 그 특허발명을 실시함에 있어 법령 또는 조약에 규정된 내용을 이행하기 위하여 필요한 준수사항

③ 특허청장은 정당한 사유가 있는 경우를 제외하고는 재정청구일부터 6월 이내에 재정에 관한 결정을 하여야 한다. 〈신설 2005.5.31〉

④ 제107조제1항제5호의 규정에 따른 재정청구가 동조제7항 및 제8항의 규정에 해당하고 동조제9항의 규정에 따른 서류가 모두 제출된 경우에는 특허청장은 정당한 사유가 있는 경우를 제외하고는 통상실시권 설정의 재정을 하여야 한다. 〈신설 2005.5.31〉

[제목개정 2005.5.31]

제111조(재정서등본의 송달) ① 특허청장은 재정을 한 때에는 당사자 및 그 특허에 관하여 등록을 한 권리를 가지는 자에게 재정서등본을 송달하여야 한다.

② 제1항의 규정에 의하여 당사자에게 재정서등본이 송달된 때에는 재정서에 명시된 바에 따라 당사자 사이에 협의가 성립된 것으로 본다.

제111조의2(재정서의 변경) ① 재정을 받은 자는 재정서에 명시된 제110조제2항제3호의 사항에 관하여 변경이 필요한 경우 그 원인을 증명하는 서류를 첨부하여 특허청장에게 이를 청구할 수 있다.

② 특허청장은 제1항의 청구가 이유있다고 인정되는 경우 재정서에 명시된 사항을 변경할 수 있다. 이 경우 이해관계인의 의견을 들어야 한다.

③ 제111조의 규정은 제2항의 경우에 이를 준용한다.

[본조신설 2005.5.31]

제112조(대가의 공탁) 제110조제2항제2호의 대가를 지급하여야 할 자는 다음 각 호의 1에 해당하는 경우에는 그 대가를 공탁하여야 한다.

1. 대가를 받을 자가 수령을 거부하거나 수령할 수 없는 경우
2. 대가에 대하여 제190조제1항의 규정에 의한 소송이 제기된 경우
3. 당해 특허권 또는 전용실시권을 목적으로 하는 질권이 설정되어 있는 경우. 다만, 질권자의 동의를 얻은 때에는 그러하지 아니하다.

제113조(재정의 실효) 재정을 받은 자가 제110조제2항제2호의 지급시기까지 대가(대가를 정기 또는 분할하여 지급할 경우에는 최초의 지급분)를 지급하지 아니하거나 공탁을 하지 아니한 때에는 그 재정은 효력을 잃는다.

제114조(재정의 취소) ① 특허청장은 재정을 받은 자가 다음 각 호의 1에 해당하는 경우에는 이해관계인의 신청에 의하여 또는 직권으로 그 재정을 취소할 수 있다. 다만, 제2호의 경우에는 재정을 받은 통상실시권자의 정당한 이익이 보호될 수 있는 경우에 한한다. 〈개정 1995.12.29, 2005.5.31〉

1. 재정을 받은 목적에 적합하도록 그 특허발명을 실시하지 아니한 경우
2. 통상실시권을 재정한 사유가 없어지고 그 사유가 다시 발생하지 아니할 것이라고 인정되는 경우
3. 정당한 사유 없이 재정서에 명시된 제110조제2항제3호 또는 제4호의 사항을 위반하였을 경우

② 제108조 · 제109조 · 제110조제1항 및 제111조제1항의 규정은 제1항의 경우에 이를 준용한다.

③ 제1항의 규정에 의한 재정의 취소가 있는 때에는 통상실시권은 그때부터 소멸된다.

제115조(재정에 대한 불복이유의 제한) 재정에 대하여 「행정심판법」에 의하여 행정심판을 제기하거나 「행정소송법」에 의하여 취소소송을 제기하는 경우에는 그 재정으로 정한 대가를 불복이유로 할 수 없다. 〈개정 2001.2.3, 2006.3.3〉

제116조 삭제 〈2011.12.2〉

제117조 삭제 〈2001.2.3〉

제118조(통상실시권의 등록의 효력) ① 통상실시권을 등록한 때에는 그 등록후에 특허권 또는 전용실시권을 취득한 자에 대하여도 그 효력이 발생한다.

② 제81조의3제5항·제103조 내지 제105조·제122조·제182조·제183조 및 「발명진흥법」 제10조제1항에 따른 통상실시권은 등록이 없더라도 제1항의 규정에 의한 효력이 발생한다. 〈개정 2001.2.3, 2006.3.3, 2007.1.3, 2007.4.11〉

③ 통상실시권의 이전·변경·소멸 또는 처분의 제한, 통상실시권을 목적으로 하는 질권의 설정·이전·변경·소멸 또는 처분의 제한은 이를 등록하지 아니하면 제3자에게 대항할 수 없다.

제119조(특허권등의 포기의 제한) ① 특허권자는 전용실시권자·질권자 또는 제100조제4항·제102조제1항 및 「발명진흥법」 제10조제1항에 따른 통상실시권자의 동의를 얻지 아니하면 특허권을 포기할 수 없다. 〈개정 1993.12.10, 2007.1.3, 2007.4.11〉

② 전용실시권자는 질권자 또는 제100조제4항의 규정에 의한 통상실시권자의 동의를 얻지 아니하면 전용실시권을 포기할 수 없다.

③ 통상실시권자는 질권자의 동의를 얻지 아니하면 통상실시권을 포기할 수 없다.

제120조(포기의 효과) 특허권·전용실시권 및 통상실시권의 포기가 있는 때에는 특허권·전용실시권 및 통상실시권은 그때부터 소멸된다.

제121조(질권) 특허권·전용실시권 또는 통상실시권을 목적으로 하는 질권을 설정한 때에는 질권자는 계약으로 특별히 정한 경우를 제외하고는 당해 특허발명을 실시할 수 없다.

제122조(질권행사로 인한 특허권의 이전에 따른 통상실시권) 특허권자는 특허권을 목적으로 하는 질권설정 이전에 그 특허발명을 실시하고 있는 경우에는 그 특허권이 경매등에 의하여 이전되더라도 그 특허발명에 대하여 통상실시권을 가진다. 이 경우에는 특허권자는 경매등에 의하여 특허권을 이전받은 자에게 상당한 대가를 지급하여야 한다. 〈개정 1993.12.10〉

제123조(질권의 물상대위) 질권은 이 법에 의한 보상금 또는 특허발명의 실시에 대

하여 받을 대가나 물건에 대하여도 이를 행사할 수 있다. 다만, 그 지급 또는 인도 전에 이를 압류하여야 한다.

제124조(상속인이 없는 경우의 특허권의 소멸) 특허권은 상속이 개시된 때 상속인이 없는 경우에는 소멸된다.

제125조(특허실시보고) 특허청장은 특허권자 · 전용실시권자 또는 통상실시권자에게 특허발명의 실시여부 및 그 규모등에 관하여 보고하게 할 수 있다.

제125조의2(대가 및 보상금액에 대한 집행명의) 이 법에 의하여 특허청장이 정한 대가와 보상금액에 관하여 확정된 결정은 집행력 있는 집행명의와 동일한 효력을 가진다. 이 경우 집행력 있는 정본은 특허청 공무원이 이를 부여한다.

[본조신설 2001.2.3]

제6장 특허권자의 보호

제126조(권리침해에 대한 금지청구권등) ① 특허권자 또는 전용실시권자는 자기의 권리를 침해한 자 또는 침해할 우려가 있는 자에 대하여 그 침해의 금지 또는 예방을 청구할 수 있다.

② 특허권자 또는 전용실시권자가 제1항의 규정에 의한 청구를 할 때에는 침해행위를 조성한 물건(물건을 생산하는 방법의 발명인 경우에는 침해행위로 생긴 물건을 포함한다)의 폐기, 침해행위에 제공된 설비의 제거 기타 침해의 예방에 필요한 행위를 청구할 수 있다.

제127조(침해로 보는 행위) 다음 각 호의 1에 해당하는 행위를 업으로서 하는 경우에는 특허권 또는 전용실시권을 침해한 것으로 본다. 〈개정 1995.12.29, 2001.2.3〉

1. 특허가 물건의 발명인 경우에는 그 물건의 생산에만 사용하는 물건을 생산 · 양도 · 대여 또는 수입하거나 그 물건의 양도 또는 대여의 청약을 하는 행위
2. 특허가 방법의 발명인 경우에는 그 방법의 실시에만 사용하는 물건을 생산 · 양도 · 대여 또는 수입하거나 그 물건의 양도 또는 대여의 청약을 하는 행위

제128조(손해액의 추정등) ① 특허권자 또는 전용실시권자는 고의 또는 과실로 인

하여 자기의 특허권 또는 전용실시권을 침해한 자에 대하여 그 침해에 의하여 자기가 입은 손해의 배상을 청구하는 경우 당해 권리를 침해한 자가 그 침해행위를 하게 한 물건을 양도한 때에는 그 물건의 양도수량에 특허권자 또는 전용실시권자가 당해 침해행위가 없었다면 판매할 수 있었던 물건의 단위수량당 이익액을 곱한 금액을 특허권자 또는 전용실시권자가 입은 손해액으로 할 수 있다. 이 경우 손해액은 특허권자 또는 전용실시권자가 생산할 수 있었던 물건의 수량에서 실제 판매한 물건의 수량을 뺀 수량에 단위수량당 이익액을 곱한 금액을 한도로 한다. 다만, 특허권자 또는 전용실시권자가 침해행위 외의 사유로 판매할 수 없었던 사정이 있는 때에는 당해 침해행위 외의 사유로 판매할 수 없었던 수량에 따른 금액을 빼야 한다. 〈신설 2001.2.3〉

② 특허권자 또는 전용실시권자가 고의 또는 과실에 의하여 자기의 특허권 또는 전용실시권을 침해한 자에 대하여 그 침해에 의하여 자기가 받은 손해의 배상을 청구하는 경우 권리를 침해한 자가 그 침해행위에 의하여 이익을 받은 때에는 그 이익의 액을 특허권자 또는 전용실시권자가 받은 손해의 액으로 추정한다.

③ 특허권자 또는 전용실시권자가 고의 또는 과실에 의하여 자기의 특허권 또는 전용실시권을 침해한 자에 대하여 그 침해에 의하여 자기가 받은 손해의 배상을 청구하는 경우 그 특허발명의 실시에 대하여 통상 받을 수 있는 금액에 상당하는 액을 특허권자 또는 전용실시권자가 받은 손해의 액으로 하여 그 손해배상을 청구할 수 있다.

④ 제3항의 규정에 불구하고 손해의 액이 동항에 규정하는 금액을 초과하는 경우에는 그 초과액에 대하여도 손해배상을 청구할 수 있다. 이 경우 특허권 또는 전용실시권을 침해한 자에게 고의 또는 중대한 과실이 없는 때에는 법원은 손해배상의 액을 정함에 있어서 이를 참작할 수 있다. 〈개정 2001.2.3〉

⑤ 법원은 특허권 또는 전용실시권의 침해에 관한 소송에 있어서 손해가 발생된 것은 인정되나 그 손해액을 입증하기 위하여 필요한 사실을 입증하는 것이 해당 사실의 성질상 극히 곤란한 경우에는 제1항 내지 제4항의 규정에 불구하고 변론 전체의 취지와 증거조사의 결과에 기초하여 상당한 손해액을 인정할 수 있다. 〈신

설 2001.2.3〉

제129조(생산방법의 추정) 물건을 생산하는 방법의 발명에 관하여 특허가 된 경우에 그 물건과 동일한 물건은 그 특허된 방법에 의하여 생산된 것으로 추정한다. 다만, 그 물건이 다음 각 호의 어느 하나에 해당하는 경우에는 그러하지 아니하다. 〈개정 2013.3.22〉

1. 특허출원전에 국내에서 공지되었거나 공연히 실시된 물건
2. 특허출원전에 국내 또는 국외에서 반포된 간행물에 게재되었거나 전기통신회선을 통하여 공중이 이용할 수 있는 물건

[전문개정 2001.2.3]

제130조(과실의 추정) 타인의 특허권 또는 전용실시권을 침해한 자는 그 침해행위에 대하여 과실이 있는 것으로 추정한다.

제131조(특허권자등의 신용회복) 법원은 고의 또는 과실에 의하여 특허권 또는 전용실시권을 침해함으로써 특허권자 또는 전용실시권자의 업무상의 신용을 실추하게 한 자에 대하여는 특허권자 또는 전용실시권자의 청구에 의하여 손해배상에 갈음하거나 손해배상과 함께 특허권자 또는 전용실시권자의 업무상의 신용회복을 위하여 필요한 조치를 명할 수 있다.

제132조(서류의 제출) 법원은 특허권 또는 전용실시권의 침해에 관한 소송에 있어서 당사자의 신청에 의하여 타당사자에 대하여 당해 침해행위로 인한 손해의 계산을 하는 데에 필요한 서류의 제출을 명할 수 있다. 다만, 그 서류의 소지자가 그 서류의 제출을 거절할 정당한 이유가 있는 때에는 그러하지 아니한다.

제7장 심판

제132조의2(특허심판원) ① 특허 · 실용신안 · 디자인 및 상표에 관한 심판과 재심 및 이에 관한 조사 · 연구에 관한 사무를 관장하게 하기 위하여 특허청장 소속하에 특허심판원을 둔다. 〈개정 2004.12.31〉

② 특허심판원에 원장과 심판관을 둔다.

③ 특허심판원의 조직과 정원 및 운영에 관하여 필요한 사항은 대통령령으로 정

한다.

[본조신설 1995.1.5]

제132조의3(특허거절결정 등에 대한 심판) 특허거절결정 또는 특허권의 존속기간의 연장등록거절결정을 받은 자가 불복이 있는 때에는 그 결정등본을 송달받은 날부터 30일 이내에 심판을 청구할 수 있다. 〈개정 2006.3.3, 2011.12.2〉

[전문개정 2001.2.3]

[제목개정 2006.3.3]

제132조의4 삭제 〈2001.2.3〉

제133조(특허의 무효심판) ① 이해관계인 또는 심사관은 특허가 다음 각 호의 어느 하나에 해당하는 경우에는 무효심판을 청구할 수 있다. 이 경우 특허청구범위의 청구항이 2 이상인 때에는 청구항마다 청구할 수 있다. 다만, 특허권의 설정등록이 있는 날부터 등록공고일 후 3월 이내에 누구든지 다음 각 호(제2호를 제외한다)의 어느 하나에 해당한다는 이유로 무효심판을 청구할 수 있다. 〈개정 2006.3.3, 2011.5.24〉

1. 제25조, 제29조, 제32조, 제36조제1항부터 제3항까지, 제42조제3항제1호 또는 같은 조 제4항의 각 규정에 위반된 경우
2. 제33조제1항 본문의 규정에 의한 특허를 받을 수 있는 권리를 가지지 아니하거나 제44조의 규정에 위반된 경우
3. 제33조제1항 단서의 규정에 의하여 특허를 받을 수 없는 경우
4. 특허된 후 그 특허권자가 제25조의 규정에 의하여 특허권을 향유할 수 없는 자로 되거나 그 특허가 조약에 위반되는 사유가 발생한 경우
5. 조약의 규정에 위반되어 특허를 받을 수 없는 경우
6. 제47조제2항의 규정에 의한 범위를 벗어난 보정인 경우
7. 제52조제1항의 규정에 의한 범위를 벗어난 분할출원인 경우
8. 제53조제1항의 규정에 의한 범위를 벗어난 변경출원인 경우

② 제1항의 규정에 의한 심판은 특허권이 소멸된 후에도 이를 청구할 수 있다.

③ 특허를 무효로 한다는 심결이 확정된 때에는 그 특허권은 처음부터 없었던 것

으로 본다. 다만, 제1항제4호의 규정에 의하여 특허를 무효로 한다는 심결이 확정된 때에는 특허권은 그 특허가 동호에 해당하게 된 때부터 없었던 것으로 본다.

④ 심판장은 제1항의 심판의 청구가 있는 때에는 그 취지를 당해 특허권의 전용실시권자 기타 특허에 관하여 등록을 한 권리를 가지는 자에게 통지하여야 한다.

제133조의2(특허무효심판절차에서의 특허의 정정) ①제133조제1항에 따른 심판의 피청구인은 제147조제1항 또는 제159조제1항 후단에 따라 지정된 기간 이내에 제136조제1항 각 호의 어느 하나에 해당하는 경우에 한하여 특허발명의 명세서 또는 도면에 대하여 정정을 청구할 수 있다. 이 경우 심판장이 제147조제1항에 따라 지정된 기간 후에도 청구인의 증거서류의 제출로 인하여 정정의 청구를 허용할 필요가 있다고 인정하는 경우에는 기간을 정하여 정정청구를 하게 할 수 있다. 〈개정 2007.1.3, 2009.1.30〉

② 제1항의 규정에 따른 정정청구를 하는 때에는 해당무효심판절차에서 그 정정청구 전에 수행한 정정청구는 취하된 것으로 본다. 〈신설 2007.1.3〉

③ 심판장은 제1항의 규정에 의한 정정청구가 있는 때에는 그 청구서의 부본을 제133조제1항의 규정에 의한 심판의 청구인에게 송달하여야 한다. 〈개정 2007.1.3〉

④ 제136조제2항 내지 제5항 · 제7항 내지 제11항, 제139조제3항 및 제140조제1항 · 제2항 · 제5항의 규정은 제1항의 정정청구에 관하여 이를 준용한다. 이 경우 제136조제9항중 "제162조제3항의 규정에 의한 심리종결의 통지가 있기 전(동조제4항의 규정에 의하여 심리가 재개된 경우에는 그 후 다시 동조제3항의 규정에 의한 심리종결의 통지가 있기 전)에"는 "제136조제5항의 규정에 의한 통지가 있는 때에는 지정된 기간 이내에"로 본다. 〈개정 2007.1.3〉

⑤ 제4항의 규정을 적용함에 있어서 제133조제1항의 규정에 따른 특허무효심판이 청구된 청구항을 정정하는 경우에는 제136조제4항의 규정을 준용하지 아니한다. 〈신설 2006.3.3, 2007.1.3〉

[본조신설 2001.2.3]

제134조(특허권의 존속기간의 연장등록의 무효심판) ① 이해관계인 또는 심사관은 제92조에 따른 특허권의 존속기간의 연장등록이 다음 각 호의 어느 하나에 해당

하는 경우에는 무효심판을 청구할 수 있다. 〈개정 1997.4.10, 2011.12.2〉

1. 그 특허발명을 실시하기 위하여 제89조의 허가등을 받을 필요가 없는 출원에 대하여 연장등록이 된 경우
2. 그 특허권자 또는 그 특허권의 전용실시권 또는 등록된 통상실시권을 가진 자가 제89조의 허가등을 받지 아니한 출원에 대하여 연장등록이 된 경우
3. 연장등록에 의하여 연장된 기간이 그 특허발명을 실시할 수 없었던 기간을 초과하는 경우
4. 당해 특허권자가 아닌 자의 출원에 대하여 연장등록이 된 경우
5. 제90조제3항의 규정에 위반한 출원에 대하여 연장등록이 된 경우
6. 삭제 〈1998.9.23〉

② 이해관계인 또는 심사관은 제92조의5에 따른 특허권의 존속기간의 연장등록이 다음 각 호의 어느 하나에 해당하면 무효심판을 청구할 수 있다. 〈신설 2011.12.2〉

1. 연장등록에 따라 연장된 기간이 제92조의2에 따라 인정되는 연장의 기간을 초과한 경우
2. 해당 특허권자가 아닌 자의 출원에 대하여 연장등록이 된 경우
3. 제92조의3제3항을 위반한 출원에 대하여 연장등록이 된 경우

③ 제1항 및 제2항의 심판의 청구에 관하여는 제133조제2항 및 제4항을 준용한다. 〈개정 2011.12.2〉

④ 연장등록을 무효로 한다는 심결이 확정된 경우에는 그 연장등록에 따른 존속기간의 연장은 처음부터 없었던 것으로 본다. 다만, 연장등록이 다음 각 호의 어느 하나에 해당하는 경우에는 그 해당하는 기간에 대하여만 연장이 없었던 것으로 본다. 〈개정 2001.2.3, 2011.12.2〉

1. 연장등록이 제1항제3호에 해당되어 무효로 된 경우에는 그 특허발명을 실시할 수 없었던 기간을 초과하여 연장된 기간
2. 연장등록이 제2항제1호에 해당되어 무효로 된 경우에는 제92조의2에 따라 인정되는 연장의 기간을 초과하여 연장된 기간

제135조(권리범위 확인심판) ① 특허권자·전용실시권자 또는 이해관계인은 특허

발명의 보호범위를 확인하기 위하여 특허권의 권리범위 확인심판을 청구할 수 있다. 〈개정 2006.3.3〉

② 제1항의 규정에 의한 특허권의 권리범위 확인심판을 청구하는 경우에 특허청구범위의 청구항이 2이상인 때에는 청구항마다 청구할 수 있다.

제136조(정정심판) ① 특허권자는 다음 각 호의 어느 하나에 해당하는 경우에는 특허발명의 명세서 또는 도면에 대하여 정정심판을 청구할 수 있다. 다만, 특허의 무효심판이 특허심판원에 계속(係屬)되고 있는 경우에는 그러하지 아니하다. 〈개정 2006.3.3, 2009.1.30〉

1. 특허청구범위를 감축하는 경우
2. 잘못 기재된 것을 정정하는 경우
3. 분명하지 아니하게 기재된 것을 명확하게 하는 경우

② 제1항에 따른 명세서 또는 도면의 정정은 특허발명의 명세서 또는 도면에 기재된 사항의 범위 이내에서 이를 할 수 있다. 다만, 제1항제2호에 따라 잘못된 기재를 정정하는 경우에는 출원서에 최초로 첨부된 명세서 또는 도면에 기재된 사항의 범위로 한다. 〈개정 2009.1.30〉

③ 제1항의 규정에 의한 명세서 또는 도면의 정정은 특허청구범위를 실질적으로 확장하거나 변경할 수 없다.

④ 제1항에 따른 정정 중 제1항제1호 및 제2호에 해당하는 정정은 정정후의 특허청구범위에 기재된 사항이 특허출원을 한 때에 특허를 받을 수 있는 것이어야 한다. 〈개정 2009.1.30〉

⑤ 심판관은 제1항의 규정에 의한 심판청구가 제1항 각 호의 어느 하나에 해당하지 아니하거나 제2항에 규정된 범위를 벗어나거나 제3항 또는 제4항의 규정에 위반된다고 인정하는 경우에는 청구인에게 그 이유를 통지하고 기간을 정하여 의견서를 제출할 수 있는 기회를 주어야 한다. 〈개정 2009.1.30〉

⑥ 제1항의 정정심판은 특허권이 소멸된 후에도 이를 청구할 수 있다. 다만, 심결에 의하여 특허가 무효로 된 후에는 그러하지 아니하다. 〈개정 2006.3.3〉

⑦ 특허권자는 전용실시권자 · 질권자 및 제100조제4항 · 제102조제1항 및 「발명

진흥법」 제10조제1항에 따른 통상실시권자의 동의를 얻지 아니하면 제1항의 정정심판을 청구할 수 없다. 〈개정 2007.1.3, 2007.4.11〉

⑧ 특허발명의 명세서 또는 도면에 대하여 정정을 한다는 심결이 확정된 때에는 그 정정후의 명세서 또는 도면에 의하여 특허출원·출원공개·특허결정 또는 심결 및 특허권의 설정등록이 된 것으로 본다.

⑨ 청구인은 제162조제3항의 규정에 의한 심리종결의 통지가 있기 전(동조제4항의 규정에 의하여 심리가 재개된 경우에는 그 후 다시 동조제3항의 규정에 의한 심리종결의 통지가 있기 전)에 제140조제5항에 규정된 심판청구서에 첨부된 정정한 명세서 또는 도면에 대하여 보정할 수 있다.

⑩ 특허발명의 명세서 또는 도면에 대한 정정을 한다는 심결이 있는 경우에 특허심판원장은 그 내용을 특허청장에게 통보하여야 한다.

⑪ 특허청장은 제10항의 규정에 의한 통보가 있는 때에는 이를 특허공보에 게재하여야 한다.

[전문개정 2001.2.3]

제137조(정정의 무효심판) ① 이해관계인 또는 심사관은 제133조의2제1항 또는 제136조제1항의 규정에 의한 특허발명의 명세서 또는 도면에 대한 정정이 다음 각 호의 어느 하나의 규정에 위반한 경우에는 그 정정의 무효심판을 청구할 수 있다. 〈개정 2001.2.3, 2006.3.3, 2007.1.3, 2009.1.30〉

1. 제136조제1항 각 호의 어느 하나
2. 제136조제2항 내지 제4항(제133조의2제4항의 규정에 의하여 준용되는 경우를 포함한다)

② 제133조제2항 및 제4항의 규정은 제1항의 심판의 청구에 관하여 이를 준용한다.

③ 제1항에 따른 무효심판의 피청구인은 제147조제1항 또는 제159조제1항 후단에 따라 지정된 기간 이내에 제136조제1항 각 호의 어느 하나에 해당하는 경우에 한하여 특허발명의 명세서 또는 도면의 정정을 청구할 수 있다. 〈신설 2001.2.3, 2009.1.30〉

④ 제133조의2제3항 및 제4항의 규정은 제3항의 정정청구에 관하여 이를 준용한

다. 이 경우 제133조의2제3항중 "제133조제1항"은 "제137조제1항"으로 본다. 〈신설 2001.2.3, 2007.1.3〉

⑤ 제1항의 규정에 의하여 정정을 무효로 한다는 심결이 확정된 때에는 그 정정은 처음부터 없었던 것으로 본다.

제138조(통상실시권 허여의 심판) ① 특허권자 · 전용실시권자 또는 통상실시권자는 당해 특허발명이 제98조의 규정에 해당되어 실시의 허락을 받고자 하는 경우에 그 타인이 정당한 이유없이 허락하지 아니하거나 그 타인의 허락을 받을 수 없는 때에는 자기의 특허발명의 실시에 필요한 범위안에서 통상실시권 허여의 심판을 청구할 수 있다.

② 제1항의 규정에 의한 청구가 있는 경우에는 그 특허발명이 그 특허발명의 출원일전에 출원된 타인의 특허발명 또는 등록실용신안에 비하여 상당한 경제적 가치가 있는 중요한 기술적 진보를 가져오는 것이 아니면 통상실시권의 허여를 하여서는 아니된다. 〈개정 2001.2.3〉

③ 제1항의 심판에 의하여 통상실시권을 허여한 자가 그 통상실시권의 허여를 받는 자의 특허발명의 실시를 필요로 하는 경우에 그 통상실시권을 허여받은 자가 실시를 허락하지 아니하거나 실시의 허락을 받을 수 없는 때에는 통상실시권의 허여를 받아 실시하고자 하는 특허발명의 범위안에서 통상실시권 허여의 심판을 청구할 수 있다.

④ 제1항 및 제3항의 규정에 의한 통상실시권자는 특허권자 · 실용신안권자 · 디자인권자 또는 그 전용실시권자에 대하여 대가를 지급하여야 한다. 다만, 자기가 책임질 수 없는 사유에 의하여 지급할 수 없는 때에는 그 대가를 공탁하여야 한다. 〈개정 2004.12.31〉

⑤ 제4항의 통상실시권자는 그 대가를 지급하지 아니하거나 공탁을 하지 아니하면 그 특허발명 · 등록실용신안 또는 등록디자인이나 이와 유사한 디자인을 실시할 수 없다. 〈개정 1993.12.10, 2004.12.31〉

제139조(공동심판의 청구등) ① 동일한 특허권에 관하여 제133조제1항, 제134조제1항 · 제2항 및 제137조제1항의 무효심판 또는 제135조제1항의 권리범위확인심판

을 청구하는 자가 2인이상이 있는 때에는 그 전원이 공동으로 심판을 청구할 수 있다. 〈개정 2011.12.2〉

② 공유인 특허권의 특허권자에 대하여 심판을 청구하는 때에는 공유자 전원을 피청구인으로 하여 청구하여야 한다.

③ 특허권 또는 특허를 받을 수 있는 권리의 공유자가 그 공유인 권리에 관하여 심판을 청구하는 때에는 공유자 전원이 공동으로 청구하여야 한다.

④ 제1항 또는 제3항의 규정에 의한 청구인이나 제2항의 규정에 의한 피청구인중 1인에 관하여 심판절차의 중단 또는 중지의 원인이 있는 때에는 전원에 관하여 그 효력이 발생한다.

제140조(심판청구방식) ① 심판을 청구하고자 하는 자는 다음 각 호의 사항을 기재한 심판청구서를 특허심판원장에게 제출하여야 한다. 〈개정 1995.1.5, 2001.2.3〉

1. 당사자의 성명 및 주소(법인인 경우에는 그 명칭 및 영업소의 소재지)

1의2. 대리인이 있는 경우에는 그 대리인의 성명 및 주소나 영업소의 소재지(대리인이 특허법인인 경우에는 그 명칭, 사무소의 소재지 및 지정된 변리사의 성명)

2. 심판사건의 표시

3. 청구의 취지 및 그 이유

② 제1항의 규정에 따라 제출된 심판청구서의 보정은 그 요지를 변경할 수 없다. 다만, 다음 각 호의 어느 하나에 해당하는 경우에는 그러하지 아니하다. 〈개정 2007.1.3, 2009.1.30〉

1. 제1항제1호에 따른 당사자 중 특허권자의 기재를 바로잡기 위하여 보정(추가하는 것을 포함한다)하는 경우
2. 제1항제3호의 규정에 따른 청구의 이유를 보정하는 경우
3. 특허권자 또는 전용실시권자가 청구인으로서 청구한 권리범위 확인심판에서 심판청구서의 확인대상 발명(청구인이 주장하는 피청구인의 발명을 말한다)의 설명서 및 도면에 대하여 피청구인이 자신이 실제로 실시하고 있는 발명과 비교하여 다르다고 주장하는 경우에 청구인이 피청구인의 실시 발명과 동일하게 하기 위하여 심판청구서의 확인대상 발명의 설명서 및 도면을 보정하는 경우

③ 제135조제1항의 권리범위 확인심판을 청구할 때에는 특허발명과 대비될 수 있는 설명서 및 필요한 도면을 첨부하여야 한다. 〈개정 2001.2.3〉

④ 제138조제1항의 통상실시권 허여의 심판의 심판청구서에는 제1항 각 호의 사항외에 다음 사항을 기재하여야 한다. 〈개정 1995.12.29, 2004.12.31〉

1. 실시를 요하는 자기의 특허의 번호 및 명칭
2. 실시되어야 할 타인의 특허발명 · 등록실용신안이나 등록디자인의 번호 · 명칭 및 특허나 등록의 연월일
3. 특허발명 · 등록실용신안 또는 등록디자인의 통상실시권의 범위 · 기간 및 대가

⑤ 제136조제1항의 정정심판을 청구할 때에는 심판청구서에 정정한 명세서 또는 도면을 첨부하여야 한다. 〈개정 2001.2.3〉

제140조의2(특허거절결정에 대한 심판청구방식) ① 제132조의3의 규정에 의하여 특허거절결정에 대한 심판을 청구하고자 하는 자는 제140조제1항의 규정에 불구하고 다음 각 호의 사항을 기재한 심판청구서를 특허심판원장에게 제출하여야 한다. 〈개정 2001.2.3, 2006.3.3, 2009.1.30〉

1. 청구인의 성명 및 주소(법인인 경우에는 그 명칭 및 영업소의 소재지)

1의2. 대리인이 있는 경우에는 그 대리인의 성명 및 주소나 영업소의 소재지(대리인이 특허법인인 경우에는 그 명칭, 사무소의 소재지 및 지정된 변리사의 성명)

2. 출원일자 및 출원번호
3. 발명의 명칭
4. 특허거절결정일자
5. 심판사건의 표시
6. 청구의 취지 및 그 이유

② 제1항에 따라 제출된 심판청구서를 보정하는 경우 그 요지를 변경할 수 없다. 다만, 다음 각 호의 어느 하나에 해당하는 경우에는 그러하지 아니하다. 〈신설 2009.1.30〉

1. 제1항제1호에 따른 청구인의 기재를 바로잡기 위하여 보정(추가하는 것을 포함한다)하는 경우

2. 제1항제6호에 따른 청구의 이유를 보정하는 경우

③ 삭제 〈2009.1.30〉

[전문개정 1997.4.10]

[제목개정 2009.1.30]

제141조(심판청구서의 각하) ① 심판장은 다음 각 호의 1에 해당하는 경우에는 기간을 정하여 그 보정을 명하여야 한다. 〈개정 2001.2.3〉

1. 심판청구서가 제140조제1항 · 제3항 내지 제5항 또는 제140조의2제1항의 규정에 위반되는 경우
2. 심판에 관한 절차가 다음 각목의 1에 해당되는 경우

   가. 제3조제1항 또는 제6조의 규정에 위반된 경우

   나. 제82조의 규정에 의하여 납부하여야 할 수수료를 납부하지 아니한 경우

   다. 이 법 또는 이 법에 의한 명령이 정하는 방식에 위반된 경우

② 심판장은 제1항의 규정에 의한 보정명령을 받은 자가 지정된 기간 이내에 보정을 하지 아니한 경우에는 결정으로 심판청구서를 각하하여야 한다. 〈개정 2001.2.3〉

③ 제2항의 규정에 의한 결정은 서면으로 하여야 하며 그 이유를 붙여야 한다.

④ 삭제 〈1995.1.5〉

⑤ 삭제 〈1995.1.5〉

⑥ 삭제 〈1995.1.5〉

제142조(보정불능한 심판청구의 심결각하) 부적법한 심판청구로서 그 흠결을 보정할 수 없는 때에는 피청구인에게 답변서 제출의 기회를 주지 아니하고 심결로써 이를 각하할 수 있다.

제143조(심판관) ① 특허심판원장은 심판청구가 있는 때에는 심판관으로 하여금 이를 심판하게 한다. 〈개정 1995.1.5〉

② 심판관의 자격은 대통령령으로 정한다. 〈개정 1995.1.5〉

③ 심판관은 직무상 독립하여 심판한다. 〈개정 1995.1.5〉

제144조(심판관의 지정) ① 특허심판원장은 각 심판사건에 대하여 제146조의 규정에 의한 합의체를 구성할 심판관을 지정하여야 한다. 〈개정 1995.1.5〉

② 특허심판원장은 제1항의 심판관중 심판에 관여하는데 지장이 있는 자가 있는 때에는 다른 심판관으로 하여금 이를 행하게 할 수 있다. 〈개정 1995.1.5〉

제145조(심판장) ① 특허심판원장은 제144조제1항의 규정에 의하여 지정된 심판관 중에서 1인을 심판장으로 지정하여야 한다. 〈개정 1995.1.5〉

② 심판장은 그 심판사건에 관한 사무를 총괄한다.

제146조(심판의 합의체) ① 심판은 3인 또는 5인의 심판관으로 구성되는 합의체가 이를 행한다. 〈개정 1995.1.5〉

② 제1항의 합의체의 합의는 과반수에 의하여 이를 결정한다.

③ 심판의 합의는 공개하지 아니한다.

제147조(답변서 제출등) ① 심판장은 심판의 청구가 있는 때에는 청구서의 부본을 피청구인에게 송달하고 기간을 정하여 답변서를 제출할 수 있는 기회를 주어야 한다.

② 심판장은 제1항의 답변서를 수리한 때에는 그 부본을 청구인에게 송달하여야 한다.

③ 심판장은 심판에 관하여 당사자를 심문할 수 있다.

제148조(심판관의 제척) 심판관은 다음 각 호의 어느 하나에 해당하는 경우에는 그 심판 관여로부터 제척된다. 〈개정 2001.2.3, 2005.3.31, 2006.3.3〉

1. 심판관 또는 그 배우자나 배우자이었던 자가 사건의 당사자 또는 참가인인 경우
2. 심판관이 사건의 당사자 또는 참가인의 친족의 관계가 있거나 이러한 관계가 있었던 경우
3. 심판관이 사건의 당사자 또는 참가인의 법정대리인 또는 이러한 관계가 있었던 경우
4. 심판관이 사건에 대한 증인 · 감정인으로 된 경우 또는 감정인이었던 경우
5. 심판관이 사건의 당사자 또는 참가인의 대리인인 경우 또는 이러한 관계가 있었던 경우
6. 심판관이 사건에 대하여 심사관 또는 심판관으로서 특허여부결정 또는 심결에 관여한 경우

7. 심판관이 사건에 관하여 직접 이해관계를 가진 경우

제149조(제척신청) 제148조에서 규정하는 제척의 원인이 있는 때에는 당사자 또는 참가인은 제척신청을 할 수 있다.

제150조(심판관의 기피) ① 심판관에게 심판의 공정을 기대하기 어려운 사정이 있는 때에는 당사자 또는 참가인은 이를 기피할 수 있다.

② 당사자 또는 참가인은 사건에 대하여 심판관에게 서면 또는 구두로 진술을 한 후에는 심판관을 기피할 수 없다. 다만, 기피의 원인이 있는 것을 알지 못한 때 또는 기피의 원인이 그 후에 발생한 때에는 그러하지 아니하다.

제151조(제척 또는 기피의 소명) ① 제149조 및 제150조의 규정에 의하여 제척 및 기피신청을 하고자 하는 자는 그 원인을 기재한 서면을 특허심판원장에게 제출하여야 한다. 다만, 구술심리에 있어서는 구술로 할 수 있다. 〈개정 1995.1.5, 2001.2.3〉

② 제척 또는 기피의 원인은 신청한 날부터 3일이내에 소명하여야 한다.

제152조(제척 또는 기피신청에 관한 결정) ① 제척 또는 기피신청이 있는 때에는 심판에 의하여 이를 결정하여야 한다.

② 제척 또는 기피의 신청을 당한 심판관은 그 제척 또는 기피에 대한 심판에 관여할 수 없다. 다만, 의견을 진술할 수 있다.

③ 제1항의 규정에 의한 결정은 서면으로 하여야 하며 그 이유를 붙여야 한다.

④ 제1항의 규정에 의한 결정에는 불복할 수 없다.

제153조(심판절차의 중지) 제척 또는 기피의 신청이 있는 때에는 그 신청에 대한 결정이 있을 때까지 심판절차를 중지하여야 한다. 다만, 긴급을 요하는 때에는 그러하지 아니하다.

제153조의2(심판관의 회피) 심판관이 제148조 또는 제150조의 규정에 해당하는 경우에는 특허심판원장의 허가를 받아 당해 사건에 대한 심판을 회피할 수 있다. [본조신설 2001.2.3]

제154조(심리등) ① 심판은 구술심리 또는 서면심리로 한다. 다만, 당사자가 구술심리를 신청한 때에는 서면심리만으로 결정할 수 있다고 인정되는 경우 외에는 구술심리를 하여야 한다. 〈개정 2001.2.3〉

② 삭제 〈2001.2.3〉

③ 구술심리는 이를 공개하여야 한다. 다만, 공공의 질서 또는 선량한 풍속을 문란하게 할 염려가 있는 때에는 그러하지 아니하다. 〈개정 2001.2.3〉

④ 심판장은 제1항의 규정에 의하여 구술심리에 의한 심판을 할 경우에는 그 기일 및 장소를 정하고 그 취지를 기재한 서면을 당사자 및 참가인에게 송달하여야 한다. 다만, 당해 사건에 출석한 당사자 및 참가인에게 알린 때에는 그러하지 아니하다. 〈개정 2001.2.3〉

⑤ 심판장은 제1항의 규정에 의하여 구술심리에 의한 심판을 할 경우에는 특허심판원장이 지정한 직원에게 기일마다 심리의 요지 기타 필요한 사항을 기재한 조서를 작성하게 하여야 한다. 〈개정 1995.1.5, 2001.2.3〉

⑥ 제5항의 조서에는 심판의 심판장 및 조서를 작성한 직원이 기명날인하여야 한다.

⑦ 「민사소송법」 제153조 · 제154조 및 동법 제156조 내지 제160조의 규정은 제5항의 조서에 관하여 이를 준용한다. 〈개정 2002.1.26, 2006.3.3〉

⑧ 「민사소송법」 제143조 · 제259조 · 제299조 및 동법 제367조의 규정은 심판에 관하여 이를 준용한다. 〈개정 2002.1.26, 2006.3.3〉

제155조(참가) ① 제139조제1항의 규정에 의하여 심판을 청구할 수 있는 자는 심리가 종결될 때까지 그 심판에 참가할 수 있다.

② 제1항의 규정에 의한 참가인은 피참가인이 그 심판의 청구를 취하한 후에도 심판절차를 속행할 수 있다.

③ 심판의 결과에 대하여 이해관계를 가진 자는 심리가 종결될 때까지 당사자의 일방을 보조하기 위하여 그 심판에 참가할 수 있다.

④ 제3항의 규정에 의한 참가인은 일체의 심판절차를 행할 수 있다.

⑤ 제1항 또는 제3항의 규정에 의한 참가인에 대하여 심판절차의 중단 또는 중지의 원인이 있는 때에는 그 중단 또는 중지는 피참가인에 대하여도 그 효력이 발생한다.

제156조(참가의 신청 및 결정) ① 심판에 참가하고자 하는 자는 참가신청서를 심판장에게 제출하여야 한다.

② 심판장은 참가신청이 있는 경우에는 참가신청서의 부본을 당사자 및 타참가인에게 송달하고 기간을 정하여 의견서를 제출할 수 있는 기회를 주어야 한다.

③ 참가신청이 있는 경우에는 심판에 의하여 그 참가여부를 결정하여야 한다.

④ 제3항의 규정에 의한 결정은 서면으로 하여야 하며 그 이유를 붙여야 한다.

⑤ 제3항의 규정에 의한 결정에 관하여는 불복할 수 없다.

제157조(증거조사 및 증거보전) ① 심판에서는 당사자 · 참가인 또는 이해관계인의 신청에 의하여 또는 직권으로 증거조사나 증거보전을 할 수 있다.

② 「민사소송법」중 증거조사 및 증거보전에 관한 규정은 제1항의 규정에 의한 증거조사 및 증거보전에 관하여 이를 준용한다. 다만, 심판관은 과태료의 결정을 하거나 구인을 명하거나 보증금을 공탁하게 하지 못한다. 〈개정 1995.1.5, 2006.3.3〉

③ 증거보전신청은 심판청구전에는 특허심판원장에게, 심판계속중에는 그 사건의 심판장에게 하여야 한다. 〈개정 1995.1.5〉

④ 특허심판원장은 제1항의 규정에 의하여 심판청구전에 증거보전신청이 있는 때에는 증거보전의 신청에 관여할 심판관을 지정한다. 〈개정 1995.1.5〉

⑤ 심판장은 제1항의 규정에 의하여 직권으로 증거조사나 증거보전을 한 때에는 그 결과를 당사자 · 참가인 또는 이해관계인에게 송달하고 기간을 정하여 의견서를 제출할 수 있는 기회를 주어야 한다.

제158조(심판의 진행) 심판장은 당사자 또는 참가인이 법정기간 또는 지정기간내에 절차를 밟지 아니하거나 제154조제4항에서 규정한 기일에 출석하지 아니하여도 심판을 진행할 수 있다.

제159조(직권심리) ① 심판에서는 당사자 또는 참가인이 신청하지 아니한 이유에 대하여도 이를 심리할 수 있다. 이 경우 당사자 및 참가인에게 기간을 정하여 그 이유에 대하여 의견을 진술할 수 있는 기회를 주어야 한다. 〈개정 2001.2.3〉

② 심판에서는 청구인이 신청하지 아니한 청구의 취지에 대하여는 심리할 수 없다. 〈신설 1993.12.10〉

제160조(심리 · 심결의 병합 또는 분리) 심판관은 당사자 쌍방 또는 일방의 동일한 2이상의 심판에 대하여 심리 또는 심결을 병합하거나 분리할 수 있다.

제161조(심판청구의 취하) ① 심판청구는 심결이 확정될 때까지 이를 취하할 수 있다. 다만, 답변서의 제출이 있는 때에는 상대방의 동의를 얻어야 한다.

② 2이상의 청구항에 관하여 제133조제1항의 무효심판 또는 제135조의 권리범위 확인심판을 청구한 때에는 청구항마다 이를 취하할 수 있다.

③ 제1항 또는 제2항의 규정에 의한 취하가 있는 때에는 그 심판청구 또는 그 청구항에 대한 심판청구는 처음부터 없었던 것으로 본다. 〈개정 2001.2.3〉

제162조(심결) ① 심판은 특별한 규정이 있는 경우를 제외하고는 심결로써 이를 종결한다.

② 제1항의 심결은 다음 각 호의 사항을 기재한 서면으로 하여야 하며 심결한 심판관은 이에 기명날인하여야 한다. 〈개정 1995.12.29, 2001.2.3〉

1. 심판의 번호
2. 당사자 및 참가인의 성명 및 주소(법인인 경우에는 그 명칭 및 영업소의 소재지)

2의2. 대리인이 있는 경우에는 그 대리인의 성명 및 주소나 영업소의 소재지(대리인이 특허법인인 경우에는 그 명칭, 사무소의 소재지 및 지정된 변리사의 성명)

3. 심판사건의 표시
4. 심결의 주문(제138조의 심판에 있어서는 통상실시권의 범위 · 기간 및 대가를 포함한다)
5. 심결의 이유(청구의 취지 및 그 이유의 요지를 포함한다)
6. 심결연월일

③ 심판장은 사건이 심결을 할 정도로 성숙한 때에는 심리의 종결을 당사자 및 참가인에게 통지하여야 한다.

④ 심판장은 필요하다고 인정할 때에는 제3항의 규정에 의하여 심리종결을 통지한 후에도 당사자 또는 참가인의 신청에 의하여 또는 직권으로 심리를 재개할 수 있다.

⑤ 심결은 제3항의 규정에 의한 심리종결통지를 한 날부터 20일이내에 한다. 〈개정 1993.12.10〉

⑥ 심판장은 심결 또는 결정이 있는 때에는 그 등본을 당사자, 참가인 및 심판에

참가신청을 하였으나 그 신청이 거부된 자에게 송달하여야 한다. 〈개정 1995.1.5〉

제163조(일사부재리) 이 법에 의한 심판의 심결이 확정된 때에는 그 사건에 대하여는 누구든지 동일사실 및 동일증거에 의하여 다시 심판을 청구할 수 없다. 다만, 확정된 심결이 각하심결인 경우에는 그러하지 아니하다. 〈개정 2001.2.3〉

제164조(소송과의 관계) ① 심판에 있어서 필요한 때에는 그 심판사건과 관련되는 다른 심판의 심결이 확정되거나 소송절차가 완결될 때까지 그 절차를 중지할 수 있다. 〈개정 1997.4.10, 2006.3.3〉

② 소송절차에 있어서 필요하다고 인정된 때에는 법원은 특허에 관한 심결이 확정될 때까지 그 소송절차를 중지할 수 있다.

③ 법원은 특허권 또는 전용실시권의 침해에 관한 소가 제기된 경우에는 그 취지를 특허심판원장에게 통보하여야 한다. 그 소송절차가 종료된 때에도 또한 같다. 〈신설 2001.2.3〉

④ 특허심판원장은 제3항의 규정에 의한 특허권 또는 전용실시권의 침해에 관한 소에 대응하여 그 특허권에 관한 무효심판 등이 청구된 경우에는 그 취지를 제3항에 해당하는 법원에 통보하여야 한다. 그 심판청구서의 각하결정·심결 또는 청구의 취하가 있는 때에도 또한 같다. 〈신설 2001.2.3〉

[제목개정 2001.2.3]

제165조(심판비용) ① 제133조제1항, 제134조제1항·제2항, 제135조 및 제137조제1항의 심판비용의 부담은 심판이 심결에 의하여 종결할 때에는 그 심결로써, 심판이 심결에 의하지 아니하고 종결할 때에는 결정으로써 정하여야 한다. 〈개정 2011.12.2〉

②「민사소송법」 제98조 내지 제103조, 제107조제1항·제2항, 제108조, 제111조, 제112조 및 동법 제116조의 규정은 제1항의 심판비용에 관하여 이를 준용한다. 〈개정 2002.1.26, 2006.3.3〉

③ 제132조의3·제136조 또는 제138조의 심판비용은 청구인의 부담으로 한다. 〈개정 1995.1.5, 2001.2.3, 2006.3.3〉

④「민사소송법」 제102조의 규정은 제3항의 규정에 의하여 청구인이 부담하는 비

용에 관하여 이를 준용한다. 〈개정 1995.1.5, 2002.1.26, 2006.3.3〉

⑤ 심판비용액은 심결 또는 결정이 확정된 후 당사자의 청구에 의하여 특허심판원장이 이를 결정한다. 〈개정 1995.1.5, 2001.2.3〉

⑥ 심판비용의 범위 · 금액 · 납부 및 심판에서 절차상의 행위를 하기 위하여 필요한 비용의 지급에 관하여는 그 성질에 반하지 아니하는 한 「민사소송비용법」 중 해당 규정의 예에 의한다. 〈개정 2006.3.3〉

⑦ 심판의 대리를 한 변리사에게 당사자가 지급한 또는 지급할 보수는 특허청장이 정하는 금액의 범위안에서 이를 심판비용으로 본다. 이 경우 수인의 변리사가 심판의 대리를 한 경우라도 1인의 변리사가 심판대리를 한 것으로 본다.

제166조(심판비용액 또는 대가에 대한 집행명의) 이 법에 의하여 특허심판원장이 정한 심판비용액 또는 심판관이 정한 대가에 관하여 확정된 결정은 집행력 있는 집행명의와 동일한 효력을 가진다. 이 경우 집행력 있는 정본은 특허심판원 공무원이 이를 부여한다.

[전문개정 2001.2.3]

제167조 삭제 〈1995.1.5〉

제168조 삭제 〈1995.1.5〉

제169조 삭제 〈1995.1.5〉

제170조(심사규정의 특허거절결정에 대한 심판에의 준용) ① 특허거절결정에 대한 심판에 관하여는 제47조제1항제1호 · 제2호, 제51조, 제63조 및 제66조를 준용한다. 이 경우 제51조제1항 본문 중 "제47조제1항제2호 및 제3호"는 "제47조제1항제2호"로, "보정"은 "보정(제132조의3의 특허거절결정에 대한 심판청구 전에 한 것은 제외한다)"으로 본다. 〈개정 2009.1.30〉

② 제1항의 규정에 의하여 준용되는 제63조의 규정은 특허거절결정의 이유와 다른 거절이유를 발견한 경우에 한하여 이를 적용한다. 〈개정 2001.2.3〉

[전문개정 1997.4.10]

[제목개정 2001.2.3]

제171조(특허거절결정에 대한 심판의 특칙) 특허거절결정 또는 특허권의 존속기간

의 연장등록거절결정에 대한 심판에는 제147조제1항·제2항, 제155조 및 제156조를 적용하지 아니한다.

[전문개정 2009.1.30]

제172조(심사의 효력) 심사에서 밟은 특허에 관한 절차는 특허거절결정 또는 특허권의 존속기간의 연장등록출원의 거절결정에 대한 심판에서도 그 효력이 있다.

[전문개정 2006.3.3]

제173조 삭제 〈2009.1.30〉

제174조 삭제 〈2009.1.30〉

제175조 삭제 〈2009.1.30〉

제176조(특허거절결정 등의 취소) ① 심판관은 제132조의3의 규정에 의한 심판이 청구된 경우에 그 청구가 이유있다고 인정한 때에는 심결로써 특허거절결정 또는 특허권의 존속기간의 연장등록거절결정을 취소하여야 한다. 〈개정 1997.4.10, 2001.2.3, 2006.3.3〉

② 심판에서 제1항에 따라 특허거절결정 또는 특허권의 존속기간의 연장등록거절결정을 취소할 경우에는 심사에 부칠 것이라는 심결을 할 수 있다. 〈개정 2011.12.2〉

③ 제1항 및 제2항의 규정에 의한 심결에 있어서 취소의 기본이 된 이유는 그 사건에 대하여 심사관을 기속한다.

[전문개정 1995.1.5]

[제목개정 2001.2.3]

제177조 삭제 〈1995.1.5〉

제8장 재심

제178조(재심의 청구) ① 당사자는 확정된 심결에 대하여 재심을 청구할 수 있다.

②「민사소송법」 제451조 및 동법 제453조의 규정은 제1항의 재심청구에 관하여 이를 준용한다. 〈개정 2002.1.26, 2006.3.3〉

제179조(사해심결에 대한 불복청구) ① 심판의 당사자가 공모하여 제3자의 권리 또는 이익을 사해할 목적으로 심결을 하게 한 때에는 제3자는 그 확정된 심결에 대

하여 재심을 청구할 수 있다. 〈개정 1995.1.5〉

② 제1항의 재심청구의 경우에는 심판의 당사자를 공동피청구인으로 한다. 〈개정 1995.1.5〉

제180조(재심청구의 기간) ① 당사자는 심결 확정후 재심의 사유를 안 날부터 30일 이내에 재심을 청구하여야 한다.

② 재심청구인은 대리권의 흠결을 이유로 하여 재심을 청구하는 경우에 제1항에서 규정하는 기간은 청구인 또는 법정대리인이 심결등본의 송달에 의하여 심결이 있는 것을 안 날의 다음날부터 기산한다.

③ 심결 확정후 3년을 경과한 때에는 재심을 청구할 수 없다.

④ 재심사유가 심결 확정후에 생긴 때에는 제3항의 기간은 그 사유가 발생한 날의 다음날부터 이를 기산한다.

⑤ 제1항 및 제3항의 규정은 당해 심결 이전에 행하여진 확정심결과 저촉한다는 이유로 재심을 청구하는 경우에는 이를 적용하지 아니한다.

제181조(재심에 의하여 회복한 특허권의 효력의 제한) ① 다음 각 호의 어느 하나에 해당하는 경우에 특허권의 효력은 당해 심결이 확정된 후 재심청구의 등록전에 선의로 수입 또는 국내에서 생산하거나 취득한 물건에는 미치지 아니한다. 〈개정 1998.9.23, 2001.2.3, 2006.3.3〉

1. 무효로 된 특허권 또는 존속기간의 연장등록의 특허권이 재심에 의하여 회복된 경우
2. 특허권의 권리범위에 속하지 아니한다는 심결이 확정된 후 재심에 의하여 이와 상반되는 심결이 확정된 경우
3. 거절한다는 취지의 심결이 있었던 특허출원 또는 특허권의 존속기간의 연장등록출원이 재심에 의하여 특허권의 설정등록 또는 특허권의 존속기간의 연장등록이 된 경우

② 제1항 각 호의 1에 해당하는 경우의 특허권의 효력은 다음 각 호의 1의 행위에 미치지 아니한다. 〈개정 1995.12.29〉

1. 당해 심결이 확정된 후 재심청구의 등록전에 한 당해 발명의 선의의 실시

2. 특허가 물건의 발명인 경우에는 그 물건의 생산에만 사용하는 물건을 당해 심결이 확정된 후 재심청구의 등록전에 선의로 생산·양도·대여 또는 수입하거나 양도 또는 대여의 청약을 하는 행위
3. 특허가 방법의 발명인 경우에는 그 방법의 실시에만 사용하는 물건을 당해 심결이 확정된 후 재심청구의 등록전에 선의로 생산·양도·대여 또는 수입하거나 양도 또는 대여의 청약을 하는 행위

제182조(재심에 의하여 회복한 특허권에 대한 선사용자의 통상실시권) 제181조제1항 각 호의 1에 해당하는 경우에 당해 심결이 확정된 후 재심청구의 등록전에 선의로 국내에서 그 발명의 실시사업을 하고 있는 자 또는 그 사업의 준비를 하고 있는 자는 그 실시 또는 준비를 하고 있는 발명 및 사업의 목적의 범위안에서 그 특허권에 관하여 통상실시권을 가진다.

제183조(재심에 의하여 통상실시권을 상실한 원권리자의 통상실시권) ① 제138조제1항 또는 제3항의 규정에 의하여 통상실시권을 허여한다는 심결이 확정된 후 재심에 의하여 이에 상반되는 심결의 확정이 있는 경우에는 재심청구 등록전에 선의로 국내에서 그 발명의 실시사업을 하고 있는 자 또는 그 사업의 준비를 하고 있는 자는 원통상실시권의 사업의 목적 및 발명의 범위안에서 그 특허권 또는 재심의 심결의 확정이 있는 당시에 존재하는 전용실시권에 대하여 통상실시권을 가진다.

② 제104조제2항의 규정은 제1항의 경우에 이를 준용한다.

제184조(재심에서의 심판규정의 준용) 심판에 대한 재심의 절차에 관하여는 그 성질에 반하지 아니하는 한 심판의 절차에 관한 규정을 준용한다.

[전문개정 1995.1.5]

제185조(「민사소송법」의 준용) 「민사소송법」 제459조제1항의 규정은 재심청구에 관하여 이를 준용한다. 〈개정 2002.1.26, 2006.3.3〉

[제목개정 2006.3.3]

제9장 소송

제186조(심결등에 대한 소) ① 심결에 대한 소 및 심판청구서나 재심청구서의 각하 결정에 대한 소는 특허법원의 전속관할로 한다. 〈개정 2001.2.3〉

② 제1항의 규정에 의한 소는 당사자, 참가인 또는 당해 심판이나 재심에 참가신청을 하였으나 그 신청이 거부된 자에 한하여 이를 제기할 수 있다.

③ 제1항의 규정에 의한 소는 심결 또는 결정의 등본을 송달받은 날부터 30일이내에 제기하여야 한다.

④ 제3항의 기간은 불변기간으로 한다.

⑤ 심판장은 원격 또는 교통이 불편한 지역에 있는 자를 위하여 직권으로 제4항의 불변기간에 대하여는 부가기간을 정할 수 있다. 〈신설 1998.9.23〉

⑥ 심판을 청구할 수 있는 사항에 관한 소는 심결에 대한 것이 아니면 이를 제기할 수 없다.

⑦ 제162조제2항제4호의 규정에 의한 대가의 심결 및 제165조제1항의 규정에 의한 심판비용의 심결 또는 결정에 대하여는 독립하여 제1항의 규정에 의한 소를 제기할 수 없다.

⑧ 특허법원의 판결에 대하여는 대법원에 상고할 수 있다.

[전문개정 1995.1.5]

제187조(피고적격) 제186조제1항의 규정에 의한 소제기에 있어서는 특허청장을 피고로 하여야 한다. 다만, 제133조제1항, 제134조제1항 · 제2항, 제135조제1항, 제137조제1항, 제138조제1항 및 제3항에 따른 심판 또는 그 재심의 심결에 대한 소제기에 있어서는 그 청구인 또는 피청구인을 피고로 하여야 한다. 〈개정 2011.12.2〉

[전문개정 1995.1.5]

제188조(소제기통지 · 재판서정본송부) ① 법원은 제186조제1항의 규정에 의한 소의 제기 또는 동조제8항의 규정에 의한 상고가 있는 때에는 지체없이 그 취지를 특허심판원장에게 통지하여야 한다. 〈개정 2001.2.3〉

② 법원은 제187조 단서의 규정에 의한 소에 관하여 소송절차가 완결된 때에는 지체없이 그 사건에 대한 각 심급의 재판서 정본을 특허심판원장에게 송부하여야

한다.

[전문개정 1995.1.5]

제188조의2(기술심리관의 제척 · 기피 · 회피) ① 제148조, 「민사소송법」 제42조 내지 제45조, 제47조 및 제48조의 규정은 「법원조직법」 제54조의2의 규정에 의한 기술심리관의 제척 · 기피에 관하여 이를 준용한다. 〈개정 2002.1.26, 2006.3.3〉

② 제1항의 규정에 의한 기술심리관에 대한 제척 · 기피의 재판은 그 소속 법원이 결정으로 하여야 한다.

③ 기술심리관은 제척 또는 기피의 사유가 있다고 인정할 경우에는 특허법원장의 허가를 얻어 회피할 수 있다.

[본조신설 1995.1.5]

제189조(심결 또는 결정의 취소) ① 법원은 제186조제1항의 규정에 의하여 소가 제기된 경우에 그 청구가 이유있다고 인정한 때에는 판결로써 당해 심결 또는 결정을 취소하여야 한다.

② 심판관은 제1항의 규정에 의하여 심결 또는 결정의 취소판결이 확정된 때에는 다시 심리를 하여 심결 또는 결정을 하여야 한다.

③ 제1항의 규정에 의한 판결에 있어서 취소의 기본이 된 이유는 그 사건에 대하여 특허심판원을 기속한다.

[전문개정 1995.1.5]

제190조(보상금 또는 대가에 관한 불복의 소) ① 제41조제3항 · 제4항, 제106조제3항, 제106조의2제3항, 제110조제2항제2호 및 제138조제4항에 따른 보상금 및 대가에 대하여 심결 · 결정 또는 재정을 받은 자가 그 보상금 또는 대가에 불복이 있는 때에는 법원에 소송을 제기할 수 있다. 〈개정 2001.2.3, 2010.1.27〉

② 제1항의 규정에 의한 소송은 심결 · 결정 또는 재정의 등본을 송달받은 날부터 30일이내에 이를 제기하여야 한다. 〈개정 2001.2.3〉

③ 제2항의 규정에 의한 기간은 이를 불변기간으로 한다.

제191조(보상금 또는 대가에 관한 소송의 피고) 제190조에 따른 소송에 있어서는 다음 각 호의 어느 하나에 해당하는 자를 피고로 하여야 한다. 〈개정 2004.12.31,

2010.1.27〉

1. 제41조제3항 및 제4항의 규정에 의한 보상금에 대하여는 보상금을 지급할 관서 또는 출원인
2. 제106조제3항 및 제106조의2제3항에 따른 보상금에 대하여는 보상금을 지급할 관서 · 특허권자 · 전용실시권자 또는 통상실시권자
3. 제110조제2항제2호 및 제138조제4항의 규정에 의한 대가에 대하여는 통상실시권자 · 전용실시권자 · 특허권자 · 실용신안권자 또는 디자인권자

제191조의2(변리사의 보수와 소송비용) 소송을 대리한 변리사의 보수에 관하여는 「민사소송법」 제109조의 규정을 준용한다. 이 경우 "변호사"는 "변리사"로 본다. [본조신설 2006.3.3]

제10장 「특허협력조약」에 의한 국제출원 〈개정 2006.3.3〉

제1절 국제출원절차

제192조(국제출원을 할 수 있는 자) 특허청장에게 국제출원을 할 수 있는 자는 다음 각 호의 1에 해당하는 자로 한다. 〈개정 1993.3.6, 1993.12.10, 1995.12.29, 2001.2.3, 2008.2.29, 2013.3.23〉

1. 대한민국 국민
2. 국내에 주소 또는 영업소를 가진 외국인
3. 제1호 또는 제2호에 해당하는 자가 아닌 자로서 제1호 또는 제2호에 해당하는 자를 대표자로 하여 국제출원을 하는 자
4. 산업통상자원부령이 정하는 요건에 해당하는 자

제193조(국제출원) ① 국제출원을 하고자 하는 자는 산업통상자원부령이 정하는 언어로 작성한 출원서와 명세서 · 청구의 범위 · 필요한 도면 및 요약서를 특허청장에게 제출하여야 한다. 〈개정 1993.3.6, 1995.12.29, 1998.9.23, 2006.3.3, 2008.2.29, 2013.3.23〉

② 제1항의 출원서에는 다음 각 호의 사항을 기재하여야 한다. 〈개정 1993.12.10,

2006.3.3〉

1. 당해 출원이 「특허협력조약」에 의한 국제출원이라는 표시
2. 당해 출원한 발명의 보호가 요구되는 「특허협력조약」 체약국의 지정
3. 제2호의 지정국중 「특허협력조약」 제2조(iv)의 지역특허를 받고자 하는 경우에는 그 취지
4. 출원인의 성명이나 명칭·주소나 영업소 및 국적
5. 대리인이 있는 경우에는 그 대리인의 성명 및 주소나 영업소
6. 발명의 명칭
7. 발명자의 성명 및 주소나 영업소(지정국의 법령에 발명자에 관한 사항의 기재가 규정되어 있는 경우에 한한다)

③ 제1항의 명세서는 그 발명이 속하는 기술분야에서 통상의 지식을 가진 자가 용이하게 실시할 수 있도록 명확하고 상세하게 기재되어야 한다.

④ 제1항의 청구의 범위에는 보호를 받고자 하는 사항을 명확하고 간결하게 기재하여야 하며 명세서에 의하여 충분히 뒷받침되어야 한다.

⑤ 제1항 내지 제4항에 규정된 것외에 국제출원에 관하여 필요한 사항은 산업통상자원부령으로 정한다. 〈개정 1993.3.6, 1995.12.29, 2001.2.3, 2013.3.23〉

제194조(국제출원일의 인정등) ① 특허청장은 국제출원이 특허청에 도달한 날을 「특허협력조약」 제11조의 국제출원일(이하 "국제출원일"이라 한다)로 인정하여야 한다. 다만, 다음 각 호의 1에 해당하는 경우에는 그러하지 아니하다. 〈개정 2006.3.3〉

1. 출원인이 제192조에 규정된 요건을 충족하지 못하는 경우
2. 제193조제1항의 규정에 의한 언어로 작성되지 아니한 경우
3. 제193조제1항의 명세서 및 청구의 범위가 제출되지 아니한 경우
4. 제193조제2항제1호·제2호에 규정된 사항 및 출원인의 성명이나 명칭을 기재하지 아니한 경우

② 특허청장은 국제출원이 제1항 단서의 규정에 해당하는 경우에는 기간을 정하여 서면으로 절차를 보완할 것을 명하여야 한다. 〈개정 1993.12.10〉

③ 특허청장은 국제출원이 도면에 관하여 기재하고 있으나 그 출원에 도면이 포

함되어 있지 아니한 경우에는 그 취지를 출원인에게 통지하여야 한다.

④ 특허청장은 제2항의 규정에 의한 절차의 보완명령을 받은 자가 지정된 기간내에 보완을 한 경우에는 그 보완에 관계되는 서면의 도달일을, 제3항의 규정에 의한 통지를 받은 자가 산업통상자원부령이 정하는 기간내에 도면을 제출한 경우에는 그 도면의 도달일을 국제출원일로 인정하여야 한다. 다만, 제3항의 규정에 의한 통지를 받은 자가 산업통상자원부령이 정하는 기간내에 도면을 제출하지 아니한 경우에는 그 도면에 관한 기재는 없는 것으로 본다. 〈개정 1993.3.6, 1993.12.10, 1995.12.29, 2001.2.3, 2008.2.29, 2013.3.23〉

제195조(보정명령) 특허청장은 국제출원이 다음 각 호의 1에 해당하는 경우에는 기간을 정하여 보정을 명하여야 한다. 〈개정 1993.3.6, 1995.12.29, 2001.2.3, 2008.2.29, 2013.3.23〉

1. 발명의 명칭이 기재되지 아니한 경우
2. 요약서가 제출되지 아니한 경우
3. 제3조 또는 제197조제3항의 규정에 위반된 경우
4. 산업통상자원부령이 정하는 방식에 위반된 경우

제196조(취하된 것으로 보는 국제출원등) ① 국제출원이 다음 각 호의 1에 해당하는 경우에는 그 국제출원은 취하된 것으로 본다. 〈개정 1993.3.6, 1995.12.29, 2001.2.3, 2006.3.3, 2008.2.29, 2013.3.23〉

1. 제195조의 규정에 의한 보정명령을 받은 자가 지정된 기간내에 보정을 하지 아니한 경우
2. 국제출원에 관한 수수료를 산업통상자원부령이 정하는 기간내에 납부하지 아니하여 「특허협력조약」 제14조(3)(a)에 해당하게 된 경우
3. 제194조의 규정에 의하여 국제출원일이 인정된 국제출원에 관하여 산업통상자원부령이 정하는 기간내에 그 국제출원이 제194조제1항 단서 각 호의 1에 해당되는 것이 발견된 경우

② 국제출원에 관하여 납부하여야 할 수수료의 일부를 산업통상자원부령이 정하는 기간내에 납부하지 아니하여 「특허협력조약」 제14조(3)(b)에 해당하게 된 경

우에는 수수료를 납부하지 아니한 지정국의 지정은 취하된 것으로 본다. 〈개정 1993.3.6, 1995.12.29, 2001.2.3, 2006.3.3, 2008.2.29, 2013.3.23〉

③ 특허청장은 제1항 및 제2항의 규정에 의하여 국제출원 또는 지정국의 일부가 취하된 것으로 보는 때에는 그 사실을 출원인에게 통지하여야 한다.

제197조(대표자등) ① 2인이상이 공동으로 국제출원을 하는 경우에 제192조 내지 제196조 및 제198조의 규정에 의한 절차는 출원인의 대표자가 그 절차를 행할 수 있다.

② 2인이상이 공동으로 국제출원을 하는 경우에 출원인이 대표자를 정하지 아니한 때에는 산업통상자원부령이 정하는 바에 따라 대표자를 정할 수 있다. 〈개정 1993.3.6, 1995.12.29, 2001.2.3, 2008.2.29, 2013.3.23〉

③ 제1항의 절차를 대리인에 의하여 행하고자 하는 자는 제3조의 규정에 의한 법정대리인을 제외하고는 변리사를 대리인으로 하여야 한다.

제198조(수수료) ① 국제출원을 하고자 하는 자는 수수료를 납부하여야 한다.

② 제1항의 규정에 의한 수수료·그 납부방법 및 납부기간등에 관하여 필요한 사항은 산업통상자원부령으로 정한다. 〈개정 1993.3.6, 1995.12.29, 2001.2.3, 2008.2.29, 2013.3.23〉

제198조의2(국제조사 및 국제예비심사) ① 특허청은 「특허협력조약」 제2조(xix)의 국제사무국(이하 "국제사무국"이라 한다)과 체결하는 협정에 따라 국제출원에 대한 국제조사기관 및 국제예비심사기관으로서의 업무를 수행한다. 〈개정 2006.3.3, 2009.1.30〉

② 제1항의 규정에 의한 업무수행에 관하여 필요한 사항은 산업통상자원부령으로 정한다. 〈개정 2008.2.29, 2013.3.23〉

[본조신설 1998.9.23]

제2절 국제특허출원에 관한 특례

제199조(국제출원에 의한 특허출원) ① 「특허협력조약」에 의하여 국제출원일이 인정된 국제출원으로서 특허를 받기 위하여 대한민국을 지정국으로 지정한 국제출

원은 그 국제출원일에 출원된 특허출원으로 본다. 〈개정 2006.3.3〉

② 제1항의 규정에 의한 특허출원으로 보는 국제출원(이하 "국제특허출원"이라 한다)에 관하여는 제54조의 규정은 이를 적용하지 아니한다.

제200조(공지 등이 되지 아니한 발명으로 보는 경우의 특례) 국제특허출원한 발명에 관하여 제30조제1항제1호의 규정을 적용받고자 하는 자는 그 취지를 기재한 서면 및 이를 증명할 수 있는 서류를 제30조제2항의 규정에 불구하고 산업통상자원부령이 정하는 기간내에 특허청장에게 제출할 수 있다. 〈개정 1993.3.6, 1995.12.29, 2001.2.3, 2006.3.3, 2008.2.29, 2013.3.23〉

[제목개정 2007.1.3]

제201조(국제특허출원의 번역문) ① 국제특허출원을 외국어로 출원한 출원인은 「특허협력조약」 제2조(xi)의 우선일(이하 "우선일"이라 한다)부터 2년 7월(이하 "국내서면제출기간"이라 한다) 이내에 국제출원일에 제출한 명세서 · 청구의 범위 · 도면(도면중 설명부분에 한한다) 및 요약서의 국어 번역문을 특허청장에게 제출하여야 한다. 다만, 국제특허출원을 외국어로 출원한 출원인이 「특허협력조약」 제19조(1)의 규정에 의하여 청구의 범위에 관한 보정을 한 때에는 국제출원일에 제출한 청구의 범위에 대한 국어 번역문을 보정 후의 청구의 범위에 대한 국어 번역문으로 대체하여 제출할 수 있다. 〈개정 1997.4.10, 1998.9.23, 2002.12.11, 2006.3.3〉

② 국내서면제출기간내에 제1항의 규정에 의한 명세서 및 청구의 범위의 번역문의 제출이 없는 경우에는 그 국제특허출원은 취하된 것으로 본다.

③ 제1항의 규정에 의하여 번역문을 제출한 출원인은 국내서면제출기간내에 그 번역문에 갈음하여 새로운 번역문을 제출할 수 있다. 다만, 출원인이 출원심사의 청구를 한 후에는 그러하지 아니하다.

④ 국제출원일에 제출된 국제특허출원의 명세서나 청구의 범위에 기재된 사항 및 도면중의 설명부분으로서 국내서면제출기간(그 기간내에 출원인이 출원심사의 청구를 한 때에는 그 청구일, 이하 "기준일"이라 한다)내에 제출된 제1항 또는 제3항의 규정에 의한 번역문(이하 "출원번역문"이라 한다)에 기재되지 아니한 것은

국제출원일에 제출된 국제특허출원의 명세서 및 청구의 범위에 기재되지 아니한 것으로 보거나 도면중의 설명이 없었던 것으로 본다.

⑤ 국제특허출원의 국제출원일의 출원서는 제42조제1항의 규정에 의하여 제출된 출원서로 본다.

⑥ 국제특허출원의 명세서·청구의 범위·도면 및 요약서의 출원번역문(국어로 출원된 국제특허출원의 경우에는 국제출원일에 제출된 명세서·청구의 범위·도면 및 요약서)은 제42조제2항의 규정에 의하여 제출된 명세서·도면 및 요약서로 본다. 〈개정 1998.9.23〉

⑦ 제204조제1항 및 제2항의 규정은 제1항 단서의 규정에 의하여 보정후의 청구의 범위의 국어 번역문을 제출하는 경우에는 이를 적용하지 아니한다. 〈신설 1997.4.10〉

⑧ 제1항 단서의 규정에 의하여 보정후의 청구의 범위에 대한 국어 번역문만을 제출하는 경우에는 국제출원일에 제출한 청구의 범위는 이를 인정하지 아니한다. 〈신설 1997.4.10〉

제202조(특허출원등에 의한 우선권주장의 특례) ① 국제특허출원에 관하여는 제55조제2항 및 제56조제2항의 규정은 이를 적용하지 아니한다.

② 국제특허출원에 관한 제55조제4항의 규정을 적용함에 있어서는 동항중 "특허출원의 출원서에 최초로 첨부된 명세서 또는 도면"은 "제201조제1항의 규정에 의하여 국제출원일에 제출된 국제출원의 명세서·청구의 범위 또는 도면(도면중의 설명부분에 한한다) 및 이 서류들의 동조제4항의 규정에 의한 출원번역문 또는 국제출원일에 제출된 국제출원의 도면(도면중 설명부분을 제외한다)"으로, "출원공개"는 "「특허협력조약」 제21조에서 규정하는 국제공개"로 한다. 〈개정 2006.3.3〉

③ 선출원이 국제특허출원 또는 「실용신안법」 제34조제2항에 따른 국제실용신안등록출원인 경우에 제55조제1항, 같은 조 제3항부터 제5항까지 및 제56조제1항을 적용할 때에는 다음 각 호에 따른다. 〈개정 2009.1.30〉

1. 제55조제1항 각 호 외의 부분 본문, 같은 조 제3항 및 제5항 각 호 외의 부분 중 "출원서에 최초로 첨부된 명세서 또는 도면"은 "국제출원일에 제출된 국제

출원의 명세서, 청구의 범위 또는 도면"으로 본다.

2. 제55조제4항 중 "선출원의 출원서에 최초로 첨부된 명세서 또는 도면"은 "선출원의 국제출원일에 제출된 국제출원의 명세서, 청구의 범위 또는 도면"으로, "선출원에 관하여 출원공개"는 "그 선출원에 관하여 「특허협력조약」 제21조에 따른 국제공개"로 본다.

3. 제56조제1항 각 호 외의 부분 본문 중 "그 출원일부터 1년 3개월이 지난 때"는 "국제출원일부터 1년 3개월이 지난 때 또는 제201조제4항, 「실용신안법」 제35조제4항에 따른 기준일 중 늦은 때"로 본다.

④ 제55조제1항에 따른 선출원이 제214조제4항 또는 「실용신안법」 제40조제4항에 따라 특허출원 또는 실용신안등록출원으로 되는 국제출원인 경우에 제55조제1항, 같은 조 제3항부터 제5항까지 및 제56조제1항을 적용할 때에는 다음 각 호에 따른다. 〈개정 2009.1.30〉

1. 제55조제1항 각 호 외의 부분 본문, 같은 조 제3항 및 제5항 각 호 외의 부분 중 "출원서에 최초로 첨부된 명세서 또는 도면"은 "제214조제4항 또는 「실용신안법」 제40조제4항에 따라 국제출원일로 인정할 수 있었던 날의 국제출원의 명세서, 청구의 범위 또는 도면"으로 본다.

2. 제55조제4항 중 "선출원의 출원서에 최초로 첨부된 명세서 또는 도면"은 "제214조제4항 또는 「실용신안법」 제40조제4항에 따라 국제출원일로 인정할 수 있었던 날의 선출원의 국제출원의 명세서, 청구의 범위 또는 도면"으로 본다.

3. 제56조제1항 각 호 외의 부분 본문 중 "그 출원일부터 1년 3개월이 지난 때"는 "제214조제4항 또는 「실용신안법」 제40조제4항에 따라 국제출원일로 인정할 수 있었던 날부터 1년 3개월이 지난 때 또는 제214조제4항이나 「실용신안법」 제40조제4항에 따른 결정을 한 때 중 늦은 때"로 본다.

제203조(서면의 제출) ① 국제특허출원의 출원인은 국내서면제출기간내에 다음 각 호의 사항을 기재한 서면을 특허청장에게 제출하여야 한다. 이 경우 국제특허출원을 외국어로 출원한 출원인은 제201조제1항의 규정에 의한 번역문을 함께 제출하여야 한다. 〈개정 2001.2.3, 2002.12.11〉

1. 출원인의 성명 및 주소(법인인 경우에는 그 명칭 및 영업소의 소재지)
2. 출원인의 대리인이 있는 경우에는 그 대리인의 성명 및 주소나 영업소의 소재지(대리인이 특허법인인 경우에는 그 명칭, 사무소의 소재지 및 지정된 변리사의 성명)
3. 삭제 〈2001.2.3〉
4. 발명의 명칭
5. 발명자의 성명 및 주소나 영업소
6. 국제출원일 및 국제출원번호

② 특허청장은 다음 각 호의 1에 해당하는 경우에 보정기간을 정하여 보정을 명하여야 한다. 〈신설 2002.12.11〉

1. 제1항 전단의 규정에 의한 서면을 국내서면제출기간내에 제출하지 아니한 경우
2. 제1항 전단의 규정에 의하여 제출된 서면이 이 법 또는 이 법에 의한 명령이 정하는 방식에 위반되는 경우

③ 제2항의 규정에 의하여 보정명령을 받은 자가 지정된 기간내에 보정을 하지 아니한 경우에 특허청장은 당해 국제특허출원을 무효로 할 수 있다. 〈신설 2002.12.11〉

제204조(국제조사보고서를 받은 후의 보정) ① 국제특허출원의 출원인은 「특허협력조약」 제19조(1)에 따라 국제조사보고서를 받은 후에 국제특허출원의 청구의 범위에 관하여 보정을 한 경우 기준일까지(기준일이 출원심사의 청구일인 경우 출원심사의 청구를 한 때까지를 말한다. 이하 이 조 및 제205조에서 같다) 다음 각 호의 어느 하나에 해당하는 서류를 특허청장에게 제출하여야 한다.

1. 외국어로 출원한 국제특허출원인 경우 그 보정서의 국어 번역문
2. 국어로 출원한 국제특허출원인 경우 그 보정서의 사본

② 제1항에 따라 보정서의 번역문 또는 사본이 제출된 때에는 그 보정서의 번역문 또는 사본에 따라 제47조제1항에 따른 청구의 범위가 보정된 것으로 본다. 다만, 「특허협력조약」 제20조에 따라 기준일까지 그 보정서(국어로 출원한 국제특허출원인 경우에 한정한다)가 특허청에 송달된 때에는 그 보정서에 따라 보정된 것으

로 본다.

③ 국제특허출원의 출원인은 「특허협력조약」 제19조(1)에 따른 설명서를 국제사무국에 제출한 경우 다음 각 호의 어느 하나에 해당하는 서류를 기준일까지 특허청장에게 제출하여야 한다.

1. 외국어로 출원한 국제특허출원인 경우 그 설명서의 국어 번역문
2. 국어로 출원한 국제특허출원인 경우 그 설명서의 사본

④ 국제특허출원의 출원인이 기준일까지 제1항 또는 제3항에 따른 절차를 밟지 아니한 경우 「특허협력조약」 제19조(1)에 따른 보정서 또는 설명서는 제출되지 아니한 것으로 본다. 다만, 국어로 출원한 국제특허출원인 경우로서 「특허협력조약」 제20조에 따라 기준일까지 그 보정서 또는 그 설명서가 특허청에 송달된 때에는 그러하지 아니하다.

[전문개정 2009.1.30]

제205조(국제예비심사보고서 작성 전의 보정) ① 국제특허출원의 출원인은 「특허협력조약」 제34조(2)(b)에 따라 국제특허출원의 명세서, 청구의 범위 및 도면에 대하여 보정을 한 경우 기준일까지 다음 각 호의 어느 하나에 해당하는 서류를 특허청장에게 제출하여야 한다.

1. 외국어로 출원한 국제특허출원인 경우 그 보정서의 국어 번역문
2. 국어로 출원한 국제특허출원인 경우 그 보정서의 사본

② 제1항에 따라 보정서의 번역문 또는 사본이 제출된 때에는 그 보정서의 번역문 또는 사본에 따라 제47조제1항에 따른 명세서 및 도면이 보정된 것으로 본다. 다만, 「특허협력조약」 제36조(3)(a)에 따라 기준일까지 그 보정서(국어로 출원한 국제특허출원인 경우에 한정한다)가 특허청에 송달된 때에는 그 보정서에 따라 보정된 것으로 본다.

③ 국제특허출원의 출원인이 기준일까지 제1항에 따른 절차를 밟지 아니한 경우 「특허협력조약」 제34조(2)(b)에 따른 보정서는 제출되지 아니한 것으로 본다. 다만, 「특허협력조약」 제36조(3)(a)에 따라 기준일까지 그 보정서(국어로 출원한 국제특허출원인 경우에 한정한다)가 특허청에 송달된 때에는 그러하지 아니하다.

[전문개정 2009.1.30]

제206조(재외자의 특허관리인의 특례) ① 재외자인 국제특허출원의 출원인은 기준일까지는 제5조제1항의 규정에 불구하고 특허관리인에 의하지 아니하고 특허에 관한 절차를 밟을 수 있다.

② 제1항의 규정에 의한 출원번역문을 제출한 재외자는 산업통상자원부령이 정하는 기간내에 특허관리인을 선임하여 특허청장에게 신고하여야 한다. 〈개정 1993.3.6, 1995.12.29, 2001.2.3, 2008.2.29, 2013.3.23〉

③ 제2항의 규정에 의한 선임신고가 없는 경우에는 그 국제특허출원은 취하된 것으로 본다.

제207조(출원공개시기 및 효과의 특례) ① 국제특허출원의 출원공개에 관하여 제64조제1항을 적용할 때에는 "다음 각 호의 어느 하나에 해당하는 날부터 1년6월이 경과한 때"는 "국내서면제출기간이 지난 때(국내서면제출기간에 출원인이 출원심사의 청구를 한 국제특허출원으로서 「특허협력조약」 제21조에 따라 국제공개가 된 것은 우선일부터 1년 6개월이 지난 때 또는 출원심사의 청구일 중 늦은 때)"로 본다. 〈개정 2009.1.30〉

② 제1항에도 불구하고 국어로 출원한 국제특허출원에 관하여 제1항에 따른 출원공개 전에 이미 「특허협력조약」 제21조에 따라 국제공개가 된 경우 그 국제공개 시에 출원공개가 된 것으로 본다. 〈신설 2009.1.30〉

③ 국제특허출원의 출원인은 국제특허출원에 관하여 국내공개(국어로 출원한 국제특허출원인 경우 「특허협력조약」 제21조에 따른 국제공개를 말한다. 이하 이 항에서 같다)가 있은 후 국제특허출원된 발명을 업으로 실시한 자에게 국제특허출원된 발명인 것을 서면으로 경고한 때에는 그 경고후부터 특허권의 설정등록전에 그 발명을 업으로서 실시한 자에게 그 특허발명의 실시에 대하여 통상 받을 수 있는 금액에 상당하는 보상금의 지급을 청구할 수 있으며, 경고를 하지 아니하는 경우에도 국내공개된 국제특허출원된 발명인 것을 알고 특허권의 설정등록전에 업으로서 그 발명을 실시한 자에 대하여도 또한 같다. 다만, 그 청구권은 당해 특허출원이 특허권의 설정등록된 후가 아니면 이를 행사할 수 없다. 〈개정 2009.1.30〉

제208조(보정의 특례) ① 국제특허출원에 관하여는 다음 각 호의 요건을 모두 갖추지 아니하면 제47조제1항에도 불구하고 보정(제204조제2항 및 제205조제2항에 따른 보정은 제외한다)을 할 수 없다. 〈개정 2009.1.30〉

1. 제82조제1항에 따른 수수료를 납부할 것
2. 제201조제1항에 따른 국어 번역문을 제출할 것. 다만, 국어로 출원된 국제특허출원인 경우는 그러하지 아니하다.
3. 기준일(기준일이 출원심사의 청구일인 경우 출원심사를 청구한 때를 말한다)이 지날 것

② 삭제 〈2001.2.3〉

③ 외국어로 출원된 국제특허출원의 보정이 가능한 범위에 관하여 제47조제2항의 규정을 적용함에 있어서는 "특허출원서에 최초로 첨부된 명세서 또는 도면에 기재된 사항"은 "국제출원일에 제출한 국제특허출원의 명세서, 청구의 범위 또는 도면(도면중 설명부분에 한한다)의 번역문이나 국제출원일에 제출한 국제특허출원의 도면(도면중 설명부분을 제외한다)에 기재된 사항"으로 한다. 〈개정 2001.2.3, 2006.3.3〉

④ 삭제 〈2001.2.3〉

⑤ 삭제 〈2001.2.3〉

제209조(변경출원시기의 제한) 「실용신안법」 제34조제1항의 규정에 의하여 국제출원일에 출원된 실용신안등록출원으로 보는 국제출원을 기초로 하여 특허출원으로 변경출원을 하는 경우에는 이 법 제53조제1항의 규정에 불구하고 「실용신안법」 제17조제1항의 규정에 의한 수수료를 납부하고 동법 제35조제1항의 규정에 의한 번역문(국어로 출원된 국제실용신안등록출원의 경우를 제외한다)을 제출한 후(「실용신안법」 제40조제4항의 규정에 의하여 국제출원일로 인정할 수 있었던 날에 출원된 것으로 간주되는 국제출원을 기초로 하는 경우에는 동조제4항의 규정에 의한 결정이 있은 후)가 아니면 이를 할 수 없다. 〈개정 2006.3.3〉

[전문개정 1998.9.23]

[제목개정 2006.3.3]

제210조(출원심사청구시기의 제한) 국제특허출원의 출원인은 제201조제1항의 규정에 의한 절차(국어로 출원된 국제특허출원의 경우를 제외한다)를 밟고 제82조제1항의 규정에 의한 수수료를 납부한 후가 아니거나 국제특허출원의 출원인이 아닌 자는 제201조제1항에서 규정한 기간을 경과한 후가 아니면 제59조제2항의 규정에 불구하고 그 국제특허출원에 관하여 출원심사의 청구를 할 수 없다. 〈개정 1998.9.23〉

제211조(국제조사보고서등에 기재된 문헌의 제출명령) 특허청장은 국제특허출원의 출원인에 대하여 기간을 정하여 「특허협력조약」 제18조의 국제조사보고서 또는 동조약 제35조의 국제예비심사보고서에 기재된 문헌의 사본을 제출하게 할 수 있다. 〈개정 2006.3.3〉

제212조 삭제 〈2006.3.3〉

제213조(특허의 무효심판의 특례) 외국어로 출원된 국제특허출원의 특허에 대하여는 제133조제1항 각 호의 규정에 의한 경우외에 발명이 다음 각 호의 어느 하나에 해당하지 아니한다는 이유로 특허의 무효심판을 청구할 수 있다. 〈개정 2006.3.3〉

1. 국제출원일에 제출된 국제출원의 명세서·청구의 범위 또는 도면(도면중 설명부분에 한한다)과 그 출원번역문에 다같이 기재되어 있는 발명
2. 국제출원일에 제출된 국제출원의 도면(도면중 설명부분을 제외한다)에 기재되어 있는 발명

[전문개정 2002.12.11]

제214조(결정에 의하여 특허출원으로 되는 국제출원) ① 국제출원의 출원인은 「특허협력조약」 제4조(1)(ii)의 지정국에 대한민국을 포함하는 국제출원(특허출원만 해당한다)이 다음 각 호의 어느 하나에 해당하는 경우 산업통상자원부령으로 정하는 기간에 산업통상자원부령으로 정하는 바에 따라 특허청장에게 같은 조약 제25조(2)(a)에 따른 결정을 하여줄 것을 신청할 수 있다. 〈개정 2009.1.30, 2013.3.23〉

1. 「특허협력조약」 제2조(xv)의 수리관청이 그 국제출원에 대하여 같은 조약 제25조(1)(a)에 따른 거부를 한 경우
2. 「특허협력조약」 제2조(xv)의 수리관청이 그 국제출원에 대하여 같은 조약 제

25조(1)(a) 또는 (b)에 따른 선언을 한 경우

3. 국제사무국이 그 국제출원에 대하여 같은 조약 제25조(1)(a)에 따른 인정을 한 경우

② 제1항의 신청을 하는 자가 그 신청을 할 때에는 명세서 · 청구의 범위 또는 도면(도면중의 설명부분에 한한다) 기타 산업통상자원부령이 정하는 국제출원에 관한 서류의 국어에 의한 번역문을 특허청장에게 제출하여야 한다. 〈개정 1993.3.6, 1995.12.29, 2001.2.3, 2008.2.29, 2013.3.23〉

③ 특허청장은 제1항의 신청이 있는 때에는 그 신청에 관한 거부 · 선언 또는 인정이 「특허협력조약」 및 동규칙의 규정에 따라 정당하게 된 것인지에 관하여 결정을 하여야 한다. 〈개정 2006.3.3〉

④ 특허청장은 제3항의 규정에 의하여 그 거부 · 선언 또는 인정이 「특허협력조약」 및 동규칙의 규정에 따라 정당하게 된 것이 아니라고 결정을 한 때에는 그 결정에 관한 국제출원은 그 국제출원에 대하여 거부 · 선언 또는 인정이 없었다면 국제출원일로 인정할 수 있었던 날에 출원된 특허출원으로 본다. 〈개정 2006.3.3〉

⑤ 특허청장은 제3항의 규정에 따른 정당성 여부의 결정을 하는 때에는 그 결정의 등본을 국제출원의 출원인에게 송달하여야 한다. 〈신설 2007.1.3〉

⑥ 제199조제2항 · 제200조 · 제201조제4항 내지 제8항 · 제202조제1항 및 제2항 · 제208조 · 제210조 및 제213조의 규정은 제4항의 규정에 의하여 특허출원으로 되는 국제출원에 관하여 이를 준용한다. 〈개정 1998.9.23, 2006.3.3, 2007.1.3〉

⑦ 제4항의 규정에 의하여 특허출원으로 되는 국제출원에 관한 출원공개에 관하여는 제64조제1항중 "특허출원일"을 "제201조제1항의 우선일"로 한다. 〈개정 2007.1.3〉

제11장 보칙

제215조(2 이상의 청구항이 있는 특허 또는 특허권에 관한 특칙) 제65조제6항 · 제84조제1항제2호 · 제85조제1항제1호(소멸에 한한다) · 제101조제1항제1호, 제104조제1항제1호 · 제3호 또는 제5호, 제119조제1항, 제133조제2항 또는 제3항, 제136조제6항 · 제139조제1항 · 제181조 · 제182조 또는 「실용신안법」 제26조제1항

제2호 · 제4호 또는 제5호는 2 이상의 청구항이 있는 특허 또는 특허권에 관하여 이를 적용함에 있어서는 청구항마다 특허가 되거나 특허권이 있는 것으로 본다. 〈개정 2006.3.3〉

[전문개정 2001.2.3]

제215조의2(2 이상의 청구항이 있는 특허출원의 등록에 관한 특칙) ① 2 이상의 청구항이 있는 특허출원에 대한 특허결정을 받은 자가 특허료를 납부하는 때에는 청구항별로 이를 포기할 수 있다.

② 제1항의 규정에 의한 청구항의 포기에 관하여 필요한 사항은 산업통상자원부령으로 정한다. 〈개정 2008.2.29, 2013.3.23〉

[본조신설 2001.2.3]

제216조(서류의 열람등) ① 특허 또는 심판에 관한 증명, 서류의 등본 또는 초본의 교부, 특허원부 및 서류의 열람 또는 복사를 필요로 하는 자는 특허청장 또는 특허심판원장에게 이를 신청할 수 있다. 〈개정 1995.1.5〉

② 특허청장 또는 특허심판원장은 제1항의 신청이 있더라도 설정등록 또는 출원공개되지 아니한 특허출원에 관한 서류와 공공의 질서 또는 선량한 풍속을 문란하게 할 염려가 있는 것은 이를 허가하지 아니할 수 있다. 〈개정 2009.1.30〉

제217조(특허출원 · 심사 · 심판 · 재심서류 또는 특허원부등의 반출과 공개금지) ① 특허출원 · 심사 · 심판 · 재심에 관한 서류 또는 특허원부는 다음 각 호의 어느 하나에 해당하는 경우를 제외하고는 이를 외부에 반출할 수 없다. 〈개정 2006.3.3, 2007.1.3, 2010.2.4〉

1. 제58조제1항 또는 제2항의 규정에 의한 선행기술의 조사 등을 위하여 특허출원 또는 심사에 관한 서류를 반출하는 경우
2. 제217조의2제1항의 규정에 의한 특허문서전자화업무의 위탁을 위하여 특허출원 · 심사 · 심판 · 재심에 관한 서류 또는 특허원부를 반출하는 경우
3. 「전자정부법」 제32조제2항의 규정에 의한 온라인 원격근무를 위하여 특허출원 · 심사 · 심판 · 재심에 관한 서류 또는 특허원부를 반출하는 경우

② 특허출원 · 심사 · 심판이나 재심으로 계속중에 있는 사건의 내용 또는 특허여

부결정 · 심결이나 결정의 내용에 관하여는 감정 · 증언 또는 질의에 응답할 수 없다. 〈개정 1997.4.10, 2001.2.3, 2006.3.3〉

[제목개정 2006.3.3]

제217조의2(특허문서전자화업무의 대행) ① 특허청장은 특허에 관한 절차를 효율적으로 처리하기 위하여 필요하다고 인정하는 경우에는 특허출원 · 심사 · 심판 · 재심에 관한 서류 또는 특허원부를 전산정보처리조직과 전산정보처리조직의 이용기술을 활용하여 전자화하는 업무 또는 이와 유사한 업무(이하 "특허문서전자화업무"라 한다)를 산업통상자원부령이 정하는 시설 및 인력을 갖춘 법인에게 위탁하여 수행하게 할 수 있다. 〈개정 2001.2.3, 2006.3.3, 2008.2.29, 2013.3.23〉

② 삭제 〈2006.3.3〉

③ 제1항의 규정에 의하여 특허문서전자화업무를 위탁받은 자(이하 "특허문서전자화기관"이라 한다)의 임원 · 직원 또는 그 직에 있었던 자는 직무상 알게 된 특허출원중의 발명에 관하여 비밀을 누설하거나 도용하여서는 아니된다.

④ 특허청장은 제28조의3제1항의 규정에 의한 전자문서로 제출되지 아니한 특허출원서 기타 산업통상자원부령이 정하는 서류를 제1항의 규정에 의하여 전자화하고 이를 특허청 또는 특허심판원에서 사용하는 전산정보처리조직의 파일에 수록할 수 있다. 〈신설 1998.9.23, 2001.2.3, 2008.2.29, 2013.3.23〉

⑤ 제4항의 규정에 의하여 파일에 수록된 내용은 당해 서류에 기재된 내용과 동일한 것으로 본다. 〈신설 1998.9.23〉

⑥ 제1항의 규정에 의한 특허문서전자화업무의 수행방법 및 기타 특허문서전자화업무의 수행을 위하여 필요한 사항은 산업통상자원부령으로 정한다. 〈개정 2001.2.3, 2008.2.29, 2013.3.23〉

⑦ 특허청장은 특허문서전자화기관이 제1항의 규정에 의한 산업통상자원부령이 정하는 시설 및 인력기준에 미달하여 특허청장이 요구한 시정조치에 불응한 경우에는 특허문서전자화업무의 위탁을 취소할 수 있다. 이 경우 미리 의견을 진술할 기회를 부여하여야 한다. 〈신설 2006.3.3, 2008.2.29, 2013.3.23〉

[본조신설 1997.4.10]

제218조(서류의 송달) 이 법에 규정된 서류의 송달절차 등에 관하여 필요한 사항은 대통령령으로 정한다. 〈개정 2007.1.3〉

제219조(공시송달) ① 송달을 받을 자의 주소나 영업소가 불분명하여 송달할 수 없는 때에는 공시송달을 하여야 한다.

② 공시송달은 송달할 서류를 받을 자에게 어느 때라도 교부한다는 뜻을 특허공보에 게재함으로써 행한다.

③ 최초의 공시송달은 특허공보에 게재한 날부터 2주일을 경과하면 그 효력이 발생한다. 다만, 동일 당사자에 대한 이후의 공시송달은 특허공보에 게재한 날의 다음날부터 그 효력이 발생한다.

제220조(재외자에 대한 송달) ① 재외자로서 특허관리인이 있는 때에는 그 재외자에게 송달할 서류는 특허관리인에게 송달하여야 한다.

② 재외자로서 특허관리인이 없는 때에는 그 재외자에게 송달할 서류는 항공등기우편으로 발송할 수 있다.

③ 제2항의 규정에 의하여 서류를 항공등기우편으로 발송한 때에는 그 발송을 한 날에 송달된 것으로 본다.

제221조(특허공보) ① 특허청장은 대통령령으로 정하는 바에 따라 특허공보를 발행하여야 한다. 〈개정 2013.3.22〉

② 특허공보는 산업통상자원부령이 정하는 바에 의하여 전자적 매체로 발행할 수 있다. 〈신설 1997.4.10, 2001.2.3, 2008.2.29, 2013.3.23〉

③ 특허청장은 전자적 매체로 특허공보를 발행하는 경우에는 정보통신망을 활용하여 특허공보의 발행사실·주요목록 및 공시송달에 관한 사항을 알려야 한다. 〈신설 1997.4.10, 2001.2.3〉

제222조(서류의 제출등) 특허청장 또는 심사관은 당사자에 대하여 심판 또는 재심에 관한 절차외의 절차를 처리하기 위하여 필요한 서류 기타의 물건의 제출을 명할 수 있다.

제223조(특허표시) 특허권자·전용실시권자 또는 통상실시권자는 물건의 특허발명에 있어서는 그 물건에, 물건을 생산하는 방법의 특허발명에 있어서는 그 방법에

의하여 생산된 물건에 특허표시를 할 수 있으며, 물건에 특허표시를 할 수 없을 때에는 그 물건의 용기나 포장에 그 표시를 할 수 있다.

제224조(허위표시의 금지) 누구든지 다음 각 호의 1에 해당하는 행위를 하여서는 아니된다.

1. 특허된 것이 아닌 물건, 특허출원중이 아닌 물건, 특허된 것이 아닌 방법이나 특허출원중이 아닌 방법에 의하여 생산한 물건 또는 그 물건의 용기나 포장에 특허표시 또는 특허출원표시를 하거나 이와 혼동하기 쉬운 표시를 하는 행위
2. 제1호의 표시를 한 것을 양도·대여 또는 전시하는 행위
3. 제1호의 물건을 생산·사용·양도 또는 대여하기 위하여 광고·간판 또는 표찰에 그 물건이 특허나 특허출원된 것 또는 특허된 방법이나 특허출원중인 방법에 의하여 생산한 것으로 표시하거나 이와 혼동하기 쉬운 표시를 하는 행위
4. 특허된 것이 아닌 방법이나 특허출원중이 아닌 방법을 사용·양도 또는 대여하기 위하여 광고·간판 또는 표찰에 그 방법이 특허 또는 특허출원된 것으로 표시하거나 이와 혼동하기 쉬운 표시를 하는 행위

제224조의2(불복의 제한) ① 보정각하결정·특허여부결정·심결·심판청구서나 재심청구서의 각하결정에 대하여는 다른 법률에 의한 불복을 할 수 없으며, 이 법의 규정에 의하여 불복할 수 없도록 규정되어 있는 처분에 대하여는 다른 법률의 규정에 의한 불복을 할 수 없다. 〈개정 2001.2.3, 2006.3.3〉

② 제1항의 규정에 의한 처분 외의 처분의 불복에 대하여는 「행정심판법」 또는 「행정소송법」에 의한다. 〈신설 2006.3.3〉

[전문개정 1997.4.10]

제224조의3(비밀유지명령) ① 법원은 특허권 또는 전용실시권의 침해에 관한 소송에 있어서 그 당사자가 보유한 영업비밀(「부정경쟁방지 및 영업비밀보호에 관한 법률」 제2조제2호에 따른 영업비밀을 말한다. 이하 같다)에 대하여 다음 각 호의 사유를 모두 소명한 경우에는 그 당사자의 신청에 따라 결정으로 다른 당사자(법인인 경우에는 그 대표자), 당사자를 위하여 소송을 대리하는 자, 그 밖에 해당 소송으로 인하여 영업비밀을 알게 된 자에게 그 영업비밀을 해당 소송의 계속적

인 수행 외의 목적으로 사용하거나 그 영업비밀에 관계된 이 항에 따른 명령을 받은 자 외의 자에게 공개하지 아니할 것을 명할 수 있다. 다만, 그 신청 시점까지 다른 당사자(법인인 경우에는 그 대표자), 당사자를 위하여 소송을 대리하는 자, 그 밖에 해당 소송으로 인하여 영업비밀을 알게 된 자가 제1호에 규정된 준비서면의 열람이나 증거 조사 외의 방법으로 그 영업비밀을 이미 취득하고 있는 경우에는 그러하지 아니하다.

1. 이미 제출하였거나 제출하여야 할 준비서면 또는 이미 조사하였거나 조사하여야 할 증거에 영업비밀이 포함되어 있다는 것
2. 제1호의 영업비밀이 해당 소송 수행 외의 목적으로 사용되거나 공개되면 당사자의 영업에 지장을 줄 우려가 있어 이를 방지하기 위하여 영업비밀의 사용 또는 공개를 제한할 필요가 있다는 것

② 제1항에 따른 명령(이하 "비밀유지명령"이라 한다)의 신청은 다음 각 호의 사항을 적은 서면으로 하여야 한다.

1. 비밀유지명령을 받을 자
2. 비밀유지명령의 대상이 될 영업비밀을 특정하기에 충분한 사실
3. 제1항 각 호의 사유에 해당하는 사실

③ 법원은 비밀유지명령이 결정된 경우에는 그 결정서를 비밀유지명령을 받은 자에게 송달하여야 한다.

④ 비밀유지명령은 제3항의 결정서가 비밀유지명령을 받은 자에게 송달된 때부터 효력이 발생한다.

⑤ 비밀유지명령의 신청을 기각 또는 각하한 재판에 대하여는 즉시항고를 할 수 있다.

[본조신설 2011.12.2]

제224조의4(비밀유지명령의 취소) ① 비밀유지명령을 신청한 자 또는 비밀유지명령을 받은 자는 제224조의3제1항에 따른 요건을 갖추지 못하였거나 갖추지 못하게 된 경우 소송기록을 보관하고 있는 법원(소송기록을 보관하고 있는 법원이 없는 경우에는 비밀유지명령을 내린 법원)에 비밀유지명령의 취소를 신청할 수 있다.

② 법원은 비밀유지명령의 취소 신청에 대한 재판이 있는 경우에는 그 결정서를 그 신청을 한 자 및 상대방에게 송달하여야 한다.

③ 비밀유지명령의 취소 신청에 대한 재판에 대하여는 즉시항고를 할 수 있다.

④ 비밀유지명령을 취소하는 재판은 확정되어야 그 효력이 발생한다.

⑤ 비밀유지명령을 취소하는 재판을 한 법원은 비밀유지명령의 취소 신청을 한 자 또는 상대방 외에 해당 영업비밀에 관한 비밀유지명령을 받은 자가 있는 경우에는 그 자에게 즉시 비밀유지명령의 취소 재판을 한 사실을 알려야 한다.

[본조신설 2011.12.2]

제224조의5(소송기록 열람 등의 청구 통지 등) ① 비밀유지명령이 내려진 소송(모든 비밀유지명령이 취소된 소송은 제외한다)에 관한 소송기록에 대하여 「민사소송법」 제163조제1항의 결정이 있었던 경우, 당사자가 같은 항에서 규정하는 비밀 기재 부분의 열람 등의 청구를 하였으나 그 청구절차를 해당 소송에서 비밀유지명령을 받지 아니한 자가 밟은 경우에는 법원서기관, 법원사무관, 법원주사 또는 법원주사보(이하 이 조에서 "법원사무관 등"이라 한다)는 「민사소송법」 제163조제1항의 신청을 한 당사자(그 열람 등의 청구를 한 자는 제외한다. 이하 제3항에서 같다)에게 그 청구 직후에 그 열람 등의 청구가 있었다는 사실을 알려야 한다.

② 제1항의 경우에 법원사무관등은 제1항의 청구가 있었던 날부터 2주일이 지날 때까지(그 청구절차를 행한 자에 대한 비밀유지명령신청이 그 기간 내에 행하여진 경우에는 그 신청에 대한 재판이 확정되는 시점까지) 그 청구절차를 행한 자에게 제1항의 비밀 기재 부분의 열람 등을 하게 하여서는 아니 된다.

③ 제2항은 제1항의 열람 등의 청구를 한 자에게 제1항의 비밀 기재 부분의 열람 등을 하게 하는 것에 대하여 「민사소송법」 제163조제1항의 신청을 한 당사자 모두의 동의가 있는 경우에는 적용되지 아니한다.

[본조신설 2011.12.2]

제12장 벌칙

제225조(침해죄) ① 특허권 또는 전용실시권을 침해한 자는 7년 이하의 징역 또는

1억원 이하의 벌금에 처한다. 〈개정 1997.4.10, 2001.2.3〉

② 제1항의 죄는 고소가 있어야 논한다.

제226조(비밀누설죄등) 특허청 직원 · 특허심판원 직원 또는 그 직에 있었던 자가 그 직무상 지득한 특허출원 중의 발명(국제출원 중의 발명을 포함한다)에 관하여 비밀을 누설하거나 도용한 때에는 5년 이하의 징역 또는 5천만원 이하의 벌금에 처한다. 〈개정 1995.1.5, 2009.1.30〉

[제229조에서 이동, 종전의 제226조는 제227조로 이동 〈2009.1.30〉]

제226조의2(전문기관 등의 임 · 직원에 대한 공무원 의제) 제58조제1항의 규정에 따른 전문기관 또는 특허문서전자화기관의 임원 · 직원 또는 그 직에 있었던 자는 제226조의 규정을 적용함에 있어서 특허청 직원 또는 그 직에 있었던 자로 본다. 〈개정 2001.2.3, 2006.3.3, 2009.1.30〉

[본조신설 1997.4.10]

[제목개정 2001.2.3, 2006.3.3]

[제229조의2에서 이동 〈2009.1.30〉]

제227조(위증죄) ① 이 법의 규정에 의하여 선서한 증인 · 감정인 또는 통역인이 특허심판원에 대하여 허위의 진술 · 감정 또는 통역을 한 때에는 5년이하의 징역 또는 1천만원 이하의 벌금에 처한다. 〈개정 1995.1.5, 2001.2.3〉

② 제1항의 규정에 의한 죄를 범한 자가 그 사건의 심결의 확정전에 자수한 때에는 그 형을 감경 또는 면제할 수 있다. 〈개정 1997.4.10, 2006.3.3〉

[제226조에서 이동, 종전의 제227조는 제228조로 이동 〈2009.1.30〉]

제228조(허위표시의 죄) 제224조의 규정에 위반한 자는 3년이하의 징역 또는 2천만원이하의 벌금에 처한다.

[제227조에서 이동, 종전의 제228조는 제229조로 이동 〈2009.1.30〉]

제229조(사위행위의 죄) 사위 기타 부정한 행위로써 특허, 특허권의 존속기간의 연장등록 또는 심결을 받은 자는 3년이하의 징역 또는 2천만원 이하의 벌금에 처한다. 〈개정 1997.4.10, 2001.2.3, 2006.3.3〉

[제228조에서 이동, 종전의 제229조는 제226조로 이동 〈2009.1.30〉]

제229조의2(비밀유지명령 위반죄) ① 국내외에서 정당한 사유 없이 제224조의3제1항에 따른 비밀유지명령을 위반한 자는 5년 이하의 징역 또는 5천만원 이하의 벌금에 처한다.

② 제1항의 죄는 비밀유지명령을 신청한 자의 고소가 없으면 공소를 제기할 수 없다.

[본조신설 2011.12.2]

제230조(양벌규정) 법인의 대표자나 법인 또는 개인의 대리인, 사용인, 그 밖의 종업원이 그 법인 또는 개인의 업무에 관하여 제225조제1항, 제228조 또는 제229조의 어느 하나에 해당하는 위반행위를 하면 그 행위자를 벌하는 외에 그 법인에게는 다음 각 호의 어느 하나에 해당하는 벌금형을, 그 개인에게는 해당 조문의 벌금형을 과(科)한다. 다만, 법인 또는 개인이 그 위반행위를 방지하기 위하여 해당 업무에 관하여 상당한 주의와 감독을 게을리하지 아니한 경우에는 그러하지 아니하다. 〈개정 2009.1.30〉

1. 제225조제1항의 경우 : 3억원 이하의 벌금
2. 제228조 또는 제229조의 경우 : 6천만원 이하의 벌금

[전문개정 2008.12.26]

제231조(몰수등) ① 제225조제1항에 해당하는 침해행위를 조성한 물건 또는 그 침해행위로부터 생긴 물건은 이를 몰수하거나 피해자의 청구에 의하여 그 물건을 피해자에게 교부할 것을 선고하여야 한다. 〈개정 1997.4.10〉

② 피해자는 제1항의 규정에 의한 물건의 교부를 받은 경우에는 그 물건의 가액을 초과하는 손해의 액에 한하여 배상을 청구할 수 있다.

제232조(과태료) ① 다음 각 호의 어느 하나에 해당하는 자는 50만원이하의 과태료에 처한다. 〈개정 1995.1.5, 2002.1.26, 2006.3.3〉

1. 「민사소송법」 제299조제2항 및 동법 제367조의 규정에 의하여 선서를 한 자로서 특허심판원에 대하여 허위의 진술을 한 자
2. 특허심판원으로부터 증거조사 또는 증거보전에 관하여 서류 기타 물건의 제출 또는 제시의 명령을 받은 자로서 정당한 이유없이 그 명령에 응하지 아니한 자

3. 삭제 〈2006.3.3〉
4. 특허심판원으로부터 증인 · 감정인 또는 통역인으로 소환된 자로서 정당한 이유없이 소환에 응하지 아니하거나 선서 · 진술 · 증언 · 감정 또는 통역을 거부한 자

② 제1항의 규정에 의한 과태료는 대통령령이 정하는 바에 의하여 특허청장이 부과 · 징수한다.

③ 삭제 〈2011.12.2〉

④ 삭제 〈2011.12.2〉

⑤ 삭제 〈2011.12.2〉

참고문헌

[국내문헌]

강길훈, "민간경비의 환경과 이론적 배경 고찰", 경호경비연구, 제2호, 1999, p.25.

경찰대학, 경찰경비론, 2001, p.77.

경찰대학, 경찰경비론, 경희종합인쇄, 1998, p.460.

경찰청, 경찰백서, 2008, p.318.

공배완, 민간 경비학개론, 한올출판사, 2004.

과학기술정책연구원, 기술유출에 대한 범국가적 대응 방안 제120호, 2013.

국가정보원, 언론이 바라본 국정원의 첨단기술보호활동, 국정원 산업기밀보호센터, 2007.9.

국가정보원, 주요국의 산업기밀 보호관련 법령, 서울: 국가정보원, 2004.

국가정보원, 첨단산업기술 보호동향, 9호, 국가정보원, 2009.

국회사무처 법제실, 산업스파이의 영업비밀 침해에 대한 법적 대응방안, 서울: 국회사무처, 2002.

김두현, 경호학, 서울: 공안행정연구원, 1996, p.56.

김두현 · 김정현 공저, 민간경비론, 백산출판사, 2002.

김문환, 개정영업비밀보호법에 대한 고찰, 정보와 법 연구, 창간호, 국민대학교 정보와 법연구소, 1999.

김민배, "산업기술의 유출방지 및 보호지원 등에 관한 법률안 현황과 정책과제", 기술유출방지의 대응방안에 관한 정책세미나, 2005.7.28, pp.149-200.

김민배, "시급한 산업기술유출방지 및 보호지원에 관한 법률의 제정", 지적재산권 제9호, 한국지적재산권법제연구원, 2005.9, pp.100-103.

김민배, 국가핵심기술의 기준과 국가안전보장, 산업보안연구논총 제5호, 국가정보원 산업기밀보호센터, 2009.4, pp.1-35.

김민배, 산업기술의 유출방지 및 보호에 관한 법률과 쟁점, 산업재산권 제23호, 2007.

김민배, 산업기술의 유출방지 및 보호에 관한 법률의 쟁점과 해석, 인하지적재산연구 교육사업팀, 2009.

김민배, 산업기술의 유출방지 및 보호지원에 관한 법률 및 시행령 연구, 인하대학교 보고서, 2007.

김민배, 산업기술의 유출방지 및 보호지원에 관한 법률안에 관한 공청회자료집, 국회산업자원위원회, 2005.4.18, pp.7-40.

김민배, 산업기술의 유출방지 및 보호지원에 관한 비교법적 연구, 인하대 연구보고서, 2004.12.

김민배, 산업기술의 유출방지와 M&A관련 입법동향, 한·중국제학술심포지엄, 중국 해양대학교 발표논문집, 2007.7.

김민배, 적대적 M&A와 산업기술유출방지 동향, 산업보안연구논총 제4호, 국가정보원 산업기밀보호센터, 2008.4, pp.54-109.

김성언, "민간경비의 성정과 함의: 치안활동의 신자유주의적 재편과 계약적 통치의 등장", 서울대학교 대학원 박사학위논문, 2004, pp.15-38.

김순열, "경호경비안전산업의 경영에 관한 연구 -연구개발과 교육훈련을 중심으로-", 명지대학교 대학원 경영학과 박사학위논문, 2000, pp.138-139.

김연학, 부정경쟁방지 및 영업비밀보호에 관한 법률상 영업비밀, 사법논집, 제46집, 2011.

김영제, "시큐리티 컨설팅 활성화를 통한 시스템 구축 방안에 관한 연구", 용인대학과 경영대학원 석사학위논문, 2002, pp.32-34.

김재봉, 미국의 경제스파이법, 법학연구 제12권 1호, 충남대학교 법학연구소, 2001.

김준동, 산업기술유출방지법 제정의 의의, 산업기술유출방지법에 대한 논의 자료집, 2007.

김진우, 해외산업보안 사례: 첨단기술을 지켜라! 세계는 전쟁 중, 중소기업진흥공단 테크타임즈, 제211호, 2005.

김태홍, 산업기술보호제도와 운영에 관한 고찰, 동국대학교 석사학위논문, 2009.

나종갑, 영업비밀의 국제산업스파이행위에 대한 형사적 구제: 미국 경제스파이처벌법(EEA)과 부정경쟁방지 및 영업비밀보호에 관한 법률을 중심으로, 통상법률 2호, 2006.

남재성, 중소기업의 산업기밀 유출범죄 피해실태와 대책 - 법 · 제도적 방안을 중심으로, 한국공안행정학회보, 제21권 제1호, 통권 제46호, 2012.

노호래, 산업기술 유출범죄에 대한 정책적 대응방안, 한국공안행정학회, 2008.

러스트만, 프레드, CIA주식회사, 서울: 수희재, 2004.

문정인 편저, 국가정보론, 서울: 박영사, 2003.

민병설 · 신혁 · 김태성 · 전효정 · 권태종 · 임헌욱 · 김현철 · 박진수, 산업기술보호 전문인력 양성 및 육성정책 연구, 한국산업기술보호협회, 2008.

박병식, "민간경비의 역할정립과 활성화 방안", 형사정책학회, 2002, p.2.

박병식, "한국시큐리티업의 진단과 발전방향", 빌딩정보, 통권 제151호, 1999년 11월호, pp.88-90.

박병식, 민간 경비론, 법률출판사, 1996.

박병식, 용역경비업법, 법률출판사, 1996, p.31.

박상열, 부정경쟁방지법에 의한 영업비밀의 형사법적 보호, 지적재산연구, 제6권, 제3호, 2011.

박성범, 전략물자 수출통제의 실상, 통일, 외교통상 정책자료, 제3집, 2004.10.

박주현, "공안행정의 민간부문 활용방안에 관한 연구 민간경비 서비스 이용의 결정요인을 중심으로", 대구대학교 대학원 박사학위논문, 2000, pp.67-68.

박주현, 민간경비실무론, 학문사, 2004.

박준석, 경호경비산업론, 백산출판사, 2007.

박찬수 · 황정하, 기술유출에 대한 범국가적 대응 방안, 과학기술정책연구원, 제120호, 2013.

박현우, 피할 수 없는 산업정보전-미래대응을 위한 정보전의 승리전략-, 서울: 산업기술정보원, 1993.

사법연수원, 영업비밀보호법, 사법연수원, 2007.

산업연구원, 전략물자 수출통제조직의 선진화 연구, 산업자원부 용역보고서, 2006.5.

산업통상부, 산업기술의 유출방지 및 보호에 관한 법률, 2013.

산업통상부 · 한국산업기술보호협회, 산업보안실무 가이드북, 나모기획, 2009.

서 민, "우리나라 민간경비산업의 문제점과 개선방안에 관한 연구", 성균관대학교 행정대학원 석사학위논문, 2003, pp.26-27.

서재근, "사경비의 육성과 치안확보 방안에 관한 연구", 한국공안행정학.

서재근, "재해방책과 경찰활동에 관한 연구", 동국대학교 공안행정논총, 1984, p.5.

서진석, "치안환경 변화에 따른 경찰과 민간경비의 역할분담에 관한 연구", 경원대학교 대학원 박사학위논문, 1999, p.63.

손승우, 산업기술 유출형 M&A에 대한 규제방안, 법학연구, 충남대학교 법학연구소, 2009.

손영식, 미국의 부정경쟁방지법 개요, 지식재산 21, 특허청, 2007.

시큐리티월드, 2008년 12월자.

신제철 · 김순석, 산업보안론, 2013.

안창훈, "경비지도사 제도의 문제점 및 개선방안에 관한 연구", 논문집 제17집, 경찰대학, 1997, pp.20-21.

염장호, 세계 경호학 개론, 오성출판사, 1995, p.134.

오경록, "민간경비에 대한 의식구조 및 활성화 방안에 관한 연구", 경기대학교 대학원 박사학위논문, 2002, pp.22-23.

오선경, "민간경비 역할증대에 따른 인력관리 효율화 방안에 관한 연구", 동국대학교 행정대학원 공안행정학과 석사학위논문, 2000.

윤선희, 특허법, 서울: 법문사, 2004.

이기헌 · 임영철 · 기광도, "미국 경찰의 범죄예방활동에 관한 연구", 한국형사정책연구원, 1995, p.57.

이민섭, 우리나라 산업기술정보보호의 정책적 대응 방안-미국 · 일본 · 한국의 비교분석을 통하여, 중부대학교 대학원 석사학위논문, 2010.

이백철, "민간방범 역량강화를 위한 사경비제도 발전방안", 치안논총, 제11집, 1995.

이병춘, "민간경비에 대한 일반인의 의식과 발전방향에 관한 연구", 동국대 행정대학원 석사학위논문, 2002.

이성용, 산업보안의 국가정책-독일의 시사점을 중심으로, 제30회 한국경호경경비학 상반기 정기세미나, 2013.

이영균, "Supply Chain Management와 Outsourcing을 통한 경쟁력우위 창출 전략", 한양대학교 산업경영대학원 석사학위논문, 2000, p.35.

이윤근, "한국 사경비 발전방안에 관한 조사연구", 동국대학교 대학원 박사학위논문, 1989, pp.18-19.

이윤근, 경비지도사 민간경비론, 서울: 엑스퍼트, 1996.

이윤근, 민간경비원론, 서울: 엑스퍼트, 2001, pp.4-6.

이윤호, 현대사회와 범죄, 서울: 다해, 2007.

이정덕, 산업스파이범죄에 대응한 민관협력방안에 관한 연구, 국가정보연구, 2(1), 2009.

이정호, "사회구조변화에 따른 민간경비의 역할에 관한 연구-독일의 경우를 중심으로-", 한국체육대학교 사회체육대학원 석사학위논문, 2002, pp.11-12.

이준복, 산업기술유출방지관련법의 국내외 동향과 개선방안, 과학기술정책연구원, 2009.

이창무, 시큐리티 전문 인력 양성에 관한 고찰-대학교육을 중심으로, 한국산업보안연구학회보, 1집, 2009.

이창무 · 이길규 · 현대호 · 최진혁 · 정태황 · 장항배 · 정태진 · 정진근 · 김윤배, 산업보안학, 박영사, 2011.

이창주, 각국 산업기술보호 체계의 비교, 성균관대학교 국가전략대학원 석사학위논문, 2008.

임준태, "독일 민간경비산업의 현황과 전망", 한국민간경비학회 제4회 정기학술세미나, 2002, pp.96-117.

임헌욱 · 김범수 · 김상범 · 안려은 · 허윤, 산업보안관리사 자격등급 개선에 관한 연구, 한국산업기술보호협회, 2012.

장대홍, “미국 민간경비산업의 새로운 경향”, 민간경비산업의 국제적 동향, 한국민간경비학회, 2001, pp.26-27.

장수동, 산업보안인력의 양성실태와 발전방안에 관한 연구, 동국대학교 행정대학원 석사학위논문, 2010.

장항배 · 송지훈, 산업기술 유출방지를 위한 보안시스템 평가 탐색적 연구, 산업보안연구학회 논문지, 제1권 제1호, 2009, pp.50-61.

전영실, “각국의 범죄예방정책에 관한 연구”, 한국형사정책연구원 연구보고서, 93-11, 1994, p.27.

전영실 · 윤해성 · 황지태, 산업스파이에 대한 형사정책적 대응체계에 관한 연구, 서울: 대검찰청, 2009.

전재호, “범죄유형 변화와 민간경비산업의 교육훈련 개선방안”, 연세대학교 행정대학원 석사학위논문, 2003, pp.23-28.

전지연, 영업비밀의 형사법적 보호, 형사법연구, 제20권 제4호, 2010.

정갑주, 노우하우(know-how)의 保護, 재판자료 제56집, 법원도서관.

정병일, 국가핵심기술의 해외유출시점에 관한 법적연구, 인하대학교 법학연구소, 2007.6.

정병일, 기업의 산업기술 유출방지 연구, 산업보안연구학회, 1(1), 2009.

정병일, 지적재산권법, 서울: 도서출판 삼도, 2006.

정성훈 · 한기인 · 신현우 · 노현석 · 송현주 · 노민선, 산업기밀관리 실태조사 보고서, 중소기업청 연구용역보고서, 2010.

정 웅, 해외 주요 국가들의 경제방첩 정책과 우리의 정책과제, 국가정보연구, 5(2), 2012.

정윤길, “지방공공서비스의 위탁계약 관리과정에 관한 연구”, 동국대학교 대학원 박사학위논문, 1998, pp.9-10.

정진환, 미국의 사경비업, 1988, pp.32-35.

조성봉 · 김범수 · 최진욱 · 박상철 · 김헌 · 안려은 · 임현욱 · 이형원, 산업보안 인력 수급 원활화 방안연구, 산업통상자원부, 2011.

조용순 · 홍영서, 산업기술 유출규제에 관한 법적 고찰, 산업재산권, 제21호, 2006.
중소기업청 · 중소기업기술정보진흥원, 중소기업 기술보호 역량 및 수준조사, 2012.
차일드, 필립 M.(정형근 역), 경제전쟁과 미국 CIA, 서울: 고려원, 1994.
최병규, 기업체 영업비밀의 효과적 보호를 위한 법적 검토, 안암법학, 제10권, 안암법학회, 1999.
최진혁, "산업스파이 예방을 위해 CPTED기법이 기업 보안활동에 미치는 영향", 용인대학교 대학원, 2009, pp.11-12.
최진혁, 산업보안 활동의 효과성 향상을 위한 CPTED 기법의 유용성 분석, 용인대학교 박사학위논문, 1999.
토플러, 앨빈(이규행 역), 권력이동, 서울: 한국경제신문사, 1993.
특허청, 영업비밀보호 가이드북, 특허청, 2004.
패트리샤 윌리스 지음(황상민 옮김), 인터넷 심리학, 에코라브르, 2001, p.19.
프레스콧 & 밀러(기은경 · 소지영 역), 세계최강기업의 경쟁정보 베스트 프랙티스, 서울: 시그마인사이트컴, 2002.
핑크, 스티븐(김원호 역), 기업스파이 전쟁, 서울: 조선일보사, 2004.
한국경비협회, 신규 경비업체 등록현황 실태조사, 1997, pp.26-43.
한국법제연구원, 영업비밀에 관한 법제연구, 2008.
한국산업기술진흥협회, 산업기밀관리 실태조사 보고서, 2010.
한국산업기술진흥협회, 중소기업 기술유출 대응매뉴얼, 서울: 중소기업청, 2007.
한국산업보안연구소, 과학기술정보 보호체제 강화방안 연구, 서울: 과학기술부, 2002.
한국인터넷진흥원, 2012 국내 지식정보보안산업 실태조사, 산업통상자원부 연구용역보고서, 2012.
한국형사정책연구원, 인터넷과 형사정책정보 검색편람, 화신문화(주), 1998, p.13.
한민구, 공학교육, 제15권 1호, 한국산업기술보호협회, 2008.
한병락 외 4인, "민간방범 역량강화를 위한 민간경비제도 발전방안", 치안논총, 제11집, 1995, p.164.

한상훈, 산업스파이에 대한 형사법적 대응방안, 한국형사정책연구원 연구보고서, 00-19, 2000.12.

한희원, 정보보안의 규제 혁신에 대한 고찰-산업기술의 유출방지 및 보호에 관한 법률을 중심으로-, 헌법, 총권 631권, 법조협회, 2009.

허경미, "민간경비산업의 발전과제", 수사연구, 1998년 11월호, p.53.

허현회・한기인・오승룡・노민석・노현석・윤영근・송현주・임수경, 중소기업 산업기밀관리 실태조사 보고서, 중소기업기술정보진흥원, 2008.

현대호, 산업스파이에 대한 법적 대응 방안, 한국법제연구원, 2008.

홍민지, 첨단기술의 유출방지를 위한 관련법규의 형사법적 문제점과 개선방안에 관한 연구, 지식재산연구, 제3권 제1호, 2008.

황 철, 핵심기술유출의 현황 및 대응, 지식재산권연구센터 포럼자료, 2005.

[국외문헌]

A. T. Critchley, A History of Police in England and Wales(N.J.: Prentice Hall, 1972), p.20.

Alison Wakefield, "Selling Security: The Private Policing of Public space", Willan Publishing, 2003.

Arnold Wolfers, Discord and Collaboration: Easy on International Politics, Baltimore: Johns Hopkins Press, 1962.

Arthur J. Bilek & Peter P. Lejins, Private Security(Cincinnati: Anderson Publishing Co., 1997), p.3.

Arthur J. Bilek, Legal Aspects of Private Security(Cincinnati: Anderson Publishing Co., 1981), p.15.

Barry Buzan, People, State and Fears: An Agenda for Introduction Security Studies in the Post-Cold War Era, Boulder, Colorado: Lynne Rienner, 1991.

Bauman, Z., "Globalization: The Human Consequences", Cambridge: Polity, 1998, p.41.

Bayley, David and Shearing, Clifford D., "The future of policing", Law and Society Review, 30(4), 1996, pp.585-606.

Bayley, David and Shearing, Clifford D., "The New Structure of Policing: Description, Conceptualization, Agenda", National Institute of Justice(NIJ), U.S. Department of Justice, 2001, p.1.

Beck, U., "Risk Society: Towards a New Modernity", Newbury Park, London: Beck, A. and Willis, A., Crime and Security: Managing the Risk to Safe Shopping, Leicester: Perpetuity Press, 1995. p.40.

Braun, M. A. and Lee, D. J., "Private police forces: legal powers and limitations", University of Chicago Law Review 38, 1971, pp.82-555.

Bryan A., Garner editor in Chief, Black's Law Dictionary, Seveth edition, West Group, 1999.

Business Round Table, The Growing Demand for Security: Opportunities for UK Suppliers, London: Business Round Table Ltd., 1994.

Button, Mark, "Private Policing", London: Willan Publishing, 2002, pp.28-29.

Button, Mark, "Private security and its contribution to policing: underresearched, underutilised and underestimated", International Journal of police Science and Management, 2, pp.16-103.

Carson, W. and Young, P., "Sociological of major property crime," in Major Property Crime in the United Kingdom: Some Aspects of Law Enforcement 1976, edited by P. Young, Edinburgh: School of Criminology, University of Edinburgh.

Cohen, Stanley, "Social control and the politics of reconstruction", pp.63-88 in The Futures of Criminology 1994, edited by D. Nelken, London: Sage, p.73.

Cohen, Stanley, "Visions of Social Control", Cambridge: Polity Press, 1985.

Coleman, Roy, "Images from a neoliberal city: the state, surveillance and social control", Critical Criminology 12, 2003, p.27.

Cooper, S., "Bouncers aged sixteen paid to police thousands of revellers at Wembley", The Observer, 21 June, 1998.

Crawford, Adam, "'Contractual Governance' of Deviant Behaviour", Journal of Law and Society, 30(4), 2003, pp.479–505.

Czepluch, W. and Eschenbruch, K., a.a.O., S. 211–214f.

Czepluch, W. and Eschenbruch, K., Die Rechtsgrundlagen des privaten Sicherheitsgewerbes, 1995, S. 211f.

David H. Bayley, Police for the Future(New York: Oxford University Press, 1994), p.3.

Davis, Mike, "Market, Crime and Community", Theoretical Criminology, 1(2), 1992, pp.72–147.

De Waard, J., "The private security sector in fifteen European countries: size, rules and regulation", Security Journal, 4, 1993, p.4.

Drucker, Peter, "The New Society of Organization", Harvard Business Review, September–October, 1992, pp.95–104.

Ericson, Richard V., "The division of expert knowledge in policing and security", British Journal of Sociology, 45(2), 1994, pp.75–149.

Farnell, M. and Shearing, C. D., "Private Security: An Examination of Canadian Statistics", Toronto: Centre of Criminology, University of Toronto, 1977.

Feeley, M. and Simon, J., "Actuarial Justice: The Emerging New Criminal Law", in Futures of Criminology 1994, edited by D. Nelken, London: Sage, pp.173–201.

Film Tech Corp. V., Allied Signal, 939 F.2d 1568, 19 U.S.P.Q. 2d 1508,1511(Fed. Cir., 1991).

Fischer, Robert J. and Gion Green, Introduction to Security, sixth editon, Butterworth–Heinemann, Boston: MA, 1998, p.81.

Foucault, Michel, "Governmentality", pp.87–104, in The Foucault Effects: Studies in Governmentality 1991, edited by G. Burchall, C. Gordon and P. Miller, Chicago, IL: University fo Chicago Press, 1991, p.220.

Fritz Rittner, Wettbewerbs – und Kartellrecht, 4, Aufl. Heidelberg, 1993, S. 91 ff.

George, B. and Button, M., "Answering the call for regulation", Security Management and Industry Today, May, 1999.

George, B. and Button, M., "Private Security," Leicester: Perpetuity Press, 2000.

George, B. and Button, M., "The case for regulation", International Journal of Risk, Security and Crime Prevention, 1, 1996, p.1.

George, B. and Button, M., "The need for regulation of the private security industry", Submission to the House of Commons Home Affairs Select Committee, November, 1994.

Gion Green, Introduction to Security(Boston: Butterworth, 1981), p.18.

Goss, J., "The 'magic of the mall': an analysis of form, function, and meaning in the comtemporary retail built environment", Annals of the Association of American Geographers, 83(1), 1993, pp.18–47.

Harvey Burstein, Security: Management Perspective(Englewood Cliffs, NJ: Prenticell–Hall Inc., 1996, p.1.

Herman Goldstein, "Problem–Oriented Policing", New York: McGraw–Hill, 1990, pp.32–49.

Home Office, "The Government's Proposals for the Regulation of the Private Security Industry in England and Wales. Cm 4254. London: HMSO, 1999.

Hughes, G., "Understanding crime prevention: Social control, risk and late modernity," Bukingham · Philadelpha: Open University Press, 1998, p.143.

Hunt Saboteurs Association, "Public Order", Public Review, 24, June, 1994.

John Stees, Outsourcing Security, Butterworth–Heinemann, 1998, p.11.

Johnston, Les, "Policing britain: Risk, security and governance", London: Longman, 2000.

Johnston, Les, "Policing Diversity: the impact of the public-private complex in policing", in Core Issue in Policing 1996, edited by Frank Leishman, New York: Longman Publishing, 1996, pp.67-82.

Johnston, Les, "Transnational private policing: the impact of global commercial security", in Issues in Transnational policing 2000, edited by J. W. E. Sheptycki, London: Routledge.

Jones, T. and Newburn, T., "Private Security and Public Policing", Oxford: Clarendon, 1998.

Jones, T. and Newburn, T., "The transformation of policing? Understanding current trends in policing system", British Journal of Criminology, 2002, p.42.

Jones, Trevor and Newburn, Tim, "The Regulation and Control of the Private Security industry," in Themes in Contemporary Policing 1996, edited by W. Saulsbury, J. Mott and T. Newburn, London: Police foundation/policy Studies Institute.

Jordan and Sons., "Britain's Security Industry", London: Jordan and Sons Ltd., 1993.

Kakalik, J. and Wildhorn, S., Current Regulation of Private Police: Regulatory Agency Experience and View, Vol. 3, Washington, DC: Government Printing Office, 1971a.

Kakalik, J. and Wildhorn, S., Private Police in the United States: Findings and Recommendations. Vol. 1, Washington, DC: Government Printing Office, 1971b.

Kakalik, J. and Wildhorn, S., Special Purpose Public Police, Vol. 5, Washington, DC: Government Printing Office, 1971c.

Kakalik, J. and Wildhorn, S., The Law and Private Police, Vol. 4, Washington, DC: Government Printing Office, 1971d.

Kakalik, J. and Wildhorn, S., The Private Police Industry: Its Nature and Extents, Vol. 2, Washington, DC: Government Printing Office, 1971e.

Kakalik, J. S. and Wildhorn, S., "Private Policing in the United States," Santa Monica, CA: RAND Corporation, 1971f.

Klare, M. T., "Rent-a-cop: The private security industry in the U.S.", in the Iron Fist and the Velvet Glove: An Analysis of the U.S. Police, 1975.

Kleinman, Reinier H., "Gatekeepers: The Anatomy of a Third-Party Enforcement Strategy", Journal of Law, Economics, and Organization, 2, 1986, pp.53-104.

Kovacich, Gerald L. & Boni, William, High-Technology-Crime Investigator's Handbook, Boston: Butterworth Heinemann, 2000.

Landes, W. M. and R. A. Posner, "The Private Enforcement of Law", Journal of Legal Studies, 1975, pp.1-46.

Lester C. Thurow, The Zero-Sun Society(New York: Basic Books, 1982), p.88.

Loader, I., "Consumer culture and the commodification of policing and security", Sociology, 33, 1999, pp.92-373.

Loader, I., "Thinking normatively about private security", Journal of Law and Society, 24, 1997, pp.94-337.

Louis A. Radelet, and David L. Carter, "The Police And The Community", New York: Macmillan College Publishing Company, p.60.

McManus, G., "From Fate to Choice: Private Bobbies", Public Beats, Aldershot: Avebury, 1995.

Melton, H. Keith, Ultimate Spy, 2nd edition(New York: DK Publishing Inc., 2002).

Melvin F. Jager, Trade Secret Law, Vol. I.

Mendell, Ronald L., The Quiet Threat–Fighting Industrial Espionage in America, Springfield: Charles C. Thomas Publisher, Ltd., 2003.

Michael, D., "The levels of orientation security officers have towards a public policing function", Security Journal, 1999, p.12.

Nalla, M. K. and Hoffman, V. J., "Security training needs: a study of the perceptions of security guards in Singapore", Security Journal, 1996, p.7.

Nasheri, Hedieh, Economic Espionage and Industrial Spying, Cambridge: Cambridge University Press, 2005.

Noaks, L., "Private cops on the block: a review of the role of private security in residential communities", Policing and Society, 2000, p.10.

Nolan, John, Confidential: Business Secrets Getting Theirs–Keeping Yours, 2nd edition, Medford Lakes, NJ: Yardley–Chambers, 1999.

Ortmeier. P. J., Security Management: An Introduction(2ed.), Pearson: New Jersey.

P. B. Weston and K. M. Wells, Criminal Investigation(N.J: Prentice Hall, 1974), p.2.

Pell, John D., "The Story of Private Security", Springfield, Ⅲ : Thomas, 1971.

Private Security Task Force to the National Committee on Criminal Justice Standard and Goals, "American Security for Industrial Survey Result of the Task Force on Private Security," 1977, p.4.

Private Security, Report of the Task Force on Private Security, U. S. Government Printing Office, 1976, p.4.

R. S. Post and A. A. Kingsbury, Security Administration(Springfield, Illinois, 1973), p.5.

Reichman, Nancy, "Ferreting Out Fraud: The Manufacture and Control of Fraudulent Insurance Claims", Unpublished Ph. D Thesis: Cambridge, MA: MIT, 1983.

Reichman, Nancy, "Managing Crime Risks: Toward an Insurance Based Model of Social Control", Research in Law, Deviance and Social Controls, 8, 1986, pp.72–151.

Robert H. Langworthy and Lawrence F. Travics, Policing in America: A Bal Forces(N.Y.: Macmillan Publishing Co., 1994), p.138.

Robert M. Bohn and Keith N. Haley, Introduction to Criminal Justice(N.Y.: McGraw–Hill Company, 1999), pp.34–35.

Robert R. J. Gallati, Introduction to Private Security(Englewood Cliffs, N. J.: Prentice–Hall, Inc., 1983), p.26.

Rollin M. Perkins, Criminal Law(New York: Mineola, 1967), pp.1–2.

S. P. Lab, Crime Prevention–Approaches, Practices and Evaluations, Anderson Publishing Co., 1992, p.11.

Sandler, T., "Collective Action", New York: Harvester Wheatsheaf, 1992.

Schwab, Arthur, J., Federal Protection of Trade Secrets: Understanding the Economic Expionage Act of 1996.

Schweitzer, James A., Protecting Business Information–A Manager's Guide, Boston: Butterworth–Heinemann, 1996.

Shapland, J., "Private worlds: social control and security in Britain", in J. Shapland and L. van Outrive(eds.), Police et Security: Controle Social et l'Interaction Publique–Prive(Policing and Security: Social Control and the Public–Private Divide), Paris: L'Harmattan, 1999a.

Shapland, J., "Selling safety: policing and social control over the public–private divide", in J. Shapland and L. van Outrive(eds.), Police et Security: Controle Social et l'Interaction Publique–Prive(Policing and Security: Social Control and the Public–Private Divide), Paris: L'Harmattan, 1999b.

Shapland, J., "Views on crime: public and private problems", in R. Light(ed.), Public and Private Provisions in Criminal Justice, Proceedings of the British Criminology Conference 1989, Bristol: Bristol Centre for Criminal Justice, University of the West of English, 1989.

Shearing, C. D. and Stenning, P. C., "Modern private security: its growth and implications", M. Tonry and N. Morris(eds.), Crime and Justice: An Annual review of research, Vol. 3, Chicago: University of Chicago Press, 1981.

Shearing, C. D. and Stenning, P. C., "Private security: implications for social control", Social Problems, 1983, p.30.

Shearing, C. D., Farnell, M. B. and Stenning, P. C., "Contract Security in Ontario, Toronto: Centre of Criminology", University of Toronto, 1980.

Shearing, Clifford D. and Stenning, Philip C., "Modern Private Security: Its Growth and Implications", in Crime and Justice, Vol. 3, edited by M. Tonry and N. Morris, Chicago: University of Chicago Press, 1981, pp.193-245.

Shearing, Clifford D. and Stenning, Philip C., "Say 'Cheese!': The Disney order that is not so Mickey Mouse", pp.317-323, in Private Policing, edited by C. D. Shearing and P. C., Stenning, Newbury Park, CA: Sage, 1987, p.320.

Shearing, Clifford D. and Wood, J., "Nodal Governance, Democracy, and the New 'Denizens'", Journal of Law and Society, 30(3), 2003, p.410.

Shearing, Clifford D., "Punishment and the changing face of the governance", Punishment & Society, 3(2), 2001, pp.203-220.

Shearing, Clifford D., "The relations between public and private policing", 1992, pp.399-434.

Sims, L. and Myhill, A., "Policing and the Public: Findings from the 2000 British Crime Survey", Research Findings No. 136, London: Home Office Research, Development and Statistics Directorate.

Slater, J., "Police and security", Police Review, January 8, 1982, p.19.

Sorkin, M., "Introduction: Variations on a Theme Park", in Variation on Theme Park: The New American City 1992, edited by M. Sorkin, New York: Hill Wang, pp.11–15.

South, N., Policing for Profit, London: Sage, 1988.

South, Nigel, "Private security, the division of policing labor and the commercial compromise of the state", Research in Law, Deviance and Social Control 6, 1984, pp.98–171.

Spitzer, S. and A. Scull, "Privatization and Capitalist Development: The Case of the Private Police", Social Problems 25, 1977, pp.18–29.

Spitzer, S., "Security and control in capitalist societies: the fetishism of security and the security thereof." in Transcarceration: Essays in the Sociology of Social Control 1987, edited by John Lowman, Robert J. Menzies, and T. S. Palys, Aldershot: Gower.

Stenning, P., "Corporate policing: some recent trends", in P. Wiles and J. Shapland (eds.), Business and Crime: A Consultation, Swindon: Crime Concern, 1988.

Stenning, P., "Powers and accountability of private police", European Journal on Criminal Policy and Research, 2000, p.8.

Susan R. Martin, "Human Cloning: The role of Law", University of Toledo Law Review, Vol. 32, No. 3, Spring 2001.

The President's Commission on Law Enforcement and Administration of Justice, Task Force Report: The Police(Washington, D.C., 1967), p.3.

Tomas M. Scott and Marlys McPherson, "The Development of The Private Sector of The Criminal Justice System," Law and Society Review(Vol. 6, No. 2), pp.267–288.

Trevor Jones & Tim Newburn, Private Security and Public Policing (London: Clarendon Co., 1998), p.78.

Trueit A. Ricks and Bill G. Tillet, Principles of Security(Cincinnati, Ohio: An Publishing Co., 1981), pp.238-239.

Van Products Co. V., General Welding & Fabricating Co. 419 Pa. 248, 213 A.2d 769,PA. 1965.

Von Hirsch, A. and Shearing, C., "Exclusion From Public Space," in Ethical and Social perspectives on Situational Crime Prevention, edited by Andrew von Hirsch, David Grland, and Alison Wakefield, Portland, Oregon: Hart Publishing, 2000, pp.77-96.

W. J. Bird, J. S. Kakalik and S. Wildhorn, The Law and the Private Police (Santa Monica: The Rand Corporation, Feb., 1972), p.13.

Weiss, R., "The emergence and transformation of private detective and industrial policing in the United States, 1850-1940," Crime and Social Justice 1, 1978, pp.35-48.

Wiles, P. and McClintock, F. H., "The Security Industry in the United Kingdom: Papers Presented to the Cropwood Round Table Conference", July 1971, Cambridge: Institute of Criminology, University of Cambridge, 1972.

William C. Cunningham and Clifford W. van Meter, The Hallcrest Report II: Security Trends 1970 to 2000(MA: Butterworth-Heinemann, 1990), pp.183-186.

William C. Cunningham and Todd H. Taylor, The Hallcrest Report: Private Security and Police in America(Portland: Chancellor Press, 1985), pp.115, 204-205.

Williams, D., George, B. and MacLennan, E., "Guarding Against Low Pay", Low Pay Pamphlet 29, London: Low Pay Unit.

[기타 문헌]

보안뉴스, 2008년 12월 15일.
보안뉴스, "산업기밀 유출 방지를 위한 융합보안 모델", 2009년 12월 28일자.
중앙일보, 2001년 10월 10일자.
중앙일보, 전세계 인구 10%가 "인터넷 이용" 2001.6.19일자 기사내용.
경찰청(2014.1.6), http://www.police.go.kr/portal/main/contents.do?menuNo=200148
국가정보원(2014.1.6), www.nis.go.kr/svc/affair.do?method=content&cmi d=11309
대검찰청(2014.1.6), http://www.spo.go.kr/spo/major/disclosure/data/disclosure0
미국국립표준기술원(2014.1.6), http://library,findlaw.com/1999/Jun/1/128088.html
미국산업보안협회(2014.1.6), https://www.asisonline.org/Pages/default.aspx
서울과학종합대학원(2014.1.6), https://www.assist.ac.kr
산업기밀보호센터 홈페이지(2014.1.6), http://service4.nis.go.kr
산업자원부 보도자료, 총리 주재, "제1회 산업기술보호위원회" 개최, 2007.
중소기업청 기술보호통합포털(2014.1.6), http://www.tpcc.or.kr
특허청 홈페이지(2014.1.6), http://www.kipo.go.kr
한국산업기술보호협회(2014.1.6), http://www.kaits.or.kr
한국인터넷진흥원(2014.1.6), www.kisa.or.kr
한국CSO협회(2014.1.6), http://www.csokorea.org
1심재판 2008고단4524, 신승균, 2011: 150
ANSIR(2014.1.6), www.fas.org
ETNEWS(2014.1.6), 국가핵심 기술 유출 방지 위한 법제도 개선에 시선집중.
NCIX(2014.1.6), www.ncix.gov
http://www.assist.ac.kr/site/aSSIST/academic/bs.aspx
http://www.boannews.com/media/view.asp?page=1&idx=13173&search=key_word&find=kisia
http://www.caps.co.kr
http://www.s1.co.kr
http://www.sok.co.kr SOK의 홈페이지

산업보안 · 민간경비론

2014년 3월 10일 초판 1쇄 인쇄
2014년 3월 15일 초판 1쇄 발행

저 자 박 준 석
발행인 진 욱 상 · 진 성 원
발행처 백산출판사

서울시 성북구 정릉로 157(백산빌딩 4층)
등록 : 1974. 1. 9. 제 1-72호
전화 : 914-1621, 917-6240
FAX : 912-4438
http://www.ibaeksan.kr
editbsp@naver.com

값 20,000원
ISBN 978-89-6183-899-3